罗马皇帝朱利安与《赫利俄斯王

Julian ror
and
H g Helios

张娓 著

海峡出版发行集团 | 福建人民出版社
THE STRAITS PUBLISHING & DISTRIBUTING GROUP | FUJIAN PEOPLE'S PUBLISHING HOUSE

图书在版编目（CIP）数据

罗马皇帝朱利安与《赫利俄斯王颂》/ 张娓著. --福州 ：福建人民出版社，2024. 7. -- ISBN 978-7-211-09413-4

Ⅰ. K126

中国国家版本馆 CIP 数据核字第 20244GT219 号

罗马皇帝朱利安与《赫利俄斯王颂》

LUOMA HUANGDI ZHULI'AN YU《HELI'ESIWANG SONG》

作　　者：张　娓
责任编辑：陈稚瑶
责任校对：李雪莹
美术编辑：林　玲
出版发行：福建人民出版社　　**电　　话：**0591-87533169(发行部)
网　　址：http：//www. fjpph. com　　**电子邮箱：**fjpph7211@126. com
地　　址：福州市东水路 76 号　　**邮政编码：**350001
印　　刷：福州印团网印刷有限公司
地　　址：福州市仓山区建新镇十字亭路 4 号
开　　本：700 毫米×1000 毫米　1/16
印　　张：20. 5
字　　数：382 千字
版　　次：2024 年 7 月第 1 版　　2024 年 7 月第 1 次印刷
书　　号：ISBN 978-7-211-09413-4
定　　价：62. 00 元

目　录

绪 论

弗拉维·克劳狄乌斯·朱利安（Flavius Claudius Julianus，331/332—363），晚期罗马帝国君士坦丁王朝皇帝。① 361 年 11 月君士坦提乌斯二世（Constantius Ⅱ，? 317—361）病逝，朱利安即皇帝位。② 362 年年中朱利安率军从国都君士坦丁堡出发，东征萨珊波斯，363 年 6 月战死沙场，③实际在位时长不满 18 个月，政治作为相对有限。但朱利安曾由信基督教④

---

① 国内外学界对于晚期罗马帝国的划分方式莫衷一是。本书采用认可度较高的“284 年说”，将公元 284 年戴克里先称帝视为罗马帝国晚期阶段的开始（Averil Cameron, *The Later Roman Empire, AD 284 — 430*, Cambridge: Harvard University Press, 1993; Arnold Hugh Martin Jones, *The Later Roman Empire, 284 — 602: A Social, Economic and Administrative Survey*, Oxford: Blackwell, 1964; Stephen Mitchell, *A History of the Later Roman Empire, AD 284 — 641: The Transformation of the Ancient World*, Malden, MA: Blackwell Publish Ltd., 2007）。罗马帝国君士坦丁王朝皇帝朱利安的英文名一般简写为“Julian”，在国内除“朱利安”外还有“尤利安”“尤里安”等译法。另外为节约篇幅，本书仅为历史人物标注生卒年，为近现代学者仅标注英文姓名。

② 朱利安的家族谱系参见本书附录一。

③ 朱利安大事记参见本书附录二。

④ 公元 392 年左右，狄奥多西一世确立基督教为罗马帝国的国教。学界一般称此前的基督教为早期基督教或早期教会。早期基督教与其后的罗马国教在体系和教义等方面均不尽相同（Gilbert E. A. Grindle, *The Destruction of Paganism in the Roman Empire: From Constantine to Justinian*, Memphis, Tennessee: General Books LLC, 2010, pp. 29 — 30; Ramsay MacMullen, *Christianizing the Roman Empire, A. D. 100 — 400*, New Haven: Yale University Press, 1986, p. 90）。本书提到的基督教均指代早期基督教。

改信多神教[①]（Paganism/Polytheism，又译为异教），是罗马帝国最后一位公开信仰多神教的合法皇帝，[②] 也是君士坦丁家族诸皇帝中唯一一位明显支持多神教而限制基督教的皇帝。同时代的奥古斯丁（St. Augustine，354—430）等基督教学者冠之以“叛教者”（Julian the Apostate）称号且

---

① 一般认为多神教的最大特征是显著区别于一神论的多神论。因为晚期罗马帝国的多神教并未以系统化的宗教实体形态呈现，所以学界目前就其定义、信仰体系、组织机构等尚未形成定论。或如基尔施所言：“正如现代观察者们所意识到的那样，实际上并没有罗马宗教。反之，‘多神教’源自一种约定俗成的系统，历史学家称之为‘只不过是大量的传统和宽容’。”（Jonathan Kirsch，*God against the Gods*：*The History of the War between Monotheism and Polytheism*，New York：Viking Compass，2004，p. 9）“Paganism”一词原是 4 世纪后期基督教给予当时仍活跃于罗马帝国的希腊罗马式宗教的统称（P. G. W. Glare，et al.，*The Oxford Latin Dictionary*，Oxford and London：Oxford University Press，1968—1982，pp. 1282—1283）。多数学者认为在更合适的称呼出现之前，可以使用“Paganism”统称晚期罗马帝国境内坚持多神论的宗教（Alan Cameron，*The Last Pagans of Rome*，New York：Oxford University Press，2011，pp. 14—32；Millar，“The Jews of the Graeco-Roman Diaspora between Paganism and Christianity，AD312—438，” in J. Lieu，J. North，and T. Rajak，eds.，*The Jews among Pagans and Christians in the Roman Empire*，London and New York：Routledge，1992，p. 105）。也有学者因“Paganism”是基督教加诸多神教的蔑称且易使人误解多神教是系统化的宗教实体，而提倡用能够突显多神色彩的“Polytheism”一词代替“Paganism”（Harold Remus，“The End of ‘Paganism’?” *Studies in Religion*，vol. 33，no. 2（2004），pp. 191—208；Garth Fowden，*Empire to Commonwealth*：*Consequences of Monotheism in Late Antiquity*，Princeton，N. J.：Princeton University Press，1993，pp. 37—57）。

② 因为朱利安的宗教信仰十分复杂，所以学界至今未就其信仰的具体类型、内部构成达成共识。2000 年里博瑞斯甚至主张，学界理应将朱利安的信仰理解成一种新的宗教（Vasiliki Limberis，“‘Religion’ as the Cipher for Identity：The Cases of Emperor Julian，Libanius，and Gregory Nazianzus，” *The Harvard Theological Review*，vol. 93，no. 4〈2000〉，p. 378）。但包括里博瑞斯在内的多数学者，仍然基于朱利安信仰的多神色彩而在研究成果中称呼他为多神教徒，如 David Neal Greenwood，“Constantinian Influence upon Julian's Pagan Church，” *The Journal of Ecclesiastical History*，vol. 68（2017），pp. 1—21；H. C. Teitler，*The Last Pagan Emperor*：*Julian the Apostate and the War against Christianity*，New York：Oxford University Press，2017；Adrian Murdoch，*The Last Pagan*：*Julian the Apostate and the Death of the Ancient World*，UK：Sutton Publishing Ltd.，2003。

严加批判。[①] 朱利安本人也因此长期受到历史学研究者的关注和热议。[②]

一、研究缘起：朱利安与《赫利俄斯王颂》

362 年 8 月，朱利安领兵驻扎罗马帝国东部军事要塞安条克（Antioch），安定内政兼筹措军饷，计划来年春天开拔波斯。格兰维尔·唐尼（Glanville Downey）等学者称这一时段是朱利安短暂统治生涯中的关键阶段。[③] 362 年 12 月，朱利安写下一首赞美太阳神赫利俄斯的颂词——《赫利俄斯王颂》（*Hymn to King Helios*，下文简称《赫颂》），并向罗马人公开发布。[④] 因为朱利安在宗教方面的事迹尤为突出，且赫利俄斯

① 基督教神学家纳西昂的格里高利最先使用“叛教”一词评价朱利安（Gregory Nazianzen，“Gregory Nazianzen's two Invectives against Julian the Emperor,” in Julian, Gregory Nazianzen and Libanius, *Julian the Emperor Containing Gregory Nazianzen's Two Invectives and Libanius' Monody with Julian's Extant Theosophical Works*, trans. and ed. by C. W. King, London: George Bell and Sons, 1888. p. 87）。后来奥古斯丁正式冠之以“叛教者”称号，原句为：“上帝没有抛弃这个‘叛教者’，仍然赐福于他。”（Saint Augustine, *The City of God*: *Books* Ⅰ－Ⅶ, trans. by Demetrius B. Zema, et al., Washington, D. C.: The Catholic University of America Press, 2008, 5. 21〈p. 292〉）。

② 2020 年《“叛教者”朱利安研究入门》一书出版，随书附有自 19 世纪末至今的朱利安相关研究成果的目录，长达 50 多页，详见 Stefan Rebenich and Hans-Ulrich Wiemer, eds., *A Companion to Julian the Apostate*, Leiden and Boston: Brill, 2020, pp. 421－472。

③ Glanville Downey, “Julian the Apostate at Antioch,” *Church History*, vol. 8, no. 4 (1939), p. 304; Gilvan Ventura da Silva, “‘Is It Possible to Control the Crowd?’ Libanius in Defense of Julian and against the Population of Antioch in the 4th Century,” *Heródoto*: *Revista Do Grupo de Estudos E Pesquisas Sobre a Antiguidade Clássica E Suas Conexões Afro-Asiáticas*, vol. 3, no. 1 (2018), p. 399; Brahm Kleinman, “The Crisis at Antioch under Julian the Apostate,” *Hirundo*, vol. 7 (2008－2009), pp. 67－76.

④ 该文本的写作时间 362 年 12 月已为大多数学者所认可和使用，如 Polymnia Athanassiadi, *Julian and Hellenism*: *An Intellectual Biography*, Oxford: Clarendon Press, 1981, p. 148; Rowland Smith, *Julian's Gods*: *Religion and Philosophy in the Thought and Action of Julian the Apostate*, London: Routledge, 1995, p. 144; David Neal Greenwood, “A Cautionary Note on Julian's Pagan Trinity,” *Ancient Philosophy*, vol. 33 (2013), p. 398。

系古希腊神话中的太阳神，故截至目前，学界多从宗教角度析读《赫颂》。[①]

诚然，《赫颂》宣扬多神教的功能不可忽视。但此观点主要立足于朱利安的多神教徒身份。其实除多神教徒身份之外，彼时朱利安更是罗马帝国的最高统治者。《赫颂》开篇亦明确点出他的统治者身份："我亦不轻视赫利俄斯神赋予我的（好运），即我可以出生在一个于我所处的时代里统治和管理世界的家族（House）[②]。"[③] 且据朱利安本人及同时代史家记载，

---

① 从宗教角度研究《赫颂》的代表性成果包括 Polymnia Athanassiadi，"A Contribution to Mithraic Theology：The Emperor Julian's Hymn to King Helios，" *The Journal of Theological Studies*，vol. 28，no. 2（1977），pp. 360－371；Václav Ježek，"Mithraism and Julian's Hymns to King Helios and to the Mother of Gods，" *Philotheos*，vol. 3（2003），pp. 140－149；J. H. W. G. Liebeschuetz，"Julian's Hymn to the Mother of Gods：The Revival and Justification of Traditional Religion，" in Nicholas Baker-Brian and Shaun Tougher，eds.，*Emperor and Author：The Writings of Julian the Apostate*，Swansea：The Classical Press of Wales and Duckworth，2012，pp. 213－228 等。下文研究综述部分将有详述。

② "house"本就有"家庭"之意，且君士坦丁王朝皇帝奉行一夫一妻制，皇室子嗣一般出生于固定的皇室宫殿之内，所以朱利安大概率借"house"一词点明自己的皇嗣身份。加之，《赫颂》的早期译本将这部分翻译为"I rank among to whom the dominion"，意指我跻身于拥有统治权的人之列（Julian，*Two Orations of the Emperor Julian：One to the Sovereign Sun，and the Other to the Mother of the Gods*，trans. by Thomas Taylor，London：Printed for Edward Jeffrey，1793，p. 7）。因此笔者翻译为"统治和管理世界的家族"。因《赫颂》语句内涵复杂且颇具哲学色彩，故下文如遇"洛布古典丛书"系列译本中表达不清晰或较难理解的语句，笔者将适当参考 1793 年英译本译出。但早期译本所用英语更为古奥，仅作参考之用。

③ Julian，"Hymn to King Helios，" in Wilmer Cave Wright，trans.，*The Works of the Emperor Julian*，Vol. Ⅰ，Cambridge Massachusetts and London：Harvard University Press，1913－1923，131b－c（p. 355）.

写作《赫颂》期间他忙于政务和军务，[①] 甚至无暇处理宗教事务。[②] 加之，如下引文所示，《赫颂》篇末明确论及罗马帝国的国家利益：

> 因为他关心整个人类，但尤其是我自己的城市（罗马），也正如他令我的灵魂自永恒中孕育而生，且使它成为他的追随者一般。因此，我刚才祈祷，愿他能允许，授予我的城市尽可能多的庇佑，并承蒙他之恩典得以存在与永恒；然就我个人而言，只要我享有生存的权利，愿他保佑我无论世俗与神圣都能获得成功；最后愿他准许，只要令他满意，且既对我和罗马帝国有益，让我用一生来侍奉这个国家！[③]

综上可见，朱利安写作《赫颂》不仅基于其多神教徒身份，更基于其罗马帝国最高统治者的身份。《赫颂》理应包含政治方面的考量。那么从政治角度考虑，罗马帝国皇帝朱利安为什么写作《赫颂》？[④]

---

① 这一时期朱利安曾在致利巴尼乌斯的信件中诉说自己的近况，信件中有一句："但至于军事或政治安排，我认为你自己应该曾亲自出面视察并关注过它们。因为正如你所知道的，这件事对于一封信来说太长了。"详见 Julian，"To Libanius，Sophist and Quaestor，" in *The Works of the Emperor Julian*，Vol. Ⅲ，p. 207。朱利安在另一封信中亦有同类表述："因为我几乎没有任何空闲，正如众神所知道的，我不带感情地说……"(Julian，"To the Most Reverend Theodora，" *in The Works of the Emperor Julian*，Vol. Ⅲ，p. 113)。

② 基督教史家苏克拉底斯记载："但是这些带有责备意味的赞美诗几乎把他（朱利安）逼疯了，他准备用戴克里先的手下以前对待基督徒的方式，对基督徒施以同样残酷的惩罚。然而，由于东征波斯在即，他没有时间亲自执行自己的愿望，他命令禁卫军长官萨鲁斯特逮捕那些在唱赞美诗方面表现得尤为突出的人，以儆效尤。"详见 Socrates Scholasticus，*The Ecclesiastical History*，trans. and revised with notes by The Rev. A. C. Zenos，in Philip Schaff and Henry Wace，eds.，*A Select Library of Nicene and Post-Nicene Fathers of the Christian Church*（*Second Series*），Vol. Ⅱ，Grand Rapids，Mich.：William B. Eerdmans Publishing Co.，1974，3. 19（p. 226).

③ Julian，"Hymn to King Helios，" 157a—b（p. 431）. 因本书篇幅较长，为便于读者阅读，后文如需引用同段文本则重新摘录，不使用"见上""参上"等标识。

④ 因为《赫颂》篇幅短小、创作时间短暂，所以学界围绕该文存在一种说法：《赫颂》纯粹是朱利安无病呻吟之作，无任何实质性目的。但鉴于朱利安于《赫颂》结尾部分明确表示，创作这篇文章并非徒劳（Julian，"Hymn to King Helios，" 158a〈p. 433〉），且已有数位学者解读过朱利安写作《赫颂》的目的，故笔者不赞同此说法。

早在2009年剑桥大学召开的朱利安皇帝专题研讨会上，学界已经关注到既有研究成果对朱利安本人及其政治作为的解析尚且不足。[①] 新柏拉图主义哲学研究领域的专家狄龙（John Dillon）已然向历史学研究者抛出了橄榄枝："他（朱利安）不是一位伟大的哲学家；他也不会声称自己是。但他并非愚笨之人，理解他为了自己的实际目的如何利用他那个时代的新柏拉图主义是一件相当有吸引力的事情，尽管这是个堂吉诃德式的目的。"[②] 鉴于学界的研究现状和现实需求，本书试图立足4世纪中期罗马帝国的政治局势，以朱利安皇帝为核心研究对象，借助互文理论的分析方式，深入析读《赫颂》以挖掘朱利安写作该颂词的政治目的。此项研究旨在增补学界目前研究朱利安皇帝的薄弱环节——朱利安于《赫颂》中渗透的政治思考，丰富学界对朱利安皇帝及其《赫颂》的整体认知，吸引更多研究者关注且重视朱利安的皇帝身份及其在罗马帝国政治史上所扮演的重要角色。

二、研究基础：文献综述

此项研究依托的核心文献是朱利安的《赫颂》。笔者采用威尔默·凯夫·赖特（Wilmer Cave Wright）所译《朱利安皇帝著作集》中的译文，译文按照希腊文与英译文对照形式编排。截至目前，赖特译本为学界公认收录最全、翻译最准确的英译本，且已被纳入"洛布古典丛书"系列。近些年研究《赫颂》的代表性成果，如《朱利安的〈赫颂〉中的神学》《朱利安的〈赫颂〉：对复杂的新柏拉图主义概念的选择性运用》等均以赖特

---

① 这次会议的论文集于2012年出版，该会议就学界研究现状所作的总结和建议被编订成论文集的序言。详见 N. Baker-Brian and Shaun Tougher, eds., *Emperor and Author: The Writings of Julian the Apostate the Apostate*, pp. XIII—XX。

② John Dillon, "The Theology of Julian's Hymn to King Helios," *Ítaca: Quaderns Catalans de Cultura Clàssica*, Núm. 14—15 (1999), p. 115.

译本为基础展开。[①] 赖特按文本类型将朱利安的演说辞排序成 Oration 1—Oration 8，[②] 这一排序为众多学者所熟悉和共用。有学者直接根据赖特的排序，用 Oration 加数字的形式代称朱利安的作品，如《朱利安皇帝的 Oration 4 中的情欲和友谊》《朱利安的 Oration 7 对神的形象的运用》。[③] 鉴于赖特译本备受学界认可，且曾为特拉普（Michael Trapp）和格林伍德（David Neal Greenwood）所完善。[④] 所以笔者的研究主要依托赖特译本展开，少量参考希腊文校勘本和 1793 年英译本。

《赫颂》全篇约 10000 个希腊语单词，半句、短句与长句交织，以

---

① Andrew Smith, "Julian's Hymn to King Helios: The Economical Use of Complex Neoplatonic Concepts," in *Emperor and Author: The Writings of Julian the Apostate*, pp. 229—235; John Dillon, "The Theology of Julian's Hymn to King Helios," pp. 103—115; Adrian Lecerf, "Iamblichus and Julian's 'Third Demiurge': A Proposition," in Eugene Afonasin, John Dillon and John F. Finamore, eds., *Iamblichus and the Foundations of Late Platonism*, Leiden and Boston: Brill, 2012, pp. 177—201.

② 排序依次是《致君士坦提乌斯二世的赞美诗》《君士坦提乌斯二世的英雄事迹》《致皇后优西比亚的赞美诗》《赫颂》《大母神颂》《致犬儒》《致犬儒赫拉克勒奥斯》《致萨鲁斯特的慰藉》。各演说辞对应的英译名和写作时间如下：①*Panegyric in Honour of Constantius*（356/357）；② *The Heroic Deeds of Constantius*（357/358）；③ *Panegyric in Honour of Eusebia*（357.7）；④*Hymn to King Helios*（362.12）；⑤*Hymn to the Mother of the Gods*（362.3）；⑥*To the Uneducated Cynics*（362.5）；⑦*To the Cynic Heracleios*（362.3）；⑧*Consolation upon the Departure of Sallust*（359）。

③ Mark Masterson, "Erotics and Friendship in Emperor Julian's Fourth Oration," *Scholia*, vol. 19（2010）, pp. 79—110; David Neal Greenwood, "Crafting Divine Personae in Julian's Oration 7," *Classical Philology*, vol. 109, no. 2（2014）, pp. 140—149.

④ 特拉普曾将彼得兹译本、库蒙特译本与赖特译本作比较，鉴别出赖特译本收录的信件中至少有 16 封未必是真迹（Michael Trapp, "The Emperor's Shadow: Julian in His Correspondence," in *Emperor and Author: The Writings of Julian the Apostate*, p. 105）。中世纪信奉基督教的抄工在抄写多神教徒朱利安的作品时基于宗教情感，难免会对其进行删减或改造，具体情况可参考 Stefan Rebenich and Hans-Ulrich Wiemer, eds., *A Companion to Julian the Apostate*, pp. 29—37（Introduction: Approaching Julian）; Arnaldo Dante Momigliano, *Essays in Ancient and Modern Historiography*, Middletown: Wesleyan University Press, 1977, p. 108。赖特译本虽然在校勘本的基础上进一步纠正了拼写错误、缺词少词等问题，但仍然有未尽之处。其中部分漏洞已经在 2016 年被格林伍德所指出和修正（David Neal Greenwood, "Christianizing Translations in the Loeb Editions of Julian and Libanius," *Translation and Literature*, vol. 25, no. 2〈2016〉, pp. 222—227）。

"我将要说的是……"[①] 开头，以"因此，我第三次向赫利俄斯——万有之王祈祷……"[②] 加祈祷内容结尾，文义基本连贯，尚无校勘者发现大面积缺损。故《赫颂》能够被视为一篇独立、完整的文献加以研究。朱利安在《赫颂》中称自己写作的是一篇颂词："但是由于我想写一篇颂词（Hymn）来表达我对这位神（赫利俄斯）的感激，我想这也是在这里尽我所能地讲述这位神的本质的最佳方式。所以我认为这篇演说辞（Discourse）的创作并非徒劳。"[③] 然而古人对体裁的认识和把握有别于今人，"古代世界的神学文本不会只在我们划定的体裁内安静地坐着，它们也没有理由这么做"[④]。公元4世纪时颂词与献给统治者的赞美诗（Panegyric）颇有共通之处。[⑤] 赫利俄斯在《赫颂》中又被称作赫利俄斯王，加之朱利安在《赫颂》中同时称此文为"演说辞"，[⑥] 所以《赫颂》很难被明确划定在一种体裁之内。本书称《赫颂》为颂词时仅为指代，无明确体裁之意。

《赫颂》内容可大致归纳如下：先强调赫利俄斯是管理世界及诸神的赫利俄斯王，后解释赫利俄斯的本质、神力来源、职能、管理世界的方式等，再分析赫利俄斯与宙斯、狄奥尼索斯、荷鲁斯等神的关系，最后论及罗马帝国和罗马人的利益。在论述过程中，朱利安谈及宇宙的运行秩序、诸神的等级体系，以及古希腊、古罗马、古埃及等地的神话，援引过荷马、柏拉图、亚里士多德等数位古典名家的语句。曾有学者据此评价《赫

---

① Julian, "Hymn to King Helios," 130b (p. 353).

② Julian, "Hymn to King Helios," 158b (p. 433).

③ Julian, "Hymn to King Helios," 此处最后一句话的翻译参考1793年英译本的译文"I do not think that misspent my time by the present composition" (Julian, *Two Orations of the Emperor Julian: One to the Sovereign Sun, and the Other to the Mother of the Gods*, p. 110)，即朱利安不认为写作《赫颂》纯属浪费时间。

④ Joseph Azize, *The Phoenician Solar Theology: An Investigation into the Phoenician Opinion of the Sun Found in Julian's Hymn to King Helios*, New Jersey: Gorgias Press, 2005, p. 24。该学者指出，《赫颂》是用散文而非韵文写作，通篇也没有配乐器演奏的痕迹，而且它比早期的赞美诗要长得多，所以《赫颂》不符合古代颂词的基本特征。但将《赫颂》作为整体来研究时，无需过度考虑体裁问题。

⑤ 相关讨论可参见 William D. Furley, "Praise and Persuasion in Greek Hymns," *Journal of Hellenic Studies*, vol. 215 (1995), pp. 29—46。

⑥ Julian, "Hymn to King Helios," 157b (p. 431); 158b (p. 433).

颂》繁杂无序。[1] 但朱利安本人为读者提供了一条重要线索：

> 只要赫利俄斯准许，让我们一起来崇敬杨布里科斯，这位被众神所喜爱的人。因为他是我在这里写下（这些）的源泉。[2]

这句话点出了《赫颂》与杨布里科斯（Iamblichus，250—330）的密切联系。杨布里科斯是3—4世纪罗马帝国著名的新柏拉图主义哲学家，围绕异教诸神的本质、体系、权能等著有《论奥秘》《论灵魂》等多部作品。朱利安与杨布里科斯在身份上最大的区别就是前者的皇帝身份，二人作品间的联系为笔者探究朱利安写作《赫颂》的政治目的提供了一个极佳的突破口。

杨布里科斯关于诸神的叙述集中于《论奥秘》一书，该书遂成为研究《赫颂》最重要的参考文献。笔者采用2003年狄龙等学者合编的《论奥秘》英译本，该译本同样按照希腊文与英译文对照形式编排。[3]《论奥秘》创作于公元280—305年间，杨布里科斯在书中假借埃及先知“阿巴蒙”（Abamon）[4] 之名，于普罗提诺（Plotinus，205—270）太一学说的基础上构建了一个多层次的宇宙体系，以及一个罗马帝国传统神祇与从波斯、埃及等地传来的神祇共存的神话体系。该书还重申了占卜、祭祀、祈祷等异教仪式的价值，强调罗马人应该通过这些仪式寻求诸神的启示。虽然朱利安赞颂的太阳神赫利俄斯在《论奥秘》中并未直接出现，但如《论奥秘》中的段落所示：

> 就像舵手在掌管船舵的同时掌管着船一样，太阳也在卓越地掌管着整个世界。舵手自上而又在后方掌控着一切事物，由他自身发出原

---

① Susanna Elm, *Sons of Hellenism, Fathers of the Church: Emperor Julian, Gregory of Nazianzus, and the Vision of Rome*, Berkeley and Los Angeles: University of California Press, 2012, p. 293.

② Julian, “Hymn to King Helios,” 157d (p. 433).

③ Iamblichus, *De Mysteriis*, trans. by Emma C. Clarke, John Dillon and Jackson P. Hershbell, Atlanta: Society of Biblical Literature, 2003.

④ 查无此词，“阿巴蒙”为笔者自译。

始的第一驱动力。同理但更重要的是，这位神自上发出，也就是由本质而来的第一性原理发出运动产生的初始原因。①

在杨布里科斯笔下，太阳同样是自上而下掌管整个世界的存在，所以杨布里科斯关于太阳的论述可以作为本书研究《赫颂》的参照。已有威特（Rex E. Witt）等学者展开过相关探究，只是普遍以更著名的杨布里科斯为核心研究对象，而非朱利安皇帝。②

除杨布里科斯之外，朱利安还在《赫颂》中表示："这份演说辞，我的朋友萨鲁斯特（Sallustius/Sallust），我至多用三个夜晚就创作了它……我已经冒险把它写下来并送给你。"③ 句中的萨鲁斯特是朱利安的近臣兼挚友，与朱利安同为多神教徒。④ 朱利安曾因萨鲁斯特被君士坦提乌斯二世调离而写作长文《致萨鲁斯特的慰藉》。⑤ 萨鲁斯特著有《论诸神与世界》一书，运用新柏拉图主义阐释多神教诸神的体系及诸神影响世界的方式，回应了当时基督徒对异教的部分攻讦。⑥ 《论诸神与世界》的译者诺克（Arthur Darby Nock）表示，该书实为配合朱利安皇帝宣传古希腊传统而

---

① Iamblichus, *De Mysteriis*, 7.2 (pp. 293—295).

② 论文标题或论文所载书籍的标题显示出既有成果的核心研究对象，例如 Rex E. Witt, "Iamblichus as a Forerunner of Julian," *Entretiens sur L' Antiquité Classique*, vol. 21 (1975), pp. 35—64; Adrien Lecerf, "Iamblichus and Julian's 'Third Demiurge': A Proposition," pp. 177—201。

③ Julian, "Hymn to King Helios," 157b-c (p. 431).

④ 学界就萨鲁斯特的姓名、生卒年及官职存在争议，但基本确定萨鲁斯特是朱利安的挚友兼《论诸神与世界》的作者。相关考证可参见 Sallustius, *Concerning the Gods and the Universe*, trans. and ed. by Arthur Darby Nock, Cambridge: Cambridge University Press, 1926, p. ci (Prolegomena); Emma C. Clarke, "Communication, Human and Divine: Saloustious Reconsidered," *Phronesis*, vol. 43 (1998), pp. 347 — 350; Robert Browning, *The Emperor Julian*, Berkeley: University of California Press, 1976, pp. 77; pp. 139—140; Arnold Hugh Martin, J. R. Martindale and J. Morris, *The Prosopography of the Later Roman Empire*, Vol. Ⅰ, Cambridge: Cambridge at the University Press, 1971, pp. 814—817。

⑤ Julian, "Consolation upon the Departure of Sallust," *in The Works of the Emperor Julian*, Vol. Ⅱ, 240a—252d (pp. 163—197).

⑥ Sallustius, *Concerning the Gods and the Universe*.

撰，萨鲁斯特在书中曾多次借用朱利安对古希腊神话的释义。[①] 学界亦常有学者在研究《赫颂》时参考《论诸神与世界》。[②] 故该书可为笔者析读《赫颂》提供旁证，太阳在《论诸神与世界》亦多次出现。[③]

朱利安使用古希腊神名赫利俄斯，此举大抵与其个人经历和现实需求相关。他本人遗留的史料是探究《赫颂》的创作背景，以及《赫颂》与罗马帝国现实政治间关系的一手史料。但自从被奥古斯丁等基督教学者批为"叛教者"之后，朱利安的作品便因违背基督教精神，相继被狄奥多西二世（Theodosius Ⅱ，401－450）、查士丁尼一世（Justinian the Great，482－565）下令焚毁。朱利安在位期间颁布的法令也多被后世皇帝剔除。[④] 遗存至今的文字史料主要包括八篇演说辞、致雅典人的长信、致哲人泰米斯提乌斯（Themistius，317－388）的长信、一部神话《凯撒篇》、一篇讽喻性质的短文《厌胡者》、数封信件及少量法令。另有一篇朱利安批判基督徒的作品《反加利利人篇》，[⑤] 原稿业已丢失。但同时代亚里山大里亚主教西里尔（Cyril of the Alexandria）著有《驳朱利安》一文，逐句驳斥《反加利利人篇》。[⑥] 1890 年有学者从《驳朱利安》中辑佚出《反加利利人

---

① Sallustius，*Concerning the Gods and the Universe*. pp. xcvi-ci（Prolegomena）。《赫颂》的译者赖特亦提及萨鲁斯特与朱利安二人作品之间的联系，他写道："维拉莫维兹（Wilamowitz）认为，这本书是对朱利安的《赫颂》的正面补充。"（Julian，"Hymn to King Helios，" p. 351〈Introduction to Oration Ⅳ〉）笔者未能找到维拉莫维兹的原句。

② 如 Josef Lössl，"Sallust in Julian of Aeclanum，" *Vigiliae Christianae*，vol. 58，no. 2（2004），pp. 179－202；Mark Masterson，"Erotics and Friendship in Emperor Julian's Fourth Oration，" pp. 79－110。

③ 原句为："宇宙本身必须是不会衰败的，不被创造的，永不朽坏的……神永远是好的，宇宙永远存在，就像光伴随着太阳和火焰存在。"（Sallustius，*Concerning the Gods and the Universe*，Ⅶ〈p. 15〉）

④ 朱利安相关史料的传承和留存情况可参考 Stefan Rebenich and Hans-Ulrich Wiemer，eds.，*A Companion to Julian the Apostate*，pp. 29－37（Introduction：Approaching Julian）；Shaun Tougher，*Julian the Apostate*，Edinburgh：Edinburgh University press，2007，pp. 3－11。

⑤ "加利利人"是朱利安对基督徒的蔑称，源于基督教的先知耶稣出生于加利利的拿撒勒（Nazareth）。

⑥ Cyril of the Alexandria，"Against Julian，" in Norman Russell，trans. and ed.，*Cyril of the Alexandria*，London and New York：Routledge，2000，509a－776a（pp. 190－203）.

篇》的大部分内容。

在朱利安作品的搜集与整理方面，据后世学者考证，现存最古老的13/14世纪抄本由莱顿（Leiden）收集、整理，后经柯拉蒙斯（Athanasios Papadopoulos-Kerameus）补充成型。① 1875—1876年间托伊布纳（Teubner）的《朱利安皇帝著作集》校勘本问世。② 1924－1932年彼得兹（Joseph Bidez）出版希腊文—法文对照式校勘本。③ 1913年赖特以托伊布纳校勘本为原型，出版两卷希腊文—英文对照式注释本，1923年又增补以信件为主的第三卷。赖特译本即此次研究采用的《朱利安皇帝著作集》。

《朱利安皇帝著作集》收录的诸作品中，《凯撒篇》写于362年12月、《厌胡者》写于363年初、《反加利利人篇》写于362年底或363年初。以上三部作品的写作时间与《赫颂》最为接近，且大概率写于同一城市安条克。故研究《赫颂》时，这三部作品的参考价值最大，其余作品亦可作为补充；在诸信件中，写作于361年11月之后，即朱利安继位之后的信件更能反映他担任皇帝期间的现实处境和政治需求，是梳理《赫颂》写作背景的重要参照，其余信件亦可作为补充。

除文字史料外，与朱利安相关的实物史料主要包括他统治期间发行的钱币和罗马各城市赞颂他的铭文。1895年加德纳（Alice Gardner）版本的

---

① Walter Woodburn Hyde, "The Emperor Julian," *The Classical Weekly*, vol. 37, no. 3 (1943), p. 27.

② Wilhelm Koch, ed., *Kaiser Julian, der Abtrünnige: Seine Jugend und Kriegsthaten bis zum Tode des Kaisers Constantius (331 – 361)*, Leipzig: Verlag von B. G. Teubner, 1899.

③ Julian, *L'Empereur Julien (Œuvres Complètes): Texte établi et traduit par Joseph Bidez*, Paris: Belles lettres, 2003.

朱利安传记收录有大部分实物史料的图片。① 20世纪学界有所补充。② 至21世纪，刘南强（Samuel N. C. Lieu）等学者将与朱利安相关的实物史料汇总编订成史料集。③ 朱利安在位期间发行过印有太阳神神像的钱币，有助于笔者理解《赫颂》中赫利俄斯的形象。这一时期的铭文则显示出罗马民众对朱利安及其《赫颂》的态度。此外，《狄奥多西法典》第3卷、第16卷存有少量朱利安统治期间颁布的法令，拜因斯（T. D. Barnes）等学者已摘录并整理。④ 经由这些法令可获悉朱利安写作《赫颂》期间的政治作为。

除朱利安本人遗留的史料之外，公元4—5世纪史家的论著为后世学者研究该皇帝提供了丰富的二手史料：尤特罗庇乌斯（Eutropius，? 320—387）著《罗马国史大纲》（*The Breviarium ab Urbe Condita of Eutropius*/

---

① Alice Gardner，*Julian：Philosopher and Emperor and the Last Struggle of Paganism against Christianity*，New York and London：G. P. Putnam's Sons，1895.

② 20世纪后发掘出一批与朱利安相关的实物史料，释读既有史料的成果也有所增加。现列举部分代表性成果如下：J. P. C. Kent，"An Introduction to the Coinage of Julian the Apostate（A. D. 360—3），" *The Numismatic Chronicle and Journal of the Royal Numismatic Society*（*Sixth Series*），vol. 19（1959），pp. 109—117；F. D. Gilliard，"Notes on the Coinage of Julian the Apostate，" *Journal of Roman Studies*，vol. 54（1964），pp. 135—141；David Neal Greenwood，"Five Latin Inscriptions from Julian's Pagan Restoration，" *Bulletin of the Institute of Classical Studies*，vol. 57，no. 2（2014），pp. 101—119。但或因统治时间过短，与朱利安相关的实物史料数量十分有限。且托格研究发现，朱利安在位期间所发行钱币的图案可能兼具多重含义，学界既有的解析尚且不足，详见 Shaun Tougher，"Julian's Bull Coinage：Kent Revisited，" *The Classical Quarterly*，vol. 54（2014），pp. 327—330。基于现有实物史料数量甚少且解析不足的情况，本书对实物史料的运用也较少。

③ A. D. Lee，*Pagans and Christians in Late Antiquity：A Sourcebook*，London and New York：Routledge，2000，pp. 94—110；Samuel N. C. Lieu and Dominic Montserrat，*From Constantine to Julian：Pagan and Byzantine Views*（*A Source History*），London and New York：Routledge，1996.

④ 详见 T. D. Barnes，"A Law of Julian，" *Classical Philology*，vol. 60（1974），pp. 288—291；Shaun Tougher，"Theodosian Code，" in *Julian the Apostate*，pp. 102—107。法令原文可参考 Clyde Pharr，et al.，*Theodosian Code and Novels*，trans. by Clyde Pharr，N. J.：The Law Book Exchange，Ltd.，2012。

Abridgment of Roman History），其中 10. 14－17 围绕朱利安展开；[1] 朱利安的近臣兼挚友阿米安努斯（Ammianus Marcellinus，330－392），信仰多神教，[2] 用拉丁文著《晚期罗马帝国史》（*Res Geastae/History*），共计 31 卷，现仅存后 18 卷，囊括公元 353－378 年间罗马帝国的历史，其中第 22－25 卷围绕朱利安展开；[3] 另一位信仰多神教的史家佐西莫斯（Zosimus，? －? 510）用希腊语著《罗马新史》，其中第 3 卷围绕朱利安展开。[4] 同时代基督教史家苏克拉底斯（Socrates，? 379－? 440）著《教会史》，其中第 3 卷围绕朱利安展开；[5] 另一位基督教史家索佐门（Sozomen，? 400－? 450）也著有一部《教会史》，记叙公元 324－443 年间罗马帝国的历史，其中第 5－6 卷围绕朱利安展开。[6]

以上五位史家中，阿米安努斯与朱利安的关系最为密切，堪称朱利安统治阶段的全程目击者。且他记载朱利安所用篇幅最多，在记叙过程中受宗教情绪影响较小。[7] 《晚期罗马帝国史》一书因此被蒂莫西・巴恩斯

---

① Eutropius，*The Breviarium ab Urbe Condita of Eutropius*，trans. by H. D. Bird，Liverpool：Liverpool University Press，2011，10. 14－17（pp. 68－70）.

② 阿米安努斯的宗教信仰类型一度悬而未决。直至 1998 年，蒂莫西・巴恩斯发现阿米安努斯在著述时大量使用"Hellenes"一词称呼多神教徒，而"Hellenes"一般为异教徒所使用，由此证实了阿米安努斯的异教徒身份。详见 T. D. Barnes，*Ammianus Marcellinus and the Representation of Historical Reality*，Ithaca，New York：Cornell University Press，1998，p. 79。

③ Ammianus Marcellinus，*History*，Vol. Ⅰ－Ⅲ，trans. by John C. Rolfe，Cambridge and Mass.：Harvard University Press and London：W. Heinemann，1940－1952，pp. 188－473.

④ Zosimus，*New History*，trans. by Ronald T. Ridley，Canberra：Australian Association for Byzantine Studies，University of Sydney，1982，pp. 49－71.

⑤ Socrates Scholasticus，*The Ecclesiastical History*，3. 1－3. 23（pp. 195－237）.

⑥ Sozomen，*The Ecclesiastical History*，trans. by and revised Chester D. Hartranft，in Philip Schaff and Henry Wace，eds.，*A Select Library of Nicene and Post－Nicene Fathers of the Christian Church*（*Second Series*），Vol. Ⅱ，Grand Rapids，Mich.：William B. Eerdmans Publishing Co.，1974，5. 11－6. 2（pp. 704－771）.

⑦ 《晚期罗马帝国史》中甚少有直接攻击基督教的文字。阿米安努斯提倡以温和的方式对待基督徒，且他虽然推崇朱利安皇帝，但对其部分做法亦持批判态度。详见 Ammianus，*The Later Roman Empire*（*AD 354－378*），21. 16. 8－18（pp. 179－185）。

（Timothy Barnes）等学者视为研究公元4世纪罗马帝国历史的权威史料。[①] 故该史书是本书所述历史事实的主要来源，正文中未标注文献出处的历史事件均出自此书。[②]

在研究《赫颂》的参考价值方面，写作时间稍晚的《罗马新史》次之。虽然有学者认为佐西莫斯著述时受宗教情绪影响颇大。[③] 但该书译者瑞德雷（Ronald T. Ridley）针对第3卷的内容表示："在许多方面，此篇都是整本书里最为特别的一卷，因为它将异教英雄（朱利安）描绘成了一位战士、一位罗马的亚历山大大帝。尽管在宗教上，朱利安的短暂统治是至关重要的，可这里却只有少到不能再少的内容影射了他的宗教政策（3.9.4）并极其粗略地提及了他的诸多改革（3.11）。"[④] 笔者计划从政治角度研究朱利安，从《罗马新史》中选用的也主要是政治方面的记载，可信度较高。

两部《教会史》的公正性和客观性亦颇受学界认可。只是鉴于苏克拉底斯的生活年代距离朱利安更近，且学界素有观点称索佐门的《教会史》

---

① T. D. Barnes, *Ammianus Marcellinus and the Representation of Historical Reality*, pp. 183 — 184; E. A. Thompson, *The Historical Work of Ammianus Marcellinus*, Cambridge: Cambridge University Press, 1947; Jan Willem Drijvers and David Hunt, *The Late Roman World and Its Historian: Interpreting Ammianus Marcellinus*, London and New York: Routledge, 1999, pp. 17—28.

② 本书附录二《朱利安大事记》中的历史事件多为阿米安努斯所记载，且被近些年出版的多部朱利安传记普遍收录。详见 Robert Browning, *The Emperor Julian*, pp. 242—243 (Table of Dates); H. C. Teitler, *The Last Pagan Emperor: Julian the Apostate and the War against Christianity*, pp. 145 — 146 (Chronological Outline); Shaun Tougher, *Julian the Apostate*, pp. 178—179 (Chronological)。综合看来，这些事件已然上升成朱利安研究领域中的常识。所以笔者在写作过程中省略了对部分常识性历史知识的注释和解释。

③ Chris H. Knights, "'The Story of Zosimus' or 'The History of the Rechabites'?" *Journal for the Study of Judaism in the Persian, Hellenistic, and Roman Period*, vol. 24, no. 2 (1993), pp. 235 — 245; Constantin Daicoviciu, *The Ancient Civilization of Romania*, London: Barrie and Jenkins, 1971, p. 115.

④ Zosimus, *New History*, p. 187 (Commentary).

基本仿写自苏克拉底斯。[①] 所以同等条件下笔者优先选用苏克拉底斯的记载。两部多神教徒和两部基督徒撰写的史书互为补充，基本能够理清朱利安统治时期的历史。尤特罗庇乌斯的宗教信仰尚不明朗，其《罗马国史大纲》属纲要类史书，书名首个单词“Breviarium”即“概要”之意，于研究朱利安皇帝能提供一些年代信息和大事记。

综上，此次研究将以朱利安的《赫颂》为核心文献，以被朱利安称为《赫颂》写作源泉的《论奥秘》为参照，结合朱利安本人遗留的一手史料和阿米安努斯等同时代史家遗留的二手史料，辅以萨鲁斯特、利巴尼乌斯等同时期学者的言论，[②] 立足史实探究朱利安写作《赫颂》的政治目的。

三、国内外研究综述

本书的研究核心是朱利安皇帝的《赫颂》，在梳理与《赫颂》相关的研究成果之前，有必要简单回顾学界研究朱利安的历程。因为被奥古斯丁等基督教学者定为“叛教者”，朱利安的作品长期被基督教封禁，直到 9

① Gabriele Marasco and Hartmut Leppin, eds., *Greek and Roman Historiography in Late Antiquity*, Leiden: Brill, 2003, pp. 219 — 254; Eran I. Argov, “A Church Historian in Search of an Identity: Aspects of Early Byzantine Palestine in Sozomen’s Historia Ecclesiastica,” *Zeitschrift fur Antikes Christentum*, vol. 9 (2005), pp. 367—396.

② 利巴尼乌斯是朱利安的老师，终身信仰多神教，曾在 361—363 年间与朱利安有频繁的信件往来，为朱利安皇帝的政治统治出谋划策；格里高利在公元 362—363 年间写下两篇批评朱利安的文章，借以表达基督徒对朱利安统治的不满；亚历山大里亚的西里尔撰写《驳朱利安》一文，表达基督徒尤其基督教上层人士对朱利安的不满。以上三位学者虽非历史学家，但他们的作品均能为研究朱利安提供一些历史信息，故间或被笔者用作补充或旁证。具体参考文献如下：Julian, Gregory Nazianzen and Libanius, *Julian the Emperor Containing Gregory Nazianzen’s Two Invectives and Libanius’ Monody with Julian’s Extant Theosophical Works*; Libanius, “The Antiochikos,” in *Antioch as a Centre of Hellenic Culture as Observed by Libanius*, trans. by Albert Francis Norman, Liverpool: Liverpool University Press, 2000; Cyril of the Alexandria, “Against Julian,” 509a—776a (pp. 190—203).

世纪才被重新提及，在启蒙时代因独具反叛精神备受追捧。① 爱德华·吉本即其中代表，他亦是最早研究朱利安的历史学家。② 1890 年德·梅列日科夫斯基（Dmitri Mérejkowski，1865—1941）著《诸神之死》，1901 年易卜生（Henrik Ibsen，1828—1906）著《皇帝与加利利人》。③ 两部以朱利安为原型的历史戏剧大幅提高了他在欧洲的知名度，历史学界对其关注日盛。

（一）罗马皇帝朱利安研究概况

20 世纪上半叶历史学家的工作集中在朱利安作品的翻译和生平介绍两个方面，陆续推出德语、法语等译本和一批朱利安传记。④ 这些早期成果的关注点聚焦在朱利安的宗教观和宗教政策上。⑤ 诚如托格（Shaun Tougher）所言："不可回避的问题是，为什么朱利安一直受到如此持续的关注？答案显然是宗教。"⑥

1965 年克吉（Walter Emil Kaegi）发表《"叛教者"朱利安研究综述

---

① 启蒙时代的学者大多将朱利安视作与基督教教权抗衡的理性化身，如伏尔泰曾表示："如果说有人可望中兴帝国，或者至少是推迟其灭亡，那么此人便是尤利安皇帝。"（伏尔泰著，梁守锵译：《风俗论》，北京：商务印书馆 2006 年版，第 346 页）孟德斯鸠也认为："在他（朱利安）之后，也没有一个君主比他更配做人类的统治者。"（孟德斯鸠著，张雁深译：《论法的精神·下册》，北京：商务印书馆 1995 年版，第 145 页）

② 爱德华·吉本著，席代岳译：《罗马帝国衰亡史》，第 2 卷，长春：吉林出版集团有限责任公司 2008 年版，第 81—299 页。

③ Dmitri Mérejkowski, *The Death of the Gods*, trans. by Herbert Trench, New York and London: G. P. Putnam's Sons, 1901; Henrik Ibsen, *Emperor and Galilean: A World-historic Drama*, New York: Scribner and Welford, 1890.

④ 如 Dmitry Sergeyevich Merezhkovsky, *Julian the Apostate*, trans. by Charles Johnston, Philadelphia: Henry Altemus Company, 1899; Gaetano Negri, *Julian the Apostate*, trans. by The Duchess Litta-Visconti-Arese, London: T. Fisher Unwin, 1905; Alice Gardner, *Julian, Philosopher and Emperor*, New York: G. P. Putnam's sons, 1906。

⑤ 关于 1965 年以前研究成果的总结可参见 André Piganiol, "L' Empire Chrétien (325—395)," in G. Glotz, ed., *Histoire Générale*, Vol. Ⅳ, Part. 2, Paris: UNESCO Publishing, 1947, pp. 110—145; Walter Emil Kaegi, "Research on Julian the Apostate 1945—1964," *The Classical World*, vol. 58, no. 8 (1965), pp. 229—230。

⑥ Shaun Tougher, *Julian the Apostate*, p. 3.

(1945—1964)》，梳理了前 20 年的研究成果，肯定了彼得兹校勘本的权威性。[①] 20 世纪中期朱利安相关文献的翻译和校勘工作基本完成，朱利安生平的普及工作也基本结束。[②] 或因文献充足且史实清晰，朱利安之名开始在琼斯等著名史家的通史类作品中出现。[③] 朱利安的宗教观及其宗教政策依然是学界研究他的重心。但已有汤普森（E. A. Thompson）等学者开始探究朱利安的政治举措、军事成就、文学素养等，还引入实物史料作为文字史料的补充。[④]

1970 年后学界对朱利安的研究热情持续升高，用英语写就的论著数量持续增加。在朱利安的宗教观继续受学界关注的同时，其哲学观俨然上升成新的关注点。"朱利安与希腊主义""朱利安与新柏拉图主义""朱利安与基督教哲学"等专题研究相继展开。[⑤] 且朱利安的哲学思想与宗教政策被越来越密切地联系起来。[⑥] 对此，丁格尔代因（Laura B. Dingeldein）表

---

① Walter Emil Kaegi，"Research on Julian the Apostate 1945—1964，" pp. 229—238.

② 相较于之前的传记频出，1960—1970 年间仅有一部朱利安传记问世（Giuseppe Ricciotti，*Julian the Apostate*，Milwaukee：The Bruce Publishing Company，1960）。

③ 详见 Arnold Hugh Martin Jones，*The Later Roman Empire，284 — 602：A Social，Economic and Administrative Survey*，Vol. Ⅰ，pp. 119 — 124；pp. 136 — 137；A. A. Vasiliev，*History of the Byzantium Empire，324 — 1453*，Vol. Ⅰ，Madison：University of Wisconsin Press，1958，pp. 65—78。

④ E. A. Thompson，"The Emperor Julian's Knowledge of Latin，" *The Classical Review*，vol. 58，no. 2（1944），pp. 49—51；Glanville Downey，"Philanthropia and Statecraft in the Fourth Century after Christ，" *Historia*，vol. 4（1955），pp. 199—208.

⑤ 代表性成果如 Susanna Elm，*Sons of Hellenism，Fathers of the Church：Emperor Julian，Gregory of Nazianzus，and the Vision of Rome*；J. Schwartz，"Gallus，Julian and Anti-Christian Polemic in Pesikta Rabbati，" *Theologische Zeitschrift*，vol. 46（1990），pp. 1—19；F. Curta，"Atticism，Homer，Neoplatonism，and Fürstenspiegel：Julian's Second Panegyric on Constantius，" *Greek，Roman，and Byzantine Studies*，vol. 36（1995），pp. 177—211；Adrian Murdoch，*The Last Pagan：Julian the Apostate and the Death of the Ancient World*。

⑥ 代表性成果如 Rowland Smith，*Julian's Gods：Religion and Philosophy in the Thought and Action of Julian the Apostate*；Eirini Artemi，"Cyril of Alexandria and Julian the Emperor in Dialogue for the Ancient Greek Philosophy and Paganism，" *Diakrisis Yearbook of Theology and Philosophy*，vol. 3（2020），pp. 101—114。

示，二者间极其复杂的关系已然成为几十年来学者们研究的又一个关键点。①

2009 年 7 月布里昂（Nicholas Baker－Brian）与托格组织召开“皇帝与作家”专题研讨会。② 该会议总结出朱利安既有研究成果的三个问题：一是仍然局限在宗教和哲学领域，对政治、军事等方面的探究不够充分；二是对朱利安传世作品的解析不足，往往视之为解读其他历史文献的参照系；③ 三是习惯将朱利安视为古典作品的读者，甚少将其以作者身份放到研究的中心位置。基于以上问题，会议号召学者突破狭隘、孤立的研究视角，重视朱利安的作者身份和作品本身，积极开发新思路、新材料，注意将朱利安及其作品置于晚期罗马帝国的大背景下展开探究。

这次会议结束后，2013－2020 年从政治角度研究朱利安皇帝的成果有

---

① Laura B. Dingeldein, “Julian's Philosophy and His Religious Program,” in Nathaniel P. DesRosiers and Lily C. Vuong, eds., *Religious Competition in the Greco-Roman World*, Atlanta: Society of Biblical Literature Press, 2016, p. 119.

② N. Baker－Brian and Shaun Tougher, eds., *Emperor and Author: The Writings of Julian the Apostate the Apostate*, pp. XIII－XX.

③ 此处提供两篇论文作为例证：J. L. Hilton, “The Sphragis of Heliodoros, Genealogy in the Aithiopika, and Julian's Hymn to King Helios,” *Ágora: Estudos Clássicos em Debate*, Núm. 14 (2012), pp. 195－220; Adrien Lecerf, “Iamblichus and Julian's ‘Third Demiurge’: A Proposition,” pp. 177－201。

所增加。① 国内学者也积极响应学界号召。② 例如，刘衍钢以朱利安之死为例分析 4 世纪基督教与多神教的历史叙述之争。③ 王遥以《凯撒篇》为基础讨论朱利安的政治构想。④ 疏会玲以朱利安重建犹太教圣殿事件为切入点，考察古代晚期不同宗教势力之间相互博弈的历史关系。⑤ 国内外针对朱利安的研究都在向全方位、多元化、深入化的方向发展。那么就朱利安写作《赫颂》的目的，学界已存在哪些论点？

相较朱利安的另外 7 篇演说辞，《赫颂》受到的关注较少。截至目前仅有 1 部英文专著和 18 篇论文围绕《赫颂》展开，18 篇论文中仅 12 篇用英文写就。基于内容考虑，《赫颂》既可看作宗教文本或哲学文本，又可看作一篇文学文本或历史文本。毕竟体裁未必是排他性的，一部文献可能

---

① 代表性成果如 Simon Swain, ed., *Themistius, Julian, and Greek Political Theory under Rome: Texts, Translations, and Studies of Four Key Works*, Cambridge and England: Cambridge University Press, 2013; Jeremy J. Swist, "Prosecuting Epicurus in the Emperor Julian's Court: A Reading of Himerius Oration 3," *Journal of Late Antiquity*, vol. 10, no. 1 (2017), pp. 221 — 249; Nicholas Baker-Brian and Shaun Tougher, eds., *The Sons of Constantine, AD 337 — 361: In the Shadows of Constantine and Julian*, Cham, Switzerland: Palgrave Macmillan, 2020。

② 国内学者对朱利安皇帝的关注自 20 世纪末开始。1986 年朱庭光首次在论著中提及朱利安皇帝，原句是"尼西亚会议后，基督教除在罗马皇帝朱里安（361—363）执政期间受到暂时压制外，得到了长足的发展"（朱庭光：《外国历史大事集（古代部分第一分册）》，重庆：重庆出版社 1986 年版，第 628 页）。1997 年，梁作檊评述朱利安模仿基督教内部建制改造多神教的做法，使多神教变成了"非驴非马的怪物"（梁作檊：《罗马帝国与汉晋帝国衰亡史》，广州：广东高等教育出版社 1997 年版，第 328 页）。同类型成果还可参见徐家玲：《走进拜占庭文明》，北京：民主与建设出版社 2001 年版，第 14—17 页、第 160—167 页；陈志强：《独特的拜占廷文明》，北京：中国青年出版社 1999 年版，第 281 页；王晓朝：《罗马帝国文化转型论》，北京：社会科学文献出版社 2002 年版，第 176 页。以上成果多为通史类论著，于朱利安个人着墨不多，且主要关注朱利安的宗教政策。

③ 刘衍钢：《历史叙述之争与西方史学发展的波动：论尤里安之死》，《历史研究》2017 年第 5 期，第 125—145 页。

④ 王遥：《"叛教者"的政治构想—朱里亚努斯对罗马诸王的评述》，《世界宗教文化》2017 年第 4 期，第 150—157 页。

⑤ 疏会玲：《论尤利安重建犹太教圣殿之迷思》，《古代文明》2020 年第 2 期，第 43—52 页。

同时属于几种体裁。[①] 但如阿西塞（Joseph Azize）所言："在某种程度上，每位学者的写作都是在关于体裁的假设下展开的，尽管这是不可取的——但这是必要的。"[②] 相应的，有必要从宗教、哲学、政治三个角度分别梳理既有学术成果。

（二）从宗教角度研究《赫利俄斯王颂》的概况

朱利安于《赫颂》开篇对全文内容做如下简述：

> 那么我的赞颂方式应该是什么？难道这不是显而易见的吗？如果我描述他的实质和起源，他的权力和能量，包括可见的和不可见的，以及他赐给所有世界的载着祝福的礼物，那我就能创作一篇完全不会令这位神不愉快的赞颂。说了这些，那么让我开始吧。[③]

因为《赫颂》大部分内容都在赞美太阳神赫利俄斯，而赫利俄斯隶属古希腊神话中的提坦神系，常见于《神谱》和《荷马史诗》。[④] 所以《赫颂》长期被囊括在朱利安复兴多神教的策略之内。1913 年赖特在翻译时便指出，《赫颂》仍旧在宣扬传统的希腊－罗马式宗教理念。[⑤] 1925 年瓦西列夫（A. A. Vasiliev）表示："他（朱利安）的宗教哲学思想可简化为一种信仰……朱利安把他所有的注意力都集中于居中的理智性的太阳之上。他称之为'赫利俄斯'并崇拜他。尽管朱利安怀有复兴多神教的热情，但他也明白复兴多神教困难重重。"[⑥]

---

① Tremper Longman Ⅲ，*Fictional Akkadian Autobiography：A Generic and Comparative Study*，Winona Lake：Eisenbrauns，1991，pp. 15－17.

② Joseph Azize，*The Phoenician Solar Theology：An Investigation into the Phoenician Opinion of the Sun Found in Julian's Hymn to King Helios*，p. 19.

③ Julian，"Hymn to King Helios，" 132b－c（pp. 357－359）.

④ 赫西俄德著，张竹明、蒋平译：《神谱》，北京：商务印书馆 2018 年版，370－375（第 39 页）；荷马著，王焕生译：《荷马史诗·奥德赛》，北京：人民文学出版社 2003 年版，12. 260－450（第 230－237 页）。

⑤ Julian，"Hymn to King Helios，" pp. 350－351（Introduction to Oration Ⅳ）.

⑥ A. A. Vasiliev，*History of the Byzantium Empire*，Vol. Ⅰ，pp. 29－34.

虽然有学者认为朱利安的宗教信仰十分特殊,[①] 但罗兰·史密斯（Rowland Smith）主张，朱利安的宗教观和哲学观相对于他那个时代富有文化的多神教徒而言并无异常，仍旧立足于传统的多神教;[②] 2009 年“皇帝与作家”专题研讨会召开时，传统观点仍作为主要观点之一被重申：“它们（《赫颂》和《大母神颂》）可以说是朱利安为他试图复兴的多神教所做的系统性辩护，朱利安正在为多神教做着（尽管他的方式更理智化和学术性）昔日君士坦丁一世（Constantine the Great，272/280—337）在他的《献给圣徒的演说辞》里曾为基督教做过的事情。”[③]

然而朱利安笔下的赫利俄斯是统治理智诸神的赫利俄斯王。[④]《荷马史诗》与《神谱》中的众神之王是宙斯。相较于奥林匹斯十二主神，赫利俄斯居于“小神”[⑤] 地位。如布尔内特（John Burnet）所言：“没有任何一个雅典人会崇拜赫利俄斯或塞勒涅，但是他可能会认为他们是神，因为赫利俄斯是罗德岛（Rhode Island）的大神。”[⑥] 也就是说，朱利安笔下的赫利俄斯显著区别于古希腊神话中的赫利俄斯。一众学者开始探究，朱利安究竟借赫利俄斯之名赞美哪一位神。

因《赫颂》中的赫利俄斯形象，与当时流行于罗马帝国的波斯太阳神密特拉（Mithras）相似度颇高，且朱利安曾在和《赫颂》同月同地写作的《凯撒篇》中表示：“‘至于你（朱利安）’，赫尔墨斯对我说：‘我已将你父亲密特拉的知识传授予你……当你必须离开这个世界时，你可以怀着美好的希望，选择他作为你的守护神。’”[⑦] 这句话与《赫颂》开篇那句“我

---

① Vasiliki Limberis, “‘Religion’ as the Cipher for Identity: The Cases of Emperor Julian, Libanius, and Gregory Nazianzus,” p. 378.

② *Rowland Smith, Julian's Gods: Religion and Philosophy in the Thought and Action of Julian the Apostate.* pp. 219—223.

③ J. H. W. G. Liebeschuetz, “*Julian's Hymn to the Mother of Gods: The Revival and Justification of Traditional Religion*,” p. 214.

④ Julian, “Hymn to King Helios,” 151a (p. 413).

⑤ James A. Notopoulos, “Socrates and the Sun,” *The Classical Journal*, vol. 12, no. 8 (1922), p. 265.

⑥ John Burnet, *Plato's Euthyphro, Apology of Socrates and Crito*, Oxford: Oxford University Press, 1924, p. 111.

⑦ Julian, “The Caesars,” 336c (p. 415).

是赫利俄斯王的追随者”[①] 颇具对应色彩。所以 1913 年译者赖特称，朱利安写作《赫颂》其实旨在赞美密特拉。[②] 该观点一度得到密特拉教研究者的认同。[③] 目前在国内仍居主流地位。[④]

但 1975 年楚尔坎（Robert Turcan）提出，朱利安并非密特拉教教徒，至少目前尚没有足够的证据证明他是。[⑤] 楚尔坎的论证很快被阿塔纳西阿德（Polymnia Athanassiadi）反驳，她认为楚尔坎有意忽略了一些不利于其观点的定论和史料，他最关键的论据仅仅是朱利安不曾发行过印有密特拉像的钱币。[⑥] 阿塔纳西阿德还进一步表达了自己的看法：朱利安用密特拉的特征搭建了一个神学背景，以便从这个背景里寻找一个合适的位置，来安放他真正想要赞颂的赫利俄斯。[⑦] 1992 年，阿塔纳西阿德又对自己的观点加以修正：“我过分强调了朱利安的‘密特拉主义’（Mithraism）……通过令他过分倾向密特拉的崇拜，我可能已经歪曲了朱利安宗教信仰的平衡。”[⑧] 2003 年《密特拉教与朱利安的〈赫利俄斯王颂〉和〈大母神颂〉》一文总结了既有研究成果，指出学者们在《赫颂》中刻意寻找朱利安赞美或信仰密特拉的证据，这一做法本身就欠缺合理性。因为朱利安所

---

① Julian, “Hymn to King Helios,” 130b (p. 353)。参考 1793 年英译本的翻译“for I am an attendant of the sovereign Sun”可知，朱利安想借这句话表达他自己是赫利俄斯的追随者、侍者、仆人的含义。详见 Julian, *Two Orations of the Emperor Julian: One to the Sovereign Sun, and the Other to the Mother of the Gods*, p. 4。笔者译为“追随者”。

② Julian, “Hymn to King Helios,” p. 349 (Introduction to Oration Ⅳ).

③ R. L. Gordon, “Franz Cumont and the Doctrines of Mithraism,” in John R. Hinnells, ed., *Mitheaic Studies*, Manchester: Manchester University Press, 1975, pp. 215－248.

④ 王遥：《“叛教者”的政治构想—朱里亚努斯对罗马诸王的评述》，第 150－157 页；马勇：《尤利安文选》，北京：华夏出版社，2017 年版，第 57 页。

⑤ Robert Turcan, *Mithras Platonicus: Recherches Sur L' Hellenisation Philosophique de Mithra*, Leiden: Brill, 1975, pp. 105－128.

⑥ Polymnia Athanassiadi, “A Contribution to Mithraic Theology: The Emperor Julian's Hymn to King Helios,” p. 360 (n. 3).

⑦ Polymnia Athanassiadi, “A Contribution to Mithraic Theology: The Emperor Julian's Hymn to King Helios,” pp. 360－371.

⑧ Polymnia Athanassiadi, *Julian: An Intellectual Biography*, New York: Routledge, 1992, p. xiv.

赞颂的赫利俄斯可能只是一个虚拟的代号，代号背后的指向十分复杂，且未必对应着某位在现实中被崇拜的神。[①] 至此，赫利俄斯与密特拉之间的等式告破，取而代之的是一种复杂的联系。

赫利俄斯除被推论为波斯太阳神密特拉之外，在2008年还被丹尼斯·克拉克（D. C. Clark）推论为古埃及的太阳神阿蒙（Amun）。丹尼斯·克拉克的论据有二：一是杨布里科斯的既有论述被朱利安称为《赫颂》的源泉。已知杨布里科斯从古埃及神话体系中引入阿蒙神作为《论奥秘》里的众神之王，则朱利安大概率承袭了杨布里科斯的做法；二是朱利安笔下的赫利俄斯的特征，如在诸神中占据最崇高的地位、拥有驾驭世界的神力、以太阳天体的方式呈现等，与阿蒙神高度契合。[②] 但鉴于《密特拉教与朱利安的〈赫利俄斯王颂〉和〈大母神颂〉》一文结论的不确定性，以及学界就《论奥秘》里的众神之王是否为阿蒙神争议颇多，[③] 可推测赫利俄斯与阿蒙神之间大抵也是一种复杂的联系而非等同。

相较于朱利安为复兴传统多神教而写作《赫颂》的论点，自21世纪开始，一种对3—4世纪罗马帝国多神教更为复杂的认识——“异教一神

---

① Václav Ježek，“Mithraism and Julian’s Hymns to King Helios and to the Mother of Gods，” pp. 140—149.

② D. C. Clark，“Iamblichus’ Egyptian Neoplatonic Theology in *De Mysteriis*，” *The International Journal of the the Platonic Tradition*，vol. 2（2008），pp. 164—205.

③ 杨布里科斯在《论奥秘》里称呼众神之主为“Kmeph”（Iamblichus，*De Mysteriis*，8. 3〈p. 311〉）。克拉克认为杨布里科斯使用的“Kmeph”大抵是“Amun Kem-Atef”的某种变体，实为阿蒙神。但也有学者认为杨布里科斯笔下的“Kmeph”，在本质上仍然是他所熟悉的古希腊主神宙斯，只因他在写作《论奥秘》时假借了埃及先知“阿巴蒙”的口吻，才不得不选用一个形似古埃及神名的词汇——“Kmeph”来代替宙斯之名，详见 Stephen Gersh and Charles Kannengiesser，eds.，*Platonism in Late Antiquity*（= *Christianity and Judaism in Antiquity*，*vol. 8*），Notre Dame：University of Notre Dame Press，1992，p. 234。另有学者主张“Kmeph”同时取材于古埃及神话里的宇宙蛇“Kmatef”和古希腊神话里的赫利俄斯（Joseph Campbell，ed.，*The Mysteries*：*Papers from the Eranos Yearbooks*，Vol. Ⅱ，Princeton：Princeton University Press，1955，pp. 219ff〈The Mystery of the Serpent〉）。

教”（Pagan Monotheism）的观点出现并逐渐成形。[①] 该观点主张彼时异教内部出现了独立于犹太教和基督教之外的一神教趋势，一种“神为独一，名则繁多”[②] 的思考已经在异教内部悄然兴起且日趋普遍。朱利安皇帝则是学界研究这一趋势的重要历史人物之一。

在此观点之下，朱利安写作《赫颂》的目的被归结为他试图从犹太教或基督教中借鉴一神论，好在原本形形色色的多神教神祇之上，树立起一位有权统治多神的一神，从而宣扬一种有别于传统多神教的新型宗教。例如，《一神：罗马帝国的异教一神教》一书表示：“究其原因，可能是‘后古典时代’（Post-antique）所划分出的一神论与他们试图超越的多神论之间的根本对立。因此，这种尝试被迫将主位与客位的视角混合在一起。我将举例朱利安皇帝，作为一名哲学家充分意识到超验神的本体论的方式……”[③] 然而作为一个相对较新的论点，“异教一神教”本身仍面临诸多难题，如能够与这一现代概念相对应的 4 世纪史料是什么；[④] 罗马帝国局部地区的异教内表现出的一神论特征，或部分异教精英对一神论的关注，何以上升成整个异教的一神教趋势。[⑤]

受“异教一神教”观点的影响，近些年《杨布里科斯——朱利安的先驱》《杨布里科斯和朱利安的“第三位造物主/第三位创造者”（Third De-

---

① 《晚期古代的异教一神教》《一神：罗马帝国的异教一神教》等均是研究古代晚期“异教一神教”趋势的代表性作品，详见 Polymnia Athanassiadi and Michael Frede, eds., *Pagan Monotheism in Late Antiquity*, Oxford: Oxford University Press, 1999; Van Nuffelen Mitchell and Stephen Mitchell, *One God: Pagan Monotheism in the Roman Empire*, Cambridge and New York: Cambridge University Press, 2010。

② 此句为刘津瑜翻译，详见刘津瑜：《罗马史研究入门》，北京：北京大学出版社 2014 年版，第 210 页。

③ Van Nuffelen Mitchell and Stephen Mitchell, *One God: Pagan Monotheism in the Roman Empire*, p. 145.

④ Stephen Mitchell, “The Cult of Theos Hypsistos between Pagans, Jews and Christians,” in *Pagan Monotheism in Late Antiquity*, esp. 88; pp. 111—115.

⑤ M. L. West, “Towards Monotheism,” in *Pagan Monotheism in Late Antiquity*, pp. 21—40.

miurge[①]）：一项命题》等论著，在少用或不用“异教一神教”说法的前提下，分析朱利安如何在《赫颂》中延续或由普罗提诺开创、杨布里科斯承袭的“一神论”。其中，威特（Rex E. Witt）表示：“毫无疑问，新柏拉图主义的创始人（普罗提诺）从未偏离他的哲学立场，即对人类经验所做的最终解释是太一（The One）作为所有现实的基础……对于朱利安来说，他致力于敬奉多神教和太阳崇拜，所以他所需要的‘形而上学的方法’（Metaphysical Approach）少于普罗提诺。”[②] 即朱利安在原多神教的诸多造物主之上设置了一位最高级别的造物主。勒塞尔夫（Adrien Lecerf）将此意图表述为：“但是他（杨布里科斯）依然是一位令人信服的‘一神论者’（Monist），因此他强调了宙斯所扮演的角色，他在《蒂迈欧篇》中发掘了造物主，而朱利安毫不费力地将之转换成赫利俄斯王。”[③]

以上成果的研究初衷未必是朱利安写作《赫颂》的目的，笔者只是将这些论著中与朱利安的写作目的相关的部分加以提取并总结。综上，学界从宗教角度给出了朱利安写作《赫颂》可能带有的两种目的：一是朱利安试图通过《赫颂》宣扬进而复兴传统的多神教，在此观点之下学者们就赫利俄斯具体指代哪一位神存在争议，目前已有的答案包括古希腊太阳神赫利俄斯、古埃及太阳神阿蒙以及波斯太阳神密特拉；另一种观点是朱利安希望通过《赫颂》宣扬一种新的“异教一神教”，其中“一神”的概念和来源等问题尚待完善。

以上两种观点自有其合理性，但它们与朱利安的现实处境多少存在矛盾：写作《赫颂》时朱利安即将率军与波斯开战。安条克作为东部军事和工商业重镇，本就容纳着大量兵丁官吏，皇帝率军突至导致当地迅速陷入严重的物资匮乏和经济危机。[④] 这一阶段朱利安既忙于军务又忙于政务。

---

① “Demiurge”一词的译法“造物主”取自瓦尔特·柏克特《希腊文化的东方语境：巴比伦·孟菲斯·波斯波利斯》。该页还提供了另一个译法——“创造者”。本书为避免重复，交叉运用这两个词汇。

② Rex E. Witt, “Iamblichus as a Forerunner of Julian,” p. 49.

③ Adrien Lecerf, “Iamblichus and Julian's ‘Third Demiurge’: A Proposition,” p. 27.

④ 相关历史记载可参见 Socrates Scholasticus, *The Ecclesiastical History*, 3.17 (p. 224); Sozomen, *The Ecclesiastical History*, 5.19 (pp. 757—759)。下文有详述。

狄龙表示："这（《赫颂》）对他（朱利安）而言显然是一份很重要的作品，如果他的话值得相信，那他就是在异乎寻常的匆忙中完成的。"① 身处如此紧张的局势之下，朱利安何以分心去关注和解决宗教问题？须知与《赫颂》写作时间相近的《凯撒篇》和《厌胡者》均带有浓厚的政治色彩。《凯撒篇》是朱利安对罗马诸凯撒及其本人统治的评述，《厌胡者》则正面反驳安条克人对其统治的异议。

即便当时朱利安关注宗教，但据他本人交代："这份演说辞，我的朋友萨鲁斯特，我至多用三个夜晚就创作了它。"② 笔者怀疑，朱利安会否寄希望于一篇创作时间短暂、篇幅短小的《赫颂》，能够承担起复兴多神教或宣扬"异教一神教"的重任。

（三）从哲学角度研究《赫利俄斯王颂》的概况

因学界偏重朱利安的宗教观，故从哲学角度析读《赫颂》的成果近 20 年来才逐渐丰富。最先受学界关注的是《赫颂》与新柏拉图主义以及杨布里科斯之间的联系。1913 年译者赖特注意到新柏拉图主义对《赫颂》的影响并表示："朱利安是晚期新柏拉图学派的一个无批判力的门徒，且显然在没有经过任何重大修改的情况下就复制了其主要代表人物的学说，即叙利亚的杨布里科斯（的学说）。"③ 1995 年罗兰·史密斯系统总结了《赫颂》中的哲学思想：《赫颂》既承袭了新柏拉图主义的宇宙论和第一性原理（The First Principle），又流露出多神教徒的情感，但从中也能看出其他哲学理论的身影。④ 新柏拉图主义赫然在列。

1999 年狄龙论证新柏拉图主义在《赫颂》中表现得最为明显，由此提出朱利安只希望尽可能完整地将杨布里科斯的思想表述出来。⑤ 2009 年"皇帝与作家"研讨会上，安德鲁·史密斯（Andrew Smith）高度肯定狄

---

① John Dillon, "The Theology of Julian's Hymn to King Helios," p. 103.

② Julian, "Hymn to King Helios," 157b (p. 431).

③ Julian, "Hymn to King Helios," p. 348 (Introduction to Oration Ⅳ).

④ Rowland Smith, *Julian's Gods: Religion and Philosophy in the Thought and Action of Julian the Apostate*, 219—224.

⑤ John Dillon, "The Theology of Julian's Hymn to King Helios," pp. 103—115.

龙的研究成果。① 但另一位学者阿西塞主张，朱利安不是杨布里科斯的抄工，他将形而上学结构纳入宇宙论之中，这一做法本身就是对杨布里科斯思想的新开发。②

阿西塞所说的形而上学，指的是《赫颂》中赫利俄斯在三个层面上有三种不同的体现。此说法与基督教的“三位一体”，即上帝包含圣父、圣子和圣灵三个位格颇为相似。部分学者据此推测，朱利安在《赫颂》中借鉴基督教的“三位一体”理论，炮制出“异教的三位一体”（Pagan Trinity)。③ 此观点隶属于近些年的研究热点——“朱利安与基督教哲学”。在此观点之下，朱利安写作《赫颂》的目的便是向罗马人阐释和宣扬这个“异教的三位一体”。格林伍德批判此观点言过其实，他认为朱利安或许接触过基督教的“三位一体”且颇感兴趣，但这种接触和兴趣都不宜过分夸大，因为朱利安可以随意选用潜藏在他脑海里的无数理论中的一种甚至几种。④ 鉴于基督教“三位一体”理论的庞大和深奥，理论上仅 10000 字左右的《赫颂》尚不足以塑造出“异教的三位一体”。

从宗教角度析读《赫颂》的成果大多偏重赫利俄斯与某位神的联系，即太阳在宗教层面上的具体呈现。但 2009 年有学者发现朱利安对赫利俄斯的部分描写，与自然界中太阳天体的运行规律高度契合，据此推测赫利俄斯具备太阳天体和太阳神的双重含义。朱利安可能试图赞美太阳在宗教和自然两个层面上的呈现，此举表明他或许受到毕达哥拉斯学派的自然哲学影响。⑤

---

① Andrew Smith，“Julian's Hymn to King Helios：The Economical Use of Complex Neoplatonic Concepts，” p. 229.

② Joseph Azize，*The Phoenician Solar Theology：An Investigation into the Phoenician Opinion of the Sun Found in Julian's Hymn to King Helios*，pp. 113－114.

③ Heinz-Gunther Nesselrath，“Mit ‘Waffen’ Platons Gegen ein Christliches Imperium：Der Mythos in Julians Schrift Gegen den Kyniker Herakleios，” in C. Schäfer，ed.，*Kaiser Julian “Apostata” und die Philosophische Reaktion Gegen das Christentum*，Berlin：De Gruyter，2008，pp. 207－219.

④ David Neal Greenwood，“A Cautionary Note on Julian's Pagan Trinity，” pp. 391－402.

⑤ Marinus Anthony van der Sluijs，“Who are the ‘Attendants of Helios’，” *Journal of the American Oriental Society*，vol. 129，no. 2 (2009)，pp. 169－177.

围绕赫利俄斯在自然层面上的呈现，还有学者主张朱利安写作《赫颂》的目的是宣扬古代腓尼基人的太阳神学（Solar Theology），即将太阳天体当作至高无上的神来崇拜。2005 年《腓尼基的太阳神学：由朱利安献给赫利俄斯王的颂词考察腓尼基人对太阳的看法》（下文简写为《腓尼基的太阳神学》）一书，先以《赫颂》中的一句话引出全文："现在在宗教的学问方面非常智慧和博学的腓尼基人的教义，宣称光四散开来的光线都是纯粹的思想的洁净的化身。"① 后分析腓尼基神学如何经由杨布里科斯的论著等途径传入朱利安的思想当中并推论，尽管朱利安使用了哲学上的词汇，且用希腊宗教的方式谈论了这些思想，但他仍设法传达出源起于腓尼基人的神学观点，即宇宙中心是一位将纯净的光束射入大气层，从而净化整个世界的神。② 2012 年希尔顿（J. L. Hilton）进一步延伸《腓尼基的太阳神学》中的说法，主张朱利安重点宣扬的不是原腓尼基人的太阳神学，而是他本人对之所做的解读。③

综上，学界从哲学角度提出朱利安写作《赫颂》可能具有的三种目的：一种是宣扬新柏拉图主义哲学，一种是宣扬"异教的三位一体"理论，还有一种是宣扬腓尼基人的太阳神学。这三种观点同样自有其合理性，但也同样与朱利安的现实处境相矛盾：面临即将到来的大战和安条克的动荡局势，朱利安何以分心去关注抽象的哲学问题？何况朱利安曾于继位之初致信哲人泰米斯提乌斯，用如下语句说明自己的哲学能力尚且不足：

> 但是，正如我在开头说的，因为我意识到我自己既没有经历足够的训练也没有超出普通人之上的天赋；此外，我怕给哲学带来耻辱——尽管我热爱它，但还未获得它，而且也因为我现在于同时代的

---

① Julian, "Hymn to King Helios," 134a (p. 363).

② Joseph Azize, *The Phoenician Solar Theology: An Investigation into the Phoenician Opinion of the Sun Found in Julian's Hymn to King Helios*, p. 261.

③ J. L. Hilton, "The Sphragis of Heliodoros, Genealogy in the Aithiopika, and Julian's Hymn to King Helios," pp. 210—215.

人当中还没有获得极佳的声望。[①]

与之对应，狄龙、安德鲁·史密斯等学者析读朱利安的作品时，也发现他远未达到哲学家的高度。[②] 那么在自知水平不足的情况下，朱利安不太可能于战前临时决定肩负起宣扬新柏拉图主义或太阳神学，抑或构建“异教的三位一体”的重任。即使朱利安作此打算，但笔者依旧怀疑，他是否会寄希望于一篇创作时间短暂、篇幅短小的《赫颂》承担起此等重任。

此处需提醒读者，本书为叙述方便，才从宗教和哲学两个角度分别梳理既有研究成果。早在 1911 年就有论调称《赫颂》与《大母神颂》体现出的朱利安个人的宗教信仰既是异教的又是哲学的。朱利安将传统神话视为寓言，将其中的古代神灵视作哲学中神性的一部分。[③] 后来学界将朱利安的哲学思想与宗教活动越来越密切地联系起来。1993 年罗兰·史密斯撰写《朱利安的诸神：“叛教者”朱利安的思想和行为中的宗教与哲学》，分析二者之间的缠绕交融。[④] 也就是说，《赫颂》中体现出的哲学理论与宗教理论密不可分。

例如，所谓的“异教的三位一体”、太阳神学等，从名称上便横跨了宗教与哲学两个范畴。多神教神话在新柏拉图主义理论体系中也始终占据重要位置，新柏拉图主义哲学家们将迦勒底神谕（Chaldean Oracles）、《荷马史诗》中的神话等视作诸神的启示，热衷于对之进行解读。[⑤] 保罗·蒂

---

① Julian, “Letter to Themistius Philosopher,” in *The Works of the Emperor Julian*, Vol. Ⅱ, 266c—d (p. 235).

② John Dillon, “The Theology of Julian's Hymn to King Helios,” pp. 103—115; Andrew Smith, “Julian's Hymn to King Helios: The Economical Use of Complex Neoplatonic Concepts,” pp. 229—235.

③ Hugh Chisholm, ed., *Encyclopedia Britannica*, Cambridge: Cambridge University Press, 1910, p. 548 (Julian).

④ Rowland Smith, *Julian's Gods: Religion and Philosophy in the Thought and Action of Julian the Apostate*.

⑤ 例如波菲利曾解读过《奥德赛》第 13 卷中仙女卡吕普索（Calypso）的洞穴蕴藏着的宇宙秩序，详见 Porphyry of Tyre, *The Cave of the Nymphs in the Odyssey: A Revised Text and Translation*, Buffalo: SUNY Department of Classics, 1969。

利希（Paul Tillich）曾如此评述晚期罗马帝国的哲学与宗教："希腊哲学的末端达到了一种状态，这时候哲学成了宗教，而宗教成了神秘主义哲学，所以当时哲学家成为基督徒，他们可以使用一种已经是半宗教的哲学。"[①] 总之，朱利安在《赫颂》中宣扬的哲学理论与宗教理论密不可分。

（四）从政治角度研究《赫利俄斯王颂》的概况

基于学界既有论点与朱利安所处政治局势之间的矛盾，且朱利安写作《赫颂》不仅基于其多神教徒身份，更基于其罗马帝国最高统治者的身份，所以朱利安写作《赫颂》时理应带有一定的政治目的。此目的与朱利安宣扬宗教或哲学的目的可能同时存在，毕竟《赫颂》本就是一篇内涵丰富的复杂文本。那么，学界就朱利安写作《赫颂》的政治目的存在哪些论点？

严格意义上，宗教政策亦属政治策略。以往学者关注朱利安的宗教政策时，已经将视角延伸到政治上。1931 年迈克尔·蒂尔尼（Michael Tierney）从时代背景入手，推断朱利安复兴多神教背后隐藏着当时罗马帝国东部和西部、乡村和城市等多对矛盾；[②] 1971 年彼得·布朗（Peter Brown）提出朱利安复兴多神教，与中国封建统治阶级尊儒排佛的做法具有一定相似性，都是为了矫正宗教脱离国家控制的趋势；[③] 1997 年沃伦·特里高德（Warren T. Treadgold）从政治层面寻找朱利安复兴多神教的驱动力，指出朱利安不想要任何代理人替他统治国家；[④] 沃尔特·罗伯茨（Walter E. Roberts）也表达过类似看法，他认为朱利安不希望罗马帝国境内，存在一个充当社会中间层且与国家机器平行的特殊机构。[⑤] 以上观点

---

① 保罗·蒂利希著，尹大贻译：《基督教思想史》，上海：东方出版社 2008 年版，第 52 页。

② Michael Tierney, "Julian the Apostate and the Religion of Hellenism," *Studies: An Irish Quarterly Review*, vol. 20 (1931), pp. 583—597.

③ Peter Brown, *The World of Late Antiquity: AD* 150—750, New York: Norton, 1989, pp. 93—96.

④ Warren T. Treadgold, *A History of the Byzantine State and Society*, Stanford: Stanford University Press, 1997, pp. 60—62.

⑤ Walter E. Roberts and Jr. Michael DiMaio, "Julian the Apostate (360—363 AD)," *An Online Encyclopedia of Roman Emperors, provided by Emory University and Salve Regina University*, http://www.roman-emperors.org/julian.htm, 2002. 2. 19.

一方面显示出朱利安的宗教政策与其政治统治间的关联性，佐证了朱利安写作《赫颂》时立足于罗马帝国最高统治者的立场；另一方面，以上观点普遍建立在朱利安力图复兴多神教的结论之上，由此结论再推进至政治层面，且多出自不以《赫颂》为核心研究对象的论著，尤以通史类论著居多。这些观点与《赫颂》本身的联系不够紧密，《赫颂》本身的政治用途尚待探究。

围绕《赫颂》展开的学术成果本就不多，从政治角度探究《赫颂》的论著更是有限。1999年布雷格曼（Jay Bregman）在《柏拉图主义的传统》上发表《朱利安皇帝的神学中的诸要素》，明确表明他作为历史学家所要讨论的问题：如果朱利安的统治时间再长一些，那么罗马帝国可能会发生什么。该文开篇强调“基督教的教义和实践是对‘永恒的’（Eternal）罗马秩序的威胁。而朱利安的‘神秘的新柏拉图主义哲学家’（Theurgic Neoplatonist）身份影响了他的观念和统治政策”。随后依次列举朱利安如何利用新柏拉图主义、“古典主义”（Classcism）、密特拉教、库柏勒的神话等构建自己的社会改革方案，朱利安向库柏勒等神祈祷其实是“他请求整个世界的幸福，以及罗马人和罗马帝国的净化与延续”。①

或因所涉内容过多，布雷格曼在论证过程中主要依靠对既有研究成果的梳理和总结，较少分析《赫颂》本身。他的结论是朱利安向同时代人展示出另一种真正的宗教形成的可能性，这种宗教一旦形成便有可能代替基督教。纵观布雷格曼的论证过程，在严格意义上他仍旧没能跳出宗教视角。只是不同于以往先宗教后政治的“两步走”观点——朱利安试图先借《赫颂》等作品复兴多神教，再借复兴后的多神教管控罗马帝国，布雷格曼强调，朱利安先赞美赫利俄斯—密特拉，后将自己设定成该神指定的尘世代理人。且当朱利安这么做的时候他知道自己在做什么：“对皇帝那不可战胜的同伴——赫利俄斯的崇拜，在3世纪后期的奥勒里安努斯（Lucius Domitius Aurelianus，214—275）至4世纪的君士坦丁一世统治期

---

① Jay Bregman, “Elements of the Emperor Julian's Theology,” in John J. Cleary, ed., *Traditions of Platonism: Essays in Honour of John Dillon*, Aldershot, etc.: Ashgate, 1999, pp. 337—350。本段两句引文分别摘录自第337、345页。

间都占据国教地位。”[①] 简言之，布雷格曼已然谈及朱利安渗透在《赫颂》中的政治思考。

由于布雷格曼的论文仅是一部哲学论文集中的一篇，且重在梳理前人成果，所以学界对文中所涉政治内容无甚回应。至2014年，格林伍德撰写《朱利安的Oration 7对神的形象的运用》，以朱利安第七篇演说辞《致犬儒赫拉克勒奥斯》为核心研究对象，兼考察《赫颂》与《大母神颂》。《致犬儒赫拉克勒奥斯》中嵌有一段朱利安自创的神话：宙斯令赫利俄斯领养一个孩子，孩子长大后赫利俄斯将他派去统治世界。格林伍德开篇即表明其论证思路："我将展示朱利安的综合程度，他如何利用多神教中的皇帝崇拜元素，他的家庭与赫利俄斯以及赫拉克勒斯的联系，以及他从基督教神学中拣选出的特征，去展现自己既是多神教的先知，又是堪与基督和君士坦丁一世匹敌的多神教的神之子。”[②]

在论证过程中格林伍德先概述朱利安写作《致犬儒赫拉克勒奥斯》的历史背景：赫利俄斯与赫拉克勒斯等原是庇护君士坦丁王朝的神，君士坦丁一世对他们的背叛是帝国当前困境的根源，所以朱利安认为自己有义务拨乱反正，令罗马帝国复归多神信仰。在此背景之下，格林伍德详析朱利安自创的神话与其早期生活、政治规划之间的联系，如朱利安如何通过富人及其子违逆诸神的情节影射君士坦提乌斯二世及其子背叛赫利俄斯，如何通过一个孩子被富人所在的家族抛弃却被赫利俄斯收养的情节，影射他本人自小被流放的遭遇。由此格林伍德得出结论："朱利安加强了这种'两分法'（Dichotomy），认为赫利俄斯关心整个人类种族，且他从永恒中造就了朱利安的灵魂，并使之成为自己的追随者。”[③]简言之，《朱利安的Oration 7对神的形象的运用》进一步谈论了朱利安渗透在《赫颂》中的政

① Jay Bregman, "Elements of the Emperor Julian's Theology," in John J. Cleary, ed., *Traditions of Platonism: Essays in Honour of John Dillon*, Aldershot, etc.: Ashgate, 1999, pp. 348。

② David Neal Greenwood, "Crafting Divine Personae in Julian's Oration 7," p. 140.

③ David Neal Greenwood, "Crafting Divine Personae in Julian's Oration 7," p. 142。格林伍德还以这一时期遗留的史料为旁证，说明朱利安如何鼓励罗马人将他本人视作神的代表和后代来崇拜，以及同时期利巴尼乌斯等多神教学者如何通过赞美和宣扬朱利安的神圣性来附和皇帝。

治思考，且隐约提及朱利安写作《赫颂》与以往罗马皇帝加强皇权的做法或有联系："在努力清洗基督教的不虔敬方面，朱利安利用了古老传统的延续，结合了皇帝崇拜的要素、不可征服的太阳崇拜和戴克里先用以加强皇权的神学。"①

格林伍德的论文同样没能收获多少评论，仅两位学者在写作时有所参考。二人认同格林伍德的核心论点，即为了维护罗马帝国的利益，朱利安试图逆转君士坦丁一世对罗马帝国所做的基督教化改造。但格林伍德主张朱利安视遏制基督教为维护罗马帝国利益的首要任务。这两位学者则更偏向"两步走"的传统观点，主张复兴多神教才是朱利安维护罗马帝国利益的主要方式，遏制基督教次之。②

格林伍德的观点为什么没能引发广泛关注？原因大致有以下三点：一是《赫颂》80%以上的内容都十分抽象且极富哲学色彩，与现实政治的关联度很低。朱利安的实际统治时间又过于短暂，所以从政治角度析读《赫颂》的难度很大。二是格林伍德本是哲学研究者，其论文刊发在《古典哲学》上，且他的结论仍旧复归哲学（宗教）层面："为了超越基督徒拉孔布拉德（Lacombrade）的评述，朱利安不仅把赫拉克勒斯用作异教中基督的替代者，还把自己当作神圣的化身，从而成为与君士坦丁一世完全相反却足以代替他的统治者。"③ 如此一来，政治便沦为格林伍德论证过程中的副线。在严格意义上，他的论文仍旧从哲学（宗教）角度析读《赫颂》。相应地，学界仅有的回应也基于哲学（宗教）层面。三是4世纪基督教学者金口约翰（St. John Chrysostom，347—407）已然指出，朱利安致力于用一种宗教来抗衡基督教。④ 格林伍德的论文似乎重在依托基督教学者遗留的文献，进一步解析历史上基督徒对朱利安的评述而非创新。总而言

---

① David Neal Greenwood, "Crafting Divine Personae in Julian's Oration 7," p. 148.

② H. C. Teitler, *The Last Pagan Emperor: Julian the Apostate and the War against Christianity*, p. 145; Jeremy J. Swist, "Medicine in the Thought and Action of the Emperor Julian," *The International Journal of the Platonic Tradition*, vol. 12, no. 1 (2018), pp. 13—38.

③ David Neal Greenwood, "Crafting Divine Personae in Julian's Oration 7," p. 148.

④ St. John Chrysostom, *The Cult of the Saints*, trans. by Wendy Mayer, Bronwen Neil, New York: St. Vladimir's Seminary Press, 2006, p. 53.

之，截至目前学界尚未系统讨论过朱利安直接渗透于《赫颂》中的政治思考。

于笔者的研究而言，一方面，布雷格曼和格林伍德的成果再度佐证了朱利安用《赫颂》解决现实政治问题的企图，且二人提供了一个重要结论：朱利安试图为自己塑造“神之子（代理人）”的神圣身份。格林伍德在其之后的论著中反复提及和强调这一结论。① 另一方面，布雷格曼和格林伍德的研究成果都偏向宗教层面，且二人的核心研究对象皆非《赫颂》。尤其《赫颂》与格林伍德的研究对象——《致犬儒赫拉克勒奥斯》的创作背景差异显著：362 年春犬儒赫拉克勒奥斯于君士坦丁堡宫廷发表演说，猛烈抨击当下的社会秩序和宗教习俗。朱利安愤而撰写《致犬儒赫拉克勒奥斯》予以回击。② 待写作《赫颂》时，朱利安正面临着安条克的经济政治危机和东征波斯的巨大压力。所以单独针对《赫颂》的研究尚待展开。

综上所述，362 年 12 月罗马帝国皇帝朱利安写作《赫颂》，该作品同时涉及宗教、哲学、政治等多个层面。因朱利安在宗教方面的事迹尤为突出且备受学界关注，既有研究成果多将朱利安写作《赫颂》的目的视为宣扬多神教，另有部分成果视之为宣扬某种哲学。至 1999 年，布雷格曼揭示《赫颂》中渗透着一定的政治因素，且朱利安将自己描述为赫利俄斯在尘世的代理人。2014 年格林伍德再次论证朱利安为自己塑造“神之子（代理人）”的身份，并进一步将朱利安的做法与戴克里先（Diocletian，250—312）等前任皇帝加强皇权的做法联系起来。

既有研究成果证明了从政治角度探究朱利安写作《赫颂》的目的的可行性。但前人均未将《赫颂》作为核心研究对象，且在严格意义上仍旧立足于宗教层面，尚未系统论证朱利安渗透于《赫颂》中的政治思考。布雷

① David Neal Greenwood, “Plato's Pilot in the Political Strategy of Julian and Libanius,” *Classical Quarterly*, vol. 67, no. 2 (2017), pp. 607—616; David Neal Greenwood, “Homer and the Wrath of Julian,” *Classical Quarterly*, vol. 69, no. 2 (2019), pp. 887—895; David Neal Greenwood, “Constantinian Influence upon Julian's Pagan Church,” *The Journal of Ecclesiastical History*, vol. 68, no. 1 (2017), pp. 1—21; David Neal Greenwood, “The Alethes Logos of Celsus and the Historicity of Christ,” *Anglican Theological Review*, vol. 96, no. 4 (2014), pp. 705—713.

② Rowland Smith, *Julian's Gods: Religion and Philosophy in the Thought and Action of Julian the Apostate*, p. 89.

格曼和格林伍德的成果受篇幅限制，给后人留下了广泛的探究空间。[①] 所以从政治角度探究朱利安写作《赫颂》的目的十分必要且大有可为。

四、研究方法与思路

如何探究《赫颂》这样一篇复杂且抽象的历史文献？因为朱利安皇帝身处 4 世纪罗马帝国的历史背景之下，且他在《赫颂》结尾处明确表示，新柏拉图主义哲学家杨布里科斯的既有论述“是我在这里写下（这些）的源泉”[②]。所以本书计划运用互文理论的分析方式，由文本析读铺展开来，结合杨布里科斯论述多神教的专著《论奥秘》，依托《赫颂》诞生的时代背景，从政治角度探究朱利安写作《赫颂》的政治目的。

互文理论提倡研究者关心文本的具体形式，以及文本生活的具体条件，它们之间的相互关系和相互作用。文本关系着真理、真、善、美、历史的东西，“但只能在情境中和文本链条中（即在该领域的言语交际中）才能揭示出来”[③]。本书采用互文理论的分析方式。在析读《赫颂》的过程中，既选取另一个文本《论奥秘》加以参照，同时将现实社会作为另一个可参照的文本。

在传统的文本分析中，通常只注意单个文本本身，而忽略了单个文本与其他文本之间可能的关系；而在结构主义的文本分析方法中，文本也往往会被视为某个相对封闭的系统，从而使研究者有意无意地无视了现实与社会对文本形成产生的影响。而本书力图借用互文理论的分析方式解决这一问题，既将《赫颂》与《论奥秘》对照起来，考察分析两个文本之间可

---

① 例如，二人均认为朱利安力图遏制基督教、宣扬多神教，但此论点与朱利安的部分宗教政策存有矛盾。包括朱利安以宽容的态度对待基督徒，不强制罗马人参加异教祭祀，帮助信仰上帝的犹太人重建耶路撒冷圣殿等等。近些年，格林伍德也在原观点的基础上不断增补关于这一矛盾的解释。例如他在 2017 年提出，朱利安重建耶路撒冷圣殿是为了撤销之前君士坦丁一世将耶路撒冷宣布为基督教城市的公告，从而为他自己在这座城市恢复异教牺牲提供便利。详见 David Neal Greenwood， “Constantinian Influence upon Julian’s Pagan Church，” pp. 1—21。

② Julian，“Hymn to King Helios，” 157d（p. 433）.

③ 巴赫金：《文本问题》，钱中文主编：《巴赫金全集》，第 4 卷，石家庄：河北教育出版社 2009 年版，第 298 页。

能存在的关系，又将文本与现实社会之间视为一种互为文本的关系，即将《赫颂》的产生与它的写作者对现实的考量结合在一起。由此，现实的因素（即朱利安的政治目的）与文本的规则都将被分析到。

互文理论的分析方式何以能够被运用到《赫颂》的研究中？首先，互文理论的分析方式具有一个相当广泛的适用范围。“人文科学是研究人及其特性的科学，而不是研究无声之物和自然现象的科学。人带着他做人的特性，总是在表现自己（在说话），亦即创造文本（哪怕是潜在的文本）”[①]。一份文本总与其他文本和现实社会存在这样那样的联系，不可能完全孤立存在。当罗马皇帝朱利安的《赫颂》被用于历史研究时，这一文本理应属于互文理论的分析方式可运用的范畴之内。

孔特（Gian Biagio Conte）、埃德蒙斯（Lowell Edmunds）等学者已经开始借助这种分析方式，探究公元 3—4 世纪的历史文献与彼时罗马帝国既有论著、社会群体以及社会环境之间的相互渗透和相互作用。[②] 2020 年《文本与副文本：借助利巴尼乌斯的悼词解读朱利安皇帝》一文，尝试运用互文理论及其分析方式，以利巴尼乌斯的文本和现实社会为对照分析朱利安的文本。作者罗丝（Alan J. Ross）结合詹森（Laura Jansen）、热奈特（Gérard Genette）等学者的言论和埃德蒙斯等学者的成果，花大篇幅解释和论证这一做法的合理性。[③] 考虑到既有的理论建设成果，本书并未将阐释互文理论设定为研究旨趣，而是重在将其提供的研究方式运用到对朱利安的具体研究当中，即以杨布里科斯的文本和现实社会为对照析读《赫颂》，尝试探究其内部可能蕴含的政治因素。

---

① 巴赫金：《文本问题》，钱中文主编：《巴赫金全集》，第 4 卷，石家庄：河北教育出版社 2009 年版，第 301 页。

② Gian Biagio Conte, *The Rhetoric of Imitation: Genre and Poetic Memory in Virgil and Other Latin Poets*, Ithaca, New York: Cornell University Press, 1986; Lowell Edmunds, *Intertextuality and the Reading of Roman Poetry*, Baltimore: Johns Hopkins University Press, 2001; D. Fowler, *Roman Constructions: Readings in Postmodern Latin*, Oxford; New York: Oxford University Press, 2000, pp. 115—137; Stephen Hinds, *Allusion and Intertext: Dynamics of Appropriation in Roman Poetry*, New York: Cambridge University Press, 1998.

③ Alan J. Ross, “Text and Paratext: Reading the Emperor Julian via Libanius' Epitaphios,” *American Journal of Philology*, vol. 141, no. 2 (2020), pp. 241—281.

其次，运用互文理论分析方式的一项优越条件是：文本的作者与同时代人构成一个“文学圈”“沙龙”或“群体”，他们彼此的文本和目标追求相互联系。“因此，也就存在各种符号体系的共同逻辑，有一个潜在的统一的语言之语言（当然这一语言任何时候也不可能成为一个具体的语言，成为诸语言中之一种）”①。本书的核心研究对象朱利安皇帝，在大的层面上被学界划归为异教精英阶层，② 在小的层面上被划拨到专研杨布里科斯思想的“文化圈”之中。③ 朱利安在写作时既受到所在群体内部共享的论著、逻辑和语言的影响，又参与着所在群体的社会活动。从这个角度考虑，朱利安的作品适合运用互文理论的分析方式。

最后具体到《赫颂》上，此前已有马斯特森（Mark Masterson）借助互文理论的分析方式，探究《赫颂》与萨鲁斯特的论著之间的映照关系。但或因短篇论文的篇幅限制，马斯特森专注于文本间的相互作用而甚少关注文本生活的具体条件，且他的关注对象是朱利安与萨鲁斯特。而结合 4 世纪中期罗马帝国的政治状态和社会现实，以杨布里科斯的论著为参照分析《赫颂》，这项研究在国内尚属首次。在国外相关研究中，笔者尚未找到用英语写就的同类型成果，目前围绕《赫颂》仅有的 12 篇英文论著，也未提及用其他语言写就的同类型成果。综上，本书有理由也有必要借用互文理论的分析方式，将《赫颂》与《论奥秘》对照起来，考察分析两个文本之间可能存在的关系，以及《赫颂》的作者朱利安对罗马帝国政治现实的考量。

互文理论的分析方式为研究者提供了一种互文分析路径：先解析在与具体环境联系中的文本相互作用的形式与类型；后解析与相互作用密切相连的单个表述、单个言语行为的形式，它们是相互作用的成分所决定的生

---

① 巴赫金：《文本问题》，第 300 页。

② Eric Rebillard and Jörg Rüpke，eds.，*Group Identity and Religious Individuality in Late Antiquity*，Washington，D. C.：The Catholic University of America Press，2015.

③ Rowland Smith，“A Lost Historian of Alexander ‘Descended from Alexander’，and Read by Julian? Praxagoras of Athens Reviewed in the Light of Attic Epigraphy，” *Historia*，vol. 56，no. 3（2007），pp. 356 — 380；Ilinca Tanaseanu-Döbler，“Religious Education in Late Antique Paganism，” in Ilinca Tanaseanu-Döbler and Marvin Döbler，eds.，*Religious Education in Pre-Modern Europe*，Leiden and Boston：Brill，2012，p. 102.

活和意识形态创作中的言语行为体裁；第三步是从由此总结出的一般性的阐释中重新看待文本。[①] 沿此路径制定研究思路，则先从《赫颂》与具体政治环境的关系入手，再分析《赫颂》与《论奥秘》间单个表述的关系，最后从由此总结出的一般性的阐释中尝试析出朱利安写作《赫颂》的政治目的。

全书的研究重点是分析朱利安皇帝渗透于《赫颂》中的政治思考，并通过将朱利安的政治思考与其所处之历史现实进行对照阅读，揭示该政治思考与4世纪中叶罗马帝国历史现实之间的相互作用。全书的研究难点在于对《赫颂》中哲学术语和哲学理念的把握，以及对全篇整体哲学意蕴的领会。笔者选择从政治角度析读《赫颂》。如此一来，全书便主要依托《赫颂》的政治内涵展开，《赫颂》的哲学内涵于研究的整体走向影响甚小。且笔者论述时不仅深度结合文本内容，还结合文本结构特点、历史事实、同时代学者的评述、从哲学层面析读该文本的既有学术成果等共同推导，尽可能保证全书各个论点和论证环节的合理性。

综上所述，相较于朱利安的其他作品，学界对《赫颂》的关注尚且不足，但诚如鲍索克（G. W. Bowersock）所言："《赫颂》是朱利安全部作品的重要组成部分。"[②]《赫颂》的历史价值亟待开发。截至目前，因朱利安在宗教和哲学方面的作为尤其突出，学界相关讨论已有很多，但系统关注和总结《赫颂》中政治寓意的成果数量甚少。布雷格曼和格林伍德虽然证明了从政治角度研究《赫颂》的可行性，最终仍回归了宗教层面。然而朱利安皇帝不仅仅是多神教徒和哲人，更是4世纪中叶罗马帝国的最高统治者。他在东征波斯期间写作的《赫颂》与其政治统治间的联系，以及这一联系所折射出的时代特点具备相当程度的史学研究价值，解析朱利安写作《赫颂》的政治目的刻不容缓且大有可为。

---

① 巴赫金：《马克思主义与语言哲学》，钱中文主编：《巴赫金全集》，第2卷，石家庄：河北教育出版社2009年版，第440页。

② G. W. Bowersock, *Julian the Apostate*, Massachusetts: Harvard University Press, 1978, p. 103.

第一章

朱利安写作《赫利俄斯王颂》的政治背景

> 我将要说的是，在我看来，对一切“在大地上呼吸和爬行”、存在且拥有理性而聪慧之灵魂的万物而言都是极为重要的事情，但更重要的是这对我自己很重要。[①] 因为我是赫利俄斯王的追随者……就我现在而言，我羡慕任何被那位神（赫利俄斯）准许且继承那一由神圣的和有灵性的种子与先祖一同筑造的身体，并得以打开智慧宝藏之人的好运；我亦不轻视赫利俄斯神赋予我的（好运），即我可以出生在一个于我所处的时代里统治和管理世界的家族。[②]

以上引文截取自《赫颂》首段。如“我可以出生在一个于我所处的时代里统治和管理世界的家族”一句所言，朱利安出身于公元 4 世纪统治罗马帝国的君士坦丁家族，且公元 361 年他继承皇位时已是君士坦丁家族仅存的男性血脉。据尤特罗庇乌斯等同时代史家记载，公元 337 年君士坦丁一世去世后其三子：君士坦丁二世（Constantine Ⅱ，? 317—340）、君士坦

---

① 笔者参考 1793 年英译本的译文“It appears to me that the present oration very properly belongs to all who participate of being, of a rational foul, and of intellect; but I confident it as particularly belonging to myself”译出，且参考“rational”一词将“reasoning”译作“理性的”。详见 Julian, *Two Orations of the Emperor Julian: One to the Sovereign Sun, and the Other to the Mother of the Gods*, pp. 3—4。

② Julian, “Hymn to King Helios,” 131b—c (p. 355).

提乌斯二世和君士坦斯（Constans，? 323—350）共同统治罗马帝国，① 联手清除君士坦丁家族的绝大多数男性成员，仅留加卢斯（Constantius Gallus，325/326—354）与朱利安兄弟两人。②

公元 350 年次子君士坦提乌斯二世于其兄、弟逝世后，晋升为罗马帝国唯一的合法皇帝。公元 355 年他赐死加卢斯，授予朱利安凯撒头衔。出身君士坦丁家族且拥有凯撒头衔的朱利安，跃升为彼时罗马帝国境内最有资格坐拥皇位的人。从政治角度考虑，朱利安的先祖已然留给他罗马帝国统治者的尊贵身份。那么，朱利安在《赫颂》里为什么还要羡慕"继承那一由神圣的和有灵性的种子与先祖一同筑造的身体"的人的好运呢？

一、朱利安笔下继承皇位的"合法方式"

依照血亲继承原则，朱利安身为君士坦丁家族仅存的男性血脉，其皇权理应为大多数罗马人所接受。9 世纪修道士约翰（John the Monk，9 世纪）曾这样写道："现在他（朱利安）安全地控制了整个帝国，因为在君士坦提乌斯二世死后没有人敢反抗他……现在他独自接管了整个罗马帝国

---

① Zosimus，*New History*，2. 39（p. 4）；Socrates Scholasticus，*The Ecclesiastical History*，1. 39（p. 103）；Sozomen，*The Ecclesiastical History*，2. 34（p. 626）；Eutropius，*The Breviarium ab Urbe Condita of Eutropius*，10. 9（pp. 66—67）。因为阿米安努斯的《晚期罗马帝国史》前 13 卷业已丢失，现存文本从朱利安兄长加卢斯获封凯撒开始讲述，所以本章就加卢斯获封凯撒之前的历史事件的叙述主要依据佐西莫斯的《罗马新史》，适当参考公元 4 世纪上半叶史家优西比乌斯的《教会史》等其他史料。

② 关于这起"屠杀"事件，朱利安本人的叙述参见 Julian，"To the Athenians，" in *The Works of the Emperor Julian*，Vol. Ⅱ，270c—271a（p. 249）；同时代史家的记载参见 Zosimus，*New History*，2. 40（p. 41）；Sozomen，*The Ecclesiastical History*，3. 1（p. 627）。但朱利安经历此事件时尚且年幼，而同时代其余史家均未亲历此事件，且朱利安和诸史家的记载之间多有抵牾。所以学界目前就这起"屠杀"事件的主谋、时间、目的等多有争议，相关讨论可参见 J. W. Leedom，"Constantius Ⅱ：Three Revisions，" *Byzantion*，vol. 48（1978），pp. 132—136；Averil Cameron and Peter Garnsey，eds.，*The Cambridge Ancient History*，Vol. XIII，Cambridge：Cambridge University Press，1998，pp. 3—4；R. W. Burgess，"The Summer of Blood：The 'Great Massacre' of 337 and the Promotion of the Sons of Constantine，" *Dumbarton Oaks Papers*，vol. 62（2008），pp. 5—51。

的权力。”[①] 然而，修道士约翰的说法与9世纪血亲继承制相当完备且深入人心的时代背景不无关系。反观朱利安所处的时代，公元3世纪罗马帝国政局动荡且皇位更迭频繁，皇帝的平均任期只有两到三年，或在与外敌的战斗中被杀，或被禁卫军杀害或驱逐。[②] 一般认为自君士坦丁一世继其父君士坦提乌斯一世（Constantius I，250—306）称帝始，罗马帝国的皇位继承制度才刚刚开始向以亲子继承为核心的血亲家族继承制转变。[③] 这意味着在朱利安所处的时代里，仅凭家族血缘尚不足以坐拥稳固的皇权。

奥密斯曾表示：“当我们从我们的史料来源中寻找明确阐释‘合法性’的合法理论时，我们找不到。但我们失败的原因是我们提出了错误的问题。罗马帝国的皇权在法律上是不确定的，这不是因为罗马法学家缺乏定义它的智慧，而是因为它的本质为他的主体所利用。”[④] 公元4世纪中期罗马帝国皇位继承制缺乏统一标准，学界也尚未就此达成一致意见。所幸朱利安本人曾发表过对皇权的看法。他于《献给君士坦提乌斯二世的赞美诗》中描述过这一时期的皇位继承：“因为你所有的先祖、祖父、父母、兄弟、堂兄弟和亲戚都是皇帝，他们要么通过合法方式获得他们的权力，要么被统治家族[⑤]收养。”[⑥] 这句话的前半句强调家族血缘（含收养关系），

---

① John the Monk, “Artemii passio,” in *From Constantine to Julian: Pagan and Byzantine Views (A Source History)*, p. 219.

② 据佐西莫斯记载：“守护帝国的近卫军士兵们手握皇帝的任命大权，又用武力剥夺了元老院推选皇帝的权力，于是罗马陷入了混乱无序的境地。”详见 Zosimus, *New History*, 1.7 (p. 3).

③ 相关论证可参见 T. D. Barnes, *Constantine Dynasty, Religion and Power in the Later Roman Empire*, Blackwell Publishing Ltd, 2014, pp. 163－167; Raymond Van Dam, “Emperors and Ancestors: Roman Rulers and the Constraints of Tradition,” *The Classical World*, vol. 109, no. 4 (2016), pp. 562－564；陈志强：《拜占廷皇帝继承制特点研究》，《中国社会科学》1999年第1期，第180—194页。

④ Adrastos Omissi, *Emperors and Usurpers in the Later Roman Empire: Civil War, Panegyric, and the Construction of Legitimacy*, New York: Oxford UP, 2018, p. 28.

⑤ 原文为“house”，参照君士坦丁王朝的子嗣多出生于皇室宫殿之中的特点，翻译为“家族”。

⑥ Julian, “Panegyric in Honour of Constantius,” in *The Works of the Emperor Julian*, Vol. Ⅰ, 6d (p. 17).

后半句则点出与皇权相关的另一项因素——“合法方式”。那么，朱利安笔下获得皇权的合法方式是什么？

（一）获得前任皇帝授权的重要性

现将这个问题放入它所在的上下文里展开探究。虽然有学者认为《献给君士坦提乌斯二世的赞美诗》是朱利安于其兄加卢斯被赐死后为自保而作，其中的溢美之词并非出自真心。[①] 但笔者试图从中分析出朱利安评判皇权的标准，甚少关注他对君士坦提乌斯二世的评价，故基本不受此论点约束。阿塔纳西阿德也认为朱利安的著作能够反映出当时皇位继承制的某些特点：“朱利安在其著作和行为中所表达的关于王朝合法性的那些观点，他花费了很长时间才将之具体化。但是它们的最终形式是对拜占庭帝国‘皇权神秘性’的最清晰的表述。”[②]

紧随“合法方式”一词之后，朱利安自上而下梳理了出身君士坦丁家族的皇帝：君士坦提乌斯一世、君士坦丁一世、君士坦提乌斯二世获得皇帝权柄的过程，现依次摘录如下：

> 关于你的祖父母，我要说的可能是相对较新的，但同样引人注目。他们（君士坦提乌斯一世和马克西米安）都获得了帝王的权杖作为显著功绩的奖励，并承担了（军队的）指挥权，他们之间的关系很好且他们对那位准许他们分享帝国的人（戴克里先）表现得如此孝顺。[③]
>
> 但是为什么要浪费时间说您的父亲（君士坦丁一世），在他的父

---

① Shaun Tougher, “Reading between the Lines: Julian's First Panegyric on Constantius Ⅱ,” in *Emperor and Author: The Writings of Julian the Apostate the Apostate*, pp. 19－34; F. Curta, “Atticism, Homer, Neoplatonism, and Fürstenspiegel: Julian's Second Panegyric on Constantius,” pp. 177－211; Alan J. Ross, “The Constantinians' Return to the West: Julian's Depiction of Constantius Ⅱ in Oration 1,” in Alan J. Ross and D. P. W. Burgersdijk, eds., *Imagining Emperors in the Later Roman Empire*, Leiden and Boston: Brill, 2018, pp. 192－193.

② Polymnia Athanassiadi, *Julian and Hellenism: An Intellectual Biography*, p. 180.

③ Julian, “Panegyric in Honour of Constantius,” 7a－b (pp. 17－19).

亲去世之后，通过已故君主的选择和所有军队的选举成为皇帝？①

但是我几乎忘了提到所有事情中最重要的事情。从还是一个男孩开始，您（君士坦提乌斯二世）就被教导去统治这个伟大的帝国，但是您学到了一件更好的事情，即被统治，令自己服从于这个世界上最优秀、最公正的权力，那就是天理与法律。我的意思是无论是作为儿子还是臣民，您都服从了您的父亲。②

由以上三段材料可知，朱利安强调君士坦提乌斯一世蒙戴克里先授予帝王权柄，君士坦丁一世是已故君主选择的皇帝，君士坦提乌斯二世一直被其父当作统治者培养。君士坦丁家族前三位皇帝都是在得到前任皇帝授权的情况下继位的。

事实上，朱利安的陈述与历史事实存在一定出入。君士坦丁一世的父亲君士坦提乌斯一世，原是“四帝共治制”下的其中一位奥古斯都。其前任皇帝戴克里先开创“四帝共治制”，将帝国分为东西两部分，每部分由一位奥古斯都管辖，每位奥古斯都下设一名副帝兼继承人，称为“凯撒”。原定承继君士坦提乌斯一世帝位的是时任凯撒的塞维鲁（Septimius Severus，306—307 年在位）。但 306 年君士坦丁一世在其父去世后，由不列颠和高卢军团拥立为帝。早期基督教史家优西比乌斯（Eusebius of Caesarea，260—340）在《教会史》中亦有相应记载：“古罗马军团立即拥立其子君士坦丁一世为最高的皇帝和奥古斯都。”③

君士坦丁一世通过这种方式得到的奥古斯都头衔，并未获得时任皇帝的加勒利乌斯（Galerius，260—311）认可。加勒利乌斯只追加其为凯撒，且坚持令原凯撒塞维鲁继位为帝。④ 所以在严格意义上，君士坦丁一世并非获得前任皇帝授权后继位。异教史家佐西莫斯将之作为批判君士坦丁一世的重要理据：“君士坦提乌斯一世和马克西米安·加勒利乌斯将凯撒之

① Julian, “Panegyric in Honour of Constantius,” 7d (pp. 19—21).

② Julian, “Panegyric in Honour of Constantius,” 14a—b (p. 35).

③ Eusebius, *The Church History*, trans. by Paul L. Maier, Grand Rapids, Michigan: Kregel Publications, 1999, 8.13 (p. 306).

④ Eutropius, *The Breviarium ab Urbe Condita of Eutropius*, 10.2 (p. 64).

名授予塞维鲁和加勒利乌斯的外甥马克西米努斯，还将整个意大利交给了前者……君士坦提乌斯一世与一位卑微情妇所生的私生子君士坦丁一世在之前就怀有当帝王的野心，而自从塞维鲁和马克西米努斯得到凯撒的尊名与荣耀之后，上述野心在他心中熊熊燃烧了起来。”① 亦有相当一部分现代学者称君士坦丁一世为“篡位者”。② 此处朱利安不惜改动历史事实，也要通过强调君士坦丁一世是已故君主的选择来赞美其子君士坦提乌斯二世。由此可见，当时获得前任皇帝授权于继承皇位的重要性。

这一重要性还可通过君士坦丁三子继位的过程来验证。虽然没有传位诏书或敕令遗存至今，但《罗马国史大纲》记载：“君士坦丁一世留有三个儿子和一个侄子做自己的继承人。”③ 这句话透露出君士坦丁一世大概率已于生前指定君士坦丁二世等四人为皇位继承人。这一决议可能为元老院和罗马人共同见证。因为君士坦丁一世曾于新都君士坦丁堡建成之际，公开授予其三子凯撒头衔；④ 这一决议也可能为基督教所见证，因为基督教史家苏克拉底斯记载：“在此之后他（君士坦丁一世）变得高兴起来，他立下遗嘱，指定其三子作为帝国的继承人，按照他生前的安排，每个儿子都将分得一份领土……并将他的遗嘱委托给被他召回的基督教长老阿里乌斯保管。”⑤

更有甚者，这一决议可能为罗马法律所见证。虽无明确的传位敕令存世，但刘易斯（William Lewis）在《狄奥多西法典》中发现了有关君士坦丁王朝早期君主的特殊法律条款。他分析该条款的由来如下：君士坦丁二世为辩解自己入侵君士坦斯所辖地区（意大利）的做法，通过法院重新订立法律条款，解释原君士坦丁一世为其三子划定的统辖范围和权力等级，

---

① Zosimus, *New History*, 2.8 (p.28).

② 例如 Mark Humphries, "From Usurper to Emperor: The Politics of Legitimation in the Age of Constantine I," *Journal of Late Antiquity*, vol.1, no.1 (2008), pp.82—100; Adrastos Omissi, *Emperors and Usurpers in the Later Roman Empire: Civil War, Panegyric, and the Construction of Legitimacy*, p.103。

③ Eutropius, *The Breviarium ab Urbe Condita of Eutropius*, 10.9 (p.66).

④ Zosimus, *New History*, 2.35 (p.39).

⑤ Socrates Scholasticus, *The Ecclesiastical History*, 1.39 (p.103).

将意大利纳入自己的辖区之内。[①] 据此研究成果可推测，如果连解释性的条款都需走法律流程且被收录进法典之内，那么原君士坦丁一世确立皇位继承人的过程很可能为罗马法律所见证。无论具体流程如何，基本可以确定的一点是：君士坦丁三子是得其父授权后继位的。

相应地，在朱利安所处的时代里，这一点曾多次被君士坦丁三子用作镇压叛乱和稳固皇权的助力。第二子君士坦提乌斯二世以背叛君士坦丁一世为由，瓦解了自立为帝的维他拉尼奥（Vetranio，？—356）和马格嫩提乌斯（Magnentius，？303—353）的武装叛乱；[②] 君士坦丁一世去世前曾为诸子划分好各自的势力范围，史料显示其中意大利归第三子君士坦斯统辖。[③] 后君士坦丁二世试图强占意大利，上文刘易斯研究的法律条款即由此而来。但即便有新法律条款加持，君士坦丁二世仍被君士坦斯身边将领所杀。君士坦丁二世进入意大利的做法更是被史家苏克拉底斯称为“入侵”；[④] 另有君士坦丁一世的姐姐尤特罗庇娅之子尼波奇亚努斯（Nepotianus，？—350），虽与君士坦丁一世存在一定血缘关系，但从未被立为继承人。他在罗马城自立为帝时并未收获多少拥护且很快便身死覆灭。[⑤]

以上历史事件中，未得君士坦丁一世授权的维他拉尼奥和马格嫩提乌斯的武装叛乱，均被君士坦提乌斯二世镇压。这二人还被同时代史家一致评价为“篡位者”。[⑥] 就连朱利安本人都用“篡位者”称呼马格嫩提乌斯。[⑦] 君士坦丁二世和尼波奇亚努斯虽与君士坦丁一世存在血缘关系，但他们违背君士坦丁一世生前意愿的行动均以失败告终。由此可再证，前任

---

① William Lewis，“Constantine Ⅱ and His Brothers：The Civil War of AD 340，” in *The Sons of Constantine*，*AD 337 — 361*：*In the Shadows of Constantine and Julian*，pp. 57 — 94。原法律条款可参见 Clyde Pharr，et al.，*Theodosian Code and Novels*，12. 1. 27。

② Zosimus，*New History*，2. 43—54（pp. 42—47）.

③ 优西比乌斯著，林中泽译：《君士坦丁传》，北京：商务印书馆 2015 年版，4. 51（第 339 页）。

④ Socrates Scholasticus，*The Ecclesiastical History*，2. 5（p. 110）.

⑤ Zosimus，*New History*，2. 43（p. 42）.

⑥ Zosimus，*New History*，2. 43 — 54（pp. 42 — 47）；Socrates Scholasticus，*The Ecclesiastical History*，1. 15（p. 146）.

⑦ Julian，“Panegyric in Honour of Constantius，” 31b（p. 81）；33d（p. 87）.

皇帝的授权于皇位稳固意义重大。与之或有对应关系的是，朱利安在《赫颂》开篇写道："到目前为止，最好的事情是，当任何人有幸继承对这位神（赫利俄斯）的侍奉，即使在第三代之前，都能从一条绵长且连续的'先祖名单'中继承下来。"① 现代学者阿西塞指出，朱利安用这句话强调他本人是罗马统治权传承的其中一环。②

综上，具体到朱利安笔下获得权力的"合法方式"，它理应指获得前任皇帝的授权。从君士坦丁王朝皇帝继位和巩固皇位的过程来看，血缘和前任皇帝的授权大抵是彼时影响皇权稳固的两条重要标准。退一步说，根据《赫颂》以及朱利安其他作品的字面意思，朱利安本人深谙前任皇帝授权于皇位稳固的重要性。那么，朱利安是在得到前任皇帝授权的情况下继位的吗？

（二）朱利安的私自称帝与武力夺权

在互文理论之下，"文本外的语调价值语境，在阅读（朗诵）该文本时只可能得到部分的实现，而其大部分，特别是最重要和最深刻的方面，仍然处在该文本之外，只是作为接受文本时的一种对话背景。作品的社会制约性（非话语制约性）问题，在某种程度上即属于这种情况"③。现结合《赫颂》的内外两个方面，即结合《赫颂》的文本内容及其诞生的政治背景，分析颂词中语句的深层次含义。

朱利安的父亲系君士坦丁家族首位皇帝君士坦提乌斯一世之子。史料显示，公元337年君士坦丁三子联手除掉君士坦丁家族绝大多数男性成员。"他（君士坦提乌斯二世）首先致使君士坦丁一世的兄长君士坦提乌斯死于士兵之手……他六亲不认，在鼓动起士兵，并让他们大声叫道：除去君士坦丁一世的子嗣不再接受任何人的统治。之后，安纳拔利安努斯也

---

① Julian, "Hymn to King Helios," 131c (p. 357)。"先祖名单"的说法可能是朱利安从《马太福音》1:5及其注解中借鉴来的。

② Joseph Azize, *The Phoenician Solar Theology: An Investigation into the Phoenician Opinion of the Sun Found in Julian's Hymn to King Helios*, p. 178.

③ 巴赫金：《人文科学方法论》，钱中文主编：《巴赫金全集》，第4卷，石家庄：河北教育出版社2009年版，第438页。

被他杀掉了"[①]。仅年幼的加卢斯与朱利安兄弟两人幸免于难。虽然学界就此"屠杀"事件争议颇多，但不影响朱利安于君士坦提乌斯二世去世后，已是君士坦丁家族仅存男性血脉的结论。因为自朱利安战死波斯后，罗马帝国的皇位便因君士坦丁家族绝嗣而移交外姓人约维安（Jovianus，331—364）之手。[②] 因此朱利安在血缘和家族方面符合继承皇位的标准。用《赫颂》的原话表述则是："我亦不轻视赫利俄斯神赋予我的（好运），即我可以出生在一个于我所处的时代里统治和管理世界的家族。"[③]

再考虑另一条标准——获得前任皇帝的授权。自公元337年的"屠杀"事件发生后，朱利安与兄长加卢斯便被监禁在卡帕多西亚（Cappadocia）。公元351年3月，朱利安的兄长加卢斯获封凯撒。公元354年12月，君士坦提乌斯二世怀疑加卢斯有谋逆之心，剥夺后者的凯撒头衔并将其处死。朱利安则被遣至雅典求学。不久之后，罗马帝国的东西边境同时遭遇蛮族侵袭，危机程度由尤特罗比乌斯的记载可见："那时候，许多城镇不是被蛮族攻占，就是遭蛮族围困，满目疮痍；毫无疑问，罗马帝国显然已陷入了灾患。"[④] 另一位史家佐西莫斯的记载更为详细：

> 那时他（君士坦提乌斯二世）见到蛮族从四面八方向罗马帝国四境发起侵袭：法兰克人、阿勒曼尼人和撒克逊人不但占领了莱茵河畔的四十座城池，而且把那里的居民连同相当数量的财富掳掠而去，最终把那些地方都变成了荒无人烟的焦土。此外，萨尔玛提亚人和夸迪人也横行肆虐于潘诺尼亚（Pannonia）和上默西亚（Moesia）。波斯人曾经畏惧加卢斯会领兵来袭，而偃旗息鼓了一段时间，可现在他们却再度在东方诸省作乱不息。[⑤]

情势紧急之下，公元355年11月朱利安被君士坦提乌斯二世从雅典

---

① Zosimus，*New History*，2.40（p.41）.

② Ammianus Marcellinus，*History*，Vol.Ⅱ，21.16.20（p.185）。约维安是时任朱利安的御前侍卫长瓦罗尼安努斯（Varronianus）之子。

③ Julian，"Hymn to King Helios，" 131b—c（p.355）.

④ Eutropius，*The Breviarium ab Urbe Condita of Eutropius*，10.14（p.68）.

⑤ Zosimus，*New History*，3.1（p.49）.

召回，正式受封为凯撒，并迎娶君士坦提乌斯二世的妹妹海伦娜（Helena，248/250－328）。针对这一事件，阿米安努斯的记载较为简洁："简单地说，从那时起皇帝就把他（朱利安）召回了，后来又将他封为凯撒。除此之外，还让他和自己的妹妹海伦娜结婚，把他派去抵御帝国西部的蛮族。"① 佐西莫斯的记载突出朱利安已获得统治权："话说，君士坦提乌斯二世在授予那位凯撒治下诸民族的统治全权之后，便一路东征与波斯人交战去了。"② 基于朱利安曾正式获封凯撒的考虑，后来他继承皇位具备相当程度的合理性。现代学者朗（Jacqueline F. Long）也认为："在公元355年年末，他（君士坦提乌斯二世）将朱利安置于从属地位。从那时起朱利安就继承了凯撒的姓氏以象征他在帝国的地位。而凯撒之名兼作他的头衔，他是副帝兼继承人。"③ 只是事件的后续发展逐渐偏离正轨。

受封凯撒后，朱利安被君士坦提乌斯二世派驻阿尔卑斯山以北的高卢行省，抵御南下的蛮族并确保罗马帝国西部各行省的安全和忠诚。与此同时，君士坦提乌斯二世本人则率军出征潘诺尼亚、上默西亚和波斯。公元355－360年，朱利安招募新兵、增添军备，待军事实力显著提升后，先在阿尔杰托拉图姆（Argentoratum，今斯特拉斯堡）打退由法兰克人、阿勒曼尼人和撒克逊人等组成的蛮族大军，此前他们已进抵莱茵河畔。后朱利安渡过莱茵河畔向日耳曼民族全境发起战争，迫使日耳曼人求和并释放俘虏。随后他成功打败由莱茵河南下劫掠罗马人的夸迪人，以对方永不再以武力进犯罗马人为条件签订和约。④ 如此一来，罗马帝国西部的战事基本平定。

因使西部诸行省免遭蛮族侵扰，朱利安备受当地民众拥戴，其间他还招募大量蛮族人用以扩充兵力。朱利安日益壮大的声势和军事实力引发了君士坦提乌斯二世的恐慌。360年春君士坦提乌斯二世从朱利安的军队里，抽调两支凯尔特军团支援波斯战场，不久又命令朱利安再支援四支骑兵队。这次，不愿奔赴波斯战场的士兵发动哗变，依军队旧俗用盾牌托举朱

---

① Ammianus Marcellinus, *History*, Vol. Ⅰ, 15.8.17－18 (p. 173).

② Zosimus, *New History*, 3.1 (p. 49).

③ Jacqueline F. Long, "Julian Augustus' Julius Caesar," in Maria Wyke, ed., *Julius Caesar in Western Culture*, Oxford and Malden (Mass.): Blackwell, 2006, p. 62.

④ 概述自 Ammianus Marcellinus, *History*, Vol. Ⅰ, 17.1－19.13 (pp. 303－545).

利安，拥护其称帝。这一事件为阿米安努斯、苏克拉底斯等史家普遍记载：

> 阿米安努斯：然后（朱利安）被放到一个步兵的盾牌上，他被高高托举起来，他被所有人高呼为奥古斯都，还被要求拿出一顶皇冠。当他宣告自己从来不曾拥有过一顶皇冠时，他们要求用他妻子的颈部或头部的装饰品（代替）。①
>
> 佐西莫斯：顷刻间，他们（战士）从自己的座位上猛地站起了身，顾不得扔下杯盏就朝凯撒的营房走了过去。他们不顾礼节就推开了门，随后把凯撒带出了营房，接着在将他抬上盾牌的同时又宣布他成为皇帝及奥古斯都，还强迫着把皇冠戴上了他的脑袋。②
>
> 苏克拉底斯：在这辉煌的成功之后不久，他便被士兵们宣布为皇帝。当时由于没有皇冠在手，他的一个士兵便将自己的项链和朱利安的项链连接在一起，做成链子环绕在朱利安的脑袋上。于是朱利安成了皇帝。③
>
> 索佐门：他的节制和温和早已赢得了士兵的喜爱，如今战争的胜利又极大地增加了他的声望。他们便尊称他为奥古斯都。④

经由以上引文可见，朱利安在现任皇帝君士坦提乌斯二世尚未准许的情况下，在高卢由士兵拥立为奥古斯都，即私自称帝。与公元 337 年备受争议的“屠杀”事件不同，以上四段史料分别出自信仰基督教和多神教的史家，其中阿米安努斯还是朱利安统治阶段的全程目击者和参与者。⑤ 前三段史料所反映的史实基本一致，都是士兵坚持称呼朱利安为奥古斯都，

---

① 概述自 Ammianus Marcellinus，*History*，Vol. Ⅰ，20. 4. 17（p. 27）.

② Zosimus，*New History*，3. 9. 2（p. 54）.

③ Socrates Scholasticus，*The Ecclesiastical History*，3. 1（p. 197）.

④ Sozomen，*The Ecclesiastical History*，5. 1（p. 722）.

⑤ 阿米安努斯长期跟随朱利安直至其战死波斯，考证过程可参见 Charles Johnston，“Ammianus Marcellinus,” *History Today*，vol. 25，no. 5（1975），p. 313；Kelly Gavin，*Ammianus Marcellinus*：*The Allusive Historian*（*Cambridge Classical Studies*），Cambridge：Cambridge University Press，2008，p. 104。

先用盾牌托举再为他戴上临时制作的皇冠，第四段史料与前三段也无太大出入。且这一事件被各版本朱利安传记普遍收录。[①] 也就是说，朱利安私自称帝基本属实。

朱利安本人在此前写作的《献给君士坦提乌斯二世的赞美诗》里，已经表述过获得前任皇帝授权于皇位稳固的重要性。参照该标准，则朱利安此番私自称帝显然不能算是以当时罗马人普遍接受的方式继位。相应在阿米安努斯笔下，此事件之后，“他（朱利安）既不戴皇冠也不在公众场合露面，甚至不做任何正式的事情，生怕引起他（君士坦提乌斯二世）的注意，他寻求退位，且对最近发生的事情深感陌生和不安”[②]。在佐西莫斯笔下，“朱利安虽确实对这些人的所作所为感到心神不安，不过也发觉，再打退堂鼓会给自己带来危险”[③]。

随后，朱利安派遣使者前往君士坦提乌斯二世处，告知对方自己已经被士兵拥立为帝，但这纯粹是他在生命受麾下士兵威胁时的无奈之举。假使此时朱利安的皇权得到君士坦提乌斯二世承认，那么他或许能够为大多数罗马人所承认和拥护。但朱利安致其叔父的信件显示，君士坦提乌斯二世收到消息后将朱利安宣布为“公敌”[④]；佐西莫斯记载君士坦提乌斯二世给朱利安的回话如下：“如果朱利安想要活命的话，就得既扔掉皇帝之尊，又扔掉凯撒之号，然后以一介凡民之身臣服于帝王之下，这是必须的，在这种情况下，他才不会因自己的胆大妄为而遭受应有的惩处。”[⑤] 近臣阿米安努斯亦论及，原朱利安麾下官员彭塔迪乌斯（Pentadius，3/4 世纪）逃至君士坦提乌斯二世处，针对朱利安的“叛乱”提出多项指控。君士坦提乌斯二世则在听到指控后立即致信朱利安，明确表示自己不会允许任何新

---

① 列举几部代表性传记，如 Robert Browning，*The Emperor Julian*，p. 242（Table of Dates）；H. C. Teitler，*The Last Pagan Emperor：Julian the Apostate and the War against Christianity*，p. 145（Chronological Outline）；Shaun Tougher，*Julian the Apostate*，p. 178（Chronological）。

② Ammianus Marcellinus，*History*，Vol. Ⅱ，20. 4. 18（p. 27）.

③ Zosimus，*New History*，3. 9（p. 54）.

④ Julian，“To His Uncle Julian，” *in The Works of the Emperor Julian*，Vol. Ⅲ，p. 29.

⑤ Zosimus，*New History*，3. 9（p. 54）.

皇帝，且将会武力镇压朱利安的“叛乱”，并将此事拿到法庭上公开决议。[①] 综合以上史料，朱利安自立的奥古斯都头衔并未获得现任皇帝君士坦提乌斯二世认可。更有甚者，他还被后者定下“叛乱”和“公敌”的罪名，其皇权的威信在此时已然受损。

朱利安与君士坦提乌斯二世协商未果，两位奥古斯都的内战旋即拉开序幕：趁君士坦提乌斯二世尚且滞留波斯战场，朱利安先行率军由高卢穿越意大利、伊利里库姆（Illyricum）、色雷斯（Thrace）等地向东进发。君士坦提乌斯二世听闻朱利安东进，匆忙安置好波斯的防御事务，率军自东向西行进，计划在罗马帝国中部地区镇压“叛乱”。行军途中，君士坦提乌斯二世突然患病，于 361 年 10 月 5 日去世。其麾下官兵随即派使者请求朱利安继位。“根据行星的移动，当这一时刻恰巧来临之际，有一队骑兵从君士坦丁堡来到了奈苏斯（Nassissus），他们带来了君士坦提乌斯二世驾崩的噩耗，还送来了军队恳求朱利安成为唯一皇帝的消息”[②]。至此，朱利安正式晋升为罗马帝国唯一的统治者。

那么，朱利安究竟有没有获得君士坦提乌斯二世的授权？对此阿米安努斯的记载是：“但是，有谣言和一个不确定的消息说：君士坦提乌斯二世已经立下遗嘱，在遗嘱（我说过的）中他写下朱利安作为他的继承人并将佣金和遗产给予那些与他亲近的人。”[③] 句中“谣言”“不确定的消息”等词，显示出时人在这个问题上的不确定性，且同时代其他史书中未见有关于遗嘱的记载。[④]

更关键的是，如佐西莫斯所言：“自那时起，君士坦提乌斯二世对朱利安的敌意就大白于天下了。他开始为发动一场内战而做起准备，与此同时朱利安却对此番急转直下的情形感到了悲伤，因为如果他与那位授予他凯撒之尊的人交战，自己就会被许多人当成一位忘恩负义之徒。”[⑤] 即君士

---

① Ammianus Marcellinus, *History*, Vol. Ⅱ, 20.8.19—21 (pp. 61—63); 21.15.1 (pp. 169—171).

② Zosimus, *New History*, 3.11 (p. 55).

③ Ammianus Marcellinus, *History*, Vol. Ⅱ, 21.15.5 (p. 173).

④ Zosimus, *New History*, 3.11 (p. 56); Socrates Scholasticus, *The Ecclesiastical History*, 2.47 (p. 194); Sozomen, The Ecclesiastical *History*, 5.1 (p. 722).

⑤ Zosimus, *New History*, 3.9 (p. 54).

坦提乌斯二世公开宣布朱利安是“公敌”，以武力镇压朱利安的“叛乱”，是摆在罗马人面前的既定事实。这显然不符合朱利安笔下继承皇位的合法方式。

相应地，基督教史家苏克拉底斯和索佐门猛烈批评朱利安对现任皇帝的背叛，现截取部分语句如下：

苏克拉底斯：因为他（朱利安）既没有通过使者与君士坦提乌斯二世联系，也没有因过去的恩惠而对后者表现出一丝一毫的敬意；他肆意妄为。此外，他通过在每个城市公开他自己写给蛮族人的信件，企图使君士坦提乌斯二世遭到蔑视。①

索佐门：他不但没有在君士坦提乌斯二世跟前为这一行为找借口，还替换了由君士坦提乌斯二世选出的将领，并且四处传播信件，这些信件称君士坦提乌斯二世恳求蛮族进入罗马的领地，帮助他对付马格嫩提乌斯。②

苏克拉底斯与索佐门均强调，朱利安私自称帝后，既没有尝试与现任皇帝和解，还通过替换军官、伪造罪名等方式公然与之为敌。他们的记载同多神教史家阿米安努斯和佐西莫斯的记载截然相反，多神教史家反复申明朱利安称帝实属形势所迫且事后积极寻求君士坦提乌斯二世的谅解。③对比双方的记载可见，基督教史家将矛头直指朱利安的皇权。且索佐门紧随其后，叙述君士坦提乌斯二世因朱利安称帝大受刺激，于征讨途中在极度激动的情况下中风去世。④ 这一说法似乎暗喻君士坦提乌斯二世的死亡与朱利安“篡位”有关。相较于两位基督教史家，同时代基督教神学家纳西昂的格里高利（Gregory Nazianzen，? 329—390）的批判更为激烈：

一个头衔（奥古斯都）并不能使他成为权力的主人，同样不能使

① Socrates Scholasticus, *The Ecclesiastical History*, 3. 1 (p. 197).

② Sozomen, *The Ecclesiastical History*, 5. 1 (p. 722).

③ Ammianus Marcellinus, *History*, Vol. Ⅱ, 20. 4. 17—19 (p. 27—29).

④ Socrates Scholasticus, *The Ecclesiastical History*, 2. 47 (p. 144).

他成为最高级别的荣耀的主人……啊！疯狂的灵魂啊！他率军反抗皇帝，离开西部，以（请求皇帝）原谅他戴上皇冠的举动为借口，因为他仍想掩盖他那绝望的意图，但实际上是为了把帝国移交给他自己，以及让自己因为渴求理智而受到钦佩——事实上，他的希望没有落空。①

富尔克森（Laurel Fulkerson）曾完整析读该段史料所在的文本，他认为格里高利力图向罗马人宣告，异教徒朱利安密谋反对君士坦提乌斯二世。② 结合这一时期的史料和富尔克森的论点，或许我们能够更深刻地理解奥古斯丁在《上帝之城》中给予朱利安的评价："朱利安那颗接受了恩赐的心灵受到亵渎圣灵的、可恶的好奇心的欺骗，也受到权力欲的挑唆。"③ 即朱利安盲目追求本不属于他的权力。现代学者埃尔姆（Susanna Elm）也表示："作为凯撒，朱利安挑战了君士坦提乌斯二世的至高无上。事实上，他是一个篡位者。朱利安自己也承认了这一点，尽管有些婉转。他对君士坦提乌斯二世的进攻，因后者的死亡而解除，但还伴随着另一场战役——数封信件的其中一封。"④ 总之，朱利安在与前任皇帝公开敌对的情况下继位，这在当时的社会背景之下不易为大多数罗马人所接受，朱利安的皇权也相应受到同时代人尤其是基督徒的批判。⑤

此前已有学者对此作过评述。伯德（H. W. Bird）主张，君士坦提乌斯二世之前在镇压马格嫩提乌斯等"篡位者"方面取得了显著成就，因有

① Gregory Nazianzen, "Gregory Nazianzen's two Invectives against Julian the Emperor," p. 26.

② Laurel Fulkerson, "Julian the (In) consistent: A Late Imperial Portrait," *Syllecta Classica*, vol. 25, no. 1 (2014), p. 89 (n. 28).

③ Saint Augustine, *The City of God*: *Books Ⅰ－Ⅶ*, 5. 21 (p. 292).

④ Susanna Elm, "Julian the Writer and His Audience," in *Emperor and Author*: *The Writings of Julian the Apostate the Apostate*, p. 1.

⑤ 或因朱利安统治时间短暂，笔者未能找到与朱利安继位过程相关的民间史料。此处主要借助基督教学者的论著。虽然基督教学者的态度或与普通民众的态度有一定差异，但基本代表了大多数基督徒的意见，尤其基督教学者还能凭借主教身份传播他们对朱利安皇权的质疑和批判。

效维护了君士坦丁王朝的正统性颇受爱戴，故时人不满朱利安对他的攻击。[1] 富尔克森的观点是：彼时罗马人相当重视政治人物的“恒常性”(Consistent)，即期待参政者在重大问题上始终保持一致态度。朱利安曾公开为君士坦提乌斯二世献上数篇赞美诗，极力表达赞颂和效忠之意。[2] 但仅几年后他便私自称帝、公然宣战，这违背了罗马人对政治人物“恒常性”的期待。[3] 以上两种观点皆有其合理性，与笔者的论点不构成冲突。在以上两种观点之下，罗马人不满朱利安的最直接原因都是他与现任皇帝君士坦提乌斯二世的对抗，而这种对抗可能有违罗马人对“正统性”“恒常性”的期待。

回看佐西莫斯这句：“他（朱利安）开始为发动一场内战而做起准备，与此同时朱利安却对此番急转直下的情形感到了悲伤，因为如果他与那位授予他凯撒之尊的人交战，自己就会被许多人当成一位忘恩负义之徒。”[4] 依据字面意思，朱利安于内战初期已经意识到其皇权亟须巩固。于是在率军向君士坦提乌斯二世所在的东部城市进发期间，“在经过的每一座城市里他（朱利安）都表现得万分慈祥，即便是匆忙路过，他仍给每一个人留下了美好的印象。他还给雅典人、斯巴达人以及科林斯人写了信，向他们通报了自己进抵希腊的缘由”[5]。相关信件中仅有一封《致元老院和雅典人》留存至今，此即上文埃尔拇所说的，朱利安在其中婉转承认自己是“篡位者”的那封信。

在这封信里，朱利安先控诉君士坦提乌斯二世杀害近亲及加卢斯的罪行，后透露自己曾截获君士坦提乌斯二世写给蛮族酋长的密信，声称君士坦提乌斯二世在信中允诺蛮族以报酬，请他们进入罗马领土对付马格嫩提

---

① H. W. Bird, “Julian and Aurelius Victor,” *Latomus*, T. 55, Fasc. 4 (1996), p. 872.

② 留存至今的仅有两篇。但据后世学者考证，朱利安在公元 355 年前献给君士坦提乌斯二世的赞美诗数量颇丰。详见 Alan J. Ross, “The Constantinians' Return to the West: Julian's Depiction of Constantius Ⅱ in Oration 1,” pp. 192－193; Shaun Tougher, “Reading between the Lines: Julian's First Panegyric on Constantius Ⅱ,” p. 23。

③ Laurel Fulkerson, “Julian the (In) consistent: A Late Imperial Portrait,” pp. 79－111.

④ Zosimus, *New History*, 3. 9 (p. 54).

⑤ Zosimus, *New History*, 3. 9 (p. 55).

乌斯和朱利安。信件末尾，朱利安解释他于高卢称帝实属麾下士兵所迫，申明他发动内战不仅为了他个人的安全，还为了所有人的共同福祉，尤其为了捍卫高卢人的自由，因为君士坦提乌斯二世已经两次将高卢人出卖给蛮族。①

《致元老院和雅典人》的内容显示，朱利安力图削弱君士坦提乌斯二世的威信，同时证明自己武力夺权的正当性，从而争取罗马人的广泛支持。埃尔拇也认为这封信是“为了向隐匿的听众告知他（朱利安）的合法性，以及这确实是他行动的‘神圣的必然性’”②。另有包括译者赖特在内的多数学者指出，这封信表明朱利安急于捍卫其刚刚到手的皇权。③

现代学者曾对《致元老院和雅典人》所述的三起事件：君士坦提乌斯二世谋杀近亲、贿赂蛮族、朱利安被迫称帝加以考证，发现朱利安所述与真实情况存在一定差异：“屠杀”事件因只有朱利安一人亲历而颇受争议。2008年伯吉斯（R. W. Burgess）总结了争议的焦点：“问题在于没有现存的古代史料直接描述这一事件；我们有暗示、谣言、指控、带有倾向性的掩盖、便于读者理解的模糊声明，以及出于政治或宗教目的而篡改的报导。结果几乎关于大屠杀的所有方面都是有争议的：屠杀者的名字和他们的目的、被屠杀者死亡的日期、是否真的有这样一次大屠杀、促使屠杀发生的深层次原因。”④

君士坦提乌斯二世写信贿赂蛮族的事件，直接被同时代史家苏克拉底斯和索佐门斥为伪造，相关文本上文已有摘录。更有甚者，连始终支持朱利安的近臣阿米安努斯都不敢肯定君士坦提乌斯二世写过这种信。⑤ 这一事件的真实性已经为现代学者贝洛克（Hilaire Belloc）所质疑：“没有人能否定这件事，却也没有人可以将君士坦提乌斯二世通敌叛国的罪行确信为

---

① Julian, “Letter to the Senate and People of Athens,” 286d—287a (p. 289).

② Susanna Elm, “Julian the Writer and His Audience,” p. 1.

③ Julian, “Letter to the Senate and People of Athens,” p. 241 (Introduction); Alan J. Ross, “The Constantinians’ Return to the West: Julian’s Depiction of Constantius Ⅱ in Oration 1,” pp. 185—187; Andrew Smith, “Julian’s *Hymn to King Helios*: The Economical Use of Complex Neoplatonic Concepts,” p. 229.

④ R. W. Burgess, “The Summer of Blood: The ‘Great Massacre’ of 337 and the Promotion of the Sons of Constantine,” p. 5.

⑤ Ammianus Marcellinus, *History*, Vol. Ⅱ, 21. 16. 11 (pp. 179—181).

不容置疑的历史。所有的可能性都不支持这一论点：一方面，因为它与我们所知道的关于时间和人物方面的一切都不符合；另一方面，因为篡位者（朱利安）有充分的理由捏造这些信件的存在，而它们或它们存在的任何证据都不会被公开或保留下来。”①

再就朱利安被迫继位的事件。据阿米安努斯记载，就在朱利安被宣布为奥古斯都的前一晚，他向他最亲密的朋友们提到，他在睡梦中见到这样一番场景，这个国家的“守护神”以他惯常的形式和习惯现形，以责备的口吻说出这些话：“很久之前，朱利安，我一直在秘密地注视着你营帐的门廊，渴望提升你的军衔……”② 凯尔迪斯（Anthony Kaldellis）研究发现，这个“神启”以及其他一些“神迹”可能都是朱利安及其心腹蓄意制造的，旨在促使士兵相信朱利安是诸神选中的皇帝，进而在高卢拥立他为奥古斯都。③《剑桥古代史》一书也推测朱利安在高卢担任凯撒期间，运用“诸神的意旨”实现和掩饰自己的目的。④

以上三起事件目前尚无定论，但鉴于4世纪史家和现代学者均有质疑声发出，所以朱利安书写《致元老院和雅典人》时，理应对历史事实做过或多或少的改动，甚至可能蓄意杜撰了君士坦提乌斯二世通敌叛国的罪证。此番做法进一步表明，朱利安已经意识到其皇权尚未得到罗马人的普遍拥护，且积极设法巩固。

综上，朱利安在从凯撒升至皇帝的过程中，未经君士坦提乌斯二世准许即私自称帝，又公开以武力从后者手中夺取皇权。这不符合他笔下获取权力的合法方式——获得前任皇帝授权后继位。相应地，《赫颂》中朱利安反复请求赫利俄斯准许他管理罗马帝国：“然就我个人而言，只要我享有生存的权利，愿他保佑我无论世俗与神圣都能获得成功；最后愿他准

---

① Hilaire Belloc, “Gibbon and Julian the Apostate,” *Studies: An Irish Quarterly Review*, vol. 8, no. 32 (1919), p. 555.

② Ammianus Marcellinus, *History*, Vol. Ⅱ, 20.5.10 (p. 35).

③ Anthony Kaldellis, “Julian, the Hierophant of Eleusis, and the Abolition of Constantius' Tyranny,” *The Classical Quarterly* (*New Series*), vol. 55, no. 2 (2005), pp. 652—655.

④ Averil Cameron and Peter Garnsey, eds., *The Cambridge Ancient History*, Vol. XIII, pp. 57—58.

许，只要令他满意，且既对我和罗马帝国有益，让我用一生来侍奉这个国家!”[①]

考虑到朱利安出身于君士坦丁家族，又曾被正式授予凯撒头衔，所以他继承皇位仍有据可依。故笔者认为最恰当的说法是：朱利安的皇权尚未被罗马人普遍接受。罗马皇帝巩固皇权的主要方法就是从宗教中为自己的权力寻求神圣源头，从而借神权巩固皇权。

二、朱利安无意延续前任皇帝的“君权神授”

罗马帝国统治者很早就开始借神权巩固皇权。如肖特（Jeremy M. Schott）所言：“如果没有帝国意识形态的华丽辞藻使统治者与被统治者间显现出鲜明区别，军事力量就不可能成功地维持帝国。”[②] 苏维托尼乌斯（Gaius SuetoAnius Tranquillus，? 69—? 140）在《罗马十二帝王传》中记载，早在公元前 67 年开国元首屋大维（Gaius Octavius Augustus，前 63—前 14）的养父凯撒（Gaius Julius Caesar，前 100—前 44）就已经在讲坛上宣布：“而朱里乌斯这个家族（我们家是其中的一支）可以上溯到维纳斯。因此我们的祖基既有国王的神圣权力（其权力在凡间是无上的），又有权要求受到像对神那样的崇敬，而神是连国王都得受其支配的。”[③]

继凯撒之后的开国元首屋大维，直接兼任罗马宗教的“最高祭司”（The Pontifex Maximus）。屋大维一面宣称自己是太阳神阿波罗之子，频繁向诸神献祭，一面为多神教增建神庙、贡献财物。[④] 据悉“这些办法的目的正是要把所有国民的宗教感情同在世的皇帝本身联系起来”[⑤]。自屋大

---

① Julian，“Hymn to King Helios，” 157a—b（p. 431）.

② Jeremy M. Schott，*Christianity*，*Empire and the Making of Religion in Late Antiquity*，Philadelphia：University of Pennsylvania press，1977，p. 4.

③ 苏维托尼乌斯著，张竹明、王乃新、蒋平等译：《罗马十二帝王传》，北京：商务印书馆 2000 年版，1. 6（第 3—4 页）。

④ 详细梳理可参见 Ittai Gradel，*Emperor Worship and Roman Religion*，Oxford University Press，2004，pp. 54—108。

⑤ M·罗斯托夫采夫：《罗马帝国社会经济史》，北京：商务印书馆 1985 年版，第 121—122 页。

维之后，“最高祭司”的头衔和职权便归于最高统治者。① 历任罗马皇帝（元首）持续为自己的统治加诸神圣光环，从凯撒到苇斯帕芗（Vespasian，9—79）之间陆续出现的 9 个国家神庙都与皇帝（元首）密切相关。② 弗拉维王朝统治期间甚至制定了元首敕令具有神圣性的法律。③ 狄奥图根尼斯（Diotogenes，?）曾对此现象加以概括：“如同神在天上最受尊敬一般，元首在尘世最受尊敬。如同神统治宇宙一般，国王统治国家。”④

朱利安在其存世作品中不止一次提到，君士坦丁家族管理国家的权力承接自戴克里先而延续自君士坦丁一世。⑤ 这两位皇帝均是历史上借神权巩固皇权方面的佼佼者，前者自诩“朱庇特之子”⑥，后者自诩“上帝之仆”⑦。当朱利安意识到其皇权亟须巩固时，君士坦丁家族的先祖在此方面

---

① 一直到格拉提安（Flavius Gratianus，359—383）从自己的头衔中删去“最高祭司”为止。详见 William J. Irons，“The Transition from Heathen to Christian Civilization，from the Time of the Antonines to the Fall of the Western Empire，” *Transactions of the Royal Historical Society*，vol. 7（1878），p. 168；p. 174。

② Averil Cameron and Peter Garnsey，eds.，*The Cambridge Ancient History*，Vol. Ⅻ，p. 831.

③ *Annotated Justinian Code*，trans. and ed. by Timothy Kearley，Laramie，WY：George William Hopper Law Library，University of Wyoming，1. 4. 3，http://www.uwyo.edu/lawlib/blume-justinian/ajc-edition-1/book-1.html，2018. 12. 30.

④ Diotogenes，“On Kingship Cited in Stobaeus，” in Curt Wachsmuth and Otto Hense，eds.，*Anthologium*，Vol. Ⅲ，Berlin：Weidmann，1974，p. 265。更多关于罗马帝国统治者借神权巩固皇权的讨论可参见 Ittai Gradel，*Emperor Worship and Roman Religion*；Jörg Rüpke，*From Jupiter to Christ*：*On the History of Religion in the Roman Imperial Period*，Oxford：Oxford University Press，2014；Sarolta A. Takács，*The Construction of Authority in Ancient Rome and Byzantium*：*The Rhetoric of Empire*，Cambridge and New York：Cambridge UP，2009。

⑤ Julian，“Panegyric in Honour of Constantius，” 7a—b（p. 19）；18a—b（pp. 45—47）.

⑥ Lactantius，*The Minor Works*，trans. by O. P. Sister and Mary Francis Mcdonald，Washington，D. C.：The Catholic University of America Press，1965，p. 146（*The Deaths of the Persecutors*）.

⑦ Eusebius，*Life of Constantine*，trans. by Averil Cameron and Stuart G. Hall，Oxford：Oxford University Press，1999，2. 29. 3（p. 116）；2. 31. 2（p. 107）；2. 34. 2（p. 107）；2. 46. 1（p. 110）etc. 原文写作“υπηρέτηs του Θεού（servant of God）”，《君士坦丁传》的中译本将之直译为“上帝的仆人”（优西比乌斯：《君士坦丁传》，第 167 页），本书简译为“上帝之仆”。

已经建树颇丰。那么从政治角度考虑，朱利安为什么不直接延续前任皇帝的做法，却羡慕“继承那一由神圣的和有灵性的种子与先祖一同筑造的身体”的人的好运呢？

(一) 朱利安未沿用戴克里先的“朱庇特之子”身份

作为一篇高度抽象的文本，《赫颂》本身并未提供与戴克里先或君士坦丁一世直接相关的史料。但这并不意味着无从下手。与《赫颂》写于同月同地的《凯撒篇》对此多有论及，且《赫颂》中的赫利俄斯在《凯撒篇》中亦有出现。[①]《密特拉教与朱利安的〈赫利俄斯王颂〉和〈大母神颂〉》等论著，已然论证过这两篇作品的主题和立意密切相关。[②] 鲍索克等学者也指出，朱利安在《凯撒篇》中阐释了他对皇帝本质及角色的理解。[③] 故针对朱利安为什么不直接延续旧例的问题，本节有必要大量借助《凯撒篇》展开探究。

现将《朱利安皇帝著作集》中有关戴克里先的全部叙述摘录如下：

> 他们（君士坦提乌斯一世和马克西米安）都获得了帝王的权杖作为显著功绩的奖励，并承担了（军队的）指挥权，他们之间的关系很好且他们对那位准许他们分享帝国的人（戴克里先）表现得如此孝顺，这个人（戴克里先）曾经说过他为这个国家设计的所有防卫措施，且它们有很多，而这是他的高招。[④]

---

① Julian, “The Caesars,” 309b (p. 351); 314a (p. 363).

② J. H. W. G. Liebeschuetz, “*Julian's Hymn to the Mother of Gods: The Revival and Justification of Traditional Religion*,” pp. 213–228; Roger Pack, “Notes on the Caesars of Julian,” p. 154.

③ G. W. Bowersock, “The Emperor Julian on His Predecessors,” *Yale Classical Studies*, vol. 27 (1982), p. 160; Alberto J. Quiroga Puertas, “In Heaven unlike on Earth: Rhetorical Strategies in Julian's *Caesars*,” in Alberto J. Quiroga Puertas, Hrsg., *Rhetorical Strategies in Late Antique Literature: Images, Metatexts and Interpretation*, Leiden and Boston: Brill, 2017, p. 98; Gavin Kelly, “Constantius Ⅱ, Julian, and the Example of Marcus Aurelius (Ammianus Marcellinus XXI, 16, 11–12),” *Latomus Revue Détudes Latines*, vol. 64, no. 2 (2005), p. 409.

④ Julian, “Panegyric in Honour of Constantius,” 7a–b (p. 19).

直到全世界的统治者（戴克里先）把他的注意力转向他们，把帝国的所有武力都带到那里，用他的军队和征募来的甲兵，包括老兵和新兵，使用各种军事装备占据了所有的关口，这种恐惧才驱使他们接受了和平条款。①

接下来戴克里先隆重地前进，带着两位马克西米安和我的祖父君士坦提乌斯一世。后者相互牵着彼此的手且不是走在戴克里先的旁边，而是以类似歌队的阵列呈环形围绕着他。当他们想跑到他前面做他的卫队时他阻止了，因为他不认为他自己比他们享有更多特权。②

以上三段文本均流露出赞美戴克里先之意。但细究之下，朱利安只赞美其军事和政治成就，并未提及任何戴克里先关乎宗教的言论或行为。造成此现象的原因可能是朱利安对此一无所知。然而戴克里先的统治时段距离朱利安并不遥远，且戴克里先在借宗教巩固皇权方面表现得尤为突出。

公元 235—284 年间罗马帝国皇位更迭频繁，国家随之经历了一段长期的政治动荡。公元 284 年戴克里先被部下拥立为元首，后大力削弱元老院、保民官等机构的权力，开创“四帝共治制”，以两位奥古斯都和两位凯撒分管帝国，戴克里先本人居四帝之首。当戴克里先对政治统治模式进行如此大规模的变动时，他依惯例从现存宗教里寻求能够支撑其皇权和“四帝共治制”的力量。原本多神教作为罗马帝国的国教，长期占据着宗教领域的主导地位。公元 3 世纪基督教的崛起打破了多神教一家独大的局面，两种具有本质分歧且互存敌意的宗教摆在了罗马皇帝面前。信仰多神教的戴克里先本排斥基督教，不满基督徒否认皇帝的绝对权威，担忧这个只承认一位神的新兴宗教会破坏现行社会秩序，③ 所以他仍然借助多神教

---

① Julian, “Panegyric in Honour of Constantius,” 18a—b (pp. 45—47).

② Julian, “The Caesars,” 315a—b (p. 365).

③ 以上几点原因概述自 Elizabeth DePalma Digeser, “Hellenes, Barbarians, and Christians: Religion and Identity Politics in Diocletian's Rome,” in Ralph Whitney Mathisen and Danuta Shanzer, eds., *Romans, Barbarians, and the Transformation of the Roman World: Cultural Interaction and the Creation of Identity in Late Antiquity*, Aldershot: Ashgate, 2011, pp. 121 — 131; Winrich A. Löhr, “Some Observations on Karl-Heinz Schwarte's *Diocletian's Christengesetz*,” *Vigiliae Christianae*, vol. 56, no. 1 (2002), pp. 75—95。

巩固皇权。现将他的具体做法简述如下：

第一，戴克里先弃用“第一公民”等平民化头衔，在“奥古斯都”的基础上增设“君主”（Dominus）和“神”（Deus）叠加而成的“皇帝”（Dominus）充当统治者的正式称号，直接将他本人提升到神的高度。① 第二，他从多神教中为“四帝共治”下的四帝择定了对应的保护神，两位奥古斯是代替朱庇特处理世俗事务的副手，两位凯撒是赫拉克勒斯的副手。居于四帝之首的戴克里先更是“朱庇特之子”，自出生便具有神的属性和荣耀。② 第三，他积极履行“朱庇特之子”的职权，在安条克和罗马等地修建神庙，命令地方政府敦促非多神教徒重新祭祀诸神，用暴力手段打击摩尼教和基督教以确保多神教的独尊地位。③ 第四，戴克里先频繁举办祭祀、占卜和宗教节庆活动，发行数枚印有朱庇特神像和皇帝半身像的钱币，以彰显其“朱庇特之子”的神圣身份。④

以上做法能让罗马人用肉眼真切感受到皇帝与神之间的特殊联系，相信皇帝得到神的授权和庇佑。⑤ 威廉姆斯（Stephen Williams）指出，戴克里先将“君权神授”作为结束军事首领混战局面和解决帝国统一问题的一项理论基础。⑥《罗马宗教史》一书则称戴克里先在利用宗教方面趋于保

---

① 以往统治者在生前仍然具备人的属性，只是享有神的荣耀乃至具有一定的神圣性，在逝世后才能由元老院宣布列入众神行列。戴克里先开启了皇帝生前即神化的先例。详见 Paul Veyne，“What was a Roman Emperor? Emperor，therefore a God (Caesars，Succession，Imperial Cult)，” *Diogenes*，vol. 50（2003），p. 15；Ittai Gradel，*Emperor Worship and Roman Religion*，pp. 261－371。

② Lactantius，“The Deaths of the Persecutors，” p. 146.

③ 具体措施可参见 Stephen Williams，*Diocletian and The Roman Recovery*，Frome，Somerset：Butler and Tanner Ltd，1985，pp. 151－202。

④ 例如戴克里先以朱庇特打败泰坦的币面图案影射他本人的军事征服。币面图案及其解析可参看 Anne S. Robertson，*Roman Imperial Coins in the Hunter Coin Cabinet，University of Glasgow*，London：Published for the University of Glasgow by the Oxford University Press，1962，p. 23；p. 40。

⑤ Kate Cooper and Julia Hillner，eds.，*Religion，Dynasty，and Patronage in Early Christian Rome，300－900*，New York：Cambridge University Press，2007，p. 31.

⑥ Stephen Williams，*Diocletian and the Roman Recovery*，p. 69.

守，基本沿袭了 1—2 世纪元首的建庙、祭祀、排除异己等传统方法。[①]

朱利安对戴克里先的做法一无所知？作为基督教“迫害者”，戴克里先的举措为拉克坦提乌斯（Lactantius，240—320）、优西比乌斯等 3—4 世纪基督教学者所热议，4 世纪基督教名作《迫害者之死》《教会史》均有大篇幅记载。[②] 而信仰基督教的君士坦提乌斯二世于监管朱利安期间，有意将之培养为基督徒，专门派遣信仰基督教的老师教导朱利安。据苏克拉底斯记载：“在语法方面尼科勒斯是他的指导者，诡辩学者埃克波利乌斯教授他修辞学，那时埃克波利乌斯还是基督徒：因为皇帝规定他（朱利安）不应该有信仰异教的老师，唯恐他被引诱到‘异教徒的迷信’（The Pagan Superstitions）当中。”[③] 朱利安也相应被培养为基督徒。

身为基督徒，朱利安对基督教“迫害者”戴克里先的宗教政策一无所知的可能性甚小。何况他还详述过戴克里先的政治和军事政策。已有学者据此论证朱利安具备相当水平的历史知识，其《凯撒篇》甚至可能仿写自苏维托尼乌斯和普鲁塔克（Plutarchus，46—120）的史著。[④] 所以基本能排除朱利安对戴克里先的宗教政策一无所知的可能性。

为何朱利安甚少谈论对戴克里先的宗教政策？普埃尔塔斯（Alberto J. Quiroga Puertas）提供了一种解释：尽管朱利安具备一定程度的历史知识，但他并没有为自己贴上“历史学家”的标签，我们本不该期待他尽可能全面地报导史实。[⑤] 然而这种解释与《凯撒篇》的写作思路存在一定矛盾：《凯撒篇》讲述以宙斯为首的众神在农神节举办宴饮，有意将一位罗马统治者拔擢为神。因此，按照统治的时间顺序，自凯撒至君士坦丁一世依次入场宣讲功绩，众神逐一点评后投票选出最有资格晋升成神的统治

① Franz Altheim, *A History of Roman Religion*, trans. by Harold Mattingly, London: Methuen & Co. Ltd., 1938, p. 161; p. 467.

② Lactantius, "The Deaths of the Persecutors," pp. 137—203; Eusebius, *The Church History*, 9. 8—10. 8 (pp. 289—304).

③ Socrates Scholasticus, *The Ecclesiastical History*, 3. 1 (p. 195).

④ Jacqueline F. Long, "Julian Augustus' Julius Caesar," in *Julius Caesar in Western Culture*, pp. 62—82.

⑤ Alberto J. Quiroga Puertas, "In Heaven unlike on Earth: Rhetorical Strategies in Julian's *Caesars*," p. 98.

者。普埃尔塔斯观察到朱利安对每位凯撒的描绘基本遵循固定模式：先简单介绍其外形、事迹以及追随或模仿哪一位神，后令其接受众神的提问或点评。[①] 就连统治时间不到一年的奥托（Otho，69 年在位）和普罗克鲁斯（Proculus，280 年在位）都被朱利安按照此模式书写。相较于奥托和普罗克鲁斯，在位长达 21 年的戴克里先与诸神的联系理应更突出，何况他还是将帝国权柄移交给朱利安所在家族的皇帝。鉴于戴克里先的历史地位以及他在朱利安笔下所扮演的重要角色，我们有理由期待朱利安描写戴克里先关乎宗教的言行，或令戴克里先接受诸神的询问或点评。

然而朱利安传世作品中并没有相关论述。针对此现象，罗兰·史密斯的研究成果提供了一种思路。罗兰·史密斯发现这一时期多神教学者时常省略自己不赞同或不利于自己的叙述，并称这种省略为多神教学者的“战术性沉默”（Tactical Silence）。[②] 依照此论点，则朱利安的沉默可能源自他不完全赞同戴克里先借宗教巩固皇权的言行。

这一猜想可放入朱利安继位后的言行中验证，他与戴克里先在两处形成鲜明区别：一是戴克里先自称“朱庇特之子”，朱庇特系罗马主神。而朱利安虽生为罗马人，相较罗马传统却更偏爱希腊文化。他曾言明：“例如，我自己已经发现雅典人是所有希腊人中对荣誉最有雄心的，也是最仁慈的人。且确实，我已经观察到，这些品质在所有的希腊人中以一种令人敬仰的程度存在着……我的意思是迈西亚人（Mysians）居住在多瑙河河畔，我的家族恰是来自这个种族，带有一种完全的粗鄙、简陋的生活习惯，笨拙且毫无魅力，并总是毫不动摇地遵守自己的决定，所有这些品质都是极为粗野的证据。”[③] 这也是朱利安被学界赋予“希腊人朱利安”

---

① Alberto J. Quiroga Puertas, “In Heaven unlike on Earth: Rhetorical Strategies in Julian's *Caesars*,” p. 98.

② Rowland Smith, “A Lost Historian of Alexander ‘Descended from Alexander’, and Read by Julian? Praxagoras of Athens Reviewed in the Light of Attic Epigraphy,” p. 357.

③ Julian, “Misopogon,” *in The Works of the Emperor Julian*, Vol. Ⅱ, 348c－d (p. 451).

(Julian the Hellene)、“希腊主义的后人”（Son of Hellenism）等称号的原因。[①] 出于对希腊文化的热爱，朱利安依照古希腊传统，称众神之父为宙斯。“朱庇特”之名在《朱利安皇帝著作集》中统共只出现过一次，还是充当修饰成分：“市民们占据那座矗立着朱庇特神像的著名的山峰。”[②] 反之，古希腊神话体系中的主神宙斯之名出现多达50余次。[③] 考虑到朱利安对古希腊文化的热爱，“朱庇特之子”的说法恐难获其青睐。

二是戴克里先以暴力镇压基督教。朱利安虽然支持多神教，却也极力避免与基督徒发生流血冲突。他曾明确表示：“我向诸神发誓，我不希望

---

① 此即本书导论部分提到的学界研究热点之一——朱利安与“希腊主义”。公元4世纪伴随着雅典的衰落、帝国政治中心的东移和多神教的式微，秉承希腊式文风的作家逐渐失去社会影响力，希腊式文风也相应衰落。所以这一时期的希腊式学者积极号召从文学、艺术、哲学、宗教等多个层面全方位复兴古希腊传统，此即“希腊主义”说法的由来（G. W. Bowersock, *Hellenism in Late Antiquity*, Ann Arbor: The University of Michigan Press, 1990）。朱利安皇帝被部分学者视作4世纪中期复兴“希腊主义”的关键人物，他为了保障古希腊经典的完整传承而禁止基督徒参与教学，还大力支持以宙斯为主神的古希腊式多神教的发展，且号召罗马人接受古希腊圣贤的教诲而摒弃基督教教义。早年间威尔·杜兰提出，“朱利安所倡导的‘希腊主义’于其复兴异教及发扬‘希腊主义’本身均毫无帮助，‘希腊主义’尚需过11个世纪后才得转运”（Will Durant, *The Story of Civilization: The Age of Faith*, Vol. Ⅳ, New York: Simon and Schuster, 1950, p. 24）。但近些年学界对朱利安与“希腊主义”的评价有所提升。如佩奇称朱利安是“希腊主义”的杰出代表和捍卫者，主张朱利安复兴传统宗教也是为了捍卫希腊古典文明的完整性，详见Gill Page, *Being Byzantine: Greek Identity before the Ottomans*, New York: Cambridge University Press, 2008, p. 142；卡尔德里斯认为，朱利安统治期间异教的短暂复兴证明了朱利安的“希腊主义”不是无力的空想，而是可以改变社会的巨大力量，详见Anthony Kaldellis, *Hellenism in Byzantium: The Transformations of Greek Identity and the Reception of the Classical Tradition*, New York: Cambridge University Press, 2008, pp. 143—166.

② Julian, “Panegyric in Honour of Constantius,” 29d (p. 77).

③ 数据统计自《朱利安皇帝著作集》三卷本的索引部分，详见Wilmer Cave Wright, “Index,” in *The Works of the Emperor Julian*, Vol. Ⅰ, p. 511; Vol. Ⅱ, p. 519; Vol. Ⅲ, p. 448。

加利利人（Galilaeans）被杀害或被不公正地殴打，或遭受任何其他伤害。”[①] 同时代基督教史家苏克拉底斯也承认朱利安回避暴力：“但后来他（朱利安）开始了他的报复，因观察到戴克里先治下殉道的基督徒备受基督徒尊敬，也知道基督徒中有许多人热切盼望成为殉道者，所以他决定改用其他方式报复他们。”[②] 据现代学者哈迪（B. Carmon Hardy）统计，直到朱利安继位7个月后才浮现出打击基督教的苗头，且“这仍是一个十分温和的政策”。[③] 考虑到朱利安对基督教的不流血政策，戴克里先的暴力手段恐难获其认同。基于以上两点可推论，朱利安并不完全赞同戴克里先借多神教巩固皇权的言行，相应地，他在写作时也避免谈及。

综上，朱利安视戴克里先为赋予其家族皇权的皇帝。戴克里先统一罗马帝国后，以建庙、祭祀、排除异己等传统方法巩固皇权，还为自己塑造出“朱庇特之子”的神圣身份，从而借朱庇特的神权解释和巩固其皇权。鉴于朱利安回避了戴克里先的部分说法和做法，也未记叙他在宗教方面的言行，可推测朱利安并不完全赞同戴克里先的“君权神授”。就现有史料看来，他即位后也没有在公开场合使用过“朱庇特之子”的身份。

（二）朱利安未沿用君士坦丁一世的“上帝之仆”身份

相较于戴克里先，朱利安对君士坦丁一世的态度相对明朗。仍以《凯撒篇》为例。诸凯撒依次进入宴饮厅，宣讲功绩并接受诸神的评判，至君士坦丁一世时朱利安的叙述语气发生显著变化，现截取相关段落如下：

> “既然那样，”狄俄尼索斯说，“就让他们在入口处受审吧。现在

---

① Julian, “To Atarbius,” *in The Works of the Emperor Julian*, Vol. Ⅲ, p. 123。加德纳在析读朱利安传世信件的基础上指出，朱利安始终坚持不对基督徒施加暴力（Alice Gardner, “Some Recently Published Letters of the Emperor Julian,” *The English Historical Review*, vol. 2, no. 7〈1887〉, pp. 518－520）。哈里斯也认为，规劝才是朱利安重塑罗马帝国宗教版图的手段，而非暴力（Jill Harries, “Superfluous Verbiage? Rhetoric and Law in the Age of Constantine and Julian,” *Journal of Early Christian Studies*, vol. 19, no. 3〈2011〉, p. 347）。

② Socrates Scholasticus, *The Ecclesiastical History*, 3. 12 (p. 216).

③ B. Carmon Hardy, “The Emperor Julian and His School Law,” *Church History*, vol. 37, no. 2 (1968), p. 131.

> 请您允许我们召唤一个男人过来，他是好战的，而且是欢娱和享受的奴隶。让君士坦丁一世走到门口来。”①
>
> 至于君士坦丁一世，他无法在众神中发现他自己事业的那种模式的保护神，但是当他看到距离不远处的“欢娱”时便向她跑去……她把他引向无节制（的地方）。他在那里也发现了耶稣，耶稣已经同她住在一起且大声对所有的来人呼喊：“他是一个骗子，他是一个谋杀者，他是一个犯渎圣罪的和声名狼藉的人，让他毫无畏惧地靠近吧！因为我会用这水清洗他并立即使他洁净……”当君士坦丁一世带领他的儿子们离开众神的集会时，他很高兴地来到他（耶稣）身边，但是复仇之神依然因为他们的不虔诚而惩罚了他们。②

第一段文本里，君士坦丁一世被朱利安评为好战、沉迷享乐的人。第二段文本里，赫尔墨斯要求众凯撒选择自己的保护神和向导，凯撒选择阿瑞斯和阿佛洛狄忒，屋大维选择阿波罗。③ 这一描写与罗马皇帝（元首）借神权巩固皇权的惯例相符。君士坦丁一世父子因犯下诸多罪行，无法得到诸神中任意一位的庇护，最终只能追随耶稣，却仍因不虔诚和谋杀近亲等罪行受到惩罚。已有数位学者分析过《凯撒篇》流露出的对君士坦丁父子和耶稣的不满。④ 格林伍德强调：“大多数凯撒都是被讽刺的，但君士坦丁一世是被用极其消极的方式描绘的……朱利安攻击他的叔叔（君士坦丁一世）还有耶稣。”⑤ 为什么朱利安不满君士坦丁一世亲近基督教的做法？

探究这个问题之前，先简单回顾君士坦丁一世借基督教巩固皇权的过程。尽管戴克里先大力宣扬自己是“朱庇特之子”并为四帝都指定了保护神，但罗马帝国仅维系了 20 年左右的相对和平。公元 305 年戴克里先退

---

① Julian, “The Caesars,” 317d—318a (p. 371).

② Julian, “The Caesars,” 335b—336b (p. 413).

③ Julian, “The Caesars,” 335d (p. 413).

④ B. Baldwin, “The Caesares of Julian,” *Klio: Beiträge zur Alten Geschichte*, vol. 60 (1978), pp. 449—466; G. W. Bowersock, “The Emperor Julian on His Predecessors,” pp. 159—172; David Neal Greenwood, “Crafting Divine Personae in Julian's Oration 7,” pp. 140—149.

⑤ David Woods, “Constantine, Cookery, and Sacrifice,” *Journal of Theological Studie*, vol. 69, no. 2 (2018), pp. 577—587.

位，306 年君士坦提乌斯一世去世，其子君士坦丁一世被麾下将士拥立为帝。前任奥古斯都马克西米安（Maximian，250—310）之子马克森提乌斯（Maxentius，278—312）也在军队的支持下称帝。至 307 年，罗马帝国境内的奥古斯都高达六位。六位奥古斯都拥兵自重、互相倾轧。在长达 18 年的混战期间，自称得朱庇特和赫拉克勒斯庇佑的塞维鲁败给了马克森提乌斯。马克森提乌斯宣誓效忠罗马建城者罗慕路斯之父战神马尔斯。[①] 但他最终败给了对辖区内基督教持宽容政策的君士坦丁一世。313 年君士坦丁一世与李锡尼共同签署《米兰敕令》，给予基督教合法地位。324 年君士坦丁一世打着拉伯兰旗帜击溃打着异教旗帜的李锡尼，[②] 再度统一罗马帝国。

君士坦丁一世并未获得前任皇帝授权，而是凭借军队拥立和内战继位，他的皇位来源同样不容易得到罗马人的普遍拥护。[③] 于是君士坦丁一世继位后积极借神权巩固皇权。大抵基于自己在内战中宽容基督教的既得利益，以及竞争对手借助多神教未果考虑，君士坦丁一世在位期间主要借

---

① 详见 C. E. V. Nixon and B. S. Rodgers，eds. and trans.，*In Praise of Later Roman Emperors: The Panegyrici Latini*，Berkeley: University of California Press，1994，p. 321。

② 拉伯兰旗的真实寓意备受争议，旗帜上的“XP（chi-rho）”符号可能指代“基督”，也可能指代某位多神教神祇（T. D. Barnes，*Constantine and Eusebius*，Massachusetts: Harvard University Press，1984，p. 43；Noel Lenski，*The Cambridge Companion to the Age of Constantine*，Cambridge: Cambridge University Press，2005，p. 114）。或许君士坦丁一世麾下的基督徒相信“XP”是上帝用以指引他们的神迹，军队士气因此大涨（Arnold Hugh Martin Jones，*The Later Roman Empire，284 — 602: A Social，Economic and Administrative Survey*，Vol. Ⅰ，p. 83）。

③ 另有斯科特从“非贵族出身”的角度论证君士坦丁一世的皇权遭遇罗马人的质疑。该学者提出，原四帝共治制的理论基础是择优选取，依靠四帝与神之间的特殊联系来维持。君士坦丁一世以父死子继的方式获得皇位在当时不属于合法继承，而且君士坦丁一世不属于贵族阶层，不满足皇帝应当出身贵族家庭的不成文规定。所以君士坦丁一世亟须从意识形态方面着手巩固其皇权（A. Lippold，“Constantius Caesar，Sieger über die Germanen: Nachfahre des Claudius Gothicus? Der Panegyricus von 297 und die Vita Claudii der HA，” *Chiron*，vol. 11〈1981〉，pp. 360 — 369）。刘南强曾转述此观点，详见 Samuel N. C. Lieu and Dominic Montserrat，*From Constantine to Julian: Pagan and Byzantine Views (A Source History)*，p. 66。

基督教巩固皇权。①

起初君士坦丁一世对基督教的态度模棱两可。直到早期基督教学者拉克坦提乌斯著《神圣制度》《迫害者之死》等书，以先知口吻宣告基督教的神选中君士坦丁一世及其家族作为基督世界的保护者，宣扬在上帝的帮助下君士坦丁一世必将取得最终胜利，其家族也必将长期维持光辉灿烂和遍及世界的统治。② 另一位基督教学者优西比乌斯，于其《教会史》中同样给出了上帝庇护君士坦丁一世的说法。③ 这些说法可能迎合了君士坦丁一世稳固皇权的迫切需求，他逐渐接受基督教为其皇权提供的解释。

优西比乌斯的《君士坦丁传》显示，君士坦丁一世在位期间多次以"上帝之仆"的名义行事，如他在致信地方官时强调自己的命令符合上帝的意旨，以"上帝之仆"的身份调停安条克地区的宗教争端，还在宣布东征波斯时申明上帝与他同在。④ 为彰显自己肩负"上帝之仆"的神圣身份，君士坦丁一世还积极支持基督教发展，为教会捐赠资金，免除教会神职人

---

① 关于君士坦丁一世支持基督教的原因主要存在两种观点：一是政治动机论，主张君士坦丁一世此举纯粹为世俗的政治目的服务。代表人物有布克哈特等。详见雅各布·布克哈特著，宋立宏等译：《君士坦丁大帝时代》，上海：上海三联书店 2006 年版；Charles N. Cochrane，*Christianity and Classical Culture*：*A Study of Thought and Action from Augustus to Augustine*，New York：Oxford University Press，1957，p. 180。二是信仰动机论，主张君士坦丁一世此举纯粹出于宗教热情，代表人物有巴恩斯等。详见 T. D. Barnes，*Constantine and Eusebius*；*Ramsay MacMullen*，*Christianizing the Roman Empire*，*A. D. 100—400*，pp. 44—48。目前国内外学者倾向于君士坦丁一世支持基督教兼备政治目的和宗教目的，且一般承认其政治目的不可忽视。详见 M·罗斯托夫采夫：《罗马帝国社会经济史》，第 695 页；Arnold Hugh Martin Jones，*The Later Roman Empire*，*284—602*：*A Social*，*Economic and Administrative Survey*，Vol. Ⅰ，pp. 77—137；陈志强、马巍：《君士坦丁基督教政策的政治分析》，《南开学报（哲学社会科学版）》1999 年第 6 期，第 125—134 页。本书侧重讨论君士坦丁一世支持基督教的政治目的。

② Lactantius，*The Divine Institutes*（*Books Ⅰ—Ⅶ*），trans. by O. P. Sister Mary Francis Mcdonald，Washington，D. C.：The Catholic University of America Press，2008，6. 3. 1—14（pp. 333—335）；Lactantius，"The Deaths of the Persecutors，" pp. 146—206.

③ Eusebius，*The Church History*，9. 8—10. 8（pp. 327—371）.

④ 依次参见 Eusebius，*Life of Constantine*，2. 45—46（pp. 110—111）；3. 59—63（pp. 147—151）；4. 56—57（pp. 175—176）。

员的税务和兵役，在君士坦丁堡、耶路撒冷等地兴建教堂。① 更有甚者，君士坦丁一世以“上帝任命的主教”身份介入基督教神学事务和内部争端，参与325年首次基督教大公会议并促成《尼西亚信经》出台。②

《君士坦丁传》中存有一封325年君士坦丁一世写给波斯国王沙普尔（Shapur Ⅱ，309—379）的信。③ 他在信中传达“至高无上的神”的意旨，劝说沙普尔停止迫害基督徒。④ 对此，哈里斯（Jill Harries）表示：“新帝（君士坦丁一世）宣称他的统治是合法的，他援引了给他带来胜利的‘至高无上的神’的意旨……作为一种公开的信仰声明，它（这封信）对基督教的坚持是毫不隐讳的。”⑤ 琼斯等学者也指出：君士坦丁一世从公元312年开始就对外宣扬自己是基督教的神拣选出来的仆人，积极在公开场合利用与传统多神论形成鲜明对比的一神论式话语维护自己的权威。⑥

但不可否认，多神教在君士坦丁一世治下仍保留国教地位。君士坦丁一世继续担任多神教的“最高祭司”，也允许希斯珀伦城（Hispellum）依多神教习俗建造纪念他家族的庙宇。⑦ 哈里斯析读君士坦丁一世写给沙普

---

① 详见 F. Opoku，“Constantine and Christianity：The Formation of Church/State Relations in the Roman Empire，” *Ilorin Journal of Religious Studies*，vol. 5，no. 1（2015），pp. 17—34。

② Eusebius，*Life of Constantine*，4. 24（p. 161）。但学界就君士坦丁一世是否公开接受此身份尚存争议，详见 Claudia Rapp，“Imperial Ideology in the Making：Eusebius of Caesarea on Constantine as ‘Bishop’，” *Journal of Theological Studies*，vol. 49（1998），pp. 685—695；Arnold Hugh Martin Jones，*The Later Roman Empire，284—602：A Social，Economic and Administrative Survey*，Vol. Ⅰ，pp. 94—95。

③ 学界就这封信的真伪尚存争议，但多数学者认可这封信的真实性并将之用作研究君士坦丁一世的宗教政策的重要史料，如 T. D. Barnes，“Constantine and the Christians of Persia，” *JRS*，vol. 75（1985），pp. 126—136；Garth Fowden，*Empire to Commonwealth：Consequences of Monotheism in Late Antiquity*，pp. 93—97。

④ Eusebius，*Life of Constantine*，2. 56. 1（p. 133）.

⑤ Jill Harries，*Imperial Rome AD 284 to 363：The New Empire*，Edinburgh：Edinburgh University Press，2011，pp. 166—167.

⑥ Jill Harries，*Imperial Rome AD 284 to 363：The New Empire*，Edinburgh：Edinburgh University Press，2011，p. 137（n. 2）；Arnold Hugh Martin Jones，*The Later Roman Empire，284—602：A Social，Economic and Administrative Survey*，Vol. Ⅰ，p. 81.

⑦ Christopher P. Jones，*Between Pagan and Christian*，Cambridge，Massachusetts and London：England Harvard University press，2014，p. 18.

尔的信时亦指出，信件中那位“至高无上的神”并无明确指向，不易触发多神教徒的反感。相当一部分学者主张，君士坦丁一世同时借助两种宗教来争取多神教徒和基督徒两方的支持，从而最大限度地稳固皇权。①

君士坦丁一世逝世后，其三子均承袭了“上帝之仆”的神圣身份，也普遍延续了支持基督教的政策。② 君士坦提乌斯二世成为罗马帝国唯一统治者后，进一步免除基督教神职人员的公共义务，赐予主教不受世俗法庭审判等特权。③ 他还制定了多项削弱多神教的政策，如逐步关闭甚至禁止民众接近部分异教神庙、取缔部分异教庆典、禁止夜间祭祀活动等。④ 琼斯（Christopher P. Jones）据此表示，君士坦提乌斯二世对待多神教的态度，已经由其父的“中立”（Indifference）转向“不容忍”（Intolerance）。⑤ 总之，君士坦丁父子主要利用基督教巩固皇权。

那么，朱利安为何不满君士坦丁一世借基督教巩固皇权的做法？朱利安童年时在基督教教师的训导下成为基督徒。但 351 年左右，朱利安在多神教徒马克西姆斯（Maximus，?）的引导下改信多神教。史料显示，马克西姆斯将朱利安带至女神赫卡特的神庙，烧毁一粒香后吟诵了一些类似颂词的语句。女神的形象随之出现且面带微笑。朱利安自此为多神教的神秘

---

① Christopher P. Jones，*Between Pagan and Christian*，Cambridge，Massachusetts and London：England Harvard University press，2014，p. 145；Bart D. Ehrman and Andrew S. Jacobs，*Christianity in Late Antiquity*，*300 — 450 C. E.*：*A Reader*，p. 24；Christopher P. Jones，“After Constantine：Indifference and Intolerance，” p. 25.

② Eusebius，*Life of Constantine*，4. 71. 2（p. 181）.

③ 相关法令参见 *Imperial Laws and Letters Involving Religion*，*AD 311 — 364*，trans. by Coleman-Norton，et al.，Milwaukee：Wisconsin Lutheran College，2020，*Codex Theodosianus*，9. 16. 4；9. 16. 6；16. 10. 2；16. 10. 6；16. 2. 8—9；16. 2. 11—14，https://www.fourthcentury.com/imperial-laws-and-letters-involving-religion-ad-311-364/，2023。

④ 相关法令参见 *Imperial Laws and Letters Involving Religion*，*AD 311 — 364*，trans. by Coleman-Norton，et al.，Milwaukee：Wisconsin Lutheran College，2020，*Codex Theodosianus*，16. 10. 4；16. 10. 6，https://www.fourthcentury.com/imperial-laws-and-letters-involving-religion-ad-311-364/，2023。萨尔兹曼指出，这些政策大概率未得到严格执行（Michelle Salzman，“How the West Was Won：The Christianization of the Aristocracy in the West in the Years after Constantine，” in C. Deroux，ed.，*Studies in Latin Literature and Roman History*，Vol. Ⅵ，Brussels：Latomus，1992，pp. 451—469）。

⑤ Christopher P. Jones，“After Constantine：Indifference and Intolerance，” pp. 23—33.

仪式所吸引。[①] 基督教史家苏克拉底斯也留下类似的叙述："从他（马克西姆斯）那里，（朱利安）除收获哲学原理之外，还得到了他自己的宗教情感以及对占有帝国的渴望。"[②] 出于对多神教和秘仪的热爱，朱利安在称帝后旋即向罗马人公开他的多神信仰。同时代四位史家对此均有记载：

阿米安努斯：但是，当恐惧被终结的时候，他看到随心所欲的时机已然到来，于是揭开他内心的秘密并通过简单但正式的法令要求重开神庙，在祭坛上摆放牺牲，恢复对诸神的崇拜。[③]

佐西莫斯：朱利安从使节处获悉了上述消息，随后便宣布他宁可将自己的身家性命托付给诸神也不会去信赖君士坦提乌斯二世的保证，由此他公开亮出了自己的宗教观。[④]

苏克拉底斯：在这之后，他不再伪装成基督徒，而是四处开放异教神庙，并为那些神像提供牺牲。[⑤]

索佐门：然后他突然改变了他的宗教信仰，尽管他之前已经承认信仰基督教，他宣告自己是最高祭司，频繁前往异教神庙，敬献牺牲，并邀请他的部下采用同样的崇拜形式。[⑥]

以上四段话中"正式的法令""公开亮出""四处开放异教神庙""邀请他的部下"等词句，均显示出朱利安信仰多神教的公开性。也就是说，尽管朱利安曾信仰基督教，但当他成为罗马帝国唯一统治者时，已然是一名多神教徒了。基督教赋予朱利安的"叛教者"称号亦由此而来。

这同他对君士坦丁一世父子的不满有何联系？在朱利安之前的时代，即 3 世纪中期罗马帝国政治混乱时期和 3 世纪末罗马内战时期，多神教因无法及时解决民众的现实困难而面临信仰危机。反之，基督教通过举办慈

---

① Eunapius, *Lives of Philosophers and Sophists*, trans. and ed. by Wilmer Cave Wright, London and Cambridge: Harvard University Press, 1921, pp. 433—435.

② Socrates Scholasticus, *The Ecclesiastical History*, 3.1 (p. 196).

③ Ammianus Marcellinus, *History*, Vol. Ⅱ, 22.5.2 (p. 203).

④ Zosimus, *New History*, 3.9 (p. 54).

⑤ Socrates Scholasticus, *The Ecclesiastical History*, 3.1 (p. 197).

⑥ Sozomen, *The Ecclesiastical History*, 5.1 (p. 722).

善活动给予民众物质帮助，又通过许诺来世给予民众精神慰藉。加之德尔图良（Tertullian,? 155—240）等早期基督教护教士的积极宣传，基督教在这一时期发展迅速，日益冲击多神教在宗教领域的主导地位。两种宗教在竞争中共存。[①] 戴克里先的“迫害”未能阻止基督教的扩展。优西比乌斯在《教会史》中写道：“正如我已说过的，两位年龄更大、地位更高的（戴克里先和马克西米安），在大迫害开始后不到两年就退休，作为平民度过余生。”[②]

君士坦丁一世父子统治期间借基督教的神巩固皇权，支持基督教发展，逐步限制多神教。伴随着基督教实力的增长和多神教实力的减弱，基督教越发冲击着多神教的主导地位。两种宗教的竞争态势愈发明显。以优西比乌斯为首的基督教学者和以利巴尼乌斯为首的多神教学者，各自撰文宣扬己方教义、攻讦对方理论并积极争取统治者支持己方宗教。如拉克坦提乌斯著《迫害者之死》，优西比乌斯特为君士坦丁一世作传。利巴尼乌斯则担任朱利安的老师，该学者因对基督教和基督徒发动的语言攻击过多被称作“阴暗的异教徒”（Gray Pagan）[③]。

再者，基督教在君士坦丁一世父子的支持下积极获取社会物质资源。君士坦提乌斯二世曾在君士坦丁堡大教堂举行的建城庆祝仪式上，赏赐基督教神职人员大批金银财宝、粮食、衣物等。[④] 待朱利安继位后，试图修复多神教神庙却苦于建筑材料和经费短缺，不得不授命他的叔父征用其他宫殿的物资以及使用便宜的建筑材料。[⑤] 民间多神教徒和基督徒的暴力冲

---

① 以上几个原因概括自 Arnold Hugh Martin Jones and J. R. Martindale, et al., *The Prosopography of the Later Roman Empire*, Vol. Ⅰ, p. 694; Géza Alföldy, “The Crisis of the Third Century as Seen by Contemporaries,” *Greek, Roman, and Byzantine Studies*, vol. 15, no. 1 (2003), pp. 89—111; Marcel Simon, “Early Christianity and Pagan Thought: Confluences and Conflicts,” *Religious Studies*, vol. 9, no. 4 (1973), pp. 385—399。

② Eusebius, *The Church History*, p. 314 (postscript).

③ Raffaella Cribioer, *Libanius the Sophist: Rhetoric, Reality, and Religion in the Fourth Century*, Ithaca, New York: Cornell University Press, 2013, p. 3.

④ None, *Chronicon Paschale: 284—628 AD*, p. 35.

⑤ Julian, “To His Uncle Julian,” p. 99.

突亦时有发生。[1]《4 世纪多神教和基督教的冲突》《罗马帝国古代晚期的多神教与基督教：4 世纪时的冲突、竞争与共存》等均是研究这一时期宗教冲突的代表性论著。[2]

朱利安恰好生活在多神教与基督教剧烈碰撞的 4 世纪中期。且"当朱利安提出基督徒放弃律法的问题时，随着对当代信仰和实践的冲突越来越成为人们关注的焦点，争论也变得相当尖锐"[3]。所以在多神教与基督教剧烈碰撞的局势之下，身为多神教徒的朱利安，理当不满君士坦丁一世父子自诩"上帝之仆"，以及他们借基督教巩固皇权的种种举措。同为异教徒的佐西莫斯也给出了与朱利安相似的批判："他（主教奥西乌斯）向君士坦丁一世保证，基督教能够使他免除罪孽……（君士坦丁一世）就从对神谕的质疑开始滑入不奉神的罪恶当中。"[4]

综上，朱利安视君士坦丁一世父子为其家族的前任皇帝。君士坦丁一世父子一改往日罗马皇帝借多神教巩固皇权的惯例，将皇权溯源于基督教的神，又通过修建教堂、赐予财富和政治特权、调解基督教教义争端等方式履行"上帝之仆"的权能。然而朱利安继位时已然是多神教徒。这意味着，朱利安不会赞同亦不能直接利用君士坦丁一世父子的"君权神授"。从现存史料上看，朱利安即位后没有在公开场合使用过"上帝之仆"的身份。

---

① 阿米安努斯记载了朱利安继位初期罗马帝国民间因宗教碰撞而引发的三起暴力冲突：公元 361 年年末亚历山大里亚地区主教乔治（Geroge）因诋毁当地多神教神庙，被当地多神教徒密谋杀害；信仰基督教的铸币厂官员德拉肯提努斯（Dracontius）和狄奥多罗斯（Diodorus）被多神教徒所杀，德拉肯提努斯被杀是因为推翻了新近修建的多神教祭坛，狄奥多罗斯则是因为在监督教堂施工期间斩断了小男孩头上带有异教徒特征的卷发。详见 Ammianus Marcellinus，*History*，Vol. Ⅱ，22. 11. 7－14（pp. 261－263）。

② 详见 Arnaldo Momigliano，ed.，*The Conflict between Paganism and Christianity in the Fourth Century*，New York：Oxford University Press，1963；James O' Donnell，*Pagans：The End of Traditional Religion and the Rise of Christianity*，New York：Harper Collins，2015；J. Lieu，J. North，and T. Rajak，eds.，*Pagans and Christians in Late Antique Rome：Conflict，Competition，and Coexistence in the Fourth Century*，Cambridge：Cambridge University Press，2016。

③ Stefan Rebenich and Hans-Ulrich Wiemer，eds.，*A Companion to Julian the Apostate*，p. 276.

④ Zosimus，*New History*，2. 29（p. 37）.

行文至此，笔者已经能够从政治角度就《赫颂》中“我羡慕任何被那位神（赫利俄斯）准许且继承那一由神圣的和有灵性的种子与先祖一同筑造的身体，并得以打开智慧宝藏之人的好运；我亦不轻视赫利俄斯神赋予我的（好运），即我可以出生在一个于我所处的时代里统治和管理世界的家族”① 一句，给出一种解释：尽管朱利安从家族处继承了统治帝国的资格，但他不赞同戴克里先和君士坦丁家族遗留给他的“君权神授”。相应地，在《赫颂》中被朱利安视作楷模的罗马统治者是罗慕路斯、埃涅阿斯、努马等，② 戴克里先、君士坦丁一世父子均未在《赫颂》留名。依据现存史料，朱利安继位后也未延续“朱庇特之子”或“上帝之仆”的神圣身份。停用旧例意味着，待朱利安亟须借宗教巩固皇权时，他有必要探索新的方法。

伊凡斯（J. C. Relihan）曾讨论过《凯撒篇》对“新”的追求：“朱利安写其他皇帝不是为了显示他将如何体现他们的优秀品质，而是要强调他与他们在宗教信仰和道德一致性上完全不同。”③ 根据朱利安对旧例的态度推测，他对“新”的追求可能不仅仅集中于《凯撒篇》，而是广泛存在于他写作《凯撒篇》的这一个时段，即朱利安率军驻扎安条克的时段。那么他在安条克究竟遭遇了什么？

三、朱利安在安条克遭遇的皇权危机

> 但是你们却在市场辱骂我，在全民面前辱骂我，并且是靠着那些和你们一样有能力创造这些令人愉快的俏皮话的市民的帮助……遍布整个城市，你们都在宣讲并聆听所有关于我那悲惨的胡子的笑话，还有关于一个人（朱利安）以前从未向你们显示出，将来也不会向你们显示出任何魅力的生活方式的笑话……接下来你们将关于我的诽谤，从私人和公共两个层面向我倾盆倒下，当你们用抑扬格写就的诗歌嘲

---

① Julian, “Hymn to King Helios,” 131b (p. 355).

② Julian, “Hymn to King Helios,” 153d—155a (pp. 421—425).

③ J. C. Relihan, *Ancient Menippean Satire*, Baltimore: John Hopkins University Press, 1993, p. 126.

笑我的时候……[①]

以上一段引文摘自与《赫颂》同写于安条克的《厌胡者》。朱利安继位一年左右，便于362年年中率军自君士坦丁堡出发东征波斯。362年8月大军驻扎东部重镇安条克休整，预备来年春天开拔。[②] 362年12月朱利安写作《赫颂》，363年1月写作《厌胡者》。在《厌胡者》中，朱利安控诉安条克人对他的嘲讽和辱骂，不满他的皇权未得到应有的尊重。在此期间究竟发生了什么？

（一）朱利安借神权巩固皇权的前期举措

从私自称帝和武力夺权的角度考虑，朱利安的皇位来源为罗马人所质疑。史料显示他本人也意识到这一点，且很早就开始借多神教巩固皇权。阿米安努斯记载，朱利安在内战期间召集军队向司战女神献祭，宣布自己由神派遣而来，要求士兵向神起誓效忠于他。[③] 朱利安还在《致元老院和雅典人》中用诸神的安排解释自己称帝的正当性。[④] 且如果我们接受《剑桥古代史》中朱利安运用"诸神的意旨"诱导士兵拥护其称帝的论点，即"这份在巴黎发出的宣言呈现了晚期罗马人篡位的一些经典因素——煽动不满、集结部队、宴请将领、穿着皇帝的装束游行。朱利安几乎不可能是那种被自发性和不可控的力量所包围，而自己努力抗议的无辜的旁观者。他对自己那纯真的职业和'诸神的意旨'的表述自然是为了掩饰他对所发生一切的责任"[⑤]，那么朱利安就深谙借宗教巩固皇权之道。

成为罗马帝国唯一统治者之后，朱利安依旧致力于巩固皇权。布洛克利（Roger C. Blockley）对此的评述是："新政权需要平息因君士坦提乌斯

---

① Julian, "Misopogon," 364a—d (pp. 493—495).

② Ammianus Marcellinus, *History*, Vol. Ⅱ, 22. 9. 1—2 (pp. 215—243).

③ Ammianus Marcellinus, *History*, Vol. Ⅱ, 23. 5. 1—13 (pp. 71—75).

④ Julian, "Letter to the Senate and People of Athens," 282d—285a (pp. 279—285).

⑤ Averil Cameron and Peter Garnsey, eds., *The Cambridge Ancient History*, Vol. ⅩⅢ, pp. 57—58。句中"纯真的职业"一词可能与朱利安称帝后，多次表明自己无心政务而只想从事哲学研究有关。

二世的敌对宣传引发的恐惧，这种恐惧一定还在东方逗留。"[①] 朱利安延续了内战期间借多神教巩固皇权的做法，亦是历代罗马皇帝巩固皇权的传统方法：其一，他继承"最高祭司"头衔，热衷占卜和请求神谕，在皇室宫殿群落的中心位置修建了一座大型神庙，为信奉的每位多神教神祇架设祭坛，每天都要前往参拜并亲自宰杀牺牲；[②] 其二，他发行多枚具有多神教寓意的钱币，皇帝半身像与神像分列钱币正反面，用以宣扬诸神和他本人之间的特殊联系。示例请见附录三图一的银币，银币中朱利安的半身像与具有多神教寓意的公牛图案分立钱币正反面，公牛上方的两颗芒星象征宙斯的双生子狄奥斯库里（Twin Dioscuri）；[③] 其三，他积极履行"最高祭司"的职权，鼓励民间祭祀和庆典，为多神教提供财力物力支持，下令重建各地多神教神庙、修复多神教神像、收回被基督徒拿走的原属多神教神庙的建筑材料。[④] 朱利安还着手取消前两任皇帝授予基督教的政治优待，要求基督徒承担军事和税收义务。[⑤] 只是与戴克里先时期的"迫害"不同，朱利安始终避免发生流血冲突。

从宗教角度研究朱利安的学者，一般将以上举措称为朱利安领导的异教复兴（Pagan Revival）。[⑥] 传统观点认为此次异教复兴以失败告终。[⑦] 然而近些年有学者认为"异教在军队和帝国人民中的普及证明他（朱利安）

---

① Roger C. Blockley, "Panegyric of Claudius Mamertinus on the Emperor Julian," p. 444.

② Ammianus Marcellinus, *History*, Vol. Ⅱ, 22. 5. 1 (p. 203); 22. 12. 6 (pp. 267).

③ 解释参见 J. P. C. Kent, *The Roman Imperial Coinage*, Vol. Ⅷ, London: Spink & Son Ltd, 1981, p. 462。

④ Julian, "To His Uncle Julian," p. 99.

⑤ Sozomen, The Ecclesiastical *History*, 5. 3 (pp. 728—729).

⑥ 如 Scott Bradbury, "Julian's Pagan Revival and the Decline of Blood Sacrifice," Phoenix, vol. 49, no. 4 (1995), pp. 331 — 356; J. H. W. G. Liebeschuetz, "*Julian's Hymn to the Mother of Gods: The Revival and Justification of Traditional Religion*," pp. 213—228。学者表达"异教复兴"的单词或有差异，但意思基本相同。

⑦ 参见 Michaelis Pselli and Willem J. Aerts, *Historia Syntomos*, Berlin: Walter De Gruyter Inc., 1990, p. 57; Alföldi Andreas, et al., *The Conversion of Constantine the Great and Pagan Rome*, New York: The Clarendon Press, 1948, pp. 125—126; William G. Sinnigen and Arthur E. R. Boak, *A History of Rome To A. D. 565*, New York: Macmillan Publishing, 1977, pp. 423—424。

可能已经把传统宗教带回罗马帝国”①。朱利安复兴多神教成功与否并非本书的研究旨趣。从政治角度考虑，以上均是朱利安通过宣扬他本人与诸神之间的联系，从而巩固皇权的举措。

这些举措收效如何？现将佐西莫斯对朱利安坐镇君士坦丁堡期间的记载全部摘录如下：

> 他在那里（君士坦丁堡）为城市和军队做了许多事：他授予那座城市设立同罗马相同的元老院的特权；他在皇宫的柱廊内修建了一座图书馆，还把自己的藏书都放了进去，完成这些工程后，他为发动与波斯人的战争做起了准备。他在拜占庭城（君士坦丁堡）待了十个月，随后在任命了霍米斯达斯和维克托出任长官之后，又下令把全军士卒都交由他们指挥，随即便动身往安条克去了。②

纵观整段文本，362 年上半年罗马帝国境内并未出现“篡位者”，也未有民众集体反对朱利安统治的事件发生。同时代史家阿米安努斯、苏克拉底斯、索佐门笔下亦未见此类记载。阿米安努斯还表示，362 年 6 月皇帝在所有人的一致支持下离开君士坦丁堡前往安条克。③ 依据现有史料，则朱利安统治初期并未遭遇大型皇权危机，在动身前往安条克之前其皇权基本稳固。

朱利安统治初期的稳固局面，大抵与朱利安是君士坦丁家族仅存的男性血脉相关，也与他前期借助多神教巩固皇权的举措不无关联。受朱利安本人信仰多神教和复兴多神教政策的激励，罗马帝国的多神教徒积极支持朱利安的统治。史料显示，以利巴尼乌斯为首的异教精英紧密团结在新帝周围，鼓励并协助他运用手中权力管理国家。如利巴尼乌斯写道：“热烈的掌声在众神之中被唤起。听到这样的掌声，统治者似乎很高兴，他敦促

---

① Adrian Murdoch, *The Last Pagan: Julian the Apostate and the Death of the Ancient World*, p. 3。类似观点可参见 Michael Grant, *From Rome To Byzantium*, New York: Routledge, 1998, p. 137; Anthony Kaldellis, *Hellenism in Byzantium: The Transformations of Greek Identity and the Reception of the Classical Tradition*, pp. 143—166。

② Zosimus, *New History*, 3. 11 (p. 56).

③ Ammianus Marcellinus, *History*, Vol. Ⅱ, 22. 9. 1—2 (pp. 215—243).

更多的人加入进来。啊！殿下，对人类来说，占卜是如此重要，因为它教导每个人管理一个家庭、一个城市、一个国家（Nation）、一个王国（Kingdom）的最佳方式。”[①] 马其顿旧址、巴勒斯坦等地出土有 361—362 年间民间歌颂朱利安的铭文，4 世纪时多神教在这些城市占主导地位。研究者发现出土的铭文大多赞颂朱利安是唯一且永恒的皇帝。[②]

彼时在多神教和基督教两种信仰间游移的人，理论上没必要反抗朱利安既支持多神教又温和对待基督教的宗教政策。且据麦克曼纳斯（John McManners）分析，当时有相当一部分人复归新帝领导的多神教阵营。该学者还指出，这是因为顺应统治者能够使一个人在世俗社会中获得较多的利益和发展机遇。[③] 史料也显示，佩贾修斯（Pegasius，?）在改信异教后获封高级官职。[④] 基督教史著中也有原基督教长老塞奥塔克努斯（Theotecnus，?）改信异教的记录。[⑤]

基督徒或许不满朱利安的统治，但碍于其皇帝身份也未在 362 年上半年与之发生大规模的正面冲突，至少现存史料没有提供相关记载。基督教史家塞奥发尼斯（Theophanes Confessor，752—818）透露了朱利安治下基督徒的隐忍：“约维安拒绝了帝国，宣称他无法指挥一支在朱利安治下已经变成异教徒的军队。军队众人则齐声喊叫自己实为基督徒。”[⑥] 现代学者施瓦茨（Daniel L. Schwartz）表示，当时基督徒普遍基于未来得救的想

---

① Libanius，“XVI Epiftles of Libanius to Julian，” in Julian and Libanius，*Select Works of the Emperor Julian，and Some Pieces of the Sophist Libanius*，trans. and ed. by John Duncombe，London：Printed by J. Nichols for T. Cadell，1784，p. 324.

② A. Negev，“The Inscription of the Emperor Julian at Ma’ayan Barukh，” *Israel Exploration Journal*，vol. 19，no. 3（1969），pp. 170—173；Benet Salway，“Words and Deeds：Julian in the Record，” in *Emperor and Author：The Writings of Julian the Apostate the Apostate*，pp. 137—158.

③ John McManners，*The Oxford Illustrated History of Christianity*，Oxford：Oxford University Press，1992，p. 61.

④ Julian，“To a Priest，” *in The Works of the Emperor Julian*，Vol. Ⅲ，p. 49.

⑤ None，*Chronicon Paschale：284 — 628 AD*，trans. by Michael Whitby and Mary Whitby，Liverpool：Liverpool University Press，1989，p. 39.

⑥ Theophanes Confessor，*The Chronicle of Theophanes Confessor：Byzantine and near Eastern History AD 284 — 813*，trans. by Cyril Mango，Roger Scott and Geoffrey Greatrex，Oxford：Clarendon Press，1997，p. 84.

法，选择忍耐异教皇帝朱利安的统治。[1]

总之，彼时多神教徒、基督徒以及在两种信仰间游移的罗马人，都因为某些原因至少在表面上尊重朱利安的皇权。以上三类群体覆盖了绝大多数罗马人。也就是说，朱利安继位初期至少在表面上收获了广大罗马人的支持。于是朱利安开始以一种更强硬的姿态行使皇权。362 年 6 月他发布诏令，禁止基督教家庭出身的儿童进入学院接受教育。[2] 这种强硬姿态在其信件中亦有所体现："我认为在管理国家方面，相比于我的前任，加利利人的领导者们应该更感激我。"[3] 且如下引文所示，至朱利安写作《赫颂》时，他笔下的自己已然是区别于普通人而靠近众神的存在：

> 我清楚地知道，在这个世界上没有人可以获得一种与他（赫利俄斯）相称的描述……但至于我，有雄辩之神赫尔墨斯可以站在我的身边并帮助我，还有众缪斯和众缪斯的领袖阿波罗，因为他在他的领域中也非常雄辩，他们能够允许我说出诸神批准人类应该言说和相信有关于他们的东西。[4]

综上，朱利安于内战期间和继位初期积极借多神教巩固皇权，如此一段时间之后其皇权基本稳固，朱利安的注意力也由国内转向国外，于 362 年自君士坦丁堡出发攻打外敌波斯。其间朱利安率军驻扎安条克休养生息。但就是在这座城市里，朱利安抱怨自己身为皇帝却未得到应有的尊重："接下来你们将关于我的诽谤，从私人和公共两个层面向我倾盆倒下。"[5]

---

① Daniel L. Schwartz, "Religious Violence and Eschatology in the Syriac Julian Romance," *Journal of Early Christian Studies*, vol. 19 (2011), pp. 565—587.

② 敕令参见 Julian, "Rescript on Christian Teachers," *in The Works of the Emperor Julian*, Vol. Ⅲ, pp. 121—123；相关记载参见 Sozomen, *The Ecclesiastical History*, 5.8 (p. 737)。

③ Julian, "To the Cities of Bostra," *in The Works of the Emperor Julian*, Vol. Ⅲ, pp. 129—131.

④ Julian, "Hymn to King Helios," 132a—b (p. 357).

⑤ Julian, "Misopogon," 364b—c (p. 493).

（二）朱利安遭遇安条克市民的敌对

安条克系富裕城市和工商业中心，市民以希腊人和叙利亚人为主，且以基督徒居多。[①] 按照当时多神教与基督教的碰撞态势，信仰多神教的朱利安在该城市较难得到广泛拥戴。阿米安努斯记载，朱利安于入主新都君士坦丁堡前，曾被某地市民以符合皇帝身份的礼仪热情接待，新帝大为欣喜并期待其他城市效仿。[②] 但当他于 7 月 18 日入驻安条克时，恰逢当地举办纪念阿多尼斯（Adonis）的节日的第一天，城市到处都能听到哀悼声和诉苦声。[③] 朱利安从一开始就因巧合而没能获得安条克人的欢迎。

在安条克，朱利安以皇帝身份推行的一系列政策均惨淡收场。[④] 其一，朱利安试图在这座城市恢复古希腊式民主，积极组建地方议会，强迫当地富人成为议员。但安条克市民已习惯专制形式的官僚制度。富裕阶层也不愿承担议员的公共义务，于是以消极的态度应付皇帝，暗中设法逃避议会

---

① 针对朱利安统治期间安条克情况的说明，可参考 Gilvan Ventura da Silva，“ ‘Is It Possible to Control the Crowd?’ Libanius in Defense of Julian and against the Population of Antioch in the 4th Century，” p. 369；C. Shepardson，*Controlling Contested Places*，*Late Antique Antioch and the Spatial Politics of Religious Controversy*，Berkeley and London：University of California Press，2014，pp. 58—91。

② Ammianus Marcellinus，*History*，Vol. Ⅱ，21. 11. 1（p. 71）.

③ Ammianus Marcellinus，*History*，Vol. Ⅱ，22. 9. 15（p. 251）。阿多尼斯是春季植物之神，阿多尼斯节的第一天人们哀悼阿多尼斯的逝去，第二天欢呼庆祝阿多尼斯的重生。安条克人庆祝阿多尼斯节与安条克以基督徒居多的特点不构成冲突。虽然 4 世纪中期多神教和基督教处于碰撞态势。但罗兰·史密斯研究发现，多神教的传统节日因为既具有狂欢性质又是需要维护的文化传统而受到大多数罗马人的喜爱。所以像阿多尼斯节这样的节日不仅吸引了多神教徒而且吸引了基督徒。详见 Rowland Smith，“Serious Fun in a Potted History at the Saturnalia? Some Imperial Portraits in Julian the Apostate’s Caesars，a Medallion-Image of Julian and the ‘Gallienae Augustae’ Aurei，” *Histos*，vol. 7（2013），p. 209。

④ 或因朱利安在安条克施行的政策多有失误，支持朱利安的阿米安努斯和佐西莫斯对朱利安在安条克的遭遇记载甚少。这与罗兰·史密斯关于异教学者的“战术性沉默”的观点契合。笔者对朱利安皇帝坐镇安条克期间所发生事件的梳理主要依据 Socrates Scholasticus，*The Ecclesiastical History*，3. 17（p. 224）；Sozomen，*The Ecclesiastical History*，5. 19（pp. 757—759）。同时参考 Robert Browning，*The Emperor Julian*，pp. 144—158；Constance Head，*The Emperor Julian*，pp. 119—130。

事务。其二，朱利安在组建议会时着手削减政府官员，将政务移交议会处理。然而一个体制不健全且缺乏公民责任感的议会尚且无法承担政务压力，缩减后的政府机构也难以正常履行职能。安条克的政治秩序很快陷入混乱。其三，安条克作为东部军事和工商业重镇本就容纳着大量的兵丁和官吏。现朱利安将首都的官员和大批军队带至此处，其数量之巨可参见利巴尼乌斯的生动描述："所有的步兵、弓箭手、骑兵、战马、驮物的驴和马、骆驼和工匠都汇入城内，如江河入海一般。他们站着或坐着的时候，地面都被他们遮住了，墙壁上悬挂着盾牌，长矛和头盔随处可见，四面八方都是嘈杂、混乱和马鸣声。"① 为满足麾下官兵的生活需求，朱利安以无偿征用和低价购买的方式补给物资，使得当地市场很快出现供需矛盾，占人口大多数的中下层民众面临物资匮乏和物价飞涨问题。为解决经济危机，朱利安又立法限制必需品价格并向市场投放廉价粮食，反倒促成了黑市贸易和囤积居奇，进一步加剧市场秩序的恶化和下层民众的贫困。

随着生活环境日益恶化，安条克富裕阶层和中下层人士对朱利安皇帝的不满持续攀升，最终发展为针对皇帝个人的人身攻击。根据苏克拉底斯等史家的记载，安条克人公开辱骂朱利安，嘲笑他不是崇敬诸神而是热衷于屠宰牲畜，抨击朱利安像祭司献祭时抛弃牺牲一样抛弃安条克人，讥讽他是畸形的侏儒。因为朱利安习惯蓄着哲学家的标志性长须，他印刻在钱币和雕塑上的形象也多蓄有长须（参见附录三图二），所以安条克人嘲讽朱利安，应将自己山羊胡般的长须割下来做成绳子。② 贝克·布莱恩（N. Baker-Brian）认为，罗马人一般通过嘲讽统治者的外表来批评其治国能力，③ 安条克人攻击朱利安的剧烈程度由此可见。

10 月下旬朱利安下令迁走阿波罗神庙附近的基督教圣徒遗骸，以修复原址上的阿波罗神庙。大批基督徒公然违抗皇帝的命令，跟随装载圣徒遗骸的车队，高唱基督教颂歌并辱骂朱利安的异教信仰。10 月 22 日夜，阿

---

① Libanius, *Selected Works*, trans. and ed. by Albert Francis Norman, Cambridge: Harvard University Press, 1969, Oration 11. 178.

② Socrates Scholasticus, *The Ecclesiastical History*, 3. 17 (p. 224); Sozomen, *The Ecclesiastical History*, 5. 19 (pp. 757).

③ N. Baker-Brian, "The Politics of Virtue in Julian's Misopogon," in *Emperor and Author: The Writings of Julian the Apostate the Apostate*, p. 266.

波罗神庙被焚烧殆尽。近臣阿米安努斯记载，这次可怕的事故激怒了皇帝，以至于他立即下令进行前所未有的严厉调查并关闭安条克大教堂。“因为他怀疑这是基督徒所为，（他们）出于嫉妒以及不愿看到被宏伟的柱廊所包裹着的神庙”①。总之，安条克人从言论和行为两个层面公开反抗朱利安，朱利安因此大感愤怒。

最能反映朱利安的愤怒的就是他于363年1月写作的《厌胡者》。这篇演说辞完成后被他下令张贴在宫殿外的拱门上供所有人抄写和传阅。朱利安在《厌胡者》中逐一批驳安条克人对他的讽刺，力证自身外貌、行为的正当性，严厉斥责安条克人对皇帝的不敬。分析《厌胡者》可知，安条克人嘲讽了皇帝的外貌、信仰、出身、生活方式、教育背景、政治作为等几乎全部方面。最关键的是，如下引文所示，安条克人公然敌视朱利安而怀念君士坦提乌斯二世：

> “The X（Chi），”市民们说，“从未以任何方式伤害过这座城市，‘Καρρα’也没有。”你们的智慧所发明的这个谜语的含义是很难理解的，但是我从你们的城市当中获得了解释，且我被告知这些是名字的首字母。前者用来代表基督，后者用来代表君士坦提乌斯二世……因为这个人是我的堂兄且与我很亲近；但是在他已经选择与我敌对而非友好相处之后，诸神用最大限度的仁慈仲裁了我们之间的争论。②
>
> 第二，就是我应该把我的胡子拔下来做成绳子，以及因为我反对基督的斗争，你们就开始为君士坦提乌斯二世感到惋惜。现在也许这座城市的守护神已经授予你们一个君士坦提乌斯二世那般的双重津贴。③

朱利安皇权不稳固的主因就在于他私自称帝且以武力夺权，公开与前任皇帝君士坦提乌斯二世对抗。为了解释自己皇位来源的正当性，朱利安于内战期间和继位初期费力颇多。加文·凯利（Gavin Kelly）等学者也指

---

① Ammianus Marcellinus, *History*, Vol. Ⅱ, 22.13.1—2 (pp. 269—271).

② Julian, “Misopogon,” 357a—b (pp. 473—475).

③ Julian, “Misopogon,” 360d—361a (pp. 483—485).

出，朱利安及其近臣一直在用反君士坦提乌斯二世的言论为新帝洗脱“篡位”嫌疑。[①] 如此一段时间之后，朱利安的皇权至少表面稳固。

但由以上两段文本可见，安条克人再度抨击朱利安对君士坦提乌斯二世的背叛，公然怀念前任皇帝，攻击现任皇帝。以至于这一时期朱利安不得不重复他在《致元老院和雅典人》中的做法，再次论证自己继承皇位的正当性。总之，朱利安的皇帝身份并未得到安条克人的尊重。马尔科内(Arnaldo Marcone)也指出：“犬儒主义者的‘挑衅式对话’和安条克市民的嘲弄，对身为皇帝的朱利安来说一样是不可接受的。”[②]

关于朱利安在安条克的遭遇，笔者于下文析读《赫颂》之后，还会结合文本再做详析。目前能够明确的一点是：朱利安的皇权在安条克再度陷入危机。且安条克在当时是仅次于君士坦丁堡和亚历山大里亚的第三大城市，居民总数高达 45 万。[③] 按照罗兰·史密斯的说法，朱利安携军政要员驻扎此地约等于将国家的权力中心搬至此处，安条克从 7 月开始就已经相当于国家的首都了。[④] 所以站在朱利安皇帝的角度考虑，其皇权正面临着大规模的正面挑战。

假使朱利安妥协退让，更正政策失误并补偿安条克人，那么此次危机或可缓解。但在继位初期皇位基本稳固的情况下，朱利安捍卫皇权的态度已经变得相当强硬。他在《厌胡者》里强调不可违抗的诸神将罗马帝国连

---

① Gavin Kelly, “Constantius Ⅱ, Julian, and the Example of Marcus Aurelius (Ammianus Marcellinus XXI, 16, 11—12),” pp. 409—416; Éric Fournier, “The *Adventus* of Julian at Sirmium: The Literary Construction of Historical Reality in Ammianus Marcellinus,” in Robert M. Frakes, et al., eds., *The Rhetoric of Power in Late Antiquity: Religion and Politics in Byzantium, Europe and the Early Islamic World*, London: Tauris, 2010, pp. 13—45; Michael Trapp, “The Emperor's Shadow: Julian in His Correspondence,” pp. 105—120.

② Arnaldo Marcone, “The Forging of an Hellenic Orthodoxy: Julian's Speeches against the Cynics,” in *Emperor and Author: The Writings of Julian the Apostate the Apostate*, p. 248.

③ T. H. W. G. Liebeschutz, *Antioch: City and Imperial Administration in the Later Roman Empire*, 1972, Oxford: Clarendon Press, 1972, pp. 92—100.

④ Rowland Smith, “Serious Fun in a Potted History at the Saturnalia? Some Imperial Portraits in Julian the Apostate's Caesars, a Medallion-Image of Julian and the ‘Gallienae Augustae’ Aurei,” p. 213.

同皇权一并授予他，痛斥安条克人："以高天的名义，我要反复地问，为什么我会受到这种忘恩负义的对待?"① 近臣阿米安努斯注意到，当安条克治安官向朱利安表示无法执行其命令时，他依然没有改变原目标，而是像他的兄长加卢斯一样，开始愚蠢而固执地对市民们发怒。② 现代学者鲍索克（G. W. Bowersock）也在析读《厌胡者》时表示，朱利安在他与安条克人之间营造出一种强烈的对立，即缺乏美德的安条克人同一位几乎具备所有美德的皇帝之间的对立。③ 亨特梳理史料时发现，利巴尼乌斯曾多次劝说朱利安注意协调与安条克人的君民关系，但均被其拒绝。④ 结合朱利安近臣的描述和现代学者的解析可见，此次朱利安捍卫皇权的态度相当坚定。

如果朱利安坚决维护其皇权，那么他就有必要延续之前借多神教巩固皇权的做法。毕竟这是他于内战期间和继位初期惯用的方法，且至少在表面上卓有成效。富尔克森如此评价朱利安于内战期间借多神教巩固皇权的做法："对于一个篡权者来说，这是一种合理的立场，尤其是在其皇位稳固之前的几个月。"⑤ 在安条克，朱利安的皇权再度不稳，他急需再以这种"合理的立场"化解皇权危机，争取罗马人的拥戴。从这个角度便可理解朱利安在繁忙之际仍然写作赞美太阳神赫利俄斯的颂词。《赫颂》开篇亦出现了安提人猛烈攻击的朱利安的长须："当我的胡子才刚刚开始长出来的时候，人们竟然就把我当成了一名占星家。"⑥

综上所述，朱利安凭借私自称帝和武力夺权成为罗马帝国的最高统治者。在 4 世纪罗马帝国的政治背景下，这不符合继承皇位的合法方式——获得前任皇帝授权后继位。所以朱利安的皇位来源为罗马人所质疑，相应地，他也始终持有巩固皇权的需求。于是在继位初期，朱利安以建庙、祭

---

① Julian, "Misopogon," 370c (p. 509)。朱利安强调诸神授权于他的语句可参见 352a—355d (pp. 461—471)。

② Ammianus Marcellinus, *History*, Vol. Ⅱ, 22. 13. 2 (p. 271).

③ G. W. Bowersock, "The Emperor Julian on His Predecessors," p. 162.

④ David Hunt, "The Christian Context of Julian's against the Galileans," in *Emperor and Author: The Writings of Julian the Apostate the Apostate*, pp. 194—195.

⑤ Laurel Fulkerson, "Julian the (In) consistent: A Late Imperial Portrait," p. 97.

⑥ Julian, "Hymn to King Helios," 131a (p. 353).

祀等传统方法借多神教巩固皇权。如此一段时间后其皇权至少表面稳固，朱利安也开始转战波斯。但朱利安的皇权于安条克再度遭遇危机，亟须再借多神教巩固皇权。他无意沿用戴克里先或君士坦丁一世父子遗留的“君权神授”，所以在 362 年 12 月新写作一篇赞美“全人类共同的父亲”赫利俄斯的《赫颂》。简言之，《赫颂》写作于朱利安亟须以新方法再借多神教巩固皇权的政治背景之下。那么这次朱利安会怎么写？写什么？

第二章

朱利安写作《赫利俄斯王颂》的思路

我已经冒险将它（《赫颂》）写下来并送给你（萨鲁斯特），因为你之前认为我早先写于克洛诺斯节[①]（Kronia）的作品并非完全没有价值。[②]

但是由于我想写一篇颂词来表达我对这位神（赫利俄斯）的感激，我想这也是在这里尽我所能地讲述这位神的本质的最佳方式。所以我认为这篇演说辞的创作并非徒劳。[③]

因此，如果我写这篇演说辞的目的是教导（他人）的话，那么继杨布里科斯之后，再就同一主题写作任何东西可能都是徒劳的事业。[④]

---

① 即罗马的农神节（Saturnalia），原是古希腊时期雅典和爱奥尼亚部分地区在约7月下旬至8月下旬敬奉克洛诺斯的节日，后来被罗马帝国所继承和改造，在每年12月17日举办，庆祝期限为3－10天（Jan N. Bremmer，*Greek Religion and Culture*，*the Bible and the Ancient near East*，Leiden and Boston：Brill，2008，pp. 82－83）。据现代学者考证，朱利安写于农神节的作品去向存疑，可能业已丢失，也可能就是《凯撒篇》。详见Rowland Smith，"Serious Fun in a Potted History at the Saturnalia? Some Imperial Portraits in Julian the Apostate's Caesars，a Medallion-Image of Julian and the 'Gallienae Augustae' Aurei，" p. 206；p. 210（n. 14）；p. 211（n. 16）。

② Julian，"Hymn to King Helios，" 157c（pp. 431－433）.

③ Julian，"Hymn to King Helios，" 158a（p. 433）.

④ Julian，"Hymn to King Helios，" 158a（p. 433）。此处"目的是教导（他人）"一句参考了1793年英译本的译文"the sack of instructing others"（Julian，*Two Orations of the Emperor Julian*：*One to the Sovereign Sun*，*and the Other to the Mother of the Gods*，p. 109）。

以上三段话摘自《赫颂》的结尾部分，“颂词徒劳与否”是这三段话讨论的焦点。萨鲁斯特是朱利安的近臣兼挚友。由第一段话可推测，萨鲁斯特认可朱利安写于克洛诺斯节的作品的价值，但认可的程度大抵有限。于是在第二段话中，朱利安特地向萨鲁斯特强调自己创作《赫颂》并非徒劳。由第三段话可知，萨鲁斯特对朱利安作品的质疑大抵基于杨布里科斯的著述成就。朱利安本人也承认，继杨布里科斯之后再论述同一主题是徒劳的。

杨布里科斯是公元3－4世纪罗马帝国著名的新柏拉图主义哲学家，撰有《论奥秘》《论灵魂》等长篇巨作。他用新柏拉图主义哲学阐释了多神教诸神的体系和权能、祭祀和祈祷的神圣效力、请示神意的具体流程等等。① 杨布里科斯在神学方面的成就如此突出，以至4世纪罗马人将其当作“神”或“半神”看待。② 学界也视之为4世纪阐释和改造传统多神教的核心人物。③ 虽然萨鲁斯特质疑朱利安作品的价值。但据阿塔纳西阿德分析，萨鲁斯特只是考虑到杨布里科斯的思想过于庞大和深奥，建议朱利安选取他需要和能理解的部分。④

朱利安关于多神教诸神的论述几乎不可能超越杨布里科斯，连他本人都在致泰米斯提乌斯的信件中承认：“此外，我怕给哲学带来耻辱——尽

---

① Gregory Shaw, *Theurgy and the Soul: The Neoplatonism of Iamblichus*, Hermeneutics: Pennsylvania State University Press, 1995; Garth Fowden, "*Pagan Philosophers and Sophists in Late Antique Society with Special Reference to Iamblichus and His Followers*," PhD. diss, University of Oxford, 1979.

② 史家尤纳皮乌斯记载了许多当时流行的关于杨布里科斯显示神力和受神启发的传闻。详见 Eunapius, *Lives of Philosophers and Sophists*, pp. 363－371。朱利安本人也曾表达过类似看法：“我们不需要再在见证者的帮助下从遥远的过去寻求所有观点，但我们必须跟上那个人（杨布里科斯）新鲜的足迹，他紧挨着我敬畏且赞美的诸神，是的，他与柏拉图和亚里士多德的地位相等同。”（Julian, "To the Cynic Heracleios," 217b〈p. 105〉）

③ 杨布里科斯是本书导论部分所提到的当今学界“异教一神教”研究里的核心历史人物，且研究晚期罗马帝国多神教的论著也主要围绕杨布里科斯展开，具体可参考 Kyle Fraser, "The Contested Boundaries of 'Magic' and 'Religion' in Late Pagan Monotheism," *Magic, Ritual, and Witchcraft*, vol. 4, no. 2 (2009), 131－151; Heidi Marx-Wolf, "High Priests of the Highest God: Third-Century Platonists as Ritual Experts," *Journal of Early Christian Studies*, vol. 18, no. 4 (2010), pp. 481－513。

④ Polymnia Athanassiadi, *Julian: An Intellectual Biography*, pp. 159－160.

管我热爱它，但还未获得它，而且也因为我现在于同时代的人当中还没有获得极佳的声望。”[①] 那么当朱利安于安条克再度遭遇皇权危机，亟须借多神教巩固皇权时，他会怎样写作《赫颂》?

一、朱利安为《赫利俄斯王颂》选择的理论基础

在朱利安皇帝的诸多作品当中，《赫颂》被研究者们评为最繁杂且最抽象的一篇。译者赖特表示：他（朱利安）的叙述风格是简单而直接的，尤见于其演说辞中与历史相关的部分。在《厌胡者》和《凯撒篇》里它是既简洁又偶有戏剧性的。不过他的哲学作品为了清楚地陈述那些他本没有时间安排的论点和仅仅是隐约意识到的理论，反而变得模糊不清。[②]《赫颂》就是“模糊不清”的哲学作品之一。要想从这样一份复杂文本里梳理出作者的写作思路并非易事，所幸朱利安已经在《赫颂》结尾处作出如下说明：

> 只要赫利俄斯准许，让我们一起来崇敬杨布里科斯，这位被众神所喜爱的人。因为他是我在这里写下（这些）的源泉。[③]

引文中杨布里科斯被称作《赫颂》的创作源泉。这与互文理论相契合：“任何一个表述，无论其意义和自我完成如何，都只是连续的言语交际的（生活的、文学的、认识的、政治的）因素。但是这种连续的言语交际本身，同样，只是该社会集体不断全面形成的一个因素。从这里产生一个重要问题，即研究与非语言环境具体相互作用的联系问题，通过这一环

① Julian, “Letter to Themistius Philosopher,” 266d (p. 235).

② Wilmer Cave Wright, *The Emperor Julian's Relation to the New Sophistic and Neo-Platonism: With a Study of His Style*, London, England: Spottiswoode & co., 1896, p. 68. 类似评述可参见 Maria Pílar Garcia Ruíz, “Julian's Self-Representation in Coins and Texts,” in Diederik W. P. Burgersdijk and Alan J. Ross, eds., *Imagining Emperors in the Later Roman Empire*, p. 216; Joseph Azize, *The Phoenician Solar Theology: An Investigation into the Phoenician Opinion of the Sun Found in Julian's Hymn to King Helios*, p. 33.

③ Julian, “Hymn to King Helios,” 157d (p. 433).

境，联系更为广阔。这一联系的形式是各不相同的。”① 那么朱利安的《赫颂》与杨布里科斯的既有论述以怎样的形式相互联系？《赫颂》与彼时的社会环境（非语言环境）又以怎样的形式相互联系？

（一）《赫利俄斯王颂》与新柏拉图主义

现代历史学家通常将 3—7 世纪罗马帝国境内以柏拉图主义为知识背景和理论根基，兼采同时期斯多葛学派、亚里士多德学派、基督教哲学的部分观点，围绕“本体论”（Ontology）、“流溢说”（Emanation）、“神化”（Divinization）等议题展开的哲学研究称为新柏拉图主义。② 在这个现代历史学家划定的研究范畴之内，普罗提诺及其弟子波菲利（Porphyrios/Porphyry，？233—305）通常被视为新柏拉图主义的奠基人。普罗提诺的思想由波菲利整理编撰成《九章集》（*Enneas*）。被朱利安称为《赫颂》创作源泉的杨布里科斯，则通常被视为新柏拉图主义的第二代代表人物。③

从朱利安的受教育历程中能够梳理出一条与新柏拉图主义相关的线索。苏克拉底斯和索佐门记载，公元 337 年的“屠杀”事件之后，年幼的加卢斯和朱利安由君士坦提乌斯二世监管。君士坦提乌斯二世委派宫廷宦

---

① 巴赫金：《马克思主义与语言哲学》，第 439 页。

② 此处关于新柏拉图主义的概述总结自 Kevin Corrigan，*Reading Plotinus：A Practical Introduction to Neoplatonism West Lafayette*，Indiana：Purdue University Press，2015，pp. 1—5（Introduction）。雷蒙斯如此描述“新柏拉图主义”一词的起源：“‘Neoplatonism’指的是一种思想流派，大约始于公元 245 年，当时一位名叫普罗提诺的人搬到罗马帝国的国都，并开始教授他本人对柏拉图哲学的阐释。自此在罗马人的组织之外就出现了一种哲学流派。”（Pauline Remes，*Neoplatonism*，Stocksfield，UK：Acumen Publishing Ltd，2008，p. 1）一般认为，该流派显示出足够的独创性，以至能够在研究时被视作柏拉图主义的新阶段，即“新柏拉图主义”。详见 E. R. Dodds，“The Parmenides of Plato and the Origin of the Neoplatonic ‘One’，” *The Classical Quarterly*，vol. 22（1928），p. 136；Michael J. B. Allen，“Ficino’s Lecture on the Good?” *Renaissance Quarterly*，vol. 30，no. 2（1972），pp. 160—171。

③ 这一说法首次出现于 1910 年，详见 Karl Praechter，*Richtungen und Schulen im Neuplatonismus*，Genethliakon，Berlin：Weidmann，1910，pp. 105—156。学界一般认为，普罗提诺及其弟子波菲利、杨布里科斯、5—6 世纪的亚历山大里亚和雅典学院，分别代表着新柏拉图主义发展的三个阶段，详见 George Shaw，*Theurgy and the Soul：The Neoplatonism of Iamblichus*，p. 2；Eugene Afonasin，John Dillon and John F. Finamore，eds.，*Iamblichus and the Foundations of Late Platonism*。

官马尔多尼乌斯（Mardonius，?）前往教导。① 朱利安本人提到，这位老师时常让他阅读柏拉图的言论：

> 你们一定知道，虽然他（马尔多尼乌斯）曾经也被其他人误导。你们常常可以见到这些人的名字，这些名字在喜剧中受嘲弄，我指的是柏拉图和苏格拉底、亚里士多德和泰奥弗拉斯图斯。这位老人愚蠢的地方在于，他首先被这些人给说服了，然后他在我还是个年轻人并热爱文学的时候把握住了我，他说服我说，如果我在所有事情上模仿那些著名人物……②

朱利安重视的另一位老师是在尼科美底亚执教的利巴尼乌斯。朱利安曾被君士坦提乌斯二世遣往尼科美底亚求学。因为当时朱利安信仰基督教而利巴尼乌斯是一名坚定的多神教徒，所以君士坦提乌斯二世禁止朱利安出入利巴尼乌斯的学院。但朱利安花重金雇人记录利巴尼乌斯的讲学内容再私下反复研学。③ 他继位后还频繁向利巴尼乌斯请教哲学和政治问题，利巴尼乌斯用以指导朱利安的信件有 16 封存世。④ 作为一名古典哲学和修辞学教师，利巴尼乌斯在教授朱利安时无法绕过柏拉图。现存利巴尼乌斯写给朱利安的 16 封信里至少有第 8、第 10 和第 15 封信与柏拉图相关。⑤

朱利安有两封长信遗留至今，其中一封是写给 4 世纪著名政治演说家泰米斯提乌斯的。他在信里用如下语句点出自己曾受教于泰米斯提乌斯："我会从柏拉图那令人赞赏的作品《法义》中为你摘取一段话。这段话你非常熟悉且确实曾教给过我。"⑥ 由此句可知，泰米斯提乌斯曾用柏拉图的

---

① Socrates Scholasticus, *The Ecclesiastical History*, 3.1（p. 195）.

② Julian, "Misopogon," 353b—c（pp. 463—465）.

③ 相关记载参见 Socrates Scholasticus, *The Ecclesiastical History*, 3.1（p. 195—196）。

④ Libanius, "XVI Epiftles of Libanius to Julian," pp. 303—332.

⑤ Libanius, "XVI Epiftles of Libanius to Julian," p. 318; p. 323; p. 330.

⑥ Julian, "Letter to Themistius Philosopher," 257d（p. 213）。除这句话以外，该信件还包含许多柏拉图的言论。

言论教导朱利安。总之，新柏拉图主义以柏拉图主义为理论根基和知识背景，[①] 而朱利安早年间已经从利巴尼乌斯等几位老师处熟悉了柏拉图的言论。

朱利安与新柏拉图主义的真正接触发生在帕加马（Pergamun）。351年3月5日，因为兄长加卢斯被确立为凯撒，朱利安在流放地的活动相对自由，于是他辗转各地求学。尤纳皮乌斯记载，朱利安先前往帕加马拜访埃德修斯（Aedesius，？－355）。埃德修斯是杨布里科斯的弟子，他在帕加马开办了一所专门教授新柏拉图主义的学院，吸引了来自全国乃至周边其他国家的学生。[②]

朱利安还结识了埃德修斯的学生明多的优西比乌斯（Eusebius of Myndus，?）和克里赞特乌斯（Chrysanthius of Sardis，?）。在埃德修斯及其学生的影响下，朱利安很快成为新柏拉图主义的追随者，醉心于研习杨布里科斯的论著。《论哲学家的生活》一书为此提供了十分生动的证词，尤纳皮乌斯详述了朱利安为获得更高级的新柏拉图主义方面的知识，如何苦苦追寻杨布里科斯的弟子，又如何充满激情地与克里赞特乌斯等新柏拉图主义的追随者共同学习。现仅摘录一段文本以供参考：

> 朱利安获准跟随埃德修斯学习，他孩子气的阶段已经过去了，他为他（埃德修斯）的精力和其灵魂中神圣的品质所震撼并感到钦佩，

---

① 需提醒读者的是，新柏拉图主义者将柏拉图主义视作一种体系完备且囊括了所有古代神学传统的优质神学加以传承。但实际上，新柏拉图主义者并非全盘继承、完整转述柏拉图的观点，而是结合古希腊哲学中关于本原问题的讨论、古希腊罗马传统宗教中的灵魂轮回说、亚里士多德的“理智即神”的理念等，对柏拉图主义加以改造和阐释。学界围绕柏拉图主义和新柏拉图主义之间的区别与联系的讨论可参考 Philip Merlan，*From Platonism to Neoplatonism*，The Hague：Martinus Nijhoff，1953；E. N. Tigerstedt，*The Decline and Fall of Neoplatonic Interpretation of Plato，An Outline and Some Observations*，Helsinki：Societas Scientiarum Fennica，1974；Charles B. Schmitt，“The Decline and Fall of the Neoplatonic Interpretation of Plato：An Outline and Some Observations (review)，” *Journal of the History of Philosophy*，vol. 14，no. 3（1976），pp. 364－366；Leo Catana，“The Origin of the Division between Middle Platonism and Neoplatonism，” *Apeiron*，vol. 46，no. 2（2013），pp. 166－200。

② Eunapius，*Lives of Philosophers and Sophists*，p. 429.

> 他拒绝离开埃德修斯，像故事里那些咬住人的蛇一样，渴望张大嘴巴、大口大口地喝下学识……听到这些话之后，朱利安甚至仍然没有离开这位哲学家（埃德修斯），但他在大多数的时间里都将注意力集中在了优西比乌斯和克里赞特乌斯身上……当马克西姆斯缺席的时候，他（优西比乌斯）会像一颗明亮的星星般，闪耀出太阳的光芒，那（光芒）就是他的演说辞中盛放的天赋与魅力。这期间克里赞特乌斯也在那里鼓掌并表示赞同，朱利安同样真诚地尊敬优西比乌斯。①

朱利安本人也曾正面描写过这段学习经历，他在《驳犬儒赫拉克勒奥斯》中写道："虽然如你所知，我有着极大的外部优势，然而我依然将自己交给了我的老师（埃德修斯）和他的朋友、同辈人以及他的学院中的哲学家们。"② 朱利安在埃德修斯的学院里学习过后，理应对新柏拉图主义抱有相当程度的了解。在同时代史家尤纳皮乌斯笔下，朱利安直接被形容为埃德修斯的智慧的"追随者"，即新柏拉图主义的"追随者"。③

新柏拉图主义对朱利安的影响在《赫颂》也有鲜明体现。在叙述这个问题之前，有必要简介新柏拉图主义的理论体系。学界公认的初代新柏拉图主义哲学家们延续了柏拉图主义，自高至低将宇宙划分为两个层次：太一所在的不可见的可知世界（The Intelligible World）和可见世界（The Visible World），后者大体相当于可感知的物质世界（The Material World）。④ 他们称太一、理智和灵魂是宇宙诸多生命物中首要的三大本体。在这样一个宇宙体系之内，太一是万物之源和宇宙存在的最高境界，具有最完美且最原初的至善（The Good）。至善永无减弱地由太一向可见世界流溢。理智则是最先从太一中流溢出的本体，由诸神共同拥有。灵魂则是从理智中流溢出来的本体，既可以作用于与自己本性相一

---

① Eunapius, *Lives of Philosophers and Sophists*, pp. 429—433.

② Julian, "To the Cynic Heracleios," 235b—c (p. 151)。句中"极大的外部优势"可能指代朱利安出身于当时统治罗马帝国的君士坦丁家族，即他拥有高贵的身份和世俗的权力。

③ Eunapius, *Lives of Philosophers and Sophists*, p. 429.

④ 此处各个世界的中译名，参考柏拉图《理想国》（郭斌和、张竹明译），北京：商务印书馆 1986 年版，509d〈第 268 页〉）。在新柏拉图主义理论体系里，可见世界和可知世界的关系十分复杂，两个世界内部还被划分出从低级到高级的多个等级。

致的理智和太一，又可以作用于与自己本性不一致的低级对象。即灵魂层中的灵魂能够在可知世界和可见世界间双向流溢。[①] 以上是笔者站在历史学研究者角度所做的简介，若放入哲学领域则以上每个名词背后都有着极其复杂的含义。例如在普罗提诺处，不可见的存在包含太一、理智、灵魂等类别，可见世界中也存在有机体、形体等类别。[②] 但这些并非笔者的研究旨趣。

回到本书的研究对象《赫颂》上来，颂词开篇不久即出现如下一段话：

> 因此，不论称他为"超理智的存在"[③] 恰当，还是称他为"存在的理智"恰当，说到存在（Being），我指的是整个可知的区域，或是太一，因为太一在某种程度上似乎优越于其他所有存在物，或是用柏拉图赋予他的名字——至善。[④]

在这段话里，新柏拉图主义的核心词汇太一、理智、至善等依次出现。新柏拉图主义以柏拉图主义为根基的特点，于"用柏拉图赋予他的名字"一句中有所体现。在《赫颂》的最后一句话里，朱利安同样请求赫利俄斯赐予其理智："因此，我第三次向赫利俄斯——万有之王祈祷，愿他为着酬谢我的这份热情而仁慈地对待我；愿他赐予我一种有德行的生活、更完美的智慧和受（神）启发的理智。"[⑤]

---

① 关于新柏拉图主义理论体系的简述总结自 John Dillon and Lloyd P. Gerson, eds., *Neoplatonic Philosophy: Introductory Readings*, Indianapolis: Hackett Publishing Co., 2004; Pauliina Remes and Svetla Slaveva-Griffin, eds., *The Routledge Handbook of Neoplatonism*, New York: Routledge, 2014。句中新柏拉图主义领域专有名词的翻译参考《九章集》中译本（普罗提诺著，石敏敏译：《九章集》，北京：中国社会科学出版社 2009 年版），下同。

② 梁中和：《灵魂·爱·上帝：斐奇诺〈柏拉图神学〉研究》，上海：华东师范大学出版社 2012 年版，第 188 页。

③ "超理智的存在"一词参考 1793 年英译本的译文"which it is superior to intellect"译出（Julian, *Two Orations of the Emperor Julian: One to the Sovereign Sun, and the Other to the Mother of the Gods*, p. 11）。

④ Julian, "Hymn to King Helios," 132d (p. 359).

⑤ Julian, "Hymn to King Helios," 158b (p. 435).

但新柏拉图主义并非唯一影响朱利安的哲学。4世纪罗马帝国存有新柏拉图主义、犬儒主义、基督教哲学等多种哲学。① 已有学者推论过基督教哲学、毕达哥拉斯学派的自然哲学、腓尼基的太阳神学等同时期哲学思想对朱利安写作《赫颂》的影响。因此《赫颂》不宜被视为完全隶属于新柏拉图主义的作品。但由《赫颂》中反复出现的太一、理智、至善等词可见，朱利安在写作《赫颂》时对新柏拉图主义的承袭和运用理应是最明显的。

相较于其他哲学，新柏拉图主义与《赫颂》之间的联系也是目前学界认可度最高的。赖特早在翻译《赫颂》时便指出："朱利安是晚期新柏拉图学派的一个无批判力的门徒，且显然在没有经过任何重大修改的情况下就复制了其主要代表人物的学说，即叙利亚的杨布里科斯（的学说）。"② 1995年罗兰·史密斯指出，《赫颂》承袭了新柏拉图主义的宇宙论和第一性原理。③ 1999年狄龙从《赫颂》的引文来源、论述逻辑、遣词造句等多个方面，论证相较于其他哲学，新柏拉图主义在《赫颂》中表现得最为明显。狄龙写道："其他细节，乍一看更具启发性，可以被证明是直接从杨布里科斯的形而上学以及他对后柏拉图（Sub-platonic）的诗歌集的诠释中得出的。"④ 2009年安德鲁·史密斯（Andrew Smith）在"皇帝与作家"专题研讨会上高度肯定了狄龙的工作："最新的研究成果由约翰·狄龙写就，在他的论文中我发现了很多颇为认同的观点。因此就这个问题我似乎没什么可说的了。"⑤

综合朱利安的受教育经历、《赫颂》表现出的新柏拉图主义色彩以及学界既有研究成果可得出一个初步结论：朱利安选择新柏拉图主义为《赫颂》的理论基础。当然，"新柏拉图主义"这样一个现代研究范畴不会真

① Averil Cameron and Peter Garnsey, eds., *The Cambridge Ancient History*, Vol. XIII, pp. 543－545.

② Julian, "Hymn to King Helios," p. 348 (Introduction to Oration IV).

③ Rowland Smith, *Julian's Gods: Religion and Philosophy in the Thought and Action of Julian the Apostate*, p. 157.

④ John Dillon, "The Theology of Julian's Hymn to King Helios," pp. 103－115.

⑤ Andrew Smith, "Julian's Hymn to King Helios: The Economical Use of Complex Neoplatonic Concepts," p. 229.

出现在朱利安笔下。[①] 但这个范畴所指代的理论体系是 4 世纪晚期罗马帝国真实存在过的。借助这个现代研究范畴分析《赫颂》并非首例。2005 年《腓尼基的太阳神学》一书于解析文本前便申明："总的来说，在某种程度上，朱利安的整个概念结构是柏拉图式的，或者是我们现在所说的新柏拉图式的。"[②]

(二)《赫利俄斯王颂》与杨布里科斯

朱利安是新柏拉图主义的追随者，而杨布里科斯是学界公认的新柏拉图主义第二代代表人物。杨布里科斯去世于 330 年，其生活时段距离朱利安本不久远。从朱利安的受教育历程中，同样能梳理出一条与杨布里科斯相关的线索。

在朱利安所处的时代，杨布里科斯享有崇高的地位和声誉。尤纳皮乌斯称杨布里科斯紧随波菲利，在后者的基础上取得了长足的进展且获得了哲学上的最高成就，[③] 甚至称其为"埃德修斯所处时代里最著名的人物"[④]。朱利安与埃德修斯是同时代人，约等于说杨布里科斯是朱利安所处时代里最著名的人物。当时就连基督教教父奥古斯丁都于名作《上帝之城》中，称赞杨布里科斯是追随柏拉图的杰出的哲学家。[⑤] 现代学者也广泛认同杨布里科斯的成就。2012 年论文集《杨布里科斯和晚期新柏拉图主义的奠基》出版，菲纳莫雷（John F. Finamore）等数十位学者在该论文集里，从哲学、数学、神学甚至伦理学层面论证了杨布里科斯对新柏拉图主义的贡献，明确自杨布里科斯之后罗马帝国新柏拉图主义的发展实则以

---

① 相应的，部分学者对新柏拉图主义能否被看作一门古老的哲学流派，以及它能否充当柏拉图主义的真实且准确的代表尚存异议。详见 Leo Catana, "The Origin of the Division between Middle Platonism and Neoplatonism," pp. 166－200。

② Joseph Azize, *The Phoenician Solar Theology: An Investigation into the Phoenician Opinion of the Sun Found in Julian's Hymn to King Helios*, p. 31.

③ Eunapius, *Lives of Philosophers and Sophists*, p. 363.

④ Eunapius, *Lives of Philosophers and Sophists*, p. 379.

⑤ Saint Augustine, *The City of God: Books* Ⅷ－ⅩⅥ, trans. by Gerald G. Walsh and Grace Monahan, Washington, D. C.: The Catholic University of America Press, 2008, 8. 12 (p. 43).

他的思想为基础。[1] 这意味着，朱利安追随新柏拉图主义时不可能绕过杨布里科斯。

朱利安很早就有机会目睹杨布里科斯的论著。341—348 年朱利安被君士坦提乌斯二世监禁于马瑟兰（Macellum），[2] 在这期间他与后来担任亚历山大里亚主教的基督徒乔治（George，?）交好，频繁从其私人图书馆中借阅书籍。待继位后，朱利安特致信地方官波菲利乌斯（Porphyrius，?），命令他将乔治的图书馆中的藏书运送至自己处。在这封信里，朱利安强调乔治的馆藏十分完备，“藏有几乎每个学派的哲学家和许多历史学家的论著，还有大量基督教经典”[3]。鉴于杨布里科斯是那个时代最著名的哲学家之一，朱利安很容易在这样一座完备的图书馆里接触到杨布里科斯的论著。

354 年兄长加卢斯死后，朱利安被君士坦提乌斯二世遣至雅典学习哲学。[4] 罗兰·史密斯研究发现，这一阶段朱利安凭借君士坦丁家族后裔的身份广受当地贵族欢迎，受邀加入贵族文化圈，集体讨论多神信仰和古希腊哲学，还收获了大批赠书。[5] 依照罗兰·史密斯的发现，则朱利安大概率接触过杨布里科斯的论著，毕竟杨布里科斯是这一时期改造和阐释传统多神教的关键人物。

另有学者研究发现，朱利安曾获得一位杨布里科斯作品收藏家的大量藏书。[6] 且朱利安写于克洛诺斯节的作品有一小段残篇遗存：“那位著名的导师杨布里科斯向我们展示了（缺）”[7] 句中杨布里科斯展示的具体内容业已丢失，但译者根据残余部分推测，朱利安指的是杨布里科斯为柏拉图

---

① Eugene Afonasin, John Dillon and John F. Finamore, eds., *Iamblichus and the Foundations of Late Platonism*.

② Socrates Scholasticus, *The Ecclesiastical History*, 3.11 (p. 256).

③ Julian, “Julian Apostate to Porphyrius,” *in The Works of the Emperor Julian*, Vol. Ⅲ, pp. 123—125.

④ Socrates Scholasticus, *The Ecclesiastical History*, 3.1 (p. 194).

⑤ Rowland Smith, “A Lost Historian of Alexander ‘Descended from Alexander’, and Read by Julian? Praxagoras of Athens Reviewed in the Light of Attic Epigraphy,” pp. 356—380.

⑥ Iamblichus, *De Mysteriis*, p. xxiv (Introduction).

⑦ Julian, “Fragments,” *in The Works of the Emperor Julian*, Vol. Ⅲ, p. 297.

言论所作的注释。[①] 以上两项成果可证朱利安阅读过杨布里科斯的论著。

最重要的是，上一节提到的几位引导朱利安成为新柏拉图主义追随者的关键人物，埃德修斯、马克西姆斯、优西比乌斯和克里赞特乌斯，均与杨布里科斯关系密切。史料显示，杨布里科斯于安条克的阿帕米亚（Apamea）创办哲学学院，培养出埃德修斯、卡帕多西亚的尤斯塔西乌斯（Eustathius，?）、普利斯库斯（Priscus，?）等一批学者。[②] 当时杨布里科斯的门徒分散在罗马帝国的四面八方。[③] 教导朱利安的几位学者中，埃德修斯是杨布里科斯的弟子。尤纳皮乌斯评价他是杨布里科斯诸弟子中最杰出的一个，且承袭了其师关于神秘仪式的兴趣和知识。[④]《古代晚期多神教的宗教教育》一文也评价埃德修斯是一位真正的杨布里科斯的弟子。[⑤] 马克西姆斯等其余三人则是埃德修斯的弟子，尤纳皮乌斯评价他们是埃德修斯所有学生中最重要的。[⑥]

埃德修斯、优西比乌斯和克里赞特乌斯对朱利安的影响上文已有说明。马克西姆斯曾将朱利安带到女神赫卡特的神庙里，通过秘仪向他展示赫卡特的形象，促使朱利安改信多神教。[⑦] 马克西姆斯对朱利安的巨大影响在多篇史料中均有体现。例如，朱利安本人于《致犬儒赫拉克勒奥斯》中表示，马克西姆斯指导他学习与神相关的知识。[⑧] 基督教史家苏克拉底斯表示："从他（马克西姆斯）那里，（朱利安）除收获哲学原理之外，还

---

① Julian, "Fragments," *in The Works of the Emperor Julian*, Vol. Ⅲ, p. 297 (n. 2)。原出处为 Rohde, *Psyche*, Freiburg and Leipzig: Zweite Hälfte, 1894。朱利安存世的信件中另有五封写给杨布里科斯的信，详见 Julian, "To Iamblichus (1－5)," *in The Works of the Emperor Julian*, Vol. Ⅲ, pp. 237－263。但朱利安写这五封信件时杨布里科斯已然去世，笔者猜测朱利安可能借信件形式表达他阅读杨布里科斯作品后的感悟。

② Eunapius, *Lives of Philosophers and Sophists*, pp. 363－365.

③ Eunapius, *Lives of Philosophers and Sophists*, p. 377.

④ Eunapius, *Lives of Philosophers and Sophists*, pp. 377－379.

⑤ Ilinca Tanaseanu-Döbler, "Religious Education in Late Antique Paganism," p. 131。类似表述参见 Michael Vedeshkin, "The Missing Link of the *Golden Chain*: Aedesius and the Neoplatonic School of Pergamon," *Hypothekai*, vol. 3 (2019), p. 13。

⑥ Eunapius, *Lives of Philosophers and Sophists*, p. 429.

⑦ Eunapius, *Lives of Philosophers and Sophists*, p. 435.

⑧ Julian, "To the Cynic Heracleios," 235a－b (p. 151).

得到了他自己的宗教情感以及对占有帝国的渴望。”[①]《剑桥古代史》第13卷也称马克西姆斯用秘仪使朱利安沉浸在神秘的世界里。[②]

杨布里科斯的弟子马克西姆斯，是朱利安由基督教改信多神教过程中的关键人物。除马克西姆斯之外，朱利安还曾邀请新柏拉图主义哲学家普利斯库斯前往君士坦丁堡辅佐自己，普利斯库斯也是杨布里科斯的学生。[③]朱利安受埃德修斯及其弟子的教导，相当于间接受杨布里科斯教导。另有《古代晚期多神教的宗教教育》一文，主张朱利安已经被一个追随杨布里科斯思想的文化圈接纳。[④]在这样一个文化圈里，朱利安的思维、写作不受杨布里科斯影响的可能性几乎为零。

截至目前，《赫颂》与杨布里科斯之间的联系已为大部分学者所接受。1995年罗兰·史密斯在论证《赫颂》与新柏拉图主义的联系时，花大篇幅分析朱利安的作品与杨布里科斯的作品在内容和语句上的相似性，尤其朱利安对后者的第一性原理的借鉴。[⑤]同年狄龙表示：朱利安皇帝本不指望在哲学领域内做出多少创新，他想做的就是将他的精神导师——杨布里科斯的思想尽可能完整地展示在读者面前。[⑥]至2003年，就连论证《赫颂》中包含密特拉教教义的学者都在结论部分申明：“尽管我并未找到任何能将杨布里科斯同密特拉教联系起来的证据，但朱利安的颂词无疑紧跟杨布里科斯的哲学理论和迦勒底神谕。”[⑦]

回看《赫颂》中的这句话：“只要赫利俄斯准许，让我们一起来崇敬杨布里科斯，这位被众神所喜爱的人。因为他是我在这里写下（这些）的源泉。”[⑧]这句话表达了新柏拉图主义哲学家杨布里科斯对《赫颂》的重要

---

① Socrates Scholasticus, *The Ecclesiastical History*, 3.1 (p. 196).

② Averil Cameron and Peter Garnsey, eds., *The Cambridge Ancient History*, Vol. XIII, pp. 46–47.

③ Eunapius, *Lives of Philosophers and Sophists*, p. 429; p. 445.

④ Ilinca Tanaseanu-Döbler, “Religious Education in Late Antique Paganism,” p. 102.

⑤ Rowland Smith, *Julian's Gods: Religion and Philosophy in the Thought and Action of Julian the Apostate*, pp. 104–113.

⑥ John Dillon, “The Theology of Julian's Hymn to King Helios,” p. 104.

⑦ Václav Ježek, “Mithraism and Julian's Hymns to King Helios and to the Mother of Gods,” p. 149.

⑧ Julian, “Hymn to King Helios,” 157d (p. 433).

影响。经由本节的梳理和论证可知，这句话基本属实。在此基础之上，上一节的结论可以延伸为：朱利安选择杨布里科斯的既有论著作为《赫颂》的理论基础。

（三）《赫利俄斯王颂》与《论奥秘》

朱利安称杨布里科斯是《赫颂》的源泉，杨布里科斯也确实著述颇丰。虽然杨布里科斯的作品与“叛教者”朱利安的作品命运相似，有相当一部分因具备异教色彩而在罗马帝国基督教化的过程中被销毁或删改。[①]现存《论奥秘》《论毕达哥拉斯的生平》《论灵魂》等专著和800多份残篇。杨布里科斯传世著述如此之多，朱利安皇帝究竟以何为源泉？

朱利安的《赫颂》先强调赫利俄斯是管理世界及诸神的赫利俄斯王，后解释赫利俄斯的实质、神力来源、职能、管理世界的方式等，再分析赫利俄斯与宙斯、狄奥尼索斯、荷鲁斯等神的关系，最后论及罗马帝国和罗马人的利益。朱利安在论述过程中还谈及整个宇宙的运行秩序和诸神的等级体系。

从文本内容上考虑，在杨布里科斯传世的诸作品中，《论奥秘》一书基本延续了学界公认的初代新柏拉图主义哲学家的理论框架，但增加了宇宙中层次和实体的数量，将原先的宇宙层次扩充为三个，自高至低依次为：一个超出人类认识范围且无法形容的太一和第一性原理所占据的可知世界、诸神所占据的理智世界（The Intellectual World）、可感知的存在物所占据的可见世界。

《论奥秘》第1卷、第8卷重点阐释三个宇宙层次的特征：太一依然是万物之源和宇宙存在的最高境界，具有最完美、最原初的至善，且将至善传递给第一性原理，在这个过程中至善转化为理智；第一性原理是杨布里科斯新增添的，它自太一中产生，充当其与可知世界的中介，且将太一交予他的理智传递给理智世界和可见世界；理智世界由获取了理智的诸神

① 克拉克指出，尽管杨布里科斯的许多著作业已丢失，但幸运的是，至少可以从其他的后来的新柏拉图主义哲学家（如普罗克诺斯和达马斯丘〈Damascius〉）的著作中，获知杨布里科斯对第一性原理的基本理解。即便杨布里科斯的整个理论体系中的某些区域不可能被完全复原或得到完全的开发，但后世学者也能拼凑出杨布里科斯的大部分观点。详见D. C. Clark，“Iamblichus' Egyptian Neoplatonic Theology in *De Mysteriis*，” p. 166。

占据，杨布里科斯在《论奥秘》里还扩充了该层次中神祇的数量，以先知"阿巴蒙"的口吻说明赫菲斯托斯、奥西里斯等神的位置、具体功能和级别，以及他们各自以何种方式影响自然事件和人类活动；可见世界则是肉眼可见的诸天体以及人类、动物等生命物的活动空间。① 其余诸卷则围绕占卜、祭祀等仪式以及人类灵魂的活动展开。相较于杨布里科斯的其他作品，《论奥秘》与《赫颂》的内容相似度颇高。

从文本细节上考虑，《赫颂》第二段出现了赫尔墨斯之名："但至于我，有雄辩之神赫尔墨斯可以站在我的身边并帮助我……"② 如下引文所示，《论奥秘》第一句话也给出"赫尔墨斯""所有祭司"和"神的真实知识"三个词汇：

> 赫尔墨斯，执掌理性话语的神，一直以来都被认为是所有祭司共同的保护神，这是非常正确的；无论在什么地方，他总是唯一一个执掌着对神的真实知识的人。③

朱利安与杨布里科斯都在开篇呼告赫尔墨斯见证自己的言论。根据富顿（Garth Fowden）等学者的研究，杨布里科斯对赫尔墨斯的运用属于一种独特的著述技巧："并不是说'赫尔墨斯体'（Hermetism）作为一种自主的话语模式要等到 20 世纪才能被发现，只需回顾早期收集的哲学文献即可，只是杨布里科斯运用赫尔墨斯的方式简明扼要。"④ 罗兰·史密斯也指出，此处朱利安明显依循了修辞学惯例，将赫尔墨斯用作一位引导和雄

---

① Iamblichus, *De Mysteriis*, 1.1—21 (pp. 4—81); 8.1—8.8 (pp. 305—325). 参考 George Shaw, *Theurgy and The Soul: The Neoplatonism of Iamblichus*; John F. Finamore, *Gnosticism and Later Neoplatonism Themes, Figures, and Texts*, Atlanta: Society of Biblical Literature, 2001, pp. 225—257.

② Julian, "Hymn to King Helios," 132a (p. 357).

③ Iamblichus, *De Mysteriis*, 1.1 (p. 5).

④ Garth Fowden, *The Egyptian Hermes: A Historical Approach to the Late Pagan Mind*, Princeton, N.J.: Princeton UP, 1993, p. 96。类似研究参见 Brian P. Copenhaver, *Hermetica: The Greek Corpus Hermeticum and the Latin Asclepius in a New English Translation with Notes and Introduction*, Cambridge: Cambridge University Press, 1992, p. xliii。

辩的神。[1] 从文本细节上看，杨布里科斯对赫尔墨斯的技巧性运用为朱利安所延续。

再者，朱利安于《赫颂》结尾部分写道："但是由于我想写一篇颂词来表达我对这位神（赫利俄斯）的感激，我想这也是在这里尽我所能地讲述这位神的本质的最佳方式。"[2] 朱利安想要讲述神的"本质"。而杨布里科斯在《论奥秘》第一句话里明确提到"神的真实知识"，两个词的字面含义接近。此前朱利安还在《大母神颂》中，明确表达过自己对神学的重视和追求，他请求大母神令他获得有关诸神的真正的知识，"让我（朱利安）在神学（Theurgy）上臻于完美"[3]。《论奥秘》Ⅱ.2 中同样使用"神学"一词概括神的真实知识。[4] 由此可见，二人给予"神学"的其中一种解释均为有关神的知识。鉴于《赫颂》与《大母神颂》写于同年又同为献给神的颂词，《赫颂》中所说的神的"本质"与神学理应密切相关。如此《赫颂》开篇的两个关键词——"赫尔墨斯"和神的"本质"，都在《论奥秘》首句中有所映照。

《论奥秘》第一句话里还有一个重要词汇——"祭司"。在《论奥秘》里杨布里科斯立足于经他改造过后的宇宙体系，详述了他对祭祀等仪式和灵魂问题的看法。之前普罗提诺、波菲利等新柏拉图主义哲学家相信灵魂的存在和永生，人在所处的可见世界里便可实现完美和幸福，无须等待来世，只要学习伦理德行和凝思便能实现灵魂的上升（复归）。原文为："如果它们（个体灵魂）与宇宙灵魂一起留在可知世界，那么就可以免于任何痛苦，能够在天上与宇宙灵魂一起，参与它的治理工作，就像那些与最高统治者共同生活的人也共同治理帝国……这样它就投身并关注外在事物，存在于个别部分，并深深地陷于其中。这里，它出现了所谓的'蜕皮'，戴上了躯体这副镣铐……不过，一旦它转向理智，一旦它通过回忆开始凝

① Rowland Smith, *Julian's Gods: Religion and Philosophy in the Thought and Action of Julian the Apostate*, p. 134。此论点旨在反驳学界的另一种论调：朱利安呼告赫尔墨斯主要基于内容需求，即朱利安需要设置赫尔墨斯充当一种能够加强神和人之间交流的中介，这才将自己的言论溯源于赫尔墨斯。而罗兰·史密斯认为朱利安呼告赫尔墨斯主要基于形式需求，即朱利安力图延续修辞学中请神见证的惯例。笔者认为《赫颂》中的赫尔墨斯可能兼备这两种功能，但于本书而言最重要的是朱利安与杨布里科斯均在开篇呼告赫尔墨斯。

② Julian, "Hymn to the Mother of the Gods," 158a (p. 433).

③ Julian, "Hymn to the Mother of the Gods," 180b (p. 503).

④ Iamblichus, *De Mysteriis*, 1.2 (p. 11).

思实在，他就要脱离它的镣铐而上升。"[①] 根据句意，新柏拉图主义中灵魂的上升（复归）可简单理解为人的灵魂回溯到更高级的宇宙层次。[②]

杨布里科斯同样认为身处可见世界中的人应该积极追求灵魂的上升。他写道："毕竟，既然没有神就不可能获得关于神的理论知识，那么没有神就无法完成像神一样的事迹并拥有完整的知识。因为人类是微末且弱小的，他们只能领会到一点点（理智），并且具有先天的徒劳性。但是尚有一种补救方法能够应对他们固有的迷失，混乱和不稳定的变动，也就是说，如果他们尽可能地参与到神的光辉的某些部分中。"[③] 杨布里科斯主张人在寻求理智方面普遍存在困难，唯有依赖神的启发才能领会理智，也才能实现灵魂的上升。

《论奥秘》第一句话里的"祭司"一词在灵魂上升环节发挥着重要作用。杨布里科斯写道："延长祈祷的时间可以培养我们的理智，极大地增加我们的灵魂接纳众神的程度，可以向人们揭示众神的生活，使他们的眼睛适应神的光辉，并逐渐使我们的各个部分与神接触的能力得以完善，直到神引导我们达到理智的最高水平……人们可以很容易地从所讲的内容中了解到牺牲和祈祷如何相互促进，并彼此交融以构成一种完美的仪式和等级秩序。"[④] 即祈祷、参与祭司主持的奉献牺牲的仪式可助人实现灵魂的上升。菲纳莫雷等学者相应将宇宙体系和人类依靠宗教仪式实现灵魂上升，概括为《论奥秘》的两大主题。[⑤] 就连《论奥秘》一书的结尾句都是以祈

---

① 普罗提诺：《九章集·上册》，4.8（第528—529页）。

② 更详细的解释可参考 Paul S. MacDonald, *History of the Concept of Mind: Speculations about Soul, Mind and Spirit from Homer to Hume*, Hampshire: Ashgate Publishing, Ltd., 2003, p.122; Richard T. Wallis and Jay Bregman, *Neoplatonism and Gnosticism*, Albany: SUNY Press, 1992, pp.42—45。

③ Iamblichus, *De Mysteriis*, 3.18 (p.167).

④ Iamblichus, *De Mysteriis*, 5.26 (p.227)。更详细的解释可参见 5.1—5.26 (pp.227—279)。

⑤ 详见 John F. Finamore, *Iamblichus and the Theory of the Vehicle the of the Soul*, Chico, California: Scholars Press, 1985, p.vii (Table of Contents); Andrew Smith, *Philosophy in Late Antiquity*, London and New York: Routledge, 2008, pp.90—104; Andrew Smith, "Iamblichus Views on the Relationship of Philosophy to Religion in *De Mysteriis*," in Henry J. Blumenthal and E. Gillian Clark, eds., *The Divine Iamblichus: Philosopher and Man of Gods*, Bristol: Bristol Classical Press, 1993, pp.74—86。以上诸学者中，菲纳莫雷甚至将之用作章节标题。

祷的形式写就的：

> 因此，在这篇演说的最后我还要向诸神祈祷，愿他们赐给我和你永恒不变的真实思想，在我们心中永远植入永恒事物的真理，让我们参与到对神更完美的构想中，在这些构想中，美好事物那最幸福的结局摆在我们面前，我们也被允许在彼此间建立和谐的友谊。①

在朱利安的《赫颂》里，祭祀和祈祷也占有相当分量。《赫颂》本就是一篇献给神的颂词，祭祀和祈祷在《赫颂》结尾部分相继出现。朱利安皇帝强调自己向神献上的不只有祭品还有颂词，并以祈祷作为全篇的结束语，且这已经是他在《赫颂》里的第三次祈祷。② 朱利安祈祷的内容与《论奥秘》的论述重点——人类灵魂的上升密切相关，他写道："而且，当（我的）命运可能会在一个合适的时间从（现在的）生活中温和地退场时，愿我能够升至他那里并与他同住，如果可能的话就与他永恒地联结在一起，但是如果这超出了我一生中的所有行为所应得的（酬谢），那么我愿被与他联结在一起长达许多时代和许多年。"③

除文本体现之外，朱利安在现实生活中也对杨布里科斯所提倡的祭祀、祈祷等宗教仪式投以相当大的热情。阿米安努斯记载，朱利安皇帝在君士坦丁堡皇室宫殿群落的中心位置修建了一座大型神庙，为信仰的每个神都架设祭坛，每天都要前往该处参拜和献祭。朱利安不惜耗费大量人力物力，从陆地和海洋上寻找适合献给神的牲畜。大型祭祀活动有时一天能消耗掉一百多头公牛和成群的牲畜。④ 在向波斯行军途中，朱利安前往培希努（Pessinus）参拜大地女神库柏勒（Cybele）的神庙，在安条克出席纪念阿多尼斯的节日庆典，次日登上卡西乌斯山（Casius）山顶，赶在日

---

① Iamblichus, *De Mysteriis*, 10.8 (p. 353).

② 朱利安强调这是他第三次向赫利俄斯祈祷（Julian, "Hymn to King Helios," 158b—c〈pp. 433—435〉），第二次参见 157a—b (p. 431)，但笔者未在《赫颂》中找到有关第一次祈祷的明确字样，可能原句业已散佚。

③ Julian, "Hymn to King Helios," 158b—c (p. 435).

④ Ammianus Marcellinus, *History*, Vol. Ⅱ, 22.12.6—8 (pp. 267—269).

出之时向朱庇特献祭。①

朱利安对仪式的热情受到同时期多神教学者的赞美和基督教学者的批判。多神教学者利巴尼乌斯称赞朱利安将虔诚带回帝国："新建和修复神殿、运回被掠夺的神像，到处都可以看到祭坛、火焰、鲜血、燃烧的牺牲、烟雾和祭礼以及被从恐惧中释放出来的占卜者。"② 且"他（朱利安）还分别为所有的神树立了祭坛。他起床后的第一个行为就是通过献祭的方式与上层的权力交谈，在这方面他超越了古代的尼西亚斯，到目前为止，他在这些事情上极尽热情"③。基督教学者格里高利则表示，"伴随着受害者和牺牲，他（朱利安）开创他的宫殿，利用邪恶的顾问们进行着邪恶的统治"④。此类赞美和批评从侧面反映出，朱利安对祭祀、祈祷等仪式投入相当大的热情和精力。

综上，《赫颂》与《论奥秘》的叙述内容颇为相似，都由描述多层次的宇宙开始，以论述关于神的知识为主要内容，用祈祷的形式结尾。《论奥秘》首句的关键词在《赫颂》中多有映照。《论奥秘》重点宣扬的宗教仪式，不仅体现在朱利安的文本里，还直接体现在他的行为当中。由此可推测，《赫颂》与《论奥秘》的联系相当密切。

诚然，《论奥秘》未必是影响朱利安的唯一一部杨布里科斯的著作。除《论奥秘》外，杨布里科斯对宇宙、灵魂上升等问题的看法，还散落在他的《论毕达哥拉斯的生平》《论灵魂》以及 800 多份残篇之中。但《论毕达哥拉斯的生平》主要介绍毕达哥拉斯的经历、著作和功绩，讲解其发

---

① Ammianus Marcellinus, *History*, Vol. Ⅱ, 22.14.1—4 (pp. 272—277).

② Libanius, "Libanius' Funeral Oration upon Julian," in Julian, Gregory Nazianzen and Libanius, *Julian the Emperor Containing Gregory Nazianzen's Two Invectives and Libanius' Monody with Julian's Extant Theosophical Works*, pp. 160—161.

③ Libanius, "Libanius' Funeral Oration upon Julian," in Julian, Gregory Nazianzen and Libanius, *Julian the Emperor Containing Gregory Nazianzen's Two Invectives and Libanius' Monody with Julian's Extant Theosophical Works*, p. 161。尼西亚斯（Nicias，前 470—前 413）是在亚里士多德的《雅典政制》和修昔底德的《伯罗奔尼撒战争史》中都受到高度评价的雅典政治家。

④ Gregory Nazianzen, "Gregory Nazianzen's two Invectives against Julian the Emperor," p. 30.

明的算法和数学原理，基本未出现太一、神学之类的词汇；[①]《论灵魂》虽然与灵魂密切相关，但重点关注灵魂的下降而非上升，重在阐述灵魂上升到神的层次后并不会真的成为神，只是享有与神同等的待遇，在一段时间后还须再次下降并履行作为人类或可见世界其他角色的义务；[②] 现存的800多份残篇散佚严重，尚未被集结成连续、系统的文献集，[③] 难以充当史料基础。而《论奥秘》被比较完整地保存下来。

鉴于《赫颂》与《论奥秘》的相似度颇高，且《论奥秘》的留存状况较好，所以相较于杨布里科斯的其他论著，《论奥秘》更适合被运用于《赫颂》的研究当中。综合分析《论奥秘》与《赫颂》并非首例。早先狄龙在正式研究《赫颂》之前写道："在《论奥秘》隶属于神学的内容里，比如Ⅷ.2—3，一个被公认为对埃及系统的描述，但实际上是为了符合柏拉图的原则……我们很快就会看到，这一切与我们在颂词（《赫颂》）中所发现的相一致。"[④] 希尔顿在分析赫利奥多努斯（Heliodorus，218—222）的出生地埃美萨（Emesa）因敬奉赫利俄斯而被朱利安在《赫颂》中称赞时也参考了《论奥秘》Ⅷ.31.38—40。[⑤] 只是这两项成果并未从政治角度展开探究。

行文至此，前文的结论可以再进一步延伸为：《赫颂》以杨布里科斯的《论奥秘》为基础。需提醒读者的是，这一结论并不意味着朱利安必然读过杨布里科斯的《论奥秘》。朱利安辗转雅典、尼科美底亚等哲学繁荣

---

① Iamblichus, *Iamblichus: On the Pythagorean Life*, trans. by E. Gillian Clark, Liverpool: Liverpool University Press, 1989.

② John F. Finamore and John Dillon, trans. and eds., *Iamblichus De Anima*, Leiden and Boston, MA: Brill, 2002。解析取自 John Dillon, "The Descent of the Soul in Middle Platonic and Gnostic Theory," in Bentley Layton, ed., *Studies in the History of Religions*, Vol. XLI, Leiden: Brill, 1980, pp. 357—364。

③ Iamblichus, *De Mysteriis*, p. xiv; p. xviii (Introduction).

④ John Dillon, "The Theology of Julian's Hymn to King Helios," p. 105.

⑤ J. L. Hilton, "The Sphragis of Heliodoros, Genealogy in the Aithiopika, and Julian's Hymn to King Helios," p. 212。《赫颂》中对应的语句是："埃美萨这个地方的居民，从远古时候就将赫利俄斯奉为神圣的存在，将赫利俄斯同他们的神庙中的摩尼莫斯（Monimos）和阿茨佐斯（Azizos）联系在一起。"（Julian, "Hymn to King Helios," 150a〈p. 413〉）埃美萨位于今叙利亚，当地有一座崇拜巴尔的神庙。巴尔系闪米特族神话里的太阳神，朱利安将之等同于太阳神赫利俄斯。

的城市，又与杨布里科斯的弟子埃德修斯、普利斯库斯等多有接触。朱利安可能是在求学过程中听闻了《论奥秘》的内容，也可能是从同时代其他新柏拉图主义哲学家的作品里获知了《论奥秘》的理论体系。

（四）朱利安认知范围内多神教的理论型著作——《论奥秘》

为什么朱利安在亟须借宗教巩固皇权的情况下，选择杨布里科斯的《论奥秘》作为《赫颂》的理论基础？基于朱利安写作《赫颂》的政治背景——虽然出身于统治罗马帝国的君士坦丁家族，但朱利安的皇位并非和平承袭自上一任皇帝，而是依靠私自称帝以及与君士坦提乌斯二世的内战获得——所以朱利安继位后积极宣扬他本人的皇权得神授予。在稳坐皇位一段时间后，朱利安率军东征，但其皇权却在安条克再度遭遇冲击，于是朱利安亟须再借助多神教巩固皇权。结合历史背景再看朱利安对杨布里科斯的评价：

> 我们不需要再在见证者的帮助下从遥远的过去寻求所有观点，但我们必须跟上那个人（杨布里科斯）新鲜的足迹，他紧挨着我敬畏且赞美的诸神，是的，他与柏拉图和亚里士多德的地位相等同。他并未论述各式各样的神话而仅仅是将最初的神话与秘仪（Mysteries）相连，例如所有秘仪的最神圣的创立者奥菲厄斯（Orpheus），他流传给我们的神话。①
>
> 他（杨布里科斯）曾教导我最首要的是践行美德，并把众神视作我通向所有善的向导。②
>
> 当我说“流动”或“撕碎”的时候……他必须用另外一种方式理解这些言辞，它们曾被柏拉图、普罗提诺、波菲利和受神启发的杨布里科斯使用过。因此，一个人无法理解时就会带着疑惑嘲笑这些言辞，但令我确信那会是一种苦笑，因为他将永远错失有关诸神的知识，我向我的主人赫利俄斯发誓，这些知识是我所拥有的甚至比统治

① Julian, “To the Cynic Heracleios,” 217b—c (p. 105).

② Julian, “To the Cynic Heracleios,” 235b (p. 151).

包括罗马和蛮族在内的整个世界都还要珍贵的东西。①

在以上三段引文的前两段里，朱利安并未直接提供杨布里科斯之名。但朱利安此前于《驳犬儒赫拉克勒奥斯》中正面提及杨布里科斯，即以上第三段引文，此处朱利安称杨布里科斯被神所启发，并将之放在与柏拉图、普罗提诺、波菲利同等的位置上。且朱利安在将《赫颂》归源于杨布里科斯之前表示："现在，我意识到伟大的哲学家柏拉图，和晚于他的那位，只是在时间上晚于他但在天赋方面绝不亚于他——我指的是卡尔基斯（Chalcis）的杨布里科斯。"② 尤纳皮乌斯也记载，杨布里科斯显露神力的故事长期在他的门徒中间流传。③

鉴于以上第一段引文给出了靠近诸神、与柏拉图地位相等同和研习秘仪三个信息，第二段引文给出了擅长众神的学说等信息，这些信息与朱利安、尤纳皮乌斯对杨布里科斯的描写相符；何况神秘仪式本就是杨布里科斯思想的重要组成部分，有学者甚至直接形容杨布里科斯的思想为"神秘的"（Mysterious）新柏拉图主义④，由此可推论前两段引文赞美的是杨布里科斯。

第一段引文中朱利安学习秘仪时追随着杨布里科斯的足迹；第二段引文中朱利安学习有关诸神的知识时得到杨布里科斯的教导；第三段引文重复此意，且显示出朱利安理解诸神的知识的方式同样源自柏拉图、普罗提诺、杨布里科斯等。总之，朱利安关于多神教的知识主要来自杨布里科斯。

---

① Julian, "To the Cynic Heracleios," 222b－c（pp. 117－119）.

② Julian, "Hymn to King Helios," 146a（p. 399）.

③ 包括杨布里科斯祈祷时高悬于地面上方，身体和衣服均转化为金色，待祈祷结束又回归常人，以及杨布里科斯在温泉得到爱神厄洛斯（Eros）的拥抱等，详见 Eunapius, *Lives of Philosophers and Sophists*, pp. 363－371。

④ Laura B. Dingeldein, "Julian's Philosophy and His Religious Program," p. 119（n. 1）. Christopher K. Callanan, "A Rediscovered Text of Porphyry on Mystic Formulae," *The Classical Quarterly*, vol. 45, no. 1（1995）, pp. 215－230; Pier Franco Beatrice, "The Word 'Homoousios' from Hellenism to Christianity," *Church History: Studies in Christianity and Culture*, vol. 71, no. 2（2002）, pp. 243－272; Laurel Fulkerson, "Julian the（In）consistent: A Late Imperial Portrait," p. 85.

身处安条克的朱利安亟须巩固皇权，那么他能够从何处寻得助力？朱利安的老师利巴尼乌斯对他做过如下评述："相反，这增加了他对学习的渴望；他增加了他参与其中的努力；因为他认为如果他不得不继续担任一份私人的职务，那么他将拥有智慧来代替帝国的权力——一种更高贵的财富！在他被提升到王座上的时候，他就会用他的智慧来装饰自己的尊严。"① 同时代的基督教学者格里高利也表示："那些他的柏拉图们教给他的东西，他的克吕西甫，著名的散步法以及庄严的门廊，对这些夸夸其谈的人将之送给他……这就是他的好老师们，以及他统治时期的帮凶和立法者。"② 两句话的语气虽然相反，但共同传达出一条信息：朱利安的政治决策与其经过多年学习后形成的宗教观和哲学观紧密关联，或者说，朱利安的执政风格植根于其哲学观和宗教观。1993 年罗兰・史密斯亦指出："这位皇帝（朱利安）受过良好的教育，他是一位学识渊博、擅长品读文学、热衷于希腊哲学的学生，并且是一位受人尊敬且才华横溢的作家。这些都是个人兴趣，但在皇帝处理公共事务的风格中也得到体现。"③

由此推论，朱利安拒绝延续君士坦丁一世和戴克里先的"君权神授"之后，需要从其哲学观和宗教观中寻求巩固皇权的新方法，而杨布里科斯的既有论述在朱利安的宗教观中占据主导地位，于是朱利安从杨布里科斯的论著中寻求巩固皇权的新方法。朱利安在亟须借多神教巩固皇权的情况下，以杨布里科斯的《论奥秘》为理论基础写作《赫颂》。

这一推论可放入朱利安的政治际遇和罗马帝国的社会现实中验证。首先，362 年冬朱利安停驻安条克期间，需要为东征波斯筹备粮草，制定作战计划，组建地方议会和招募议员，还要设法解决安条克当地因军队驻扎导致的物价飞涨和物资匮乏问题。据阿米安努斯记载，当朱利安在安条克过冬时，他并没有跟随叙利亚人享受快乐，而是致力于与战争同等重要的司法事务，且"他付出了极大的心力，以严谨的态度处理各条信息，仔细权衡应当如何分配给每个人以应得的职务。在他公正的惩办之下，恶人被

① Libanius, "Libanius' Funeral Oration upon Julian," p. 127.

② Gregory Nazianzen, "Gregory Nazianzen's two Invectives against Julian the Emperor," p. 24.

③ Rowland Smith, *Julian's Gods: Religion and Philosophy in the Thought and Action of Julian the Apostate*, p. xi.

处以轻刑，无辜者则保持自己的财富不被减少”[①]。

此外，朱利安还在安条克颁布了修建耶路撒冷圣殿和驱逐亚历山大里亚主教阿塔纳西乌斯（Athanasius，298－373）的命令，[②] 抽空处理尼科美底亚的地震和水资源枯竭问题。史料显示，“也是在同一年，正值冬天来临时爆发了严重的水源短缺，一些河流干枯了，喷泉也干枯了，在此之前那些地方都流淌着温暖的泉水。但是之后它们全都恢复了原状。在12月2日晚，当夜幕降临时，尼科美底亚的大部分地区和尼西亚（Nicaea）的一小部分都被地震摧毁了。这些事件引起皇帝的极大关注，但他仍然没有忽略其他紧急事项”[③]。

大量的行政事务直接导致了朱利安的忙碌。这期间朱利安致信利巴尼乌斯，告知后者自己的近况，信中有一句：“但至于军事或政治安排，我认为你自己应该曾亲自出面视察并关注过它们。因为正如你所知道的，这件事对于一封信来说太长了。”[④] 在另一封信中朱利安也有类似表述：“因为我几乎没有任何空闲，正如众神所知道的，我不带感情地说……”[⑤] 基督教史家苏克拉底斯也记载朱利安为筹备东征甚至无暇顾及宗教事务：“但是这些带有责备意味的赞美诗几乎把他（朱利安）逼疯了，他准备用戴克里先的手下以前对待基督徒的方式，对基督徒施以同样残酷的惩罚。然而，由于东征波斯在即，他没有时间亲自执行自己的愿望，他命令禁卫军长官萨鲁斯特逮捕那些在唱赞美诗方面表现得尤为突出的人，以儆效尤。”[⑥] 现代学者狄龙亦强调过朱利安写作《赫颂》时的紧迫处境：“这（《赫颂》）对他（朱利安）而言显然是一份很重要的作品，如果他的话值得相信，那他就是在异乎寻常的匆忙中完成的。”[⑦] 基于朱利安此时的繁忙程度，他没有足够的时间和精力自行开创巩固皇权的理论，所以利用杨布里科斯的既有论述不失为良策。

---

① Ammianus Marcellinus，*History*，Vol. Ⅱ，22. 10. 1（p. 253).

② Socrates Scholasticus，“The Ecclesiastical History，” 3. 13（p. 217）；3. 20（p. 227).

③ Ammianus Marcellinus，*History*，Vol. Ⅱ，22. 13. 4－22. 14. 1（pp. 271－273).

④ 详见 Julian，“To Libanius，Sophist and Quaestor，” p. 207。

⑤ Julian，“To the Most Reverend Theodora，” p. 113.

⑥ Socrates Scholasticus，*The Ecclesiastical History*，3. 19（p. 226).

⑦ John Dillon，“The Theology of Julian's Hymn to King Helios，” p. 103.

其次，朱利安需要从其哲学观和宗教观中寻求巩固皇权的新方法。但他知晓自己的能力尚且不足。朱利安曾于继位之初致信泰米斯提乌斯："但是，正如我在开头说的，因为我意识到我自己既没有经历足够的训练也没有超出普通人之上的天赋；此外，我怕给哲学带来耻辱——尽管我热爱它，但还未获得它，而且也因为我现在于同时代的人当中还没有获得极佳的声望。"[①] 现代学者亦发现朱利安的哲学水平有限。1896 年加德纳著《朱利安，哲学家与皇帝》，总结了朱利安在哲学方面的贡献。[②] 但马基弗（A. C. McGiffert）为此书撰写书评时指出："他（朱利安）的写作风格在他那个时代算是纯粹的，但他写得太快，无法写出任何伟大的作品。他是一位思想家，常常能对世俗和偏见所遮蔽的事物给予一些启示，但他的思想还不够平稳和镇定，不足以使我们把他列为伟大的哲学家。"[③] 科瓦略夫写作《古代罗马史》时仅称朱利安为"新柏拉图派的一个热烈的参加者"[④]。专门研究新柏拉图主义的狄龙也认为，朱利安的哲学水准远未达到新柏拉图主义哲学家的高度。[⑤] 这也是为什么笔者始终称朱利安为新柏拉图主义的追随者，而非新柏拉图主义哲学家。

朱利安自知能力有限，很难自行开创巩固皇权的新理论，此时利用杨布里科斯的既有论述于他而言不失为良策。何况朱利安认为，杨布里科斯对传统多神教的阐释足以使得"我们不需要再在见证者的帮助下从遥远的过去寻求所有观点，但我们必须跟上那个人（杨布里科斯）新鲜的足迹，他紧挨着我敬畏且赞美的诸神，是的，他与柏拉图和亚里士多德的地位相等同"[⑥]。

杨布里科斯于多神教的突出贡献不仅为朱利安一人所见。在杨布里科斯之前，学界公认的初代新柏拉图主义哲学家们相信，多神教的神话不仅

---

① Julian, "Letter to Themistius Philosopher," 266c—d (p. 235).

② Alice Gardner, *Julian, Philosopher and Emperor*.

③ A. C. McGiffert, "Julian, Philosopher and Emperor, and the Last Struggle of Paganism against Christianity by Alice Gardner," *The American Historical Review*, vol. 1, no. 2 (1896), p. 318.

④ 科瓦略夫著，王以铸译：《古代罗马史》，上海：上海书店出版社 2007 年版，第 963 页。

⑤ John Dillon, "The Theology of Julian's Hymn to King Helios," pp. 103—115.

⑥ Julian, "To the Cynic Heracleios," 217b (p. 105).

具有象征意义且蕴藏着永恒的真理，故积极宣扬诸神是得太一传授了至善的存在。为获得关于至善的知识，普罗提诺等哲学家们将迦勒底神谕、《荷马史诗》中的神话等视为诸神的启示，热衷于对之进行解读。[①] 因为多神教诸神和神话在新柏拉图主义理论体系中占据重要位置，所以多神教与新柏拉图主义紧密联系。

一般认为，罗马帝国多神教内部久未生成严格意义上的教义。诚如费尼（Denis Feeney）所言："虽然罗马人崇拜行为的某些方面是可分析的（比如占卜，这是西塞罗可以讨论的，因为他之前的希腊哲学家们就讨论过），但整体的仪式活动在根本上是非理论化的，罗马的哲学家和历史学家几乎没有对此展开讨论和考察。"[②] 新柏拉图主义对多神教神话加以整理和阐释，卡赫洛斯（Maijastina Kahlos）认为此举赋予了古老的多神教以一定的系统性与新活力。[③] 琼斯也指出，新柏拉图主义已经同传统宗教达成了妥协。[④] 莫尔维奇（Parviz Morewedge）甚至表示："新柏拉图主义最密集的主题就建立在宗教的神话作品之上，实际上就是将纯粹的正统学说（如'创造说'〈Creation〉）转化成'流溢说'。"[⑤] 简言之，新柏拉图主义贡献了晚期罗马帝国多神教的主要理论。

作为学界公认的第二代新柏拉图主义代表人物，杨布里科斯批判继承了原新柏拉图主义关于神话和诸神的理论，且努力将古老的多神教传统整合进新柏拉图主义哲学，重点论述如何用祭祀、占卜、祈祷等多神教的宗

---

① R. Lamberton, *Homer the Theologian*: *Neoplatonist Allegorical Reading and the Growth of the Epic Tradition*, Berkeley, Los Angeles and London: University of California Press, 1986, esp. 15, 124, 183—184.

② Denis Feeney, *Literature and Religion at Rome*: *Cultures and Beliefs*, Cambridge: Cambridge University Press, 1998, p. 117。笔者在导论部分也提过，"多神教"一词本就是给予晚期罗马帝国坚持"多神论"的各种宗教的笼统称谓。詹姆斯·奥唐奈还曾据此推论，朱利安试图使多神教由一种信仰的联合转变成像基督教一样的系统化的宗教（James O' Donnell, "*The Demise of Paganism*," *Traditio*, vol. 35〈1979〉, pp. 45—88)。

③ Maijastina Kahlos, "Pagan-Christian Debates over the Interpretation of Texts in Late Antiquity," *Classical World*, vol. 105, no. 4 (2012), p. 527.

④ Arnold Hugh Martin Jones, *The Later Roman Empire*, 284—602: *A Social, Economic and Administrative Survey*, Vol. Ⅰ, p. 120.

⑤ Parviz Morewedge, ed., *Neoplatonism and Islamic Thought*, Albany: State University of New York Press, 1992, p. 9.

教仪式实现人类灵魂的上升，由此开创了侧重神学的新柏拉图主义叙利亚分支。5 世纪崇尚新柏拉图主义的异教学者普罗克诺斯（Proclus，410—485），赞美杨布里科斯是第一位发展出“柏拉图式神学”（Platonic Theology）的哲学家。[①]《杨布里科斯为神学所做的辩护》等集中研究杨布里科斯神学的研究成果皆可为证。[②] 国内学者梁中和也提到：“杨布里柯宣扬无数是神圣理智合一的方法，一定意义上还优于哲学，这已经超出普罗提诺神学，但被后世新柏拉图主义者们广泛接受了。”[③]

杨布里科斯的《论奥秘》于多神教的贡献尤为突出。迪吉斯（Elizabeth DePalma Digeser）指出，哲学家杨布里科斯以他的长篇论著《论奥秘》的形式作出了漫长的回应，其间论述了众神的本质以及人类灵魂向神上升的方式。[④] 艾迪（Crystal Addey）就《论奥秘》与多神教的关系加以阐述：“实际上，这部著作（《论奥秘》）包含有关占卜和神学的全方位论述，涵盖了古希腊—罗马宗教传统和公民崇拜。这是一部关于从古代晚期幸存下来的宗教现象的核心著作之一，记载了占卜和其他仪式的当代用途，并在复杂的形而上学框架内提供足以阐明神学‘参数’（Parameters）的程式化的记录（包括将宗教实践纳入神学的庇护之下）。因此这部著作有效地说明和捍卫了神学与传统宗教实践的基本原则、合理性和有效性，被认为对后来的新柏拉图主义产生了广泛的影响。”[⑤]

总之，在朱利安所处的时代里，新柏拉图主义哲学家杨布里科斯的《论奥秘》贡献了多神教的主要理论。所以从社会现实和政治现状考虑，当朱利安亟须借多神教巩固皇权时，理应以那个时代多神教主要的理论型

① Proclus, *Platonic Theology*, trans. and eds. by Henri Dominique Saffrey and Leendert G. Westerink, Paris: Les Belles Lettres, Vol. Ⅲ, 1987, 44.1—5.

② John Dillon, “Iamblichus’ Defence of Theurgy: Some Reflections,” *The International Journal of the Platonic Tradition*, vol. 1, no. 1 (2007), pp. 30 — 41; Polymnia Athanassiadi, “Dreams, Theurgy and Freelance Divination: The Testimony of Iamblichus,” *The Journal of Roman Studies*, vol 83 (1993), pp. 115—130.

③ 梁中和：《灵魂·爱·上帝：斐奇诺〈柏拉图神学〉研究》，第 135 页。

④ Elizabeth DePalma Digeser, *A Threat to Public Piety: Christians, Platonists, and the Great Persecution*, Ithaca, New York: Cornell UP, 2012, p. 80.

⑤ Crystal Addey, *Divination and Theurgy in Neoplatonism: Oracles of the Gods*, London and New York: Routledge, 2014, p. 4.

著作——杨布里科斯的《论奥秘》为基础。相应地，朱利安的近臣萨鲁斯特著有《论诸神与世界》。《论诸神与世界》被誉为4世纪罗马帝国多神教的"官方教理问答书"① (The Official Catechism)。译者诺克已系统论证过《论诸神与世界》大量借鉴了《论奥秘》的内容。②

根据其他学者的研究成果，这一做法可能还掺杂着朱利安本人的道德追求。在《凯撒篇》里，"谦虚"被朱利安描绘成统治者理应具备的美德：戴克里先阻止了其余三帝做他的卫队，因为他不认为自己比他们享有更多特权；马可·奥勒留 (Marcus Aurelius，121—183) 以最谦虚的姿态回答诸神的提问，反复声明自己只是用一个物质的身体尽可能地模仿诸神，同时努力为尽可能多的人做好事。马可·奥勒留在《凯撒篇》里赢得的投票和称赞也最多；反之，凯撒则因自负和炫耀个人功绩受到与会者批评，他们斥责凯撒粗鲁地蔑视了他极力模仿的榜样——著名的亚历山大大帝。③

研究《凯撒篇》的亨特 (D. Hunt)、威克 (Maria Wyke) 等学者都论证过朱利安个人对谦虚的追求，亨特主张《凯撒篇》里的奥勒留皇帝是"朱利安自我认同的投影"，奥勒留所表现出的谦虚或许是朱利安刻意为自己培养的美德；④ 威克在亨特的基础上，增补了朱利安对戴克里先和凯撒的尊敬以进一步论证其谦虚的特点；⑤ 泰特勒 (H. C. Teitler) 甚至将谦虚上升成朱利安统治国家的手段之一，主张朱利安希望靠自己的虔诚和谦

---

① Julian, "Hymn to King Helios," p. 351 (Introduction to Oration Ⅳ)。另有《腓尼基的太阳神学》一书将《论诸神与世界》称作"精炼的异教教理问答手册 (small catechism of refined paganism)"，详见 Joseph Azize, *The Phoenician Solar Theology: An Investigation into the Phoenician Opinion of the Sun Found in Julian's Hymn to King Helios*, p. 15。

② Sallustius, *Concerning the Gods and the Universe*, p. xcvii (Prolegomena).

③ 朱利安关于戴克里先、奥勒留的叙述详见 Julian, "The Caesars," 315a－b (p. 365)；334b—335a (pp. 409—411)。关于凯撒的叙述详见 Julian, "The Caesars," 308d—309a (p. 351)；319c—322a (pp. 375—381)。

④ D. Hunt, "Julian and Marcus Aurelius," in Doreen C. Innes, Harry Hine and Christopher Pelling, eds., *Ethics and Rhetoric: Classical Essays for Donald Russell on His Seventy-Fifth Birthday*, Oxford: The Clarendon Press, 1995, p. 298.

⑤ Maria Wyke, ed., *Julius Caesar in Western Culture*, pp. 74—76.

虚来为他的臣民树立一个光辉的榜样。[①] 从谦虚的角度考虑，则朱利安以皇帝身份盛赞杨布里科斯，并以其《论奥秘》为基础写作《赫颂》符合他本人对谦虚的追求。

综上，朱利安关于多神教的知识主要来源于杨布里科斯，杨布里科斯的《论奥秘》在那个时代被视作多神教主要的理论型著作。所以当朱利安亟须借多神教巩固皇权时，他求助于杨布里科斯用以阐释和改造多神教理论的《论奥秘》。朱利安的做法与他的现实境遇和真实哲学能力相匹配。这一做法或许还能满足朱利安对谦虚品质的追求。简言之，彼时朱利安借多神教巩固皇权可选择的、适宜的理论基础，就是杨布里科斯的《论奥秘》。

基于 4 世纪罗马帝国同时存有新柏拉图主义、犬儒主义、基督教哲学等多种哲学，[②] 也不排除朱利安考虑过其他哲学的可能。362 年春，犬儒赫拉克勒奥斯在宫廷发表演说，声称自己是主神宙斯派来惩罚皇帝的潘神，猛烈批判当下的社会秩序和宗教习俗。朱利安愤而撰写《致犬儒赫拉克勒奥斯》予以回击。对此，马尔科内表示；“但朱利安并不是简单地在谴责某些人（犬儒主义者）或他的臣民的反对和示威。他是一位愤怒的皇帝，他言行一致，不仅是为了谴责而更是为了捍卫哲学和宗教信条。”[③]

朱利安的老师泰米斯提乌斯曾劝说朱利安接受其政治观。但朱利安在回信中严词拒绝了泰米斯提乌斯的建议，也不曾给予他任何官职，甚至用亚里士多德的言论反驳泰米斯提乌斯——那个时代最著名的亚里士多德言论的注释者。[④] 约翰·瓦特（John W. Watt）和布拉德伯里（Scott Bradbury）两位学者认为，这种正面“挑战”的做法折射出朱利安对泰米

---

① H. C. Teitler, *The Last Pagan Emperor: Julian the Apostate and the War against Christianity*, p. 28.

② Averil Cameron and Peter Garnsey, eds., *The Cambridge Ancient History*, Vol. XIII, pp. 543—545.

③ A. Marcone, “The Forging of a Hellenic Orthodoxy: Julian’s Speeches against the Cynics,” p. 240.

④ 仅举《致哲学家泰米斯提乌斯的信件》中一句话为例：“但是你自己断言这些人就是国王，然而就句子的意义而言，亚里士多德并未说过你所引用的这些句子”（Julian, “Letter to Themistius Philosopher,” 263d〈p. 227〉），类似语句在该信件中尚有多处。

斯提乌斯的建议十分不满。[①] 也就是说，朱利安或有考虑过其他哲学，但从历史事实和文本内容上看，他最终为《赫颂》选择的理论基础是杨布里科斯的《论奥秘》。

二、朱利安对《论奥秘》的继承与创“新”

> 只要赫利俄斯准许，让我们一起来崇敬杨布里科斯，这位被众神所喜爱的人。因为他是我在这里写下（这些）的源泉，有某些想法来自“many”，就好像它们发生在我的思想中。[②]

回看《赫颂》结尾部分的这段话，在前半句里杨布里科斯对朱利安写作《赫颂》的影响被表述得相当清晰。或许如狄龙所言：朱利安皇帝想做的就是将他的精神导师——杨布里科斯的思想尽可能完整地展示在读者面前。[③] 后半句的含义则相对模糊，《赫颂》早期译本的译文也未能明示其内涵。[④] 现结合 4 世纪罗马帝国的社会背景尤其文化环境，探究这后半句话所反映的朱利安的写作思路。

（一）《赫利俄斯王颂》承袭《论奥秘》的程度

因为后半句“有某些想法来自‘many’，就好像它们发生在我的思想中”，依从于前半句“他（杨布里科斯）是我在这里写下（这些）的源泉”，所以有必要先从前半句中考察《赫颂》承袭《论奥秘》的程度。

在今人看来，朱利安著述时坦承自己承袭了杨布里科斯的论述不足为

---

① Scott Bradbury, “The Date of Julian’s Letter to Themistius,” *Greek, Roman and Byzantine studies*, vol. 28, no. 2 (2004), pp. 241—242; John W. Watt, “Julian’s *Letter to Themistius* - and Themistius’ Response ?” in *Emperor and Author: The Writings of Julian the Apostate the Apostate*, p. 92. 此处“挑战”一词直接取自这两篇文章。

② Julian, “Hymn to King Helios,” 157d (p. 433).

③ John Dillon, “The Theology of Julian’s Hymn to King Helios,” p. 104.

④ 1793 年英译本的译文为：“a few particulars out of many which occurred to our recollection at the time” (*Two Orations of the Emperor Julian: One to the Sovereign Sun, and the Other to the Mother of the Gods*, p. 109)。

奇。但朱利安所处的4世纪是诡辩术盛行的时代，修辞学教师和政治演说家皆需具备相当水平的诡辩技能。① 部分现代学者甚至提倡用术语“第三代诡辩家”（The Third Sophistic），来统称公元230年后罗马帝国境内精通诡辩术的学者。② 诡辩术中包含一项名为“匿名解释法”（Anonymous Interpretation）的写作习惯：借鉴他人作品时不直接给出原作者的姓名，而是以含糊、匿名等方式处理，尤其注意规避同时代人。③ 用克里比奥雷（Raffaella Cribiore）的话说，他们“很少直接引用”④。朱利安便生活在这种诡辩术盛行的文化环境里。

朱利安主要从利巴尼乌斯和泰米斯提乌斯处接受修辞学和演说术的训练。政治演说家泰米斯提乌斯，掌握着高水平的诡辩技能。利巴尼乌斯素

---

① Albrecht Dihle, *Greek and Latin Literature of Roman Empire: From Augustus to Justinian*, New York: Routledge, 1994, p. 214; pp. 515－518.

② 如 Lieve Van Hoof, “Greek Rhetoric and the Later Roman Empire. The Bubble of the ‘Third Sophistic’,” *Antiquité Tardive*, vol. 18 (2010), pp. 211－224; A. J. Quiroga Puertas, “From Sophistopolis to Episcopolis: The Case for a Third Sophistic,” *Journal for Late Antique Religion and Culture*, vol. 1 (2007), pp. 31－42。

③ “匿名解释法”一词及其释义取自 Keith Crome, *Lyotard and Greek Thought: Sophistry*, New York: Palgrave Macmillan, 2004, p. 72。该书作者克罗姆如此解释这种在诡辩家内部约定俗成的写作习惯的由来：“这两篇文章都没有提及爱奥尼亚人或爱利亚学派（Eleatic thinkers）的思想家，如泰勒斯（Thales）、阿那克西曼德（Anaximander）、赫拉克利特（Heraclitus）或巴门尼德（Parmenides），尽管有足够多的理由将他们包括在内。他们的缺席令人震惊……苏格拉底进一步表明，有必要领会对人类认识能力的某种谦虚或限制，从而掌控不恰当的自大情绪。如果用写有作品（修辞学、政治和诗歌）的人的名称来称呼那些关注真理的修辞学家、政治家、诗人是不恰当的，而且称呼他们是智慧的也是不恰当的。”（p. 22）简言之，苏格拉底主张“智慧”是至高无上的，所以将自己的名字与“智慧”相连是自大的，将别人的名字与“智慧”相连也是不恰当的。克罗姆称之为“智慧—有智慧者”（sophistai－sophists）之间的矛盾。另有学者主张，隐匿被借鉴者姓名的做法源于诡辩家们希望读者在费力寻找和推论其作品中理论或名言的出处时，能够深刻感受到其作品及思想的深度（Olof Pettersson and Vigdis Songe-Møller, *Plato's Protagoras Essays on the Confrontation of Philosophy and Sophistry*, Cham, Switzerland: Springer International Publishing, 2017, p. 16）；亦有学者从柏拉图处寻觅这种写作习惯的缘起（Steven Mailloux, ed., *Rhetoric, Sophistry, Pragmatism*, Cambridge: Cambridge University Press, 1995, p. 36）。

④ Raffaella Cribiore, *Libanius the Sophist: Rhetoric, Reality, and Religion in the Fourth Century*, p. 77.

有“4世纪诡辩术第一人”之称，还在其出生地安条克开办了一所修辞学院。这意味着师从二人的朱利安，理应被授以诡辩术。

这一推测能够从同时期异教史家尤纳皮乌斯处寻得证词。尤纳皮乌斯撰文记叙了公元3—4世纪二十余位诡辩家及其弟子的经历和成就，朱利安皇帝赫然在列。[①] 此外，基督教史家苏克拉底斯记载了朱利安的另外两位启蒙老师：“在语法方面尼科勒斯是他的指导者，诡辩学者埃克波利乌斯教授他修辞学。”[②]

这一推测还能从朱利安的作品中寻得证据。《赫颂》第一句话是：“我将要说的是，在我看来，对一切‘在大地上呼吸和爬行’、存在且拥有理性而聪慧之灵魂的万物而言都是极为重要的事情，但更重要的是这对我自己很重要。因为我是赫利俄斯王的追随者。”句中“在大地上呼吸和爬行”很可能借鉴了《伊利亚特》第17卷奥托墨冬（Automedon）对阿基琉斯的战马所说的话：“在大地上呼吸和爬行的所有动物，确实没有哪一种活的比人类更艰难。”[③]

然而《赫颂》第一段未曾出现荷马之名。且像这样隐匿荷马之名的现象在朱利安的作品里远不止一处。根据施瓦茨的统计和赖特的补充，朱利安在其存世作品中援引《伊利亚特》约83次，援引《奥德赛》约53次，合计援引《荷马史诗》约136次。[④] 但荷马之名在《朱利安皇帝著作集》中仅出现70余次。[⑤] 即朱利安约有60多次都是在隐匿荷马之名的情况下引用了《荷马史诗》。

荷马、柏拉图、伊索克拉底等古希腊杰出人士的名字，在朱利安的作品里尚且时有出现。这与诡辩术的一项重要方法——诉诸权威人士的言论以佐证自己的论点不无关系。《赫颂》行文至约五分之一时提及荷马之名，

---

① Eunapius, *Lives of Philosophers and Sophists*, pp. 427—535.

② Socrates Scholasticus, *The Ecclesiastical History*, 3.1 (p. 195).

③ 荷马著，罗念生、王焕生译：《荷马史诗·伊利亚特》，北京：人民文学出版社2003年版，17.446—447（第409页）。

④ 赖特记录了施瓦茨的统计结果（Wilmer Cave Wright, *The Emperor Julian's Relation to the New Sophistic and Neo-Platonism: With a Study of His Style*, p. 73），且在此基础上有所补充（p. 74）。

⑤ 笔者叠加了《朱利安皇帝著作集》三卷本里，每卷索引部分赫利俄斯出现在正文中的次数。

旨在用他的话论证宙斯的地位："因为宙斯，正如荷马所说，他是众神之主且约束其余所有的神。"① 相较于古典名家，3－4 世纪学者的名讳在朱利安的作品里甚是少见，即便他们的理论或观点对他影响匪浅。

例如，朱利安相当重视自己的老师利巴尼乌斯，甚至不惜违背君士坦提乌斯二世的禁令，花重金雇人抄录利巴尼乌斯的讲学内容再私下研学。利巴尼乌斯对他产生的深刻影响为诺曼（Albert Francis Norman）等学者所证实。② 但利巴尼乌斯之名在朱利安的八篇演说辞中一次都未正面出现过，仅在《厌胡者》中被以如下语句隐晦地提及："尽管事实上我们当中有一个人是你们的同胞，是一个与赫尔墨斯和我十分亲近的人，也是一个有着卓越演讲才能的人。"③《厌胡者》是朱利安面向安条克人发布的演说辞。读者需借助出生于安条克、与皇帝亲近、擅长演说等信息，才勉强能将句中人与利巴尼乌斯画上等号。

马尔多尼乌斯是君士坦提乌斯二世指定给朱利安的启蒙老师。④ 朱利安在《厌胡者》中尊称马尔多尼乌斯为"导师"（Tutor），甚至援引柏拉图的话赞美他："我们应该将同样的赞美送给这样一位节制、智慧和具备其他一切美德的人，这就是给予那些不仅能让自己拥有这些美德，而且可以再向其他人传授的人的荣誉。"⑤ 但马尔多尼乌斯在这篇作品里同样没有姓名，他被形容为一个"蛮族人"、一个"斯基泰人"，并且"与那个曾劝说薛西斯入侵希腊的人有同样的名字"⑥。读者需查阅《荷马史诗》才能知晓这个"斯基泰人"指的是谁。君士坦提乌斯二世指派给朱利安的另外两位启蒙老师：尼科勒斯（Nicocles the Lacaedemonian,?）和埃克波利乌斯（Ecebolius,?），同样不曾出现在朱利安存世的作品里。

---

① Julian, "*Hymn to King Helios*," 136d (p. 371).

② 如 Albert Francis Norman, "Julian and Libanius again," *Classical Philology*, vol. 48 (1953), p. 239; Heinz-Günther Nesselrath and Lieve Van Hoof, eds., *Libanius: A Critical Introduction*, Cambridge: Cambridge University Press, 2014, pp. 160－183; David Neal Greenwood, "Plato's Pilot in the Political Strategy of Julian and Libanius," pp. 607－616。

③ Julian, "Misopogon," 354c (p. 467).

④ Socrates Scholasticus, *The Ecclesiastical History*, 3. 1 (p. 195).

⑤ Julian, "Misopogon," 354a (pp. 465－467).

⑥ Julian, "Misopogon," 352a (p. 461).

朱利安的写法可能牵涉另一项同样源自诡辩术的写作习惯：避免作品里出现真实的人名。译者赖特将该习惯作为写作背景之一，放入《朱利安皇帝著作集》的开篇介绍部分，[①] 并列举马格嫩提乌斯的例子充当佐证。朱利安在《献给君士坦提乌斯二世的赞美诗》里，严厉谴责具有蛮族血统的马格嫩提乌斯。马格嫩提乌斯在 350 年杀害君士坦斯并接管帝国西部省份。在这篇赞美诗里，朱利安始终用“篡位者”“蛮族人”等当时带有贬义色彩的词汇称呼马格嫩提乌斯，未有一次直接使用他的名字。[②]

综合朱利安的受教育历程和文本细节可见，朱利安基本遵循诡辩术的写作习惯，在写作时隐匿被引用者的名讳，尤其注意规避同时代人。就连亲自教导过他的利巴尼乌斯和马尔多尼乌斯，都未能在其文本里留下姓名。现代学者阿西塞也指出：“朱利安并非滥用：有许多作家他并不使用或者谨慎使用。尤其是，除了莫名其妙地提及赫拉克利特这样一位早期作家之外，柏拉图的同时代人或前辈（除毕达哥拉斯之外）以及柏拉图和亚里士多德的大多数学生对朱利安来说似乎都不重要。”[③]

杨布里科斯逝世于 330 年，与 331 年左右出生的朱利安并无直接交集。即便《赫颂》以《论奥秘》为基础，朱利安仍然无须直接给出杨布里科斯的名字。不久前朱利安写作《驳犬儒赫拉克勒奥斯》时，尚且使用“那个在我看来是我们时代最优秀的人”[④] 指代杨布里科斯。《赫颂》里为何突然出现杨布里科斯之名？现将这个问题放入它的上下文中展开探究：

> 我已经冒险将它写下来并送给你（萨鲁斯特），因为你之前认为我早先写于克洛诺斯节的作品并非完全没有价值……只要赫利俄斯准许，让我们一起来崇敬杨布里科斯，这位被众神所喜爱的人。因为他是我在这里写下（这些）的源泉，有某些想法来自“many”，就好像它们发生在我的思想中。[⑤]

---

① Julian, *The Works of the Emperor Julian*, p. xi (Introduction).

② Julian, “Panegyric in Honour of Constantius,” 31b (p. 81); 33d (p. 87).

③ Joseph Azize, *The Phoenician Solar Theology: An Investigation into the Phoenician Opinion of the Sun Found in Julian's Hymn to King Helios*, p. 78 (n. 85).

④ Julian, “To the Cynic Heracleios,” 235b (p. 151).

⑤ Julian, “Hymn to King Helios,” 157c—d (pp. 431—433).

单从字面上看，杨布里科斯之名的出现似乎有违朱利安隐匿被借鉴者姓名的写作习惯。但结合该段文本发生的具体情境来看，这句“因为他是我在这里写下（这些）的源泉”不仅仅是朱利安的个人独白，它还发生在一个与萨鲁斯特对话的情境之下。由此这样一个历史问题，便可以借用互文理论的分析方式加以探究。

萨鲁斯特是朱利安的挚友兼近臣，曾陪时任凯撒的朱利安远征高卢。当高卢地区胜利的消息传到君士坦提乌斯二世处，后者出于猜忌旋即将萨鲁斯特调离高卢。① 朱利安为此撰写了长文《致萨鲁斯特的慰藉》，抒发悲伤和思念之情。在《致萨鲁斯特的慰藉》里，朱利安称萨鲁斯特是与自己志同道合且步调一致的朋友，② 形容萨鲁斯特的离去如同古希腊哲学家柏拉图、毕达哥拉斯和德谟克利特出行时从不带他们的伙伴，③ 尤其强调了他与萨鲁斯特在思想方面的联系：

> 虽然没有什么能够阻止我们同时看到彼此，我不是说在身体组织方面，如我们的血肉、筋骨、身体的轮廓和胸膛极为相似……我指的是我们的美德、行为和言辞，我们的交流以及那些我们经常同彼此进行的对话，当我们吟唱有关教育、公正以及支配人类及其事务的理智时都非常和谐。④

朱利安是新柏拉图主义的追随者，萨鲁斯特同样热衷新柏拉图主义。该学者于 360 年著《论诸神与世界》，以新柏拉图主义的理论体系为框架，阐释多神教诸神的体系以及诸神影响世界的方式。且与杨布里科斯和朱利安相似，萨鲁斯特亦在结尾处谈及灵魂的上升问题：

> 从至善出发，在可见世界按照美德来生活的灵魂是完美的，他们从不合理的因素中解脱出来，从他们所占有的躯体中净化出来，从而

---

① Ammianus Marcellinus, *History*, Vol. Ⅰ, 17.8 (pp. 351—353).

② Julian, “Consolation upon the Departure of Sallust,” 242b—d (pp. 171—173).

③ Julian, “Consolation upon the Departure of Sallust,” 245c (p. 179).

④ Julian, “Consolation upon the Departure of Sallust,” 247c—d (p. 185).

与众神分享整个宇宙。[①]

为《论诸神与世界》编写注释本的诺克已经从语言学和哲学角度，比对过该文献与杨布里科斯传世作品的相似性。他的结论是："从这些事实中得出的结论是相当清楚的。我们的作者是新柏拉图主义的追随者，这种形式是杨布里科斯给予他的。"[②] 学界也认可萨鲁斯特是深谙新柏拉图主义的哲学家。[③]

诺克还提到《论诸神与世界》里关于阿提斯神话的解释，很可能是萨鲁斯特从朱利安的《大母神颂》中借鉴而来。[④] 同朱利安一样，萨鲁斯特也遵循诡辩术的写作习惯，其文本从未正面出现过杨布里科斯或朱利安之名。综上可推论，朱利安与萨鲁斯特构成哲学层面上的同行关系。学界就朱利安面对萨鲁斯特离去时的悲伤归纳出三点原因：第一是失去与自己关系最亲密的同性伴侣；[⑤] 第二是失去政治和军事事务上的助手；第三便是失去与自己有着共同哲学旨趣的朋友。[⑥]

"作者从更高的立场上，另一种性质的立场上，来思考这一整个世界。最后，所有的人物及其言语，都是作者施以态度（以及作者言语）的客体"[⑦]。就在朱利安创作《赫颂》之前，同行萨鲁斯特大概率因杨布里科斯已经系统论述过神的问题，而质疑朱利安重复创作此类作品的意义。于是朱利安需要就萨鲁斯特的质疑作出回应，回应的第一步理应是解释其作品与杨布里科斯既有论述的关系。萨鲁斯特深谙杨布里科斯的作品和思想，

---

① Sallustius, *Concerning the Gods and the Universe*, XXI (p. 37).

② Sallustius, *Concerning the Gods and the Universe*, p. xcvii (Prolegomena).

③ Emma C. Clarke, "Communication, Human and Divine: Saloustious Reconsidered," pp. 347—350; Josef Lössl, "Sallust in Julian of Aeclanum," pp. 179—202; Arnold Hugh Martin Jones and J. R. Martindale, et al., *The Prosopography of the Later Roman Empire*, p. 796.

④ Sallustius, *Concerning the Gods and the Universe*, pp. c—ci (Prolegomena).

⑤ Mark Masterson, "Erotics and Friendship in Emperor Julian's Fourth Oration," *Scholia*, vol. 19 (2010), pp. 79—110.

⑥ 后两点原因往往被同时提及，详见 G. W. Bowersock, *Julian the Apostate*, p. 45; Polymnia Athanassiadi, *Julian and Hellenism: An Intellectual Biography*, pp. 20f。

⑦ 巴赫金：《文本问题》，第 316 页。

甚至以之为基础撰写了《论诸神与世界》。所以当朱利安施以态度以及言语的客体是这样一位与他水平相当的客体时，他很难否认或回避《赫颂》与杨布里科斯之间的联系。也就是说，朱利安坦承杨布里科斯是《赫颂》的源泉，是在对话情境下顺承同行的质疑。[①]

这种顺承可能同朱利安个人的道德追求相关。史家尤特罗庇乌斯在《罗马国史大纲》中写道："他（朱利安）对所有人都彬彬有礼。"[②] 现代学者布洛克利（R. C. Blockley）推测，朱利安如此重视以礼待人，约莫是想借此彰显自己优于前任皇帝，以争取全体民众尤其国家官吏的支持。[③]《赫颂》中朱利安对萨鲁斯特的顺承，与其一贯以来的礼貌言行相契合。

这种顺承在《朱利安皇帝著作集》不止一处。朱利安曾致信利巴尼乌斯，告知对方自己刚刚结识了一位学者瑟帕特（Sopator，?），但当时社会上还有另一位颇有名望的小瑟帕特（Younger Sopator，?）。为避免利巴尼乌斯误解，朱利安特地解释说他结识的瑟帕德是杨布里科斯的学生，并非那位小瑟帕德。[④] 杨布里科斯之名就这样在以书信为载体的对话情境下出现了一次。

现《赫颂》中也出现了类似的对话情境，面对同行萨鲁斯特的质疑，朱利安不得不直接使用杨布里科斯之名来回应。于是我们便看到这句："只要赫利俄斯准许，让我们一起来崇敬杨布里科斯，这位被众神所喜爱的人。因为他是我在这里写下（这些）的源泉。"[⑤] 简言之，朱利安将《赫颂》归源于杨布里科斯的语句里掺杂着顺承同行的成分。如果考虑这种成分的存在，那么朱利安写作《赫颂》时承袭杨布里科斯既有论述的程度是有限的。

---

① 此处笔者使用较宽泛的"对话情境"一词。马斯特森则在对同一问题的研究中使用了更为具体的"文本互涉（intertextuality）"的概念。他主张朱利安在写作时能够有效感知读者萨鲁斯特的受教育水平和哲学水平，以及萨鲁斯特的既有论述同他想表达的内容的相似性和差异性，并以此为依据来安排自己的文本。研究者依托朱利安与萨鲁斯特互相感知的关系才能真正理解二人的文本。详见 Mark Masterson，"Erotics and Friendship in Emperor Julian's Fourth Oration，" pp. 79－11。

② Eutropius，*The Breviarium ab Urbe Condita of Eutropius*，10.16（p. 69）.

③ R. C. Blockley，"Constantius Gallus and Julian as Caesars of Constantius Ⅱ，" *The American Journal of Philology*，vol. 93，no. 3（1972），p. 444.

④ Julian，"To Libanius，Sophist and Quaestor，" p. 207.

⑤ Julian，"Hymn to King Helios，" 157d（p. 433）.

(二) 朱利安为《赫利俄斯王颂》增添“新”内容的诉求

2009 年“皇帝与作家”专题研讨会总结过既有研究的未尽之处，其中就包括研究者通常将朱利安视为古典作品的读者，对其作者身份及作品本身的解析不足。[①] 当学者们以朱利安的作品为参照研究杨布里科斯的思想时，为集中论述精力和简化论证思路，往往将朱利安的想法囊括于杨布里科斯的思想之内。如 1975 年威特称杨布里科斯是朱利安的“先驱”(Forerunner)，将朱利安置于新柏拉图主义哲学发展的坐标轴中，主张朱利安的大部分作品（包括《赫颂》）皆可视作杨布里科斯思想的延伸和落实。[②] 2003 年《密特拉教与朱利安的〈赫利俄斯王颂〉和〈大母神颂〉》一文表示，因为没有证据表明杨布里科斯与密特拉教相关，且密特拉教本就没有系统的神话和传播神话的机制，所以朱利安的《赫颂》未必是在赞美密特拉。[③] 此论证的其中一层逻辑是杨布里科斯不熟悉的，朱利安大概率也不熟悉。当朱利安的思想被裹挟进杨布里科斯的思想时，前者的个人诉求容易被轻视。或者说，朱利安的诉求不是威特等学者研究的重点。

但朱利安毕竟不直接是杨布里科斯的弟子，他师承于埃德修斯。朱利安遗留的八篇演说辞中，三篇是以凯撒身份献给皇帝及皇后的赞美诗，两篇是献给神的颂词，余下则被明确地致于萨鲁斯特、泰米斯提乌斯等同时代人。[④] 单就这些演说辞看不出他致力于杨布里科斯作品的整理或编撰工作，此处可援引阿西塞的比喻：朱利安从未受聘为杨布里科斯的抄工。[⑤]

---

① N. Baker-Brian and Shaun Tougher, eds., *Emperor and Author: The Writings of Julian the Apostate the Apostate*, pp. xiii－xx.

② Rex E. Witt, “Iamblichus as a Forerunner of Julian,” pp. 35－64。威特在后续的访谈环节表明，他为了研究方便才对晚期罗马帝国新柏拉图主义的发展路径做了简化处理，以便将关注点集中在杨布里科斯和朱利安身上。

③ Václav Ježek, “Mithraism and Julian's Hymns to King Helios and to the Mother of Gods,” pp. 140－149.

④ 除《赫颂》外，另外七篇演说辞的名称分别是《致君士坦提乌斯二世的赞美诗》《君士坦提乌斯二世的英雄事迹》《致皇后优西比亚的赞美诗》《大母神颂》《致犬儒》《驳犬儒赫拉克勒奥斯》《致萨鲁斯特的慰藉》。其中部分名称系后世抄工或校注者添加。

⑤ Joseph Azize, *The Phoenician Solar Theology: An Investigation into the Phoenician Opinion of the Sun Found in Julian's Hymn to King Helios*, pp. 113－114.

况且朱利安将《赫颂》归源于杨布里科斯的语句中还掺杂顺承同行的成分。笔者力图以杨布里科斯的作品为参照研究《赫颂》。当研究视角转向朱利安时，其个人诉求较易被发现。

在《赫颂》结尾部分，朱利安先向萨鲁斯特表明：

> 这份演说辞，我的朋友萨鲁斯特，我至多用三个夜晚就创作了它，与这位神（赫利俄斯）的三重创造性力量相一致，尽可能符合它发生在我的记忆中的样子。我已经冒险把它写下来并送给你。①

分析文本可知，朱利安向萨鲁斯特解释其作品并非徒劳的理由之一是：《赫颂》是他本人费时费力之作，且他在赞颂赫利俄斯时依据的是自己的记忆而不全是杨布里科斯的既有论述。更具体地说，段落中“我的记忆”一词或与朱利安在内战期间梦见太阳神相关。据佐西莫斯记载，太阳神曾现身朱利安的梦境并向他道出如下诗句：“当木星行至高贵的水瓶座的边际，而土星来到处女座的二十五度星城时，皇帝君士坦提乌斯二世，亚细亚之王，将在憎恶与悲惨中结束其甜美的一生。”② 结合佐西莫斯的记载推测，朱利安有意向萨鲁斯特说明自己的作品具有一定的独创性。

相应地，朱利安在说明杨布里科斯是其作品的源泉之后，随即表示《赫颂》中“有某些想法来自‘many’，就好像它们发生在我的思想中”③。尽管这句话的表述在语气上弱化了“某些想法”的存在感，但朱利安显然承认《赫颂》中掺杂着其他想法以及他本人的创见。

接下来，朱利安用如下一段内容着重申明《赫颂》的价值：

> 因此，如果我写这篇演说辞的目的是教导（他人）的话，那么继杨布里科斯之后，再就同一主题写作任何东西可能都是徒劳的事业。但是由于我想写一篇颂词来表达我对这位神（赫利俄斯）的感激，我

---

① Julian, “Hymn to King Helios,” 157b—c (p. 431).

② Zosimus, *New History*, 3.9 (p. 54)。阿米安努斯也记载朱利安一遍遍背诵这篇神谕，详见 Ammianus Marcellinus, *History*, Vol. Ⅱ, 21.2.2 (p. 99)。

③ Julian, “Hymn to King Helios,” 157d (p. 433).

想这也是在这里尽我所能地讲述这位神的本质的最佳方式。所以我认为这篇演说辞的创作并非徒劳。[①]

引文中，朱利安先承认杨布里科斯的既有论述堪称完美，任何人再就同一主题写作任何东西可能都是徒劳的。随即安排一个转折，明确表示他的《赫颂》并非徒劳。鉴于朱利安承袭杨布里科斯既有论述的程度有限，且朱利安强调自己的作品即便继杨布里科斯之后也并非徒劳，可推论朱利安希望在杨布里科斯既有论述的基础上加以创“新”，谈论一些杨布里科斯尚未论述的“新”内容。

这一推论可放入当时的政治背景中检验。朱利安继位初期皇权受到罗马人质疑。待皇位稳定一段时间后，新帝又在安条克遭遇市民敌对。此时朱利安亟须再借多神教加强皇权。因为他关于多神教的知识主要来源于杨布里科斯，所以朱利安以杨布里科斯的《论奥秘》为理论基础写作《赫颂》。然而《论奥秘》无法完全满足朱利安巩固皇权的政治诉求。

《论奥秘》一书的理论体系是宇宙自高至低分为三个层次：太一和第一性原理所在的可知世界、诸神所在的理智世界以及人所在的可见世界，太一将理智由最高层向下传递，世人通过祭祀、祈祷等仪式获知神意，从而在神的帮助下令灵魂由最底层回溯至更高层。这一理论体系是朱利安认知范围内多神教的主要理论，也是那个时代多神教的主要理论。但这一理论体系几乎没有什么明显与政治相关的内容，“政治”和“君主”两个词在《论奥秘》里甚至从未出现过。

朱利安是新柏拉图主义的追随者。学界围绕新柏拉图主义与政治间关系的论点是：“因此新柏拉图主义的真正目的和精神似乎排除了政治思想。所以没有新柏拉图式政治哲学，因为不可能有。各种事实表明且证实，新柏拉图主义追求的目标在原则上便排除了对政治哲学的兴趣。特别是我们被告知，普罗提诺鼓励朋友和学生远离政治生活。”[②] 一直以来，学者们给予新柏拉图主义的代名词多是“没有政治的柏拉图主义”“没有苏格拉底

---

① Julian, “Hymn to King Helios,” 158a (p. 433).

② Dominic J. O’ Meara, *Platonopolis: Platonic Political Philosophy in Late Antiquity*, Oxford: Clarendon and New York: Oxford University Press, 2003, pp. 3—4.

的柏拉图主义”等等。[①] 学界公认的新柏拉图主义的奠基人普罗提诺，力图遏制从政的好友泽托斯（Zethus，?）对政治事务的兴趣，[②] 还盛赞辞去军衔且拒绝以官方身份出现于公众面前的元老罗盖提安努斯（Rogatianus，?），称罗盖提安努斯是一切学哲学者的榜样。[③]

具体到被朱利安称为《赫颂》源泉的《论奥秘》上，从《论奥秘》的理论框架和文本内容中几乎找不到明显与政治相关的文字。肖（George Shaw）等学者指出，《论奥秘》一书重点关注人与神的沟通问题而非政治事务。[④] 何况为了论证自己关于诸神的解释是人类最古老的智慧，杨布里科斯将《论奥秘》的文本背景设置在古埃及传统之下，全程以埃及先知“阿巴蒙”的口吻讲述。《论奥秘》I. 1 写道：“或者，如果这看起来对你更有益，那便假定是我（‘阿巴蒙’），或者是埃及人的任何其他先知以书面形式答复你……实际上，有些人要求我们根据加勒底的圣贤的传统来解决这些问题；其他人则将从埃及先知的教导中收获解决方案。”[⑤] 既然《论奥秘》的文本背景被设定为古埃及传统，那么朱利安自然无法从《论奥秘》中找到多少与罗马帝国现实政治直接相关的内容。

再者，朱利安出生于 331 年而杨布里科斯去世于 330 年。之前君士坦

---

① 这一概念于 1960 年提出，当时被写作“Plato dimidiatus”，寓意“只有一半的柏拉图主义”（Plato by half）。该名称源于柏拉图、苏格拉底、亚里士多德等均有关于政治的言论传世，如柏拉图的《理想国》、亚里士多德的《政治学》等，但新柏拉图主义学者未有明显关于政治的论著或言论留存至今。详见 W. Theiler，“Plotin zwischen Platon und Stoa，” *Les Sources de Plotin*（*Entretiens sur L’ antiquité Classique V*），Vandoevres-Geneva：Fondation Hardt，1960，p. 67。后来陆续有学者沿用此说法但略有改动，详见 R. Hathaway，“The Neoplatonist Interpretation of Plato：Remarks on its Decisive Characteristics，” *Journal of the History of Philosophy*，vol. 7（1969a），pp. 19 — 26；Dominic J. O’ Meara，*Platonopolis*：*Platonic Political Philosophy in Late Antiquity*，p. 4。

② Porphyry，“Vita Plotini，” in A. H. Armstrong，trans.，*Plotinus*，Cambridge，MA：Harvard University Press，1978—1988，pp. 17—21.

③ Porphyry，“Vita Plotini，” in A. H. Armstrong，trans.，*Plotinus*，Cambridge，MA：Harvard University Press，1978—1988，pp. 31—46.

④ George Shaw，*Theurgy and the Soul*：*The Neoplatonism of Iamblichus*，p. 4；p. 96；Dominic J. O’ Meara，*Platonopolis*：*Platonic Political Philosophy in Late Antiquity*，p. 46.

⑤ Iamblichus，*De Mysteriis*，1. 1（pp. 5—6）.

丁一世父子治下，早期基督教学者拉克坦提乌斯、优西比乌斯分别在《神圣制度》《迫害者之死》中，以先知口吻宣告基督教的神选中君士坦丁一世及其家族作为基督世界的保护人。① 如此君士坦丁一世父子直接利用二人的言论便可巩固皇权。现如今《论奥秘》不可能提及朱利安皇帝，也没有多少与政治相关的内容。这意味着，朱利安很难直接利用《论奥秘》巩固自己的皇权。

在此方面，朱利安所能接触到的杨布里科斯的弟子也未提供多少帮助。史料显示，杨布里科斯只有极少数的弟子从政，其中一位还被指控施行巫术，惨遭斩首，这进一步加剧了杨布里科斯的弟子远离政治的趋势。② 史家尤纳皮乌斯对马克西姆斯和普利斯库斯有如下评述："他们拥有共同的智慧，但几乎不参与任何政治事务和公共事务。"③ 亦有现代学者推论，埃德修斯因为害怕基督教当局的报复，主动放弃了任何参与帝国社会和政治生活的机会而埋头教学。④

朱利安亟须借杨布里科斯的《论奥秘》巩固皇权，但《论奥秘》与政治的疏离使得它不能被直接运用到现实政治当中。这一点在朱利安本人的作品里亦有所反映。朱利安赞美杨布里科斯时："他（杨布里科斯）并未论述各式各样的神话而仅仅是将最初的神话与秘仪相连，例如所有秘仪的最神圣的创立者奥菲厄斯，他流传给我们的神话。"⑤ 句中朱利安主要赞美杨布里科斯的神学成就，未提及任何他的政治贡献。且在《致哲人泰米斯提乌斯》里，朱利安写道：

---

① Lactantius, *The Divine Institutes* (*Books* Ⅰ—Ⅶ), 6.3.1—14 (pp. 333—335); Lactantius, "The Deaths of the Persecutors," pp. 146 — 206; Eusebius, *The Church History*, 9.8—10.8 (pp. 327—371).

② Eunapius, *Lives of Philosophers and Sophists*, p. 465; 有学者整理发现杨布里科斯的弟子鲜少从政，详见 Robert J. Penella, *Greek Philosophers and Sophists in the Fourth Century A. D.: Studies in Eunapius of Sardis*, Leeds, Great Britain: F. Cairns, 1990. pp. 49—51。

③ Eunapius, *Lives of Philosophers and Sophists*, p. 465.

④ Michael Vedeshkin, "The Missing Link of the *Golden Chain*: Aedesius and the Neoplatonic School of Pergamon," *Hypothekai*, vol. 3 (2019), p. 13.

⑤ Julian, "To the Cynic Heracleios," 217c (p. 105).

> 无论如何，对我来说这似乎是超出人类力量的“统治之道”，一位国王需要一个更神圣的本性，且柏拉图的确也曾这么说过。现在我将摘录一段亚里士多德表达同样意思的言论……[①]

根据字面意思，朱利安对“统治之道”的理解主要源自柏拉图和亚里士多德。《致哲人泰米斯提乌斯》中围绕“统治之道”所写作的整段文本都没有提及杨布里科斯。[②] 由此可再证，《论奥秘》没能为朱利安提供“统治之道”。

此处或有读者疑惑，朱利安为何不直接借用柏拉图和亚里士多德的理论巩固皇权？这一问题可结合该信件的其余部分来回答。以上引文中统治者应在本性方面优于被统治者，这一说法对应柏拉图的“哲学王”（King of Philosophy，又可译为圣哲之王）理论。

朱利安在《致哲人泰米斯提乌斯》里明确表示：

> 因为你在别人心中甚至在你自己心中所发起的期望都超出了我的能力范围。曾有一段时间，我相信我应该试着与那些最杰出的优秀人士竞争，例如亚历山大大帝或奥勒留皇帝；但我在这种想法中瑟瑟发抖并为恐惧所侵袭，因为我完全无法达到前者的勇气，甚至也无法在哪怕最小的程度上达到后者那完美的美德……另一方面我完全意识到我在天性上并没有卓越的东西——从一开始就没有，直到现在也没有。[③]

在这段话里，朱利安否认了自己是天资卓越的统治者。确实在柏拉图的《理想国》里，优异且寻得至善的哲学家才能够获得掌握国家的权力。原句为：“到五十岁上，那些在实际工作和知识学习的一切方面都以优异成绩通过了考试的人必须接受最后的考验。我们将要求他们把灵魂的目光转向上方，注视着照亮一切事物的光源。在这样地看见了善本身的时候，

① Julian,“Letter to Themistius philosopher,” 260c—262a (pp. 221—223).

② Julian,“Letter to Themistius philosopher,” 260c—d (p. 221).

③ Julian,“Letter to Themistius philosopher,” 253a—254b (pp. 203—205).

他们得用它作为原型，管理好国家、公民个人和他们自己。在剩下的岁月里他们得用大部分时间来研究哲学；但是在轮到值班时，他们每个人都要不辞辛苦管理繁冗的政治事务，为了城邦而走上统治者的岗位——不是为了光荣而是考虑到必要。”① 姑且不论朱利安在知识和工作方面能否达到哲学王的标准，当时朱利安的年龄尚未达到50岁。

约翰·瓦特在析读《致哲人泰米斯提乌斯》时表示：“朱利安在描述王权的神圣性时已经申明他本身并没有什么特别之处，并以苏格拉底和格劳康（Glaucon）为例，质疑强迫任何不情愿并意识到自己不足的人进入政治家生涯的正确性。”② 新柏拉图主义研究者也发现，朱利安试图借助新柏拉图主义的宗教系统进行政治改革，但哲学水平不足的朱利安无法把控新柏拉图主义的政治模式，他拒绝承认自己是哲学王。③

朱利安本就不能直接使用杨布里科斯的思想巩固皇权，现如今他又反驳了在他看来新柏拉图主义中主要的“统治之道”——柏拉图和亚里士多德的理论。如此一来，朱利安很难直接使用新柏拉图主义巩固皇权。同时代史家苏克拉底斯记载，朱利安没能从新柏拉图主义中学到有用的政治知识：“他相信与他经常交往的哲学家马克西姆斯的预言，以为自己的功绩不仅可以与马其顿的亚历山大大帝相媲美，甚至还可以超过他；所以朱利安轻蔑地拒绝了波斯王的恳求。他甚至认为根据毕达哥拉斯和柏拉图关于‘灵魂轮回’的教义……这种荒谬的幻想欺骗并导致他拒绝了波斯国王提出的和平谈判。”④

---

① 柏拉图：《理想国》，540a—b（第309页）。

② John W. Watt, “Julian's *Letter to Themistius* - and Themistius' Response ?” p. 92.

③ Dominic J. O'Meara, *Platonopolis: Platonic Political Philosophy in Late Antiquity*, pp. 93—94.

④ Socrates Scholasticus, *The Ecclesiastical History*, 3.21 (p. 229)。文中涉及的历史事件如下：朱利安自安条克出发进军波斯后，攻下并焚毁波斯城市帕拉马里察(Paraxmalcha)，后打败政治地位仅次于波斯王且常年率军侵扰罗马边境的波斯将领波冬撒克斯（Malechus Podosaces）。在取得如此大的胜利之后，朱利安率军围困人口众多的大城市皮瑞撒波拉（Pirisabora），该城市向朱利安求和，但双方经几次谈判都未能达成和平协定。最终朱利安武力强攻并焚毁了这座城市，但罗马一方也损失惨重。详见 Ammianus Marcellinus, *History*, Vol. Ⅱ, 22.2.1—22 (pp. 189—269).

当朱利安亟须借杨布里科斯的《论奥秘》巩固皇权，却很难直接运用其中的政治理论时，他有必要对之加以增补。于是《赫颂》中能够看到如下语句：

> 因此，如果我写这篇演说辞的目的是教导（他人）的话，那么继杨布里科斯之后，再就同一主题写作任何东西可能都是徒劳的事业。但是由于我想写一篇颂词来表达我对这位神（赫利俄斯）的感激，我想这也是在这里尽我所能地讲述这位神的本质的最佳方式。所以我认为这篇演说辞的创作并非徒劳。①

引文中“教导他人”是像杨布里科斯那般的新柏拉图主义哲学家的工作。杨布里科斯是东罗马帝国希腊语繁荣的城市里著名的哲学家和成功的教师。② 且杨布里科斯在《论奥秘》中假托的埃及先知“阿巴蒙”也是一名教师，《论奥秘》开篇即表明：“与此同时，假设寄给我（‘阿巴蒙’）的学生阿勒柏的信可以同样有效地寄给我，那么我就可以合理地答复你的问题。”③ 由引文内容推论，尽管朱利安承袭了《论奥秘》的理论体系，但如杨布里科斯般用《赫颂》指导他人并非他的主要意愿。朱利安希望借这篇颂词赞美、感谢赫利俄斯，同时为这位神献上祭品。这是拥有罗马宗教“最高祭司”头衔的罗马皇帝的工作。

此前已有学者观察到朱利安试图将自己的哲学和宗教知识运用于政治统治，只是他们未以《赫颂》为核心研究对象。例如，研究《凯撒篇》的普埃尔塔斯指出：“这种修辞形式将批判和戏谑同他的哲学和政治纲领结合起来，使得他能够同时处理一些紧迫的主题。与之对应的是，农神节的特殊氛围允许朱利安通过提出完善的新修辞形式来传播和加强他的宗教、政治和哲学信条。”④ 另有学者指出：“朱利安的‘希腊文化理想’

① Julian, “Hymn to King Helios,” 158a (p. 433).

② Dominic J. O’ Meara, *Platonopolis: Platonic Political Philosophy in Late Antiquity*, p. 17.

③ Iamblichus, *De Mysteriis*, 1.1 (p. 5).

④ Alberto J. Quiroga Puertas, “In Heaven unlike on earth: Rhetorical Strategies in Julian’s *Caesars*,” p. 93.

(Paideia) 和宗教在他的作品中紧密地交织在一起，构成他的自我理解和政治纲领的两大基本常数。”① 二人都提到朱利安将自己的哲学和宗教知识经整改后形成政治纲领。这样的结论理应也适用于《赫颂》。朱利安希望将《论奥秘》的理论体系加以改造，再运用于政治领域。

综上所述，虽然朱利安在写作《赫颂》时承袭了杨布里科斯的《论奥秘》，但这种承袭是有限的，朱利安明确表达了他对独创性的追求。或因注意到这一点，译者诺克在使用“杨布里科斯的追随者”称呼朱利安时，专门提醒读者这是一个不甚严谨的叫法。“虽然二人（萨鲁斯特和朱利安）都沿用了杨布里科斯的核心理论和知识框架，但他们的具体观点不尽相同甚至存有分歧”②。

从政治角度考虑，朱利安亟须借当时多神教的主要理论——《论奥秘》巩固皇权，但他很难直接使用与政治疏离的《论奥秘》实现此目的。所以朱利安有必要在《论奥秘》的基础上创“新”。用朱利安的话说，他希望再谈论一些“新”内容。③ 这些“新”内容理应是探究朱利安皇帝写作《赫颂》的政治目的的关键。那么，“（《赫颂》中）有某些想法来自‘many’，就好像它们发生在我的思想中”一句又该作何解释？

（三）《赫利俄斯王颂》中朱利安的思想与其他人的想法

公元 4 世纪罗马帝国存有新柏拉图主义、犬儒主义、基督教哲学等多种哲学。朱利安在如此多元的文化氛围下能够接触到多种思想。据他本人在《厌胡者》中的表述，仅启蒙老师马尔多尼乌斯一人，就一边要求他阅读古希腊神话，一边教授他柏拉图、苏格拉底、亚里士多德等数位古典名家的言论。④ 与此同时，信仰基督教的君士坦提乌斯二世在监管加卢斯和朱利安期间，有意将两人培养为基督徒，遂派遣尼科美底亚主教优西比乌

---

① Ilinca Tanaseanu-Döbler, “Religious Education in Late Antique Paganism,” p. 105。“希腊文化理想”的译法取自陈恒：《瓦纳尔 · 耶格尔：〈Paideia：希腊文化理想〉》，载《中国学术》2002 年第 2 期，第 348—353 页。

② Sallustius, *Concerning the Gods and the Universe*, pp. xcvii—ci (Prolegomena)。与本书之前不称呼朱利安为新柏拉图主义哲学家同理，笔者干脆弃用了这个不甚严谨的叫法。

③ Julian, “Hymn to King Helios,” 157d—158a (p. 433).

④ Julian, “Misopogon,” 353b—c (pp. 463—465).

斯（Eusebius of Nicomedia，？ —342）与当时信仰基督教的诡辩学者埃克波利乌斯教导朱利安。据说这位优西比乌斯，长期使用基督教阿里乌斯派的教义充当教学内容。[①]

朱利安接受阿里乌斯派教义的说法可见于里齐奥蒂（Giuseppe Ricciotti）等少数史家笔下。通史类著作《拜占庭帝国史》也提及："此人（马尔多尼乌斯）是希腊文学家和哲学家，曾向朱利安的母亲教授荷马和赫西俄德的著作。在马尔多尼乌斯向朱利安教授古典文学巨匠的作品时，一位基督教教士，可能是优西比乌斯，引导他学习了《圣经》……因此，一位历史学家说过，朱利安同时接受了两种不同的教育，它们虽然伴随他左右，但是互不干扰。"[②]

如此朱利安在童年时期便至少接触过来自多神教和基督教两方的思想。[③] 随着年龄的增长，朱利安接触的思想越来越多。341—348 年间朱利安与基督徒乔治交好，频繁从其私人图书馆中借阅书籍。362 年 7 月新帝写给地方官波菲利乌斯的信件显示，乔治的图书馆庞大且完备，"藏有几乎每个学派的哲学家和许多历史学家的论著，还有大量基督教经典"[④]。这些书都是朱利安在近 7 年的时间里可以随意取阅的。后来教导朱利安的两位老师，泰米斯提乌斯是亚里士多德学派的学者，利巴尼乌斯在自己开办的修辞学院系统教授古典哲学。朱利安从二人处获取的知识更加多元。

相应地，朱利安的作品充斥着各种思想留下的或明或暗的痕迹。除荷马外，施瓦茨和赖特还总结了朱利安援引忒奥格尼（Theognis，？前 585—前 540）、色诺芬（Xenophon，？前 440—前 355）、希波克拉底（Hippocrates，？前 460—前 370）等近 27 位古代名家的次数。[⑤] 仅在《致犬儒赫拉克勒奥

① Giuseppe Ricciotti, *Julian the Apostate*, pp. 4—5.

② A. A. Vasiliev, *History of the Byzantium Empire*, Vol. I, pp. 29—30.

③ 这种现象符合晚期罗马帝国复杂的教育环境和多元的文化环境。史料显示，同时期的奥利金（Origen，？ 185—254）、"行神迹者格里高利"（Gregory Thaumatourgos）等皆具备基督教和异教双重教育背景，详见 Eusebius, *The Church History*, 6.2（pp. 207—208）；6.30（p. 229）。更多讨论可参见 Ilinca Tanaseanu-Döbler, "Religious Education in Late Antique Paganism," pp. 97—146.

④ Julian, "Julian Apostate to Porphyrius," pp. 123—125.

⑤ Wilmer Cave Wright, *The Emperor Julian's Relation to the New Sophistic and Neo-Platonism: With a Study of His Style*, pp. 73—80.

斯》的一小段话里，朱利安就谈及毕达哥拉斯、柏拉图、蒂迈欧等数位哲学家的想法，兼及古希腊、埃及、波斯三地关于诸神的解释。①

近些年有数位学者就此展开探究，他们的研究路径颇为相似：先找出《赫颂》中明显不属于杨布里科斯的内容，再从哲学或神学层面上论证这些内容的出处，即为这些内容追本溯源。如 2005 年阿西塞提取了《赫颂》中的一句话："现在在宗教的学问方面非常智慧和博学的腓尼基人的教义，宣称光四散开来的光线都是纯粹的思想的洁净的化身。"② 该学者在析读这句话的基础上提出，朱利安写作《赫颂》时参考了腓尼基人的太阳神学。③

2008 年丹尼斯·克拉克延伸了阿西塞的论点。他根据朱利安笔下赫利俄斯的特征：在诸神间占据最崇高的地位、拥有驾驭可见世界和理智世界的神力、以太阳天体的方式呈现等，推论《赫颂》赞美的是腓尼基人的创世神阿蒙。或者说《赫颂》明显为阿蒙的创世神话所影响。④ 2009 年，有学者揣测《赫颂》中的形而上学结构可能取自基督教的"三位一体"理论，还创制术语"异教的三位一体"用以称呼《赫颂》中的形而上学结构。⑤ 同年亦有学者依据朱利安在《赫颂》中对太阳天体及其他天体的描写，推测《赫颂》可能借鉴了毕达哥拉斯学派的自然哲学。⑥

以上研究成果揭示出《赫颂》中存在多种思想，据此再看这句：

> 只要赫利俄斯准许，让我们一起来崇敬杨布里科斯，这位被众神

---

① Julian, "To the Cynic Heracleios," 236d—237c (pp. 155—157)。原句为："我问你，毕达哥拉斯和柏拉图对诸神的名字表达了怎样的崇敬？亚里士多德在这些事情上又是什么态度？……如果我应该继续告诉你，他曾到过埃及，访问过波斯，在每个地方都努力地理解诸神内在的奥秘，并被介绍进各种秘仪里……因为那不是苏格拉底说的，而是蒂迈欧说的，他没有反讽的习惯。"

② Julian, "Hymn to King Helios," 134a (p. 363).

③ Joseph Azize, *The Phoenician Solar Theology: An Investigation into the Phoenician Opinion of the Sun Found in Julian's Hymn to King Helios*, pp. 259—265.

④ D. C. Clark, "Iamblichus' Egyptian Neoplatonic Theology in *De Mysteriis*," pp. 164—205.

⑤ Heinz-Gunther Nesselrath, "Mit 'Waffen' Platons Gegen ein Christliches Imperium: Der Mythos in Julians Schrift Gegen den Kyniker Herakleios," pp. 207—219.

⑥ Marinus Anthony van der Sluijs, "Who are the 'Attendants of Helios'," pp. 169—177.

> 所喜爱的人。因为他是我在这里写下（这些）的源泉，有某些想法来自“many”，就好像它们发生在我的思想中。①

当朱利安希望在《赫颂》的基础上创“新”时，其创“新”点的来源可以是同时代其他学者的观点，也可以是朱利安自己的想法。毕竟在罗马帝国多元文化氛围和自身复杂的受教育经历的影响下，朱利安的脑海中已然存有大量同时代其他人的观点。这些观点跟朱利安本人的思想紧密交织在一起。如下引文所示，有时甚至朱利安自己都困惑，他究竟是借用了他人的观点，还是表述了自己的想法：

> 我被告知关于这个题目，即我不得不在重大节日上谈论的这些神圣的仪式，波菲利也曾写过一部哲学性质的论著。但是因为我从未见过这部论著，所以我不知道它会否碰巧在某些观点上与我的演说辞相一致。②

基于这种情况，格林伍德怀疑那些在研究《赫颂》过程中致力于追本溯源的学者，会否预先投入了过多的期待。因为朱利安可以随时且随意地选用潜藏在他脑海里无数理论中的一种甚至几种。在这个过程中他甚至可能都没有意识到自己借鉴了其他人的想法。③

其他人的想法和朱利安本人的想法混合存在于他的脑海里。朱利安又遵循诡辩术的写作习惯，在写作时通常隐匿被借鉴者的姓名。所以研究者很难从一个混杂的系统内，清晰地剥离出《赫颂》中每一个观点的源头。比方说，朱利安描述过一些太阳天体的运行规律，他如此介绍自己获知这些规律的途径：迦勒底人和埃及人所发现的那些精密的律法，喜帕恰斯（Hipparchus，前190—前125）和托勒密（Ptolemy，90—168）又使得这些律法变得完善。④ 然而朱利安又在《赫颂》开篇强调：“但让我刚刚所说的

① Julian, “Hymn to King Helios,” 157d (p. 433).

② Julian, “Hymn to the Mother of the Gods,” 161b—c (pp. 449—451).

③ David Neal Greenwood, “A Cautionary Note on Julian's Pagan Trinity,” pp. 391—402.

④ Julian, “Hymn to King Helios,” 156b (p. 429).

这些话为这个事实作证，即高天的光线照耀了我周围的一切，同时唤醒并促使我对其沉思，以至于我是自己认识到月亮的运行与宇宙运行的方向相反的，虽然我至今仍没遇到过在这些事情上充满智慧的人当中的一个。”[①]两相结合，《赫颂》里关于太阳运行规律的描述究竟应该归源于朱利安的观察还是前人的律法？究竟应该归源于迦勒底人的律法还是埃及人的律法？又或是喜帕恰斯和托勒密改良后的律法？三种律法间明显存在重叠的部分，理论上朱利安凭借肉眼也能够发现一些太阳运行规律。在四种来源互有交织的情况下，后世研究者很难分离出一个单一的理论源头。

在如此大的不确定性面前，即便有学者最终分离出一个单一的理论源头，也很难获得学界的广泛认同。学界单就“《赫颂》是否参考了密特拉教的教义”这一个问题就已经争论了近百年，至今尚未达成共识。早年间译者赖特和密特拉教研究者主张，《赫颂》中的赫利俄斯形象约等于波斯人的太阳神密特拉。[②] 1975 年楚尔坎质疑此观点缺乏足够的证据。[③] 1977 年楚尔坎的质疑又为阿塔纳西阿德所反驳。[④] 1992 年阿塔纳西阿德又修正自己的说法：“我过分强调了朱利安的‘密特拉主义’……通过令他过分倾向密特拉的崇拜，我可能已经歪曲了朱利安宗教信仰的平衡。”[⑤] 至 2003 年，有学者怀疑从《赫颂》中刻意寻找朱利安赞美或信仰密特拉的证据是否合理，因为赫利俄斯未必对应着某位在现实中被崇拜的神。[⑥] 长久的争议直观反映出《赫颂》中朱利安的想法与其他人的想法紧密交织、难以分割。且如托格所言，《赫颂》的理论来源未必总是显在的：“其中一些潜在的来源并没有落到我们眼前，它们之间都相互影响，这增加了难度。”[⑦]

---

① Julian, “Hymn to King Helios,” 131a—b (p. 355).

② Julian, “Hymn to King Helios,” p. 349 (Introduction to Oration Ⅳ).

③ Robert Turcan, *Mithras Platonicus: Recherches Sur L' Hellenisation Philosophique de Mithra*, pp. 105—128.

④ Polymnia Athanassiadi, “A Contribution to Mithraic Theology: The Emperor Julian's Hymn to King Helios,” p. 360(n. 3).

⑤ Polymnia Athanassiadi, *Julian: An Intellectual Biography*, p. xiv.

⑥ Václav Ježek, “Mithraism and Julian's Hymns to King Helios and to the Mother of Gods,” pp. 140—149.

⑦ Shaun Tougher, *Julian the Apostate*, p. 55.

总之，朱利安本人的想法与其他人的思想混合存在于他的脑海中。至此这句“（《赫颂》中）有某些想法来自‘many’，就好像它们发生在我的思想中”，可以翻译为“（《赫颂》中）有某些想法来自许多人，就好像它们发生在我的思想中”。

追溯《赫颂》中各种思想的源头固然有意义，但笔者试图探究朱利安在杨布里科斯的《论奥秘》的基础上所作的创“新”，并以此为突破口解析朱利安写作《赫颂》的政治目的。为《赫颂》中的思想追本溯源显然不是这项研究的旨趣所在。何况无论朱利安“新”增的是其他人的想法还是他本人的想法，于杨布里科斯的既有叙述而言都是“新”内容。只是这个“新”应该打上引号，它未必是朱利安本人新创造的。

再者，追本溯源的工作很容易分散研究者的注意力。当杨布里科斯与朱利安被置于同一个平台上研究时，相较于哲学水准尚显稚嫩的朱利安，4 世纪极负盛名的哲学家杨布里科斯更能吸引研究者的眼球。昔日勒塞尔夫强调了朱利安的独创性，但他依然将《赫颂》用作解析杨布里科斯思想的工具。勒塞尔夫在文章的摘要部分写道：“这表明杨布里科斯关于‘有限’和‘无限’的概念，以及他为之奋斗的几大层次间的区别形成了朱利安的颂词的哲学背景……希望这项研究有助于理解杨布里科斯在哪些方面促进了新柏拉图主义神学的发展。”①

2005 年出版的《腓尼基的太阳神学》一书，全书共 11 章。尽管整个研究缘起于《赫颂》中的一句话，但朱利安之名仅出现在该书第 2 章、第 4 章和第 5 章的大标题中，后 6 章皆不以朱利安为核心研究对象。该书作者在论证朱利安承袭了腓尼基人的神话之后，随机尝试借助《赫颂》还原出“腓尼基人的神学”（Phoenician Theology）的古老形态；② 2012 年希尔顿借助朱利安在《赫颂》里对太阳光线的描写，析读赫利奥多努斯所撰写的《埃塞俄比亚人的故事》（*The Ethiopian Story*）。她的理由是：如果赫利奥多努斯在 4 世纪时被接受，那么这两人（赫利奥多努斯和朱利安）就

---

① Adrien Lecerf, “Iamblichus and Julian’s ‘Third Demiurge’: A Proposition,” p. 177.

② Joseph Azize, *The Phoenician Solar Theology: An Investigation into the Phoenician Opinion of the Sun Found in Julian’s Hymn to King Helios*, p. 265.

是同时代人。且在这两位作者现存的著作中存有许多交叉之处。[①] 以上学术成果的研究重心或许本就不是朱利安皇帝，但经由这些成果可见，追本溯源易使研究者的注意力从《赫颂》转移到其思想源头之上。所以为了将目光牢牢锁定在朱利安及其《赫颂》上，笔者暂不考虑开展追本溯源的工作。

综上所述，在继位过程受罗马人质疑的情况下，朱利安迫切需要借多神教巩固皇权。而杨布里科斯的《论奥秘》是朱利安认知范围内多神教主要的理论型著作。于是朱利安以《论奥秘》为基础写作《赫颂》。但《论奥秘》因与政治疏离而不能直接被运用于巩固皇权，所以朱利安试图在《论奥秘》的基础上增添“新”内容。这些“新”内容可能是他本人的想法，也可能借鉴自其他学者。简言之，朱利安皇帝写作《赫颂》的思路是在《论奥秘》的基础上创“新”。

基于这样的写作思路，参考互文理论提供的分析方式：先解析在与具体环境联系中的文本相互作用的形式与类型；后解析与相互作用密切相连的单个表述、单个言语行为的形式，它们是相互作用的成分所决定的生活和意识形态创作中的言语行为体裁；第三步是从由此总结出的一般性的阐释中重新看待文本。[②] 笔者能够采用如下方式析读《赫颂》：从《赫颂》中梳理出相较于《论奥秘》的“新”内容，再结合罗马帝国的政治局势，探究朱利安皇帝将之“新”增进《赫颂》的政治目的。

---

① J. L. Hilton, “The Sphragis of Heliodoros, Genealogy in the Aithiopika, and Julian’s Hymn to King Helios,” p. 210.

② 巴赫金：《马克思主义与语言哲学》，第 440 页。

第三章

朱利安为《赫利俄斯王颂》“新”增的核心主角

朱利安皇帝在亟须借多神教巩固皇权的情形下写作《赫颂》，他的写作思路是在《论奥秘》的基础上加以创“新”。参考互文理论的说法：“个人主观主义正确的方面在于，单个的表述是语言真正具体的现实，并且语言中的创造意义是属于它们的。”“在这里，它们的总体涵义要发生变化。他人声音反射到它们身上，作者本人的声音也进入其中。”① 朱利安在承袭《论奥秘》的过程中大概率会变化原著的总体涵义，依据罗马人对《论奥秘》的回应，在《赫颂》中加入他本人的声音——“新”内容。

理论上，《赫颂》中的“新”内容具备两个特点：一是朱利安本人着力谈论的，二是杨布里科斯未曾谈论的。《赫颂》中任一内容若只符合前者则新意不足，若只符合后者则不足以反映朱利安的写作目的，以上两点缺一不可。那么，《赫颂》中明显超出《论奥秘》的“新”内容究竟是什么？本章从《赫颂》的开篇开始梳理和分析。

一、《赫利俄斯王颂》中的“卷首语”

我将要说的是，在我看来，对一切“在大地上呼吸和爬行”、存在且拥有理性而聪慧之灵魂的万物而言都是极为重要的事情，但更重

① 巴赫金：《马克思主义与语言哲学》，第 445 页；《文本问题》，第 314 页。

要的是这对我自己很重要。因为我是赫利俄斯王的追随者。[①]

以上是《赫颂》的第一句话，紧接这句话之后朱利安便通过《赫颂》130b—131d讲述：我自童稚时期便渴望为太阳神赫利俄斯的光线所照耀，虽然出身于统治罗马帝国的家族却甚少从先祖处获得激励，但仍依据天性，成为赫利俄斯的追随者。如此表达了对赫利俄斯的尊崇之后，朱利安随即于《赫颂》132b说明：趁赫利俄斯的节日到来之际，我特地写作一篇颂词赞颂赫利俄斯，赞颂方式是描述他的实质和起源，他的权力和能量，包括可见的和不可见的，以及他赐给所有世界的礼物。[②]

《赫颂》开篇130b—132b看似围绕赫利俄斯展开，但细究文本内容可见，《赫颂》的赞颂对象赫利俄斯在开篇部分仅出现两次，且如下引文所示，在这仅有的两次里赫利俄斯均没有充当所在句子的主语：

> 我是赫利俄斯王的追随者。[③]
> 当任何人认识到他天生就是要成为赫利俄斯的仆人时。[④]

《赫颂》作为一篇献给神的颂词，本应将神放在第一位。它的开篇为何围绕朱利安本人的经历展开？这个问题可结合朱利安的写作风格来探究。朱利安受教于马尔多尼乌斯、利巴尼乌斯等崇尚古希腊文化的老师，自幼便大量接触《荷马史诗》《神谱》等古希腊经典。研究“朱利安与希腊主义”的现代学者大多认为，在这一时期复兴“希腊主义”思潮的影响下，朱利安长期秉承古希腊式文风而排斥罗马文学传统。朱利安本人也在致叔父的信件中写道：“雄辩的神灵为我证明，除了荷马和柏拉图之外，我所拥有的不只是关于哲学、修辞学或语法的小册子，也不只是任何通用的史学名著。甚至我现在拥有的这些东西都像饰品或护身符一般，因为它

---

① Julian, “Hymn to King Helios,” 130b (p. 353).

② Julian, “Hymn to King Helios,” 132b (p. 357).

③ Julian, “Hymn to King Helios,” 130b (p. 353)。译文参考 Julian, *Two Orations of the Emperor Julian: One to the Sovereign Sun, and the Other to the Mother of the Gods*, pp. 7—8。受篇幅限制此处不作摘录。

④ Julian, “Hymn to King Helios,” 131d (p. 357).

们始终与我紧密相连。"[①] 这句话透露出朱利安对《荷马史诗》、柏拉图以及古希腊史学名著的熟悉。

在《荷马史诗》、希罗多德的《历史》等古希腊经典里，开篇处作者的自我陈述一般被称作"卷首语"。卷首语具有宣告和展开主题的功能，旨在向读者或听者宣示作品的材料来源、关键角色、叙述主旨甚至价值倾向等重要信息，即作者迫切想提醒读者注意的关键点。[②] 例如，如果我们认同《荷马史诗》系荷马所作，则《伊利亚特》的卷首语"女神啊，请歌唱佩琉斯之子阿基琉斯的致命的忿怒"[③]，便透露出这部作品是代神立言，且荷马叙述的中心人物是阿基琉斯等信息。又如《历史》的卷首语"在这里发表出来的，乃是哈利卡尔那索斯人希罗多德的研究成果，为了保存人类的功业"[④]，则揭示出这部作品属于希罗多德，且希罗多德的写作目的是保存人类的功业等信息。

朱利安在启蒙老师马尔多尼乌斯的要求下，自幼阅读《荷马史诗》《神谱》《历史》等古希腊经典。根据施瓦茨和赖特的统计，朱利安在其存世作品中援引《荷马史诗》130 余次、援引希罗多德的《历史》7 次、援引赫西俄德的《神谱》5 次。[⑤]《雅典语法、荷马、新柏拉图主义和文体策略：朱利安献给君士坦提乌斯二世的第二首赞美诗》等论著，专门研究过朱利安在修辞和语法方面模仿荷马等古希腊名家的痕迹。[⑥]

具体到《赫颂》上，该颂词直接使用了荷马、赫西俄德的名字和语句。《赫颂》第一句话里的"在大地上呼吸和爬行"[⑦]，便大概率援引自

---

① Julian, "To His Uncle Julian," pp. 97—99.

② Andrew Ford, *Homer: The Poetry of the Past*, Ithaca and London: Cornell University Press, 1992, pp. 23 — 31; Gregory Nagy, *Pindar's Homer: The Lyric Possession of an Epic Past*, Baltimore: Johns Hopkins UP, 1990, pp. 215—249.

③ 荷马：《荷马史诗·伊利亚特》，1.1—2（第 1 页）。

④ 希罗多德著，王以铸译：《历史》，北京：商务印书馆 1997 年版，第 1 页。

⑤ Wilmer Cave Wright, *The Emperor Julian's Relation to the New Sophistic and Neo-Platonism: With a Study of His Style*, pp. 73—74.

⑥ Florin Curta, "Atticism, Homer, Neoplatonism, and Furstenspiegel: Julian's Second Panegyric on Constantius," pp. 177 — 211; James Isbell Armstrong, "Julian the Apostate: A Treatise on the Conflict of Neoplatonism with Christianity," PhD. diss, Princeton University, 1941.

⑦ Julian, "Hymn to King Helios," 130b (p. 353).

《伊利亚特》17.446中奥托墨冬所说的“在大地上呼吸和爬行的所有动物”[①]。现代学者斯温（Simon Swain）因《赫颂》颇具荷马的风格，称之为一篇散文版本的“荷马式颂词”（Homeric Hymn）[②]。

《赫颂》中并未直接出现希罗多德之名，但朱利安曾将希罗多德与荷马置于同一位置。362年6月朱利安颁令禁止信仰基督教的教师使用古希腊名著教学。敕令中包含一句：“难道不是诸神将他们全部的知识揭示给荷马、赫西俄德、德摩斯梯尼、希罗多德、修昔底德，伊索克拉底、吕西亚吗?”[③] 这句话说明朱利安熟悉荷马、赫西俄德、希罗多德和修昔底德。

再者，《赫颂》以《论奥秘》为理论基础。《论奥秘》的译者指出，杨布里科斯撰写此书时多次借鉴希罗多德对埃及的描写。[④] 有学者甚至提出，杨布里科斯从未真正到过埃及，他对埃及传统的论述主要依赖希罗多德、狄奥多罗斯（Diodorus Siculus，? —? 前360）等古希腊名家的相关记载。[⑤] 如此一来，《赫颂》很可能在沿袭《论奥秘》的过程中间接受到希罗多德的影响。

另有一处文本细节可佐证此论点。如下几段引文所示，《赫颂》中当朱利安叙述至神的问题时多次表露出不便言说或不愿详谈的情绪：

---

① 荷马：《荷马史诗·伊利亚特》，17.446（第409页）。

② Simon Swain, *Themistius, Julian, and Greek Political Theory Under Rome Texts, Translations, and Studies of Four Key Works*, p. 2。“荷马式颂词”是33篇六步格诗歌体颂词的集合，在古代通常被归于荷马，但实际上来自不同时间、不同地点的多位作家（Andrew Faulkner, ed., *The Homeric Hymns*, Oxford: Oxford University Press, p. 1〈Introduction〉）。

③ Julian, “Rescript on Christian Teachers,” in *The Works of the Emperor Julian*, Vol. Ⅲ, p. 119.

④ 详见 Iamblichus, *De Mysteriis*, 1.1（p. 5）；1.2（p. 9）；7.2（p. 293）。

⑤ Jan Opsomer, “Proclus on Demiurgy and Procession: A Neoplatonic Reading of the Timaeus,” in M. R. Wright, ed., *Reason and Necessity. Essays on Plato's Timaeus*, London: the Classical Press of Wales, 2000, pp. 119—121。《论奥秘》的译者围绕该问题还提供了两本非英语写就的论著供读者参考，分别是 Henri D. Saffrey, “Plan des Livres I et Ⅱ du De Mysteriis de Jamblique,” in Emile de Strycker, ed., *Zetesis Album Amicorum*, Antwerp: De Nederlandsche Boekhandel, 1971, pp. 281—295 和 Friedrich W. Cremer, *Die Chaldäischen Orakel und Jamblichs De Mysteriis*, Meisenheim am Glan: Anton Hain, 1969, pp. 8—10。由这两项成果的发表年代可见，杨布里科斯借鉴希罗多德的《历史》的说法由来已久。

但至于我，有雄辩之神赫尔墨斯可以站在我的身边并帮助我，还有众缪斯和众缪斯的领袖阿波罗，因为他在他的领域中也非常雄辩，他们能够允许我说出诸神批准人类应该言说和相信有关于他们的东西。①

这层薄雾必定是女神自身，且在这首诗里的另外一处他说道：“赫拉在他们面前铺开厚厚的浓雾。”但是让我们搁置这些诗人的故事吧。②

因为在整个存在中，没有任何一件东西不是俄亥阿诺斯神（Oceanus）的灵的产物。但是这和极点有什么关系呢？我应该告诉你们吗？事实上，保持沉默是更好的。③

当希罗多德谈及宗教话题时往往也流露出一种不愿详谈的情绪。唐纳德·拉特内尔（Donald Lateiner）称之为希罗多德谈及宗教话题时的“沉默”④。表达这种“沉默”的语句在《历史》一书中并不鲜见。例如在质疑赫拉克勒斯教训埃及人的神话后，希罗多德写道：“我说了这样多关于这件事情的话，我想神或英雄不会因此而感到不愉快吧。”⑤ 在《历史》Ⅱ.123中希罗多德表示：“这些埃及的故事是为了给那些相信这样故事的人来采用的。”在谈及埃及人表演某位神的受难故事时，希罗多德又说：“关于这些事情，我是知道它们的全部内容的，故而本来可以讲得更确切些，但是我不准备谈了。”⑥ 相关研究成果将这种“沉默”归因于希罗多德的敬神之心⑦、求

---

① Julian, “Hymn to King Helios,” 132a—b（p. 357）.

② Julian, “Hymn to King Helios,” 137b（p. 373）.

③ Julian, “Hymn to King Helios,” 148a（p. 405）.

④ Donald Lateiner, *The Historical Method of Herodotus*, Toronto: Toronto University of Toronto Press, 1989, pp. 65—66.

⑤ 希罗多德：《历史》，2.45（第131页）。

⑥ 希罗多德：《历史》，2.171（第186页）。

⑦ 斯科特·斯卡利恩表示，学界不能否认希罗多德在记叙历史的过程中，始终对宗教事务保持高度尊敬的口吻。详见 Scott Scullion, “Herodotus and Greek religion,” in Carolyn Dewald and John Marincola, eds., *The Cambridge Companion to Herodotus*, Cambridge: Cambridge University Press, 2006, pp. 201—205。

真态度①等。朱利安在谈到神时也流露出与希罗多德相似的“沉默”，所以他可能在写作《赫颂》时受到希罗多德的影响。只是朱利安保持“沉默”的原因与希罗多德或有差异，毕竟如普埃尔塔斯所言，朱利安并没有为自己贴上“历史学家”的标签。②

综上，朱利安的写作风格受荷马、希罗多德等古希腊名家的影响。《赫颂》的开篇为何围绕朱利安本人的经历展开？朱利安可能延续了古希腊名家写作卷首语的习惯，在《赫颂》开篇向读者宣示其作品的主题、材料来源、关键角色、叙述主旨等信息。即《赫颂》的开篇大概率充当了该颂词的“卷首语”。

这一论点可借助与《赫颂》写于同月同地的另一篇演说辞《凯撒篇》来验证。《凯撒篇》讲述以宙斯为首的众神在农神节举办宴饮，有意将一位罗马统治者拔擢为神，于是按照统治时间顺序自凯撒至君士坦丁一世依次入场宣讲个人功业，众神逐一点评后投票选出最有资格晋升成神的统治者。而这样一部富有神话色彩的作品，却是由朱利安与其近臣萨鲁斯特的一段对话引出的：

> 朱利安：“这是属于克洛诺斯的节日，在这个节日里神允许我们尽情欢乐。但是，我亲爱的朋友，因为我没有消遣或欢娱的天赋，所以我想我必须尽力不只是说些胡话。”
>
> ……
>
> 萨鲁斯特：“但是你的神话是什么？是什么类型的神话？”
>
> 朱利安：“不是像伊索所写的那种老式作品中的一个。但是，是

---

① 米尔卡森认为：“诗人可以通过安排和描述建构一个行为和原因平行的世界，但历史学家不享受这份奢侈，希罗多德不得不推断事件背后的缘由，解释究竟是人的意志还是神的意志在发挥作用。”（Jon D. Mikalson，“*Herodotus and Religion in the Persian Wars*，” in Egbert J. Bakker，et al.，eds.，*Brill's Companion to Herodotus*，Leiden：Brill，2002，p. 146）拉特内尔也发表过类似言论：“那些‘人间的’证据，无法支撑他进行‘历史’研究……所以希罗多德回避没有证据的故事。”（Donald Lateiner，*The Historical Method of Herodotus*，pp. 65—66）

② Alberto J. Quiroga Puertas，“In Heaven unlike on Earth：Rhetorical Strategies in Julian's *Caesars*，” p. 98.

否你应该称我的神话为赫尔墨斯的发明——因为我打算要告诉你的（神话）就是从他那里习得的——或许它就是真实的真相，也或许它是真实和虚构的混合物，俗话说得好，结果会决定。”

萨鲁斯特：“你刚刚写的确实是一篇很好的卷首语（Preface），正是一篇神话所需要的，何愁热烈的掌声！但是现在请你把故事本身告诉我，不管它会是什么类型的。”

朱利安：“（请众神）出席！”①

与《历史》《荷马史诗》开篇的功能相似，朱利安在这段对话里通过回答萨鲁斯特的提问，逐一交代了《凯撒篇》的创作时间、创作源头、作品类型等信息，而本应作为神话主角的诸神则被安排在对话结束之后出场。且对话中的人物萨鲁斯特，已然直接称此部分为“卷首语”，并将之与朱利安所要讲的故事本身区分开来。这同时是这段对话的作者朱利安的意愿。也就是说，《凯撒篇》不仅在开篇运用了卷首语结构，还划定出卷首语的文本范围。现代学者普埃尔塔斯析读《凯撒篇》时，也称其开篇为一段真正的自传式卷首语。②

已有学者详细论证过《赫颂》与《凯撒篇》的主题和立意的相关性。③本书第一章梳理《赫颂》的写作背景时多次借助《凯撒篇》。鉴于《凯撒篇》已经明确使用过卷首语结构，而《赫颂》的开篇点明该颂词的创作时间是敬奉赫利俄斯的节日前夕、创作方式是“描述他的实质和起源”、创作形式是“一篇完全不会令这位神不愉快的赞颂”等，与《凯撒篇》开篇交代的内容基本一致。且朱利安似乎偏好遵循固定的写作模式。④ 所以参考《凯撒篇》可证，《赫颂》的开篇能够被视作卷首语。

---

① Julian，“The Caesars，” 306a—307a（pp. 345—347）。受篇幅限制，笔者仅截取部分文本。

② Alberto J. Quiroga Puertas，“In Heaven unlike on Earth：Rhetorical Strategies in Julian's *Caesars*，” pp. 90—91.

③ Roger Pack，“Notes on the Caesars of Julian，” p. 154.

④ 普埃尔塔斯观察到，朱利安在《凯撒篇》里描绘每位凯撒时基本遵循固定模式：先简单介绍外形和事迹，后令其接受众神的提问或点评，就连统治时间不到一年的奥托和普罗克鲁斯都被严格按照此模式书写（Alberto J. Quiroga Puertas，“In Heaven unlike on Earth：Rhetorical Strategies in Julian's *Caesars*，” p. 98）。

除卷首语外，《赫颂》的开篇也可能扮演其他角色。译者赖特曾将《赫颂》133d—134a里一段关于太阳光的描写解读为一段偏离主题的“插话”（Digression）。[①]“插话”同样常见于《荷马史诗》《历史》等古希腊经典。从这个角度考虑，《赫颂》开篇或能被理解为一段作者临时加入的、偏离主题的插话。马基弗曾如此评价朱利安的写作风格：“他（朱利安）的写作风格在他那个时代算是纯粹的，但他写得太快，无法写出任何伟大的作品……但他的思想还不够平稳和镇定，不足以使我们把他列为伟大的哲学家。”[②] 当我们认为《赫颂》开篇即偏离主题的插话时，马基弗的评价似乎颇有道理。

然而在“卷首语”和“插话”之间，笔者更倾向于前者。因为《赫颂》开篇说明了朱利安本人对赫利俄斯的崇敬之情和追随之心。这一论题不仅在《赫颂》开篇出现，如下引文所示，它还被用作《赫颂》的结束语：

> 因此，我第三次向赫利俄斯——万有之王祈祷，愿他为着酬谢我的这份热情而仁慈地对待我；愿他赐予我一种有德行的生活、更完美的智慧和受（神）启发的理智，而且，当（我的）命运可能会在一个合适的时间从（现在的）生活中温和地退场时，愿我能够升至他那里并与他同住，如果可能的话就与他永恒地联结在一起，但是如果这超出了我一生中的所有行为所应得的（酬谢），那么我愿被与他联结在一起长达许多时代和许多年。[③]

这一论题占据《赫颂》的关键位置——篇头和篇尾，且被朱利安用作向万

① Julian, “Hymn to King Helios,” p. 361 (n. 2).

② A. C. McGiffert, “Julian, Philosopher and Emperor, and the Last Struggle of Paganism against Christianity by Alice Gardner,” p. 318.

③ Julian, “Hymn to King Helios,” 158b—c (p. 435)。此处原句句意相当抽象，笔者对结尾句的翻译参考1793年英译本的译文：“and a gentle departure from the present state in a convenient time, that I may ascend to his divinity, and abide with him, But if this be a reward too great for my conduct on this terrene abode, may I at least be united with him for many, and long-extend periods of time”，详见Julian, *Two Orations of the Emperor Julian: One to the Sovereign Sun, and the Other to the Mother of the Gods*, p. 111。

有之王赫利俄斯祈祷的具体内容。它理应对《赫颂》及其作者都意义重大。所以相较于偏离主题的"插话"，用宣告主题和交代关键信息的"卷首语"来定义《赫颂》的开篇更加合适。

被朱利安称为《赫颂》源泉的《论奥秘》也能为此提供一重旁证。《赫颂》130b—131d 揭示了"我（朱利安）"写作这篇颂词的直接原因——"我"是赫利俄斯王的追随者而这位神的节日即将到来，《赫颂》131d—132b 则揭示了"我"接下来要写什么（颂词）和怎么写的问题。杨布里科斯在《论奥秘》Ⅰ.1 中以先知"阿巴蒙"的口吻，同样讲述了他写作此书的直接原因——波菲利写信给"我（"阿巴蒙"）"的学生阿勒柏，询问有关祭祀和神学的问题，寄给"我"的学生便等同于寄给"我"，"我"理应就他的询问做出真实的答复。[①] 文中还谈到了怎么写的问题："我们（'阿巴蒙'和阿勒柏）将以适当的方式对每一个问题进行适当的解释，以神学的方式来处理神学问题，以神学的术语来处理与神学有关的问题，而哲学问题，我们将与你一道以哲学的术语来考察。"[②] 也就是说，《赫颂》130b—132b 与《论奥秘》I. 2—4 相似，都说明了"我"要写什么和怎么写的问题。[③]

且同朱利安于《赫颂》首尾均表明他对赫利俄斯的崇敬之情相似，杨布里科斯在《论奥秘》开篇点明此书是埃及先知"阿巴蒙"给予波菲利的答复。这一关键信息不仅被放入《论奥秘》的结束语中："我已经尽我所能回应了你所提出的关于神谕和神学的问题。故于我而言这已经是结束语了：因此，在这篇演说的最后我还要向诸神祈祷，愿他们赐给我和你永恒不变的真实思想，在我们心中永远植入永恒事物的真理……"[④] 这一信息还直接被放入《论奥秘》的书名当中，据格夫肯（Johannes Geffcken）等

---

① Iamblichus, *De Mysteriis*, 1. 1 (p. 5).

② Iamblichus, *De Mysteriis*, 1. 4 (p. 19).

③ Iamblichus, *De Mysteriis*, 1. 2—4 (pp. 9—21)。关于怎么写的问题，杨布里科斯比朱利安叙述得更详细。杨布里科斯表示，先要确定波菲利所提问题的数量和类型，再借助古代著作和神话对这些问题进行逻辑推理，然后对每个问题的逻辑推理过程进行充分的论证。杨布里科斯还具体说明了可借助的古代著作和神话有哪些，包括柏拉图、毕达哥拉斯的言论、迦勒底神谕等等，以及他自己针对问题的类型会分别采用哪些领域的原则和术语来解答。

④ Iamblichus, *De Mysteriis*, 10. 8 (p. 353).

学者考证，《论奥秘》一书原初的题目是《论埃及的奥秘：以先知“阿巴蒙”的名义答复波菲利给阿勒柏的信，兼解决信中所包含的难题》。①

研究《论奥秘》的学者一般都将其开篇，视作揭示全书的创作意图、叙述主旨、论述材料等关键信息的“卷首语”，② 截至目前未见学者称之为偏离主题的“插话”。当然，《论奥秘》在开篇提供的可能只是杨布里科斯的浅层次目的。《论奥秘》建构在一个虚拟背景之下，杨布里科斯想答复的可能是波菲利个人，也可能是波菲利所代表的某个群体，该群体或与杨布里科斯就神谕和神学的问题存在分歧。③

朱利安以《论奥秘》为基础写作《赫颂》，而《赫颂》与《论奥秘》的开篇高度相似，都交代了为何写、写什么、怎么写三个问题。二者间的相似性甚至延伸到文本细节上。朱利安与杨布里科斯均在开篇呼告雄辩之神赫尔墨斯即一例。④ 现再补充一例，朱利安交代完自己的写作目的和写作方式之后，用一句话开启下文：“说了这些，那么让我开始吧。”⑤ 杨布里科斯交代完之后，同样在《论奥秘》I. 5 中使用了能够启发下文的句子：“现在让我们转向你的问题。”⑥ 二人都在正文之前设置了一条分界线。由两部作品的承继关系及二者开篇间的相似性可推理，在《论奥秘》的开篇

---

① 原书名英译文写作“*On the Mysteries of Egypt*：*The Reply of the Master Abamon to the Letter of Porphyry to Anebo*，*and the Solutions to the Questions it Contains*”，具体考证过程参见 Johannes Geffcken，“*Religions*”，*in Wissenschaftliche Bibliothek*，Vol. Ⅵ，Heidelberg：C. Winter，1920，p. 67；Henri D. Saffrey，“Plan des Livres I et Ⅱ du De Mysteriis de Jamblique，” pp. 281－295。

② Garth Fowden，*The Egyptian Hermes*：*A Historical Approach to the Late Pagan Mind*，pp. 131－134；D. C. Clark，“Iamblichus’ Egyptian Neoplatonic Theology in *De Mysteriis*，” p. 165；p. 167；Iamblichus，*De Mysteriis*，p. xiv（Introduction）；p. xxxi（Introduction）.

③ 相关讨论可参考专门研究《论奥秘》中波菲利意象的论著，笔者推荐如下论著：Andrew Smith，*Porphyry's Place in the Neoplatonic Tradition*：*A Study in Post-Plotinian Neoplatonism*，The Hague，Netherlands：Martinus Nijhoff，1974；E. Gillian Clark，“Constructing Identities in Late Antiquity，” in R. Miles，ed.，*Translate into Greek*：*Porphyry of Tyre on the New Barbarians*，London：Routledge，1999，pp. 112－132。

④ Iamblichus，*De Mysteriis*，1. 1（p. 5）；Julian，“Hymn to King Helios，” 132a（p. 357）.

⑤ Julian，“Hymn to King Helios，” 132c（p. 359）.

⑥ Iamblichus，*De Mysteriis*，1. 5（p. 21）.

被多数学者认可为"卷首语"的情况下，《赫颂》的开篇理应被视作颇具意义的"卷首语"。毕竟如希尔顿所言："古代世界没有版权法，作者只能通过在文本中附加一个简短的自传式说明来确立他们对自己作品的权利。"①

当《赫颂》与《论奥秘》的开篇皆是各自的卷首语时，《赫颂》的开篇自然围绕朱利安展开、立足于朱利安所处的历史背景和面临的现实问题、符合他本人的写作习惯。于是我们从开篇获知，朱利安希望在赫利俄斯的节日到来前为其写作颂词，颂词在朱利安看来是人类语言所能达到的最伟大的高度。②

《论奥秘》的开篇自然围绕杨布里科斯展开。《论奥秘》开篇显示，杨布里科斯希望以回信形式为波菲利解答有关神学、祭祀的问题。也就是说，《赫颂》承袭了《论奥秘》的开篇形式，却甚少承袭其开篇的具体内容，所以无需逐句比对两篇文章的开篇去探寻朱利安在《论奥秘》的基础上"新"增的内容。"卷首语"之后的正文才是探究《赫颂》中"新"内容的主阵地。丹尼斯·克拉克等学者在论证两部作品的承继关系时，也是从《赫颂》132b之后选取史料。③

但"卷首语"的重要性不可轻视。"卷首语"具有宣告全篇关键信息的功能。那么朱利安皇帝想通过"卷首语"提醒读者的关键信息是什么？现从《赫颂》开篇的首、中、尾部分各摘录一段话如下：

> 我将要说的是，在我看来，对一切"在大地上呼吸和爬行"、存

① J. L. Hilton, "The Sphragis of Heliodoros, Genealogy in the Aithiopika, and Julian's Hymn to King Helios," p. 196.

② Julian, "Hymn to King Helios," 132a (p. 357)。朱利安似乎偏爱且擅长创作赞美类型的作品，355年前曾多次为君士坦提乌斯二世及其皇后写作赞美诗并在公开场合发布。朱利安认为自己的赞美诗能够超越当时其他所有人的赞美（Julian, "Panegyric in Honour of Constantius," 2d—3b〈pp. 7—9〉）。现代学者托格也表示，朱利安甚至在言语间暗示其赞美诗，不亚于甚至超越了老师利巴尼乌斯的同类作品（Shaun Tougher, "Reading between the Lines: Julian's First Panegyric on Constantius Ⅱ," pp. 24—30）。赞美诗与颂词均以赞颂为主题且都被用于节庆场合，所以朱利安对赞美诗的偏爱和擅长可能是他选择以颂词形式写作《赫颂》的原因之一。

③ D. C. Clark, "Iamblichus' Egyptian Neoplatonic Theology in *De Mysteriis*," pp. 164—205; John Dillon, "The Theology of Julian's Hymn to King Helios," pp. 103—115.

在且拥有理性而聪慧之灵魂的万物而言都是极为重要的事情，但更重要的是这对我自己很重要。因为我是赫利俄斯王的追随者……从孩童时期起我就对这位神（赫利俄斯）的光线照进我的灵魂中有一种非常奇特的渴望：从青少年时期我的思想就完全为这种照亮整个天空的光所支配……但让我刚刚所说的这些话为这个事实作证，即高天的光线照耀了我周围的一切，同时唤醒并促使我对其沉思，以至于我是自己认识到月亮的运行与宇宙运行的方向相反的，虽然我至今仍没遇到过在这些事情上充满智慧的人当中的一个。①

我亦不轻视赫利俄斯神赋予我的（好运），即我可以出生在一个于我所处的时代里统治和管理世界的家族。②

正如我所知道的，现在如果一个人凭着他（赫利俄斯）可见的自身来判断，那么仅仅理解他的不可见的部分是多么伟大就已经很困难了，而要说明它大概更是不可能的……但至于我，有雄辩之神赫尔墨斯可以站在我的身边并帮助我，还有众缪斯和众缪斯的领袖阿波罗，因为他在他的领域中也非常雄辩，他们能够允许我说出诸神批准人类应该言说和相信有关于他们的东西。③

析读引文可知，《赫颂》开篇的首、中、尾都在阐释太阳神赫利俄斯与朱利安的密切联系。第一段中，朱利安从孩童时期便感知到太阳光线的能量，当他尚未接触到关于宇宙和天体运行的知识时，他就已经被太阳神的光线所唤醒和启发；第二段中，朱利安被赫利俄斯赋予统治世界的命运；第三段中，当旁人难以理解太阳的伟大时，朱利安已经被神允许向人类言说赫利俄斯的本性。以上三段话均显示出朱利安本人与赫利俄斯的联系，他赞美赫利俄斯，赫利俄斯授予他智慧、统治权和言说赫利俄斯的权力。依据这三段引文，《赫颂》开篇最关键的信息就是颂词第一段话里的“我是赫利俄斯王的追随者”。这也是朱利安笔下对地球上的生命尤其他本人而言最重要的事情。

---

① Julian，“Hymn to King Helios，” 130b—131b（pp. 353—355）.

② Julian，“Hymn to King Helios，” 131b—c（p. 355）.

③ Julian，“Hymn to King Helios，” 131d—b（p. 357）.

为什么朱利安在《赫颂》开篇反复申明自己与赫利俄斯的联系？结合罗马帝国的政治环境和朱利安的现实处境考虑，虽然朱利安出身于统治罗马帝国的君士坦丁家族，但他的皇位并非和平承袭自上一任皇帝。因皇权受罗马人质疑，朱利安继位后积极宣扬其皇权得诸神授予。在稳坐皇位一段时间之后，朱利安率军东征波斯，但其皇权却在安条克再度遭遇冲击，朱利安亟须再借自己信仰的多神教巩固皇权。于是朱利安以当时多神教主要的理论型著作——《论奥秘》为基础写作《赫颂》。但《论奥秘》因与现实政治疏离，很难直接被用于巩固朱利安的皇权。依据《赫颂》开篇的关键信息——“我是赫利俄斯王的追随者”推测，朱利安可能通过写作“卷首语”将“我”放入《赫颂》之内，同时强调其罗马帝国最高统治者的身份。如此一来，《赫颂》便具备了为“我”——朱利安本人巩固皇权的可能。

已有学者关注到朱利安在其他作品里对“我”的突出表达。鲍索克析读与《赫颂》写于同月的《凯撒篇》时发现，朱利安自诩天生就缺乏幽默感的作者，但其实是他的“失败意识”（Consciousness of Failure）在促使他写作。他在面对自己的政策受阻以及别人的嘲讽时，通过作品抒发他的挫败感和痛苦并作出回应。鲍索克的最终结论是：“简而言之，《凯撒篇》不仅可以被看作是‘自我启示’（Self-revelation）的作品，而且可以像《厌胡者》一样，最终被看作是‘自我证明’（Self-justification）的作品。”①

罗兰·史密斯评述鲍索克的观点略显夸大。罗兰·史密斯认为《凯撒篇》并非从一开始就被朱利安设计成鲍索克所说的那种“自我启示”的文本。但罗兰·史密斯也承认，《凯撒篇》故事的主线显然包含着在朱利安看来严肃的政治和宗教问题。“我（罗兰·史密斯）从一开始就承认，当他在众神的投票中规定君王的美德时，他在隐晦地奉行公平的措施。在他自己——以及在这个投票结果和凯撒大帝身上都可以找到自我辩护的感觉。从某种意义上说，一个皇帝撰写的有关皇帝的任何文学文本都将揭示其作者的思想”②。

---

① G. W. Bowersock, “The Emperor Julian on His Predecessors,” p. 172.

② Rowland Smith, “Serious Fun in a Potted History at the Saturnalia? Some Imperial Portraits in Julian the Apostate's Caesars, a Medallion-Image of Julian and the ‘Gallienae Augustae’ Aurei,” p. 214.

以上两位学者均承认朱利安在《凯撒篇》和《厌胡者》里，基于现实政治困境而为自己作出辩护和证明。《赫颂》与《凯撒篇》《厌胡者》写于同月同地，朱利安又在《赫颂》的“卷首语”里反复强调他本人与赫利俄斯的联系。由此及彼，朱利安基于自己的现实政治困境，将“我”放入《赫颂》之内，从而《赫颂》能够满足他本人的政治需求。当然这并不意味着《赫颂》从一开始就被朱利安定位为一篇纯粹的政治纲领。围绕朱利安的写作目的，学界已然存有宣扬多神教和传播哲学两种说法。笔者试图揭示朱利安写作《赫颂》时所带有的一种政治思考。

勒塞尔夫的研究成果也可支撑笔者的结论。勒塞尔夫根据朱利安大量叙述他本人与赫利俄斯的关系，但在杨布里科斯存世的论著里几乎找不到与之相似的内容，推断朱利安并未刻意追随杨布里科斯的脚步。[①] 这项研究表明“我”的存在是《赫颂》与《论奥秘》的显著区别。杨布里科斯是教师而非皇帝，他主要期待的是《论奥秘》能够教导他人而非造福自己：“我已经尽我所能回应了你（波菲利）所提出的关于神谕和神学的问题。”[②] 相应地，《论奥秘》原本的书名是《论埃及的奥秘：以先知“阿巴蒙”的名义答复波菲利给阿勒柏的信，兼解决信中所包含的难题》。“我（杨布里科斯）”在《论奥秘》里始终隐于幕后。富顿辨析《论奥秘》中的叙述者时也指出，杨布里科斯全程用埃及先知“阿巴蒙”的口吻发言，只间或将“阿巴蒙”发言中的一部分归于赫尔墨斯。[③]

反之，朱利安是罗马帝国的最高统治者而非教师。在亟须借《论奥秘》巩固皇权的情况下，他增添了杨布里科斯的论述里不包含但他本人迫切需要的内容——“我（朱利安）是赫利俄斯王的追随者”。如此一来，原本杨布里科斯那与朱利安无直接关联的理论体系，便具备了为其皇权服务的可能性。相应地，朱利安也承认：“因此，如果我写这篇演说辞的目的是教导（他人）的话，那么继杨布里科斯之后，再就同一主题写作任何

---

① 详细论证参见 Adrien Lecerf, “Iamblichus and Julian’s ‘Third Demiurge’: A Proposition,” pp. 177—201。

② Iamblichus, *De Mysteriis*, 10.8 (p. 353).

③ Garth Fowden, *The Egyptian Hermes: A Historical Approach to the Late Pagan Mind*, pp. 22—24; pp. 201—202.

东西可能都是徒劳的事业。”① 随后他强调自己的《赫颂》并非徒劳，这代表《赫颂》不完全以教导他人为目的。《赫颂》中“我（朱利安）”的地位以及该颂词对“我（朱利安）”的重要性由此可见。

综上所述，《赫颂》的开篇充当了揭示全文关键信息的“卷首语”，且将朱利安以统治者身份纳入其中，对于从政治角度析读朱利安的写作目的而言意义重大。但开篇的具体内容甚少承袭自杨布里科斯，故不宜被用来探究《赫颂》的“新”内容。“卷首语”之后的正文才是寻找《赫颂》中“新”内容的主阵地。只是解析完《赫颂》全文之后，有必要回到“卷首语”中深入分析朱利安的写作目的。

具体到《赫颂》的正文部分，朱利安已经在《赫颂》132c 用一句“说了这些，那么让我开始吧”② 将开篇与正文划分开来。紧随其后的是：“从苍穹的最高点到大地的最低处，这个神圣的和完美的宇宙……”③ 至此，《赫颂》的叙述对象才真正转向诸神所在的宇宙，即真正开始与《论奥秘》的理论体系接轨。

二、《赫利俄斯王颂》中的“背景铺陈”

现将《赫颂》132c 中关于宇宙体系的叙述摘录如下：

> 从苍穹的最高点到大地的最低处，这个神圣的和完美的宇宙是被这位神（赫利俄斯）持续不断的神意连接在一起的，自原初就一直存在，在即将到来的所有时间里都永不朽坏，不被其他实体④而只被顶

---

① Julian, “Hymn to King Helios,” 158a (p. 433).

② Julian, “Hymn to King Helios,” 132c (p. 359).

③ Julian, “Hymn to King Helios,” 132c (p. 359)。原文“wholly beautiful”一词，笔者参考 1793 年英译本的译文“all-beautiful”（Julian, *Two Orations of the Emperor Julian: One to the Sovereign Sun, and the Other to the Mother of the Gods*, p. 10），译作“完美的”。

④ 此处参考 1793 年英译本的译文“nor is it guarded by any other substance”，详见 Julian, *Two Orations of the Emperor Julian: One to the Sovereign Sun, and the Other to the Mother of the Gods*, p. 11。

> 点是太阳的光线的第五实体（The Fifth Substance）紧紧守卫着；在次等和较高的层次上，可以说是被可知世界守卫着的；但是在一种更高尚的意义上，它是被整个宇宙的王守卫着的，这位王是所有存在物的中心。因此，不论称他为"超理智的存在"恰当，还是称他为"存在的理智"恰当，说到存在，我指的是整个可知的区域，或是太一，因为太一在某种程度上似乎优越于其他所有存在物，或是用柏拉图赋予他的名字——至善；无论如何，整个宇宙的这个非复合的原因向所有存在显示了美、完善、统一和不可抗拒的力量。①

依据这段话的字面意思，朱利安对宇宙做了一个宏观的描述，涉及宇宙的空间范围、属性和时间范围，然后在此基础上说明如此庞大的宇宙何以维系：它凭借赫利俄斯的神意连接在一起且拥有众多守卫者，在自高至低的三个层次上分别被整个宇宙的王、可知世界和第五实体守卫着。那么这些内容里有多少是大概率承袭自杨布里科斯的？又有多少大概率是朱利安"新"增添的？

（一）《赫利俄斯王颂》中宇宙的属性和范围

引文第一句"从苍穹的最高点到大地的最低处，这个神圣的和完美的宇宙是被这位神持续不断的神意连接在一起的"，"宇宙"是这句话给出的第一个重要名词，也是朱利安从一开始就为《赫颂》划定的时空背景。

此处的"宇宙"可从宏观意义上理解。朱利安称整个宇宙的王、可知世界和第五实体分别在各自的层次上守卫着宇宙。单从拥有数量众多且跨度较大的守卫者的角度考虑，这似乎是一个极其宽广的宇宙范围。赖特在翻译时也解释过，朱利安笔下的"所有世界"囊括了三个世界：只有纯粹的理智才可以理解的理智世界、具有理智的世界以及能够感知的世界。②由《赫颂》中"所有世界"与"宇宙"两个词紧密相连即可推测后者的宏观性。

---

① Julian, "Hymn to King Helios," 132c－d (p. 359).

② 引文和注解分别参见 Julian, "Hymn to king Helios," 132b (pp. 357－359); p. 357 (n. 4).

但此处的“宇宙”也可以从微观意义上理解。因为朱利安在《赫颂》里形容一些相对狭小的宇宙范围时，使用的也主要是“宇宙”和“世界”两个词汇。如在这样一句话里：“他（赫利俄斯）创造黑夜和白天，在我们面前改变和管理这个宇宙。”① 其中“宇宙”一词仅指代人类所处的可见世界。因为只有在可见世界里，赫利俄斯对宇宙的管理才是可见的。读者将这样一个相对狭小的宇宙范围，代入《赫颂》132c 对宇宙体系的叙述里亦不违和。宏观意义上，“这个神圣的和完美的宇宙是为这位神（赫利俄斯）持续不断的神意连接在一起的……不被其他实体而只被顶点是太阳的光线的第五实体紧紧守卫着；在次等和较高的层次上，可以说是被可知世界守卫着的；但是在一种更高尚的意义上，它是被整个宇宙的王守卫着的”一句，可以理解成整个宇宙有自高至低的三个层次，也可以理解成一个相对狭小的宇宙之上还有较高和更高的宇宙层次。

朱利安给宇宙的定义是比较模糊的。或者说，我们不得不接受他笔下的宇宙是一个模糊的存在。一则如《腓尼基的太阳神学》所言，《赫颂》使用的“宇宙”一词，在古希腊文中本就含糊不清，“它包含一个有序的世界，就像现代英语单词‘world’那样既可指整个宇宙，也可指宇宙整体的一个个体单元”②。

二则我们很难根据原文界定出“宇宙”的具体指向。朱利安对“宇宙”的描写过于简洁，仅有的两个形容词“神圣”和“完美”于界定其具体范围帮助不大。因为身为新柏拉图主义的追随者，朱利安深信宇宙是一个联结成“一”的有机体，在写作时甚至使用反问语气来强调这一点：

> 同样，我们的整个世界不也是一个完整的“活有机体”（Living Organism）吗？——整个世界自始至终整个都充满了灵魂和理智，“完美，因为它的所有的部分都完美”……我的意思是统一体的一种将可知世界的所有存在物联结成一体，而统一体的另一种将可见世界

---

① 引文和注解分别参见 Julian，“Hymn to king Helios，” 134d—135a（p. 365）.

② Joseph Azize, *The Phoenician Solar Theology: An Investigation into the Phoenician Opinion of the Sun Found in Julian's Hymn to King Helios*, p. 30.

的所有存在物和存在于它们之间的同样完美的本性联结成一体。[①]

依据字面意思，在这样一个统一体里，整体和部分的属性共通。我们很难凭借“神圣”“完美”之类于整体及其部分都适用的形容词，来推断朱利安笔下“宇宙”的明确指向。

随后，朱利安用两个极点描写出宇宙的空间范围，即“苍穹的最高点至大地的最低处”之间的区域。同其笔下“宇宙”的模糊性相一致，“苍穹的最高点”既可指代宏观宇宙的最高点，也可指代可见世界中天空的最高点。[②]

这两种理解方式在《论奥秘》中都能找到对应的存在：杨布里科斯于《论奥秘》I. 7 中自高至低依次解说了宇宙的四个层次，强调那个超出人类认识范围且无法形容的“太一”居于顶峰，与之相对的则是宇宙的最低层次。[③] 但当他于《论奥秘》I. 9 中更具象地讨论宇宙分区时又写道：“那么，我们是否讨论宇宙的区域分配，如天空和大地，或崇拜一个神的城市到崇拜另一个神的城市。”[④] 在这句话里杨布里科斯给出的划分可见世界的第一种方式便是由天空到大地。

杨布里科斯提倡在定义区域时抓取最高和最低两个极点。他相信两极点集中展示了该区域的属性，而两极点之间存在物的属性可经由极点的属性推敲得出，且这种定义区划的方式是最简洁的。[⑤] 希尔顿表示，这种方法被包括朱利安在内的一批新柏拉图主义追随者所沿用。[⑥] 由此看《赫颂》

---

① Julian, “Hymn to King Helios,” 139b—c (p. 379).

② 关于该词在古希腊语境中双重词义的辨析可参见 G. E. R. Lloyd, *Aristotle: the Growth and Structure of His Thought*, Cambridge: Cambridge University Press, 1968, pp. 136—139。

③ Iamblichus, *De Mysteriis*, 1. 7 (p. 27).

④ Iamblichus, *De Mysteriis*, 1. 9 (p. 39).

⑤ 狄龙也表示杨布里科斯善用此法。杨布里科斯不仅以此法阐述宇宙整体，还抓取过理智世界和可见世界中的最高点和最低点，以及众多灵魂中最高级的灵魂和最低级的灵魂。详见 John Dillon, *Iamblichi Chalcidensis: In Platonis Dialogos Commentarioeum Fragmenta*, Leiden: Brill, 1973, pp. 37—39; pp. 317—319。

⑥ J. L. Hilton, “The Sphragis of Heliodoros, Genealogy in the Aithiopika, and Julian's Hymn to King Helios,” p. 212.

中这句：“从苍穹的最高点到大地的最低处，这个神圣的和完美的宇宙是为这位神（赫利俄斯）持续不断的神意连接在一起的”①，前半句抓取了宇宙的两个极点，之后的“神圣”和“完美”在描述宇宙的属性。此处朱利安定义宇宙区划的方式是杨布里科斯所提倡且使用过的。这也是为什么理解《赫颂》中宇宙空间范围的两种方式，都能在《论奥秘》里找到对应。只是朱利安模糊而简洁的叙述使得读者无法从中择定一种。

朱利安用以形容宇宙属性的两个形容词是“完美”和“神圣”。而“宇宙”“完美”“神圣”三个词在《论奥秘》I.8 中同时出现：

> 的确，如果超越一切的神意本身被整个宇宙的完美所超越，被它局限于某一部分，那么，与物质的大小相比神意就缩小了。至于我，如果没有神圣的创造力量或符合神圣的参与延伸到整个宇宙，那么我看不出这个区域的事物是如何被塑造和赋予形式的。②

以上引文里，杨布里科斯通过先假设再推翻的方式说明宇宙的神圣性，他相信神圣的力量和神圣的参与在整个宇宙范围内延伸。“完美”一词也为杨布里科斯所使用。而朱利安在形容宇宙时并没有给出新的形容词，也没有就原形容词给出新的理解。且如下引文所示，当朱利安又一次叙述宇宙的完美时，使用了反问语气，暗示宇宙的完美理应是被普遍接受的：

> 同样，我们的整个世界不也是一个完整的“活有机体”吗？——整个世界自始至终整个都充满了灵魂和理智，“完美，因为它的所有的部分都完美”。③

这句话透露出的坚定或可用诺克的研究成果来解释。诺克发现，此类将宇宙定义为完美和神圣的描述，不仅是老生常谈的柏拉图式话题，而且

---

① Julian, “Hymn to King Helios,” 132c (p. 359).

② Iamblichus, *De Mysteriis*, 1.8 (p. 35).

③ Julian, “Hymn to King Helios,” 139b (p. 379).

本就基于人类信仰和崇拜天空的天性。[①] 朱利安笔下宇宙的两大属性均是杨布里科斯已经说明过的。杨布里科斯还在《论奥秘》I. 18 中进一步解释过这种完美的整体性——宇宙中完美与不完美的事物会在运动过程中融合，使宇宙保持动态的整体和谐。[②] 相较之下，朱利安的叙述更简洁。

分析完《赫颂》的空间范围再看时间范围，朱利安说明“（宇宙）自原初就一直存在，在即将到来的所有时间里都永不朽坏”。从《论奥秘》中很难找到与之直接对应的语句。但普罗提诺的《九章集》里《论天（宇宙）》部分的第一句话：“我们说，宇宙虽然有形体，却是一直存在的，并且将永远存在下去”[③]，与之相似度颇高。

有学者在研究普罗提诺的宇宙观时发现，普罗提诺经常抨击神先设计宇宙然后造出它的观念。普罗提诺认为宇宙是创造权能自发源出的，无始亦无终。[④] 从文本相似性上看，朱利安这句“（宇宙）自原初就一直存在，在即将到来的所有时间里都永不朽坏”可能源自普罗提诺。朱利安曾在《驳犬儒赫拉克勒奥斯》中说过，其语句里的真实含义曾被柏拉图、普罗提诺、波菲利和杨布里科斯使用过。[⑤] 也就是说，包括普罗提诺在内的四位哲人都影响了朱利安的思想和写作。近些年也有学者将普罗提诺的思想和论著用作解析朱利安文本的参照系。[⑥] 所以此处朱利安可能“新”增了普罗提诺关于宇宙的看法。

不可忽略的一点是，杨布里科斯作为学界公认的第二代新柏拉图主义的代表人物，批判继承了普罗提诺的思想。杨布里科斯重点调整和发展的

---

① Sallustius, *Concerning the Gods and the Universe*, p. lii (Prolegomena).

② Iamblichus, *De Mysteriis*, 1. 18 (pp. 67—71).

③ 普罗提诺：《九章集·上册》，2. 1（第 97 页）。

④ Christos C Evangeliou, "Plotinus' Defense of the Platonic Cosmos and its Demiurge," *Phronimon*, vol. 1, no. 1 (1999), pp. 37 — 49; Malena Tonelli, "The Controversy about the Generation of the World in Time, Plotinus over His Predecessors," *Revista Synthesis*, vol. 19 (2012), pp. 83—103.

⑤ Julian, "To the Cynic Heracleios," 222b (p. 117).

⑥ 如 David Ulansey, "*Mithras and the Hypercosmic Sun*," in John R. Hinnells, ed., *Studies in Mithraism*, Rome: L' Erma di Bretschneider, 1994, pp. 257—264; Rex E. Witt, "Iamblichus as a Forerunner of Julian," pp. 35—64; Adrien Lecerf, "Iamblichus and Julian's 'Third Demiurge': A Proposition," pp. 6—9。

是普罗提诺思想中与神学相关的内容，以至于其思想被 5 世纪异教学者普罗克诺斯称为"柏拉图式神学"①，且被现代学者形容为"神秘的"新柏拉图主义。② 言下之意，杨布里科斯对原普罗提诺的宇宙体系改动有限。既有研究成果也显示，他承袭了后者宇宙观中的大部分内容。③

虽然从《论奥秘》中找不到与朱利安的原句直接对应的句子，但如下引文所示，杨布里科斯也曾反驳过宇宙由诸神预先设计而来的观点：

> 但上层存在的因果关系，甚至不像某种中介工具，也不像（不能这样说）：那向上请求帮助的一方通过那一方的预言而行动……这样的研究路线陷入了错误之中，这个错误是许多人在宇宙的创造和神意的创造方面同样经历过的。④

就朱利安提到的宇宙在所有世代都永不朽坏，杨布里科斯也给出了相关的解释：

> 因此，仍然有必要检查那些投射在这里并与世代相融合的事物。它们是为了保存宇宙而渗透并且以相同的方式将整个世代的领域联结在一起。⑤

在这段话中，杨布里科斯指出某些事物渗透进世代里且将世代联结成一体，这么做的目的就是为了宇宙的保存。

---

① Proclus, *Platonic Theology*, Vol. Ⅲ, 44.1—5.

② Laura B. Dingeldein, "Julian's Philosophy and His Religious Program," p. 119 (n. 1). Christopher K. Callanan, "A Rediscovered Text of Porphyry on Mystic Formulae," pp. 215—230; Pier Franco Beatrice, "The Word 'Homoousios' from Hellenism to Christianity," pp. 243—272; Laurel Fulkerson, "Julian the (In) consistent: A Late Imperial Portrait," p. 85.

③ Rex E. Witt, "Iamblichus as a Forerunner of Julian," p. 45; Claudia Maggi, "Some Aspects of the Theory of Abstraction in Plotinus and Iamblichus," *International Journal of Platonic Tradition*, vol. 9, no. 2 (2015), pp. 159—176.

④ Iamblichus, *De Mysteriis*, 3.19 (p. 169).

⑤ Iamblichus, *De Mysteriis*, 1.18 (p. 67).

由此可见，朱利安这句“（宇宙）自原初就一直存在，在即将到来的所有时间里都永不朽坏”也可能总结自杨布里科斯，或是同时参考了杨布里科斯与普罗提诺两个人的观点。现代学者威特对此类问题的看法是：“确实，朱利安的演说辞（尤其两篇颂词）、信件以及他的驳斥文《反加利利人篇》似乎不包含任何越过杨布里科斯而直接来自普罗提诺的新柏拉图主义理论。”①

现笔者尝试对威特的观点加以补充：《赫颂》里可能存在直接源自普罗提诺的语句，但杨布里科斯对普罗提诺的宇宙观的承袭是不可忽视的，杨布里科斯对朱利安写作的影响也是不可忽视的。就探究这句“（宇宙）自原初就一直存在，在即将到来的所有时间里都永不朽坏”的结果可见，即便朱利安主观上没有直接延续杨布里科斯的说法，但客观上他也没能超越杨布里科斯的理论体系。简言之，朱利安在这句话里渗透的“新”意有限。且相较之下，朱利安只简洁地点出宇宙的不朽性，杨布里科斯却解释了宇宙何以不朽。

综上，朱利安叙述宇宙的属性是神圣和美丽的，宇宙的空间范围是自最高点至最低点，宇宙的时间范围是无限。这三点之中的前两点大概率承袭自杨布里科斯的《论奥秘》，最后一点虽具有一定“新”意，但客观上仍未超出杨布里科斯的思想。且朱利安的叙述相对简洁，这种简洁导致《赫颂》中的某些概念模棱两可。

（二）《赫利俄斯王颂》中的宇宙层次

描述完宇宙的时空范围和属性之后，朱利安随即解释了如此庞大的宇宙何以维系：宇宙在自高至低的层次上分别被整个宇宙的王、可知世界和第五实体守卫，第五实体的顶点是太阳的光线。杨布里科斯在《论奥秘》中将宇宙层次扩充为三个，自高至低依次是一个超出人类认识范围且无法形容的太一和第一性原理所占据的可知世界、诸神所在的理智世界以及可见世界。现以此为参照考察朱利安关于宇宙层次的叙述。

单从字面上看，朱利安统共只提及一位宇宙之王。杨布里科斯的可知世界里却有两个绝对的一，或者说有两个宇宙之王一般的存在：一个无法

---

① Rex E. Witt, “Iamblichus as a Forerunner of Julian,” p. 48.

形容的太一和第一性原理。《赫颂》里仅有一位处在最高层次上的宇宙之王。朱利安对这位宇宙之王的描述是：

> 因此，不论称他为“超理智的存在”恰当，还是称他为“存在的理智”恰当，说到存在，我指的是整个可知的区域，或是太一，因为太一在某种程度上似乎优越于其他所有存在物，或是用柏拉图赋予他的名字——至善；无论如何，整个宇宙的这个非复合的原因向所有存在显示了美、完善、统一和不可抗拒的力量。①

以上引文给出了这位宇宙之王的其他称谓：太一、“超理智的存在”、“存在的理智”、至善。太一之名是其中比较有辨识度的一个，由此可得出关于朱利安笔下的宇宙之王的一种解释：宇宙之王对应着《论奥秘》里的太一。如此朱利安便给出了关于太一的如下信息：太一优越于其他所有存在物且向所有存在显示了美、完善、统一和不可抗拒的力量。简言之，太一具有最高级别的优越性。

杨布里科斯在《论奥秘》I.7 中阐明，太一是宇宙的最高点，是最卓越且最完美的，包含着最高深且最不可理解的东西，高于一切尺度又不受任何形式的束缚，还能够同时实现所有的事情；它作为万物存在的原因而存在，孕育且支配一切存在物而又不偏向它们中的任何一方；它具有统治万物的能力，总能在一瞬间领会一切活动和本质的最高目的。② 杨布里科斯对太一的叙述也充分体现出太一最高级别的优越性，同时点明它生成和管理宇宙万物的特点。所以朱利安笔下的宇宙之王对应太一的解释能够成立。

但杨布里科斯同样叙述了“第一性原理”高于宇宙中除太一外其他所有存在物的优越性，他在叙述完太一的优越性之后写道：

> 因为与太一从同样的原因中产生，存在的高级层次（第一性原理）拥有太一的秩序和完美，或者，如果你愿意这样表述的话，那么

---

① Julian, “Hymn to King Helios,” 132d (p. 359).

② Iamblichus, *De Mysteriis*, 1.7 (pp. 27—29).

> 第一性原理与万物共存且是他们存在的原因，它帮助灵魂持续不断地参与可知世界的秩序和神圣的完美。①

这句话同样点明了第一性原理生成和管理宇宙万物的特点。由此可见，朱利安笔下的宇宙之王也可能对应着第一性原理。相应地，现代学者阿西塞在总结朱利安的宇宙观时表示，其最高层次上的宇宙之王是第一性原理，这个第一性原理与太一一致。②

跟“宇宙”一词指向不清晰同理，朱利安对宇宙之王的叙述较为简洁，并没有提供足够的信息显示这位宇宙之王的具体指向。再者，第一性原理不仅源自太一，而且在诸多方面与太一一致。所以我们不得不接受朱利安笔下的宇宙之王也是一个模糊的存在，它可能对应《论奥秘》里的太一，也可能对应第一性原理。更有甚者，宇宙之王可能是二者混合的产物。阿塔纳西阿德推测：“朱利安在《赫颂》里想表达的意思是第一性原理既依赖于太一又是太一的搭档，但他却没有什么办法能让自己说得更清楚。”③ 与这种模糊性相对应的，是现代研究者不得不用相当模糊的话语来解释朱利安笔下最高级别的宇宙层次：“宇宙被‘一’占据，它有各种各样的名字，这表明了它的独特性和至高无上性。”④

尽管朱利安对宇宙层次的叙述比较模糊，但至少有两点比较鲜明：一是朱利安基本延续了杨布里科斯的说法，认为宇宙高层次中的存在守护着整个宇宙；二是他显然没有新增加一个宇宙层次。也就是说，《赫颂》这一部分并无显著的“新”意。

继最高层次的守护者往下，朱利安提到宇宙在较高的层次上被整个可知世界守卫着。杨布里科斯在《论奥秘》里以先知“阿巴蒙”的口吻说明，可知世界的太一将理智传递给理智诸神，理智诸神以各自的方式守护

---

① Iamblichus, *De Mysteriis*, 1.7 (p. 29).

② Joseph Azize, *The Phoenician Solar Theology: An Investigation into the Phoenician Opinion of the Sun Found in Julian's Hymn to King Helios*, p. 31.

③ Polymnia Athanassiadi, "A Contribution to Mithraic Theology: The Emperor Julian's Hymn to King Helios," p. 368 (n. 3).

④ Václav Ježek, "Mithraism and Julian's Hymns to King Helios and to the Mother of Gods," p. 143.

着自然事件和人类活动。即可知世界与理智世界都在守卫着宇宙。从这个角度考虑，朱利安这句话与《论奥秘》的一致性无须赘述。现从《论奥秘》中截取如下一小段文本作为例证，这段文本既说明了从可知世界里获取了理智的诸神对宇宙的守护，又说明了太阳光对宇宙的守护：

> 事实上，神圣的光芒从外部照亮一切，正如太阳用它的光芒从外部照亮一切一样。就像太阳光覆盖它所照亮的一切那般，诸神的力量也从外面拥抱参与其中的存在物。①

在可知世界之下，朱利安随即提到宇宙被顶点是太阳的光线的第五实体守卫着。"第五实体"一词在《论奥秘》里不曾出现。学者们推测该词汇是朱利安从亚里士多德处借鉴而来。② 亚里士多德设想过一种超越水、火、气、土四种物质元素之外的第五实体——一种居于天空上层的"以太"(Aether)。③ 朱利安可能在描述宇宙体系时"新"增了这个词汇。

与之前那句"（宇宙）自原初就一直存在，在即将到来的所有时间里都永不朽坏"同理。"第五实体"仍属新柏拉图主义的范畴。"古人并不区分亚里士多德和柏拉图主义，（他们）认为他也是柏拉图主义者之一"④。普罗提诺在《九章集》里已经使用且详细解释过第五实体。⑤ 在《论奥秘》Ⅲ.14 中，杨布里科斯同样表达过太阳光自以太而下，帮助诸神由外向内传导理智的观点，只是他使用的词汇是"以太"而非"第五实体"：

> 既然这种光是来自外部的，而且是唯一为神的意志和理智服务

---

① Iamblichus, *De Mysteriis*, 1.9 (p. 39).

② Wilmer Cave Wright, "Hymn to King Helios," p. 349 (n. 1); Joseph Azize, *The Phoenician Solar Theology: An Investigation into the Phoenician Opinion of the Sun Found in Julian's Hymn to King Helios*, p. 30.

③ 亚里士多德著，徐开来译：《论宇宙》，载苗力田主编：《亚里士多德全集》，第 2 卷，北京：中国人民大学出版社 1991 年版，392b—393a（第 609 页）。原文为："那么，这些就是处在五个球面区的五种元素，其中，较小的球面总是被较大的环绕——我的意思是，土在水中，水在气中，气在火中，火在以太中——它们构成整个宇宙。"

④ 梁中和：《灵魂 · 爱 · 上帝：斐奇诺〈柏拉图神学〉研究》，第 135 页。

⑤ 普罗提诺：《九章集 · 上册》，2.1（第 97 页）。

> 的，那么最伟大的光就有一种神圣的光辉，它要么从天上的以太开始闪耀，要么就是从空中，或是从月亮或太阳，或是从天上的任何其他天体。①

阿西塞指出，杨布里科斯笔下的“以太”是“第五实体”的另一种叫法。② 朱利安使用“第五实体”而杨布里科斯使用“以太”，造成此现象的原因可能是：朱利安承袭了杨布里科斯关于“以太”的理论，但在表述时使用了自己偏爱的术语——“第五实体”。特西多尔（Javier Teixidor）的观察结果可为此解释提供旁证。特西多尔发现杨布里科斯在运用天体运行规律解释其神学时，不认为火星伴随太阳运转。朱利安承袭了杨布里科斯的思想，在写作时也避免提及火星与太阳的联系，但朱利安著述时习惯称呼火星为阿瑞斯。③

另一种可能是朱利安笔下的第五实体直接摘自亚里士多德的论著。毕竟朱利安是那个时代最著名的亚里士多德的注释者泰米斯提乌斯的学生。还有一种可能是朱利安直接借鉴了普罗提诺的言论。毕竟普罗提诺和杨布里科斯的论著皆堪称 4 世纪学者研究新柏拉图主义的“必读书目”④。笔者无意在这三种可能间作出决断，狄龙也承认《赫颂》中的第五实体表意不清：“（第五实体）似乎可以被认为是天体的外缘。”⑤ 关键是由于杨布里科斯承继了普罗提诺的思想，且已经在《论奥秘》里表述过与朱利安的“第五实体”相似的意思，所以“第五实体”的“新”意同样有限。

综上，朱利安叙述宇宙在自高至低的层次上分别为宇宙之王、可知世界和第五实体守卫着。其中，前两者守护宇宙的说法大概率承袭自杨布里科斯，第五实体在最低层次上守护宇宙的说法虽有一定“新”意，但在客观上仍未超出杨布里科斯的思想。至此能够归纳出一个论点：较之《论奥

---

① Iamblichus, *De Mysteriis*, 3.14 (p. 157).

② Joseph Azize, *The Phoenician Solar Theology: An Investigation into the Phoenician Opinion of the Sun Found in Julian's Hymn to King Helios*, p. 72.

③ Javier Teixidor, *The Pantheon of Palmyra*, Leiden: E. J. brill, 1979, p. 69.

④ Václav Ježek, "Mithraism and Julian's Hymns to King Helios and to the Mother of Gods," p. 148.

⑤ John Dillon, "The Theology of Julian's Hymn to King Helios," p. 108.

秘》，《赫颂》关于宇宙属性、范围和层次的描写均未表现出显著的“新”意，也就不大可能是朱利安想要增添的“新”内容。

（三）朱利安叙述宇宙体系的篇幅和力度

以上结论建立在分析《赫颂》和《论奥秘》文本内容的基础之上。考虑到《赫颂》与《论奥秘》都是颇具哲学色彩且相当抽象的作品，笔者能够切实把握其文本内容的程度有限。既得论点仍有必要通过另一条标准来验证：《赫颂》中的“新”内容理应是朱利安着力谈论的。

回看朱利安叙述宇宙体系的这一整段文本：

> 从苍穹的最高点到大地的最低处，这个神圣的和完美的宇宙是为这位神（赫利俄斯）持续不断的神意连接在一起的，自原初就一直存在，在即将到来的所有时间里都永不朽坏，不被其他实体而只被顶点是太阳的光线的第五实体紧紧守卫着；在次等和较高的层次上，可以说是被可知世界守卫着的；但是在一种更高尚的意义上，它是被整个宇宙的王守卫着的，这位王是所有存在物的中心。因此，不论称他为“超理智的存在”恰当，还是称他为“存在的理智”恰当，说到存在，我指的是整个可知的区域，或是太一，因为太一在某种程度上似乎优越于其他所有存在物，或是用柏拉图赋予他的名字——至善；无论如何，整个宇宙的这个非复合的原因向所有存在显示了美、完善、统一和不可抗拒的力量。①

从篇幅上考虑，《赫颂》全篇近10000个希腊语单词。而这段文本对应的希腊语单词不超过150个，在全文所占的份额很低。且“宇宙”一词在《赫颂》中总共出现约10次，但有且仅有这一次充当所在句子的主语，余下则充当修饰成分或被作用的对象。如“他（赫利俄斯）创造黑夜和白天，在我们面前改变和管理这个宇宙”②、“环绕宇宙的可见诸神”③ 等。

① Julian, “Hymn to King Helios,” 132c—d (p. 359).
② Julian, “Hymn to King Helios,” 134d—135a (p. 365).
③ Julian, “Hymn to King Helios,” 138d (p. 377).

也就是说，朱利安用以叙述宇宙体系的篇幅相当有限。

再者，相较于杨布里科斯，朱利安对宇宙体系的描述相当简洁且模糊。从以上一整段引文中也很难找出明显的论证环节。段中“第五实体”一词首次出现时朱利安并未交代其出处。整段文本仅诉诸了柏拉图一人的言论：“或是用柏拉图赋予他的名字——至善”①，这很难被看作严格意义上的论证。

已有学者关注到《赫颂》这一部分的简洁和模糊。赖特将之归因于朱利安的忙碌。② 朱利安率军驻扎安条克期间既要备战波斯，又要处理当地的市场混乱和经济危机，还要兼顾司法事务和自然灾害；凯瑟琳·丘（Kathryn Chew）等学者将之归因于罗马帝国多元的文化环境：“因植根于罗马帝国多元化的信仰体系，罗马帝国时期的文本往往是把那个时代不同的视角和观点表达出来并最终联合起来的文本，其内部渗透的知识往往具有不确定性。”③

以上两种观点自有其合理性，但同朱利安皇帝在 362 年 3 月写作的《大母神颂》有一定冲突。《大母神颂》讲述了大母神库柏勒被罗马人接受并崇拜的经过以及她庇护阿提斯的故事。格林伍德等学者大量参考《大母神颂》的内容解析《赫颂》，甚至直接将二者综合起来研究。④ 在《大母神颂》里，朱利安用“从星体较高的区域降临到我们所生存的大地之上”⑤形容空间。当《大母神颂》首次引进第五实体的概念时，朱利安先援引西那库斯（Xenarchus，?）和亚里士多德对第五实体的讨论，后表明他既不

---

① 原话为：“好了，现在你必须承认，这个给予知识的对象以真理给予知识的主体以认识能力的东西，就是善的理念。”（柏拉图著，郭斌和、张竹明译：《理想国》，509a〈第 267 页〉）朱利安引用时有所改动。

② Wilmer Cave Wright, *The Emperor Julian's Relation to the New Sophistic and Neo-Platonism: With a Study of His Style*, p. 68.

③ J. L. Hilton, “The Sphragis of Heliodoros, Genealogy in the Aithiopika, and Julian's Hymn to King Helios,” p. 206; Kathryn Chew, “Divine Epistemology: The Relationship between Speech and Writing in the Aithiopika,” inVictoria Rimell, ed., *Seeing Tongues, Hearing Scripts*, Groningen: Barkhuis, 2007, p. 295.

④ 详见 David Neal Greenwood, “Crafting Divine Personae in Julian's Oration 7,” pp. 140—149; Václav Ježek, “Mithraism and Julian's Hymns to King Helios and to the Mother of Gods,” pp. 140—149。

⑤ Julian, “Hymn to the Mother of the Gods,” 161d—162a（p. 451）.

认同西那库斯的观点，又察觉亚里士多德的理论不够完整，接着推出他本人对第五实体的理解。① 在诉诸柏拉图的言论时，朱利安更是以如下一段长文，解释所引名言的内涵以及何以佐证他的观点：

> 让我们通过举例的方法来使得这一点更清楚，即柏拉图自己在《智术师》中采用的例子，当然在那里柏拉图参考的是另外一种理论，但是他依然采用了这个例子……那么，这个例子属于什么类型？柏拉图说……②

由《大母神颂》中的叙述可见，在施以足够多篇幅的情况下，朱利安能够详细说明宇宙的时空范围及其中的物质，也能够从亚里士多德、柏拉图等古希腊名家的论著里为之寻求更丰富的论据。

然而他在《赫颂》中叙述宇宙体系时，并未投入与《大母神颂》相当的叙述力度和篇幅，甚至使用了相当笼统的句式：“因此，不论称他为‘超理智的存在’恰当，还是称他为‘存在的理智’恰当……或是用柏拉图赋予他的名字——至善；无论如何……”③ 这句话中的至善取自柏拉图，太一则是新柏拉图主义中的世界本源，“超理智的存在”和“存在的理智”则在杨布里科斯的《论奥秘》里出现过。④ 朱利安在未加辨析的情况下混用这些词汇。据说普罗提诺能够记得许多专业术语但往往忘记他们的出处，⑤ 或许此处朱利安也同普罗提诺一般。

总之，朱利安对宇宙体系的叙述简洁而模糊。这可能由于朱利安写作《赫颂》时过于繁忙，也可能由于他深受罗马帝国多元文化环境的影响，还可能由于《大母神颂》已然向罗马人展示了朱利安的宇宙观，《赫颂》无须再重复说明。无论成因如何，朱利安在《赫颂》里显然没有花费多大的篇幅和力度叙述宇宙体系。由此可再证，《赫颂》中关于宇宙属性、范围和层次的描写并非朱利安想要增添的“新”内容。

---

① Julian, “Hymn to the Mother of the Gods,” 162b—c (p. 453).

② Julian, “Hymn to the Mother of the Gods,” 163c—d (p. 457).

③ Julian, “Hymn to King Helios,” 132d (p. 359).

④ Iamblichus, *De Mysteriis*, 8. 6 (pp. 319—321); 1. 5 (pp. 21—23).

⑤ 普罗提诺：《九章集·下册》，5. 1（第 554 页〈注释①〉）。

关于这一点，萨鲁斯特的作品提供了一重旁证。与《赫颂》相似，《论诸神与世界》一书同样描述了宇宙的组成部分、不朽性、自高至低的范围等，也借助了天体、太阳光等自然天象以为佐证。[①] 这些相似点还被译者诺克用作论证萨鲁斯特与朱利安皆追随新柏拉图主义的论据。[②] 试想，倘若《赫颂》中的“新”内容，是萨鲁斯特已经表述过且深以为然的，那朱利安还有必要向萨鲁斯特强调《赫颂》的“新”意吗？从这个角度考虑，关于宇宙体系的描写理应不是《赫颂》中的“新”内容。

为什么朱利安还要将宇宙体系放入《赫颂》当中？受凯瑟琳·丘的论点启发，此举可结合4世纪罗马帝国的文化环境来思考。3—4世纪的罗马人，无论是异教徒还是基督徒，都在设想神圣的力量时习惯性地将之与宇宙体系联系在一起。[③] 当时罗马精英阶层议论的焦点也是宇宙的良好秩序与罗马人所处的“一同世界”（Oikoumene）之间的矛盾。[④] 宇宙的神圣和完美还是老生常谈的柏拉图式话题，[⑤] 学界公认的新柏拉图主义的奠基人普罗提诺，就曾明确表述过先设想空间再思考的方法：

> 因为我们先设想一个空间和处所，就是一种虚空；有了空间之后，我们再把这事物放入已经形成的或者我们想象出来的处所；我们把它放入这样的空间，就如同在这样追问：它从哪里来，它是怎样来到这里的。[⑥]

简言之，这一时期的新柏拉图主义哲学家、异教徒、基督徒、精英阶层，均习惯以宇宙体系为背景或参考来阐述自己的观点。杨布里科斯利用《论奥秘》第1卷阐述宇宙体系，自第2卷才开始叙述诸神如何在宇宙体

① Sallustius, *Concerning the Gods and the Universe*, V—VII (pp. 11—15).

② Sallustius, *Concerning the Gods and the Universe*, pp. xcvii—ci (Prolegomena).

③ Elizabeth DePalma Digeser, "An Oracle of Apollo at Daphne and the Great Persecution," *Classical Philology*, vol. 99, no. 1 (2004), pp. 57—77.

④ Susanna Elm, "Gregory of Nazianzus: Mediation between Individual and Community," p. 90.

⑤ Sallustius, *Concerning the Gods and the Universe*, p. lii (Prolegomena).

⑥ 普罗提诺：《九章集·下册》，6.89（第906页）。

系内运作其权力和能量，以及如何在较高的宇宙层次上管理可见世界以及指引人类的灵魂。① 佐西莫斯的《罗马新史》I.1 里亦有类似章节。② 最先使用“叛教”一词称呼朱利安的基督教神学家格里高利，甚至以“宇宙论”（Theōsis）作为其作品和教学的主题。③ 朱利安的挚友萨鲁斯特，他的《论诸神与世界》实为配合朱利安所撰。该书在阐释诸神对可见世界及其中生命物的影响之前，也插入了如下几段描写宇宙体系的文字：

> 我说的世俗是指创造宇宙的诸神……在世俗世界中，有些神使宇宙存在，有些神使它充满生气，有些神使它在不同的组成部分中和谐起来，有些神在如此和谐的时候保护着它。这是四种机制，每一种都有开始，中间和结束。④
>
> 宇宙本身必须是不会衰败的，不被创造的，永不朽坏的……神永远是好的，宇宙永远存在，就像光伴随着太阳和火焰存在。⑤
>
> 宇宙是一个球体，由高处的星体和最低的领域构成，星体自周长距离最远的位置，向其中心，即地球运动，星体遵照着地球是宇宙中心的秩序。⑥

综合 4 世纪中期多位学者的论述可见，用宇宙体系充当写作背景大抵是这一时期广泛存在的著述习惯。朱利安皇帝的写作源泉杨布里科斯、他的挚友阿米安努斯和萨鲁斯特等均遵循此习惯。由此便可得出一种解释：朱利安在《赫颂》靠前的文本里概述宇宙体系，理应跟同时代其他学者一般，旨在为自己接下来的叙述做背景铺垫。毕竟朱利安既公开信仰多神

---

① Iamblichus, *De Mysteriis*, 1.1－2.11（pp. 1－118）。每卷内容的总结参见 Iamblichus, *De Mysteriis*, pp. l－li（Introduction）。

② Zosimus, *New History*, 1.1（p. 1）.

③ Norman Russell, *The Doctrine of Deification in the Greek Patristic Tradition*, Oxford: Oxford University Press, 2004, pp. 121－154; pp. 224－225; pp. 333－344.

④ Sallustius, *Concerning the Gods and the Universe*, Ⅴ－Ⅵ（pp. 11－13）.

⑤ Sallustius, *Concerning the Gods and the Universe*, Ⅶ（p. 15）.

⑥ Sallustius, *Concerning the Gods and the Universe*, Ⅶ（p. 15）.

教，“与他同时代的异教徒和基督徒有着共同的基本世界观”①，又属于富有知识的罗马精英阶层，还是新柏拉图主义的追随者。以现实社会为可参照的文本衡量朱利安皇帝，则无论从其三重身份中的哪一重考虑，朱利安都有必要遵循他所在群体共有的著述习惯，以宇宙体系为背景阐述自己的观点。所以朱利安在承袭《论奥秘》时将杨布里科斯关于宇宙体系的论述加以精简，用作《赫颂》的“背景铺陈”。

为什么朱利安在借助《论奥秘》的过程中对之加以精简？赖特和凯瑟琳·丘已经从朱利安的现实处境和他所处的文化环境的角度给出了两种解释。现立足现实政治层面再思考这个问题。《赫颂》后文围绕“简洁”提供了如下解释：

> 且我能够举出更多的事例来证明我们，作为罗慕路斯和埃涅阿斯的后代，在每一种方式和在一切方面都是与赫利俄斯紧密相连的，但是我将只简洁地提到最熟悉的事物。根据传说，埃涅阿斯是阿佛洛狄忒的儿子……②

如上引文所示，朱利安希望向罗慕路斯和埃涅阿斯的后代，即向罗马人简洁地讲述赫利俄斯的本性。从政治角度考虑，朱利安因继位过程受罗马人质疑而亟须借多神教巩固皇权。当时他认知范围内多神教主要的理论型著作——《论奥秘》，因与现实政治疏离而无法直接被运用于巩固他的皇权，于是朱利安通过在“卷首语”中插入“我”来解决这个问题。但还有另外一个问题摆在他面前：《论奥秘》是一部长达十余卷的鸿篇巨著，出自当时最著名的新柏拉图主义哲学家杨布里科斯之手，太一、至善、理智、以太等专业术语贯穿全书。这样一部哲学巨著对于当时大多数罗马民众而言是难以理解的。甚至就连朱利安本人，都在《赫颂》中坦言他无法完全掌握杨布里科斯的思想：

---

① Elizabeth DePalma Digeser, “An Oracle of Apollo at Daphne and the Great Persecution,” p. 65.

② Julian, “Hymn to King Helios,” 153d—154a (p. 421).

> 但是如果你想要看到对同一个主题更加完整且更加神秘的处理，那么请读受神启发的杨布里科斯关于这个主题的那些著作，你会从中找到人类能够获得的最完美的智慧。且愿强大的赫利俄斯准许我也可以获得同等完美的关于他（赫利俄斯）本身的知识，一般来说，那样我就可以教导所有人，但尤其是那些配得上学习的人。①

引文中朱利安先赞美杨布里科斯拥有最圆满的智慧，后祈祷神也能令他拥有同样圆满的智慧。言下之意，朱利安目前还不具备与杨布里科斯同等水平的知识。这与他在《致哲人泰米斯提乌斯》中强调“此外，我怕给哲学带来耻辱——尽管我热爱它，但还未获得它，而且也因为我现在于同时代的人当中还没有获得极佳的声望”② 相契合。狄龙是当今学界研究杨布里科斯思想的代表人物兼《论奥秘》的译者之一。狄龙在研究过程中反复提醒读者，即便是他解析《论奥秘》所得的结论也具有不确定性。“因为《论奥秘》及其中的那些概念都不是真正‘全封闭’（Hermetic）的，即便我（狄龙）采用最高级的研究方法也未必能切实理解和表述出杨布里科斯的思想”③。

《论奥秘》的庞杂使得朱利安很难直接借之巩固皇权。何况此时朱利安即将率军与波斯开战，又忙于处理安条克的经济危机和司法事务。即便他急需借《论奥秘》争取罗马人的拥护，却也很难在如此有限的时间里，将《论奥秘》的庞大体系完整呈现给罗马人。于是《赫颂》中存在这样一段话：

> ……但愿他（赫利俄斯）自己向我的思想表明了，因为我渴望用一个简短的总结去描绘这两个方面的原因，即从他所进行的和他自己的本性两个方面以及那些他所赐予的充满可见世界的祝福方面

---

① Julian, “Hymn to King Helios,” 157c—d (p. 433).

② Julian, “Letter to Themistius Philosopher,” 266d (p. 235).

③ John Dillon, *Proclus: Commentary on Plato's Parmenides*, Princeton, NJ: Princeton University Press, 1987, pp. 884—885.

展开描述。[①]

这句话与之前一句：“且我能够举出更多的事例来证明我们，作为罗慕路斯和埃涅阿斯的后代，在每一种方式和在一切方面都是与赫利俄斯紧密相连的，但是我将只简洁地提到最熟悉的事物。根据传说，埃涅阿斯是阿佛洛狄忒的儿子……”[②] 意思相近，都显示出朱利安在罗马人难以理解《论奥秘》的情况下，选择以简洁的方式来概括，甚至借助埃涅阿斯的传说等罗马人熟悉的事物。由此可得出一种解释：朱利安很难直接借多神教主要的理论型著作——体系庞杂的《论奥秘》巩固皇权，于是他将之精简再呈现给罗马人。

既有研究成果能够为此种解释提供支撑。此前有学者关注到受众（全体罗马人）对朱利安皇帝写作演说辞的影响。如泰特勒写道：“362 年 3 月他以祈祷作为《大母神颂》的结尾，在祈祷中他恳求女神‘愿你使罗马人能净化他们那不虔敬的污点’，（朱利安）傲慢地夸口：‘我就是道路、真理和生命’，但朱利安也想带领全体罗马人回到广泛宽容的异教的多样性当中。”[③] 2012 年哈里在分析朱利安的《凯撒篇》时提出，因为这份文献的受众很广，所以它很可能是一篇政治性很强的文献，即便学者们经常对它进行哲学或宗教层面的解读。[④] 以上两位学者虽不以《赫颂》为核心研究对象，但他们的成果显示出朱利安写作时考虑了其作品需面向全体罗马人。

《赫颂》是与《大母神颂》《凯撒篇》写于同年的演说辞，由此及彼，朱利安在《赫颂》里理应会为了便于罗马人理解和接受，而精简和概述他

---

① Julian, “Hymn to King Helios,” 141d（pp. 385－387）。类似语句还有：“对希腊人来说，我说的可能是不好理解的，好像一个人有义务仅仅对他们说那些他们熟知的和熟悉的事物……让我将它们应用到一些自然对象上，为的是能够证明我没有说空话和蠢话。”（146d－147b〈pp. 401－403〉）

② Julian, “Hymn to King Helios,” 153d－154a（p. 421).

③ H. C. Teitler, *The Last Pagan Emperor: Julian the Apostate and the War against Christianity*, p. 27.

④ Jill Harries, “Superfluous Verbiage? Rhetoric and Law in the Age of Constantine and Julian,” p. 361.

的理论基础——《论奥秘》。于是原本《论奥秘》围绕宇宙体系展开的第1卷和第8卷，在被朱利安精简和概述成一段话后，充当《赫颂》的“背景铺陈”。此举对应着《赫颂》“卷首语”中的那句：“正如我所知道的，现在如果一个人凭着他（赫利俄斯）可见的自身来判断，那么仅仅理解他的不可见的部分是多么伟大就已经很困难了，而要说明它大概更是不可能的……他们能够允许我说出诸神批准人类应该言说和相信有关于他们的东西。”①

需提醒读者的是，当笔者称《赫颂》中围绕宇宙体系展开的一段文本为“背景铺陈”时，只是强调它篇幅精悍、叙述简洁，并不否认其内部可能包含深意。学界已经存在相关说法。如格雷厄姆（Mark W. Graham）推测，朱利安试图通过构建广阔的宇宙体系，传达自己扩大罗马帝国疆域的政治野心。② 布雷格曼认为：“朱利安试图将所有的传统，都放进一个有保障、稳定、持续更新且充斥着神意的宇宙网络里，在这个意义上所有的宗教仪式就都与神意相关了。”③

综上，《赫颂》关于宇宙属性、范围和层次的描写基本承袭自杨布里科斯，未有表现出显著的“新”意。加之，朱利安投入这一部分的篇幅和力度相当有限，所以关于宇宙体系的叙述不是《赫颂》中的“新”内容。如果将《赫颂》开篇围绕朱利安本人展开的内容称作“卷首语”，那么《赫颂》中围绕宇宙体系所作的说明，可以被视作卷首语之后、正文之前的“背景铺陈”。

“背景铺陈”的说法也符合部分学者的论点：朱利安仅是搭建了一个新柏拉图主义式的宇宙背景，好在这个大背景下为他所信仰的多神教提供系统的理论阐释。④ 但这一推测立足的文献基础是《大母神颂》且切入角度是宗教。本书现从政治角度给出另一种解释：朱利安皇帝将原《论奥

---

① Julian, “Hymn to King Helios,” 131d－b (p. 357).

② Mark W. Graham, *News and Frontier Consciousness in the Late Roman Empire*, Michigan: University of Michigan Press, 2006, pp. 27－50; Elizabeth DePalma Digeser, “An Oracle of Apollo at Daphne and the Great Persecution,” p. 67.

③ Jay Bregman, “Elements of the Emperor Julian's Theology,” p. 345.

④ J. H. W. G. Liebeschuetz, “*Julian's Hymn to the Mother of Gods: The Revival and Justification of Traditional Religion*,” pp. 213－228.

秘》的庞大体系加以精简和概述，以便使其治下的罗马人能够理解和接受，在此基础之上他才有可能利用《论奥秘》巩固其皇权，即好在这个大背景下展示他真正想要“新”增的内容。那么，《赫颂》中的“新”内容究竟是什么？

三、《赫利俄斯王颂》中的核心主角——赫利俄斯

《赫颂》130b—132b大概率充当“卷首语”和“背景铺陈”，既未显露出明显超出杨布里科斯既有叙述的“新”意，又未大量占据朱利安的论述时间和论述精力。故基本不可能是《赫颂》中的“新”内容，尽管该部分描述的事件（童年）时间久远且描述的对象（宇宙）体系庞大。然而这种“新”意和论述力度有限的情况，至赫利俄斯之名出现时发生了明显的变化。

> 且凭借驻留在它（太一）体内的最初的创造性物质的力量，孕育了作为理智的原因和创造性的原因的“中间的中间”（Middle among the Middle）——赫利俄斯，这位最强大的神从他本身发出且在所有事情上好像都朝向他本身。[①]

单从字面上看，《赫颂》中最有权能的神赫利俄斯，不仅未曾在《论奥秘》里出现过，[②] 而且未曾在普罗提诺的《九章集》里出现过。且朱利安笔下的赫利俄斯于宇宙中占据极其重要的位置，是宇宙能够维系的第二点原因，“从苍穹的最高点到大地的最低处，这个神圣的和完美的宇宙是为这位神（赫利俄斯）持续不断的神意连接在一起的”[③]。

句中的“神意”一词，被学界公认的新柏拉图主义的奠基人普罗提诺定义为：“大全中的神意就是我们所说的不完全（部分性）事物中的神意，

---

① Julian，“Hymn to King Helios，” 132d—133a（p. 359）.

② 此处的统计借助文献索引完成，详见Iamblichus，*De Mysteriis*，pp. 370－371（Index of Names and Terms）。

③ Julian，“Hymn to King Helios，” 132c（p. 359）.

是神对这个大全如何成为存在，以及事物如何尽可能地成为善的预见和估计。”[①] 现代学者布雷格曼研究发现，《赫颂》中的“神意”具备两重含义：一是诸神普遍具有的意旨，它维系着宇宙且保证它稳定地运行和更新。在这个意义上，任何仪式都有助于获取神意。二是只有受神启发的神学家才能领会的更高级的神的意旨，唯有依靠神秘仪式才能获得。[②] 综合以上意见，《赫颂》中的“神意”可简单理解为神的意旨。

如下引文所示，杨布里科斯在《论奥秘》里同样表达过神将宇宙连接在一起的观点：

> 事实上，神圣的光线从外部照亮一切，正如太阳用它的光芒从外部照亮一切那般。就像太阳光覆盖它所照亮的一切一样，诸神的神意也从外面拥抱参与其中的存在物。[③]

句中杨布里科斯用可见光的连续性比喻诸神力量的连续性，这一点与朱利安的描述，即宇宙被顶点是太阳光线的第五实体守卫着的说法基本一致。[④] 但是《论奥秘》中连接整个宇宙的神意来自诸神。而朱利安笔下最有权能的神是赫利俄斯，仅凭赫利俄斯一位神的神意就能够将整个宇宙连接在一起。前者是“多”而后者是“一”，赫利俄斯的“新”意由此彰显。

与之对应，杨布里科斯在《论奥秘》里倡导世人奉行祈祷、祭祀、占卜等诸神欣赏的仪式，以便经由这些仪式获知神意。[⑤] 而在朱利安笔下，包括宙斯在内的诸神的神意可以依靠祭祀、祈祷等宗教仪式获取。但赫利俄斯是特殊的存在，该神的神意只有受神启发过的神学家（包括朱利安在内）才能通过秘仪领会。[⑥] 赫利俄斯的特殊性由此可见。

本书第二章提到，《赫颂》除受《论奥秘》影响外，还受到《荷马史诗》等古希腊名著的影响。那么这位赫利俄斯有可能取自古希腊传统吗？

---

① 普罗提诺：《九章集·上册》，3.2（第220—221页）。

② Jay Bregman, “Elements of the Emperor Julian’s Theology,” p. 345.

③ Iamblichus, *De Mysteriis*, 1.9 (p. 39).

④ Julian, “Hymn to King Helios,” 132c (p. 359).

⑤ Iamblichus, *De Mysteriis*, 1.15 (p. 57).

⑥ Julian, “To a Priest,” p. 53.

赫利俄斯本是古希腊神话中最古老的太阳神，亦即自然界中太阳天体的人格化身。在赫西俄德的《神谱》里，赫利俄斯是提坦神许珀里翁与忒亚之子，属古老的提坦神系，职责为每日驾驶四匹火马所拉的日辇自东向西穿过天空，令光和热普照世界。[①] 在《荷马史诗》里，赫利俄斯每日从东边的海洋升至天空的最高点，自正午时分由天空下降至西边的海洋，同时给予神和人以光明。[②] 在古希腊艺术作品里，赫利俄斯一般被描绘为身披紫袍、头戴散发光束状金冠的男性。

赫利俄斯崇拜在古希腊的流传时间和流传范围均比较有限。从流传时间上看，在奥林匹斯十二主神成为希腊世界的主流崇拜对象之后，赫利俄斯便被划为区别于"主神"的"小神"。[③] 从流传范围上看，赫利俄斯崇拜局限在柯林斯卫城、阿尔戈斯、厄利斯等少数几个城市，[④] 且仅于罗德岛一处被当作独立的主神崇拜。[⑤] 后随着奥林匹斯神系中太阳神阿波罗崇拜的广泛传播，赫利俄斯之名逐渐为阿波罗所取代，仅偶尔在《法厄同》《地理志》等作品中被与阿波罗混用。诚如布尔内特所言："没有任何一个雅典人会崇拜赫利俄斯或塞勒涅，但是他可能会认为他们是神，因为赫利俄斯是罗德岛的大神。"[⑥] 反之，朱利安笔下的赫利俄斯却是"最有权能的神"和"首要的创造性实体"[⑦]，甚至能够用无形的神意持续不断地将整个宇宙连接在一起。这与赫利俄斯原本的形象差异显著。

再者，朱利安系罗马帝国皇帝，尽管崇尚古希腊文化，却也在著述时引用过罗马剧作家普劳图斯（Platus，前 254—前 184）的作品。[⑧] 那么，

---

① 赫西俄德：《神谱》，370—375（第 39 页）。

② 参见荷马：《荷马史诗·奥德赛》，4.400（第 68 页）；10.191（第 179 页）；11.18（第 194 页）；12.380（第 234 页）。

③ James A. Notopoulos, "Socrates and the Sun," p. 265。类似看法参见 Lewis Richard Farnell, *The Cults of the Greek States*, Vol. V, England: Clarendon, 1909, p. 419。

④ Herodotus, *The Landmark Herodotus*: *The Histories*, trans. and eds. by Andrea L. Purvis and Robert B. Strassler, New York: Anchor Books Inc., 2007, p. ix.

⑤ Walter Burkert, *Greek Religion*: *Archaic and Classical*, trans. by J. Raffan, Oxford: Basil Blackwell, 1985. p. 120; p. 175.

⑥ John Burnet, *Plato's Euthyphro*, *Apology of Socrates and Crito*, p. 111.

⑦ Julian, "Hymn to King Helios," 132d (p. 359).

⑧ Julian, "On Behalf of the Argives," in *The Works of the Emperor Julian*, Vol. Ⅲ, p. 91.

朱利安笔下的赫利俄斯有可能取自罗马文化传统吗？罗马起初以索尔（Sol）为太阳神，古希腊神话传入罗马后，索尔兼并了赫利俄斯的职能。自阿波罗在罗马共和国早期被引入之后，索尔本身也逐渐为阿波罗所取代。[①] 罗马神话中与之对应的一种解释是，索尔应允其子法厄同驾驶日辇，法厄同却误使日辇偏离轨道以致大地起火，主神朱庇特因故取消了索尔的太阳神资格并转交给阿波罗，于是罗马人改称太阳神为阿波罗。[②]

至罗马帝国晚期，赫利俄斯虽然也被承认是太阳神，但该神名的普及度和使用率远不及阿波罗。4 世纪异教学者利巴尼乌斯、佐西莫斯、萨鲁斯特等遗留的史料里均未见赫利俄斯字样；朱利安在《凯撒篇》中提及的罗马统治者凯撒、奥古斯都、尼禄、君士坦丁一世等虽崇敬太阳神，却习惯称太阳神为阿波罗；[③] 就连波菲利等新柏拉图主义哲学家，亦习惯在著述时使用阿波罗而非赫利俄斯之名。现代学者在编撰《罗马神话辞典》时仅于"赫利俄斯"词条下写了一句话："古希腊的太阳神，被等同于罗马神索尔。"[④] 结合古人遗留的史料和今人的论著看来，朱利安笔下赫利俄斯王的地位显著区别于赫利俄斯在罗马文化传统中的地位。

综上，《赫颂》中的太阳神赫利俄斯，不曾在杨布里科斯的《论奥秘》出现，且代替了杨布里科斯笔下原属诸神的连接整个宇宙的功能。《赫颂》中的赫利俄斯既不符合古希腊经典中的赫利俄斯形象，又不是 4 世纪中期罗马帝国广泛使用的太阳神称谓。所以赫利俄斯明显表现出超出《论奥秘》的"新"意。

然而以上论证尚存一漏洞：《论奥秘》鼓励信仰诸神、宣扬献祭和占卜等显著具有多神教色彩的宗教仪式。所以该书与朱利安的作品命运相

---

① Denis Feeney, *Literature and Religion at Rome: Cultures and Beliefs*, p. 27。且该作者表示，罗马引入阿波罗崇拜的时间大约是公元前 431 年。

② Ovid, "Metamorphoses," in Frank Justus Miller trans., *Ovid in Six Volumes*, Vol. Ⅲ, Cambridge, Massachusetts: Harvard University Press and London: William Heinemann Ltd, 1971, 1. 750—779 (pp. 55—57).

③ 但君士坦丁一世统治期间曾发行过币面刻有"Soli Invicto Comiti"字样的钱币来纪念太阳，寓意太阳神索尔是皇帝的盟友，详见 J. Ferguson, *The Religion of the Roman Empire*, London: Thames and Hdson, 1970, p. 55。

④ Lesley Adkins and Roy A. Adkins, *Dictionary of Roman Religion*, Oxford: Oxford University Press, 1996, p. 98.

似，都因违背基督教精神而在罗马帝国基督教化的过程中被信仰基督教的皇帝勒令销毁，在传抄过程中又被信仰基督教的中世纪抄工删减改造。①1957 年学者们在翻译和校勘《论奥秘》时发现，现存抄本不仅有散佚，而且内嵌不少因印刷错误导致的单词和短语的严重遗漏。② 1967 年另一位译者在翻译《论奥秘》时，不得不参考《论哲学家的生活》《论诸神与世界》等同时期史料来补全。③

这意味着，今人从《论奥秘》里找不到的内容，未必杨布里科斯就不曾写过。早年间已有学者提出，朱利安的两篇颂词大概率模仿自杨布里科斯业已丢失的作品《迎接诸神的复兴》。④ 近些年有学者进一步提出，杨布里科斯业已丢失的文本可能是对古希腊神学传统的完整揭示，也可能是试图将之系统化的尝试。朱利安恰好承袭了这份已丢失的文本，如此他的《赫颂》才会提及那么多晦涩的神学传统。⑤ 又或许，今人找不到的内容，恰好是目前尚未被从《论奥秘》里成功释读出来的部分。毕竟《论奥秘》卷帙浩繁、内容深奥，学界完全解读此书尚需时日。须知该书中与早期基督教的"三位一体"理论关系密切的"Henads"理论，也是在近 40 年的时间里经狄龙、丹尼斯·克拉克等数位学者的努力才逐渐明晰的。⑥

生活年代紧邻杨布里科斯的朱利安所能接触到的前者的观点和论著，

① D. C. Clark, "Iamblichus' Egyptian Neoplatonic Theology in *De Mysteriis*," p. 166; Stephen Gersh and Charles Kannengiesser, eds., *Platonism in Late Antiquity* (= *Christianity and Judaism in Antiquity*, *vol*. 8), pp. 157—171.

② Martin Sicherl, *Die Handschriften*, *Ausgaben und bersetzungen von Iamblichos De Mysteriis*: *Eine Kritisch-historische Studie*, 1957, Berlin: Akademie-Verlag, p. xi (Foreword).

③ Porphyry, and Thomas Gale, *Iamblichou Chalkideōs Tēs Koilēs Syrias Peri Mystēriōn Logos*. =: *Iamblichi Chalcidensis Ex Coele-Syria*, *De Mysteriis Liber. Praemittitur Epistola Porphyrii Ad Anebonem Aegytium*, Eodem Argumento, Oxonii: E Theatro Sheldoniano, 1678.

④ John Dillon, *Iamblichi Chalcidensis in Platonis Dialogos Commentaria*, p. 13.

⑤ Rex E. Witt, "Iamblichus as a Forerunner of Julian," pp. 35—64; Adrien Lecerf, "Iamblichus and Julian's 'Third Demiurge': A Proposition," p. 17 (n. 64).

⑥ John Dillon, "Iamblichus and the Origin of the Doctrine of Henads," *Phronesis*, vol. 17, no. 2 (1972), pp. 102—106; D. C. Clark, "The Gods as Henads in Iamblichus," *The International Journal of the Platonic Tradition*, vol. 4, no. 1 (2010), pp. 54—74.

多于当今研究者所能看到的。据悉，朱利安还收获了一位生活在 312－320 年间的，某个杨布里科斯作品的收藏家的大量藏书。[①] 且朱利安作为新柏拉图主义的追随者和杨布里科斯的第三代弟子，他对《论奥秘》的理解程度理应高于今人。鉴于这一漏洞的存在，《赫颂》中赫利俄斯的“新”意，仅凭文本内容推断尚且不足，还需借助朱利安的叙述力度加以检验。

早年间有学者认为，《赫颂》可能是朱利安模仿柏拉图的《蒂迈欧篇》写就的“宇宙的颂词”（The Hymn to Universe）。[②] 但经上一节的论证可见，关于宇宙体系的叙述仅充当《赫颂》的“背景铺陈”。而《赫颂》本是献给太阳神赫利俄斯的颂词：“我（朱利安）想这也是在这里尽我所能地讲述这位神的本质的最佳方式。”[③] 且自《赫颂》132d 之后的绝大部分内容都围绕赫利俄斯展开。在不计入“他”“这位神”等代称的情况下，单就赫利俄斯之名在《赫颂》中便出现 80 余次。[④]

更重要的是，在《赫颂》具有“卷首语”功能的开篇里，朱利安已经点出他的叙述重点：

> 那么我的赞颂方式应该是什么？难道这不是显而易见的吗？如果我描述他的实质和起源，他的权力和能量，包括可见的和不可见的，以及他赐给所有世界的载着祝福的礼物，那我就能创作一篇完全不会令这位神不愉快的赞颂。说了这些，那么让我开始吧。[⑤]

与这段文本相对应的，是朱利安在《赫颂》里每隔几行即提醒读者，他要讲述关于赫利俄斯的哪一方面知识。现摘录几段仅供参考：

> 让我现在把这个神（赫利俄斯）自己教授给我们的联系起来。
>
> 但是，如果我也必须一个接着一个地描绘这些事物，为的是我们

---

① Iamblichus, *De Mysteriis*, p. xxiv (Introduction).

② D. A. Russell and N. G. Wilson, *Menander Rhetor*, Oxford and New York and Clarendon: Oxford UP, 1981, pp. 336:29－337:2.

③ Julian, “Hymn to King Helios,” 158a (p. 433).

④ 为节省篇幅此处不作统计，《赫颂》几乎每句话都出现了赫利俄斯之名。

⑤ Julian, “Hymn to King Helios,” 132b－c (pp. 357－359).

可以用我们的理智识别他（赫利俄斯）的中间性在他的各种各样的形式中是怎样的……即使叙述全部并不容易，然而让我尽力去讲述那些能够被讲述的。

……但愿他（赫利俄斯）自己向我的思想表明了，因为我渴望用一个简短的总结去描绘这两个方面的原因，即从他所进行的和他自己的本性两个方面以及那些他所赐予的充满可见世界的祝福方面展开描述。

但要说出他（赫利俄斯）在月亮之下的区域中所有的工作的数目将会花费太长的时间。然而，我仍需用一个简洁的概要来叙述它们。[①]

以上四段引文依次出自《赫颂》137c、139a－b、141d、150d。由这些连接句的密集程度和连贯程度可推理，《赫颂》132d 之后的大部分文本都紧密围绕赫利俄斯展开。也就是说，朱利安基本遵循了他在“卷首语”中给出的论述方式：“那么我的赞颂方式应该是什么？难道这不是显而易见的吗？如果我描述他的实质和起源，他的权力和能量，包括可见的和不可见的，以及他赐给所有世界的载着祝福的礼物，那我就能创作一篇完全不会令这位神不愉快的赞颂。”[②]

从论述力度的角度考虑，与之前叙述宇宙体系时的简洁和模糊不同，朱利安在赫利俄斯之名首次出现后，旋即设法再三论证赫利俄斯管理着理智诸神；一是借助逻辑推理。既然太一（至善）是理智诸神的美、存在、完善和统一的原因，而赫利俄斯是至善之子，所以赫利俄斯自然是至善派来管理和统治理智诸神的。[③] 二是借助常识证明。诸神在可见的以太层中以诸天体的形式存在，赫利俄斯在以太层中以太阳天体的形式存在。太阳

① 依次参见 Julian, “Hymn to King Helios,” 137c（p. 373）；139a－b（pp. 377－379）；141d（pp. 385－387）；150d（p. 413）。

② Julian, “Hymn to King Helios,” 132b（pp. 357－359）.

③ Julian, “Hymn to King Helios,” 133a－b（p. 361）。如果用哲学术语表示，则此处朱利安可能运用了新柏拉图主义哲学家们常用的论证方法——“辩证法”（Dialectic）。“辩证法”在使用过程中，一般视至善及其最高性和实在性为真正的“知识”（Sophia），再在此“知识”的基础上通过讨论的方式让真正的实在之间的同一和差别显现出来。相关解释可参考吕克·布里松著，黄唯婷译：《柏拉图哲学导论》，北京：北京大学出版社 2018 年版，第 54－56 页。朱利安的论证逻辑与“辩证法”高度相似。

通过释放光芒使诸天体为世人所见，在朱利安看来此即对应着赫利俄斯管理理智诸神的权能。[①] 三是借助自然天象证明。其他天体总是以某种固定的间距围绕太阳旋转，这象征着理智诸神服从赫利俄斯的统治。[②] 当朱利安首次说明赫利俄斯的光使万物可见时，还特地使用了如下的比喻帮助读者理解：

> 总之，一般而言，（可见之物）难道不是先令其接触到光线才能够被见到吗？我设想，它可能收到一种形式，就像物质被带到匠人的手里（接受塑形）一样。且事实上，粗糙地融化了的黄金仅仅是金子，还不是一种形式或是一种形象，直到匠人给它一个适宜的形状。[③]

更有甚者，朱利安主动标识出其论证可能会给读者造成的困惑：既然太一指派赫利俄斯来统治和管理诸神，那赫利俄斯为何没有先于理智诸神进入可见世界？随即就此作出解释：当理智诸神先进入可见世界之后，赫利俄斯才好统一地引导和管理他们。[④]

析读《赫颂》文本可见，自赫利俄斯登场后朱利安的论述力度有一个显著的提升。学界既有研究成果也佐证了赫利俄斯在《赫颂》中占据核心地位。1977 年阿塔纳西阿德指出，朱利安仅是借密特拉的某些特征来搭建一个神学背景，以便找到一个合适的位置去安放他真正要赞颂的

---

① Julian, "Hymn to King Helios," 133a (pp. 360—361).

② Julian, "Hymn to King Helios," 134d—135c (pp. 365—367)。朱利安的意思并非太阳是宇宙平面上的中心点。柏拉图在《蒂迈欧篇》中提出，宇宙中诸天体在各自的环形轨道上围绕地球呈圆周运动，自圆周的中心向外依次是：地球、月亮、太阳、水星、金星、火星、木星、土星（柏拉图著，谢文郁译：《蒂迈欧篇》，上海：上海人民出版社 2005 年版，38c—40d〈第 26—27 页〉）。杨布里科斯曾撰写《论柏拉图的〈蒂迈欧篇〉》（*on Plato's Timaeus*），阐释柏拉图关于天体运行秩序的观点。朱利安大概率继承了二人的观点，在《赫颂》中并未明显变动可见的诸天体的排列顺序，只是将太阳和太阳神的地位提高了。在朱利安笔下，水星和金星是伴随太阳的使者，相应地，赫尔墨斯和阿瑞斯是赫利俄斯的使者兼辅助（Julian, "Hymn to King Helios," 150c—d〈p. 413〉）。在这个意义上，诸天体围绕较高级别的太阳旋转，相关研究可参见 Marinus Anthony van der Sluijs, "Who are the 'Attendants of Helios'," pp. 169—177。

③ Julian, "Hymn to King Helios," 134c (p. 365).

④ Julian, "Hymn to King Helios," 133b—c (p. 361).

赫利俄斯。[1] 学界就朱利安是否借助了密特拉的特征尚存争议。但阿塔纳西阿德的结论至少说明，赫利俄斯是朱利安真正想要赞颂的核心主角。狄龙也写道："朱利安所关心的是呈现一个赫利俄斯，（这个赫利俄斯）本质上是由太阳神叠加一些新柏拉图式的理论而成，这足以凸显出他希望赋予赫利俄斯在万物体系里的中心角色。"言下之意，赫利俄斯是朱利安耗费精力塑造出的中心角色。

综上所述，赫利俄斯既明显表现出超出《论奥秘》的"新"意，又承载着《赫颂》的绝大部分篇幅，且朱利安在其身上投入了相当大的论述力度。赫利俄斯是《赫颂》中的"新"内容兼核心主角。至此可归纳出一个初步结论：朱利安在杨布里科斯既有论述的基础上"新"增了一位神——赫利俄斯。那么，朱利安"新"增的这位赫利俄斯究竟是怎样的存在？这个问题将通过析读《赫颂》132d－138a 来探究。待《赫颂》138a 时，朱利安已经开始将话题引向当时的国家——罗马帝国。[2] 而 138a 之前的内容集中叙述了赫利俄斯的实质、起源、权力和能量。

---

① Polymnia Athanassiadi, "A Contribution to Mithraic Theology: The Emperor Julian's Hymn to King Helios," pp. 360－371 .

② Julian, "Hymn to King Helios," 138a (p. 375).

第四章

朱利安对赫利俄斯形象的重新塑造

在朱利安皇帝的诸多作品中，《赫颂》被研究者们评价为叙述语言最繁杂且最抽象的一篇。从这样一份复杂文本里提取和概括赫利俄斯形象的难度很大。幸而朱利安本人已经在具有“卷首语”功能的开篇里，说明了他论述赫利俄斯的方式：

> 那么我的赞颂方式应该是什么？难道这不是显而易见的吗？如果我描述他的实质和起源，他的权力和能量，包括可见的和不可见的，以及他赐给所有世界的载着祝福的礼物，那我就能创作一篇完全不会令这位神不愉快的赞颂。说了这些，那么让我开始吧。①

由以上引文可知，朱利安计划在《赫颂》里描述赫利俄斯的起源、实质、在可见意义上的权力和能量、在不可见意义上的权力和能量以及他赐给所有世界的礼物。互文理论启示研究者：理解别人的表述就意味着要确定对它的态度，找到在相应的语境中它应有的位置。就所理解的表述的每一个话语，我们都仿佛要分别找出一系列自己相对应的话语。它们越多，越涉及本质，理解就越深入，越触及本质。② 现可依照朱利安本人给出的

---

① Julian，“Hymn to King Helios，” 132b—c（pp. 357—359）.

② 巴赫金：《马克思主义与语言哲学》，第 447 页。

赞颂方式，梳理《赫颂》中赫利俄斯的形象，深入探究赫利俄斯形象中的“新”内容。

一、赫利俄斯与《论奥秘》中的第一性原理

由《赫颂》132c—138c 可概括《赫颂》中有关赫利俄斯的叙述，帮助读者建立对赫利俄斯的初步印象。朱利安通过《赫颂》中的“背景铺陈”概述了宇宙的体系：宇宙自高至低分为太一所在的可知世界、诸神所在的理智世界和可见世界三个层次。① 而将这整个宇宙体系连接在一起的神便是赫利俄斯。赫利俄斯的实质是处于太一与可知世界的中间位置，以及理智诸神的中间位置的创造性实体。他的起源是太一，因从太一处获得能量而永恒存在。②

在可见意义上，赫利俄斯拥有的能量是可见的光，能够通过太阳光照耀诸神的实体（诸天体）和可见世界，使其中的事物变得可见。相应地，他可见的权力是管理包括诸天体在内的其他所有可见的存在物，使之流变不息却又朝着同一个目标运动；在不可见意义上，赫利俄斯拥有的能量是太一赋予他的理智，能够将理智公平地分配给理智诸神。相应地，他不可见的权力是统治理智诸神，因此他被朱利安称为赫利俄斯王。③ 正是凭借持续不断地发出可见的太阳光和不可见的理智，赫利俄斯王才能将整个宇宙连接成一个和谐统一的整体。

在朱利安笔下，于太一而言，赫利俄斯给予太一的礼物是为其服务，帮助太一将理智传递给其他所有存在物；④ 于理智世界而言，赫利俄斯是领导者和王一般的存在，赐予理智诸神的礼物是至善、存在、完美、统一

---

① 译者赖特指出，朱利安笔下的宇宙囊括了三个世界：只有纯粹的理智才可以理解的可理知世界、具有理智的世界，以及能够感知的世界。引文和赖特的注解分别参见 Julian，“Hymn to King Helios，” 132b（pp. 357—359）；p. 357（n. 4）。

② Julian，“Hymn to King Helios，” 133a—b（p. 361）.

③ Julian，“Hymn to King Helios，” 133a—136a（pp. 361—369）。在朱利安的叙述中，这两大权力和能量紧密交织在一起。

④ Julian，“Hymn to King Helios，” 133a—b（p. 361）。在朱利安的叙述中，赫利俄斯给予三个宇宙层次的礼物紧密交织在一起。

等等，即一切他从太一处获得的东西；[①] 于可见世界而言，赫利俄斯是万物的领导者和守护者，赐予可见世界中所有存在物的礼物是可见意义上的太阳光和不可见意义上的不朽性，即推动所有存在物的生息繁衍。[②] 赫利俄斯还将一部分追随他且富有理智的灵魂分配给可见世界，并将一部分经诸神启发后获取了理智的灵魂自可见世界提升到更高的宇宙层次。[③] 以上便是赫利俄斯赐予三个宇宙层次，亦即"所有世界的礼物"。其中赫利俄斯赠予太一和理智诸神的礼物，与其在可见和不可见意义上的权力和能量基本重合。

作为《赫颂》中的"新"内容兼叙述核心，赫利俄斯之名从未在《论奥秘》里出现过。但是朱利安在《赫颂》结尾部分写道："不过我很清楚没有人能够说出任何比杨布里科斯（的论述）更完美的东西，虽然他不应在这项任务上劳作那么久并说那么多'新'内容，因为由此他自然会从这位神（赫利俄斯）的真实知识上偏离开来。"[④] 这段话向读者透露出一项重要信息：杨布里科斯已经在赫利俄斯的问题上有所叙述。受此信息启发，笔者很容易从《论奥秘》里找出一位与赫利俄斯相似的存在——"第一性原理"。

（一）赫利俄斯的实质和起源

杨布里科斯在《论奥秘》中将宇宙大致划分为三个层次，自高至低依次是太一和第一性原理所占据的可知世界、理智诸神所占据的理智世界，以及可感知的存在物所占据的可见世界。从所处的宇宙层次上看，朱利安笔下的赫利俄斯位于可知世界与理智世界中间，杨布里科斯笔下的第一性原理恰好也位于此处。那么，赫利俄斯与第一性原理是何关系？

在探究此问题之前有一点需要说明：赫利俄斯是神名，第一性原理却是一个颇具哲学色彩的称谓，二者能够被置于同一平台上考量吗？汤因比曾如此评述柏拉图："他还敏锐地意识到了科学真理和诗性真理的区别；在形而上学的思维中，凡是达到逻辑已不能引导他在科学层面上再前进一

---

① Julian, "Hymn to King Helios," 133c—137c (pp. 361—373).

② Julian, "Hymn to King Helios," 134d (p. 365); pp. 137c—138c (pp. 373—375).

③ Julian, "Hymn to King Helios," 151d—156a (pp. 415—431).

④ Julian, "Hymn to King Helios," 157d—158a (p. 433).

步的极限的地方，他谨慎而坦诚地登上诗歌的层面并抛弃逻辑走向神话。”[①] 同理，杨布里科斯身为4世纪最杰出的新柏拉图主义哲学家，既将第一性原理视为神学术语，又将之视为哲学术语。他在《论奥秘》里写道：“从那位自给自足的神处能够自主发出光，因为这个原因他被称为‘他自己的父亲’和‘他自己的原理’；因为他是第一性原理和诸神之神……”[②] 或者说，杨布里科斯在讨论哲学问题将第一性原理用作哲学原理，而在讨论神学问题时将之用作神名。萨福瑞（Henri D. Saffrey）等现代学者在析读《论奥秘》时都曾将第一性原理当作神来分析。[③] 因而赫利俄斯与第一性原理能够被置于同一平台上考量。

具体到赫利俄斯与第一性原理的关系上，《论奥秘》是一部体系庞大的巨著，关于第一性原理的论述零星散落于各卷。但《论奥秘》的译者点明第8卷是杨布里科斯解说第一性原理的主阵地，[④] 现截取《论奥秘》Ⅷ.2中集中论述第一性原理的文本如下：

> 有一位神优先存在于真实的存在物和诸多宇宙原理诞生之前，甚至优先存在于在第一位神和第一位王之前，这位神在他自己的统一性中保持不变。因为没有理智的客体或别的任何东西与他连接。他被确立为自我生成和自我创造的典范，也是唯一一位由真正的至善生成的神，因为相对于其他所有存在物而言，他是更优越的、更预先存在的也是更原始的，且他是最初获取了理智的那一批客体（即形式）的基础。从那位自给自足的神处能够自主发出光，因为这个原因他被称为“他自己的父亲”和“他自己的原理”；因为他是第一性原理和诸神之神，是自太一发出的单子，是先于本质预先存在的本质和第一性原

---

① 阿诺德·汤因比著，晏可佳、张龙华译：《一个历史学家的宗教观》，上海：上海人民出版社2016年版，第105页。

② Iamblichus, *De Mysteriis*, 8.2 (p. 309).

③ Stephen Gersh and Charles Kannengiesser, eds., *Platonism in Late Antiquity* (= *Christianity and Judaism in Antiquity*, *vol.* 8), p. 234; John Dillon, "Iamblichus and Henads Again," in H. J. Blumenthal and E. G. Clark, eds., *The Divine Iamblichus Philosopher and Man of Gods*, London: Duckworth, 1993, p. 49.

④ Iamblichus, *De Mysteriis*, p. lii (Introduction).

理。自他发出真髓和本质，因为这个原因他被称为先于本质的存在、可知世界的第一性原理和理智活动的原理……因此，这是所有原则中最高级的原则，赫尔墨斯将其排在居于以太和天空中的众神之前。①

朱利安基本承袭了杨布里科斯的宇宙体系，视太一为宇宙间最高级别和最原初的存在，且习惯用柏拉图的话称呼太一为至善。② 赫利俄斯则被朱利安归源于至善和太一，《赫颂》中表达二者间关系最明确的一句话是：

且他（赫利俄斯）自己就是一个整体，因为他是最原初和最伟大之物的儿子，换句话说，他就是至善的理智。③

与朱利安笔下的赫利俄斯一致，杨布里科斯笔下的第一性原理同样起源于太一：

他被确立为自我生成和自我创造的典范，也是唯一一位由真正的至善生成的神……因为他是第一性原理和诸神之神，是自太一发出的单子，是先于本质预先存在的本质和第一性原理。④

这里明确给出了第一性原理自太一（至善）中衍生而来的说法。已有数位学者论证过，《论奥秘》中的第一性原理显然是宇宙间仅次于太一的第二位的存在。⑤ 朱利安强调赫利俄斯因从太一处持续获得营养而持续存

---

① Iamblichus, *De Mysteriis*, 8.2—3 (pp. 307—309).

② Julian, "Hymn to King Helios," 132d (p. 359).

③ Julian, "Hymn to King Helios," 133a—b (p. 361).

④ Iamblichus, *De Mysteriis*, 8.2—3 (pp. 307—309).

⑤ 学界总结出杨布里科斯与普罗提诺的思想间的一大区别就是：在普罗提诺的体系里太一既是超然的又是最初的原理，而杨布里科斯将超然的太一与最初的原理分离开来，并将后者命名为第一性原理。在这个意义上，第一性原理便被视作杨布里科斯新增的。详见 Iamblichus, *De Mysteriis*, p. 311 (n. 410); Stephen Gersh and Charles Kannengiesser, eds., *Platonism in Late Antiquity* (= *Christianity and Judaism in Antiquity*, *vol*. 8), pp. 157—171; John Dillon, "What Price the Father of the Noetic Triad? Some Thoughts on Porphyry's Doctrine of the First Principle," in George Karamanolis and Anne Sheppard, eds., *Studies on Porphyry*, London: Institute of Classical Studies, 2007, p. 58; Gregory Shaw, *Theurgy and the Soul*: *The Neoplatonism of Iamblichus*, pp. 112—113。

在，第一性原理的永恒性也于“在他自己的统一性中保持不变”和“自给自足”等词句中有所体现。杨布里科斯还在《论奥秘》I. 12 里表述过第一性原理的永恒性：“（众神）从自己的身体中解脱出来，并转向他们那永恒而可理解的第一性原理。”① 由文本内容可见，赫利俄斯与第一性原理的起源近乎一致。加之，赫利俄斯是《赫颂》中唯一一位自太一生成的神，第一性原理在杨布里科斯笔下是自太一而来的“单子”②。二者的独一性意味着，《论奥秘》中再无其他来自太一的神能够与赫利俄斯相对应。

朱利安在交代完赫利俄斯的起源之后，随即给出了有关其实质的描述：

> 且凭借驻留在它（太一）体内的最初的创造性物质的力量，孕育了作为理智的原因和创造性的原因的“中间的中间”——赫利俄斯，这位最强大的神从他本身发出且在所有事情上好像都朝向他本身。③

依据这段引文，关于赫利俄斯的实质能够总结出两点：第一，赫利俄斯从太一本身而来又在所有事情上都朝向太一本身。关于这一点朱利安没有就近提供解释，但依据后文可知，赫利俄斯作为已经蒙太一赐予了至善的存在，其内部已经具备与太一一般的最高等级的理智，即至善。所以赫利俄斯在实质上与太一是一体的，他自太一而来又朝向太一，亦是自自己本身而来又回到自己本身。于是最终在他自己内部，他就能够理解所有生成之物的非生成的原因，更进一步，优先理解了永恒天体生命的永恒和不变的原因。④

第二，赫利俄斯居于“中间的中间”。以上引文紧随《赫颂》对宇宙体系的简述，故可先从赫利俄斯所处的宇宙的空间位置上解读，结合后文：

> 第四，从他自己（在这个整体中）所处的中间位置，我们能够理

① Iamblichus, *De Mysteriis*, 1. 12 (p. 53).

② Iamblichus, *De Mysteriis*, 8. 3 (p. 309).

③ Julian, "Hymn to King Helios," 132d—133a (p. 359).

④ Julian, "Hymn to King Helios," 142a—b (p. 387).

解他位于最中心的位置；第五，从他在诸天体之间的中心位置，我们能够理解他被确立为理智诸神的王的事实。①

参考《赫颂》对宇宙体系的概述来理解，则朱利安意指赫利俄斯在纵向和横向两个层面上均处于中间位置。即赫利俄斯既处于太一所在的可知世界与诸神所在的理智世界的中间位置，又在高于理智诸神的情况下对应着可知世界的中间位置。打一个不恰当的比喻：如果将可知世界、理智世界、可见世界三个宇宙层次，与太一自上而下发出的理智看成一个类似“丰”字的结构，则赫利俄斯处于“丰”字第一横与第二横中间的竖线的中间位置。

赫利俄斯在实质方面所具有的两大特点：朝向自身和居中位置，在杨布里科斯笔下的第一性原理身上均有所体现。根据《论奥秘》对第一性原理的集中叙述，第一性原理相对于所有存在物而言，已经被确立为“自我生成和自我创造的典范”，自太一中生成而又被排在“居于以太和天空中的众神之前”②，亦即中间位置。鉴于赫利俄斯与第一性原理在实质和起源方面所表现出的高度的相似性，加之朱利安以《论奥秘》为基础写作《赫颂》，赫利俄斯大抵对应着《论奥秘》里的第一性原理。

这一推测可通过《论奥秘》Ⅷ.3 中的另一套系统来验证。《论奥秘》的开篇一般被当作揭示作者写作目的的“卷首语”。③ 杨布里科斯在《论奥秘》Ⅰ.4 表明，他期望回答波菲利所提出的有关神学和祭祀的诸多问题。④《论奥秘》第 8 卷应对的问题是：“什么是埃及人所说的‘第一原因’（The First Cause）？如果一切事物都来源于同一个存在，那为什么古代那些代神立言的著作中流传着许多不同的观点？为什么在世的先知在如此重大的问题上竟没有统一的学说？”⑤

---

① Julian, “Hymn to King Helios,” 135c—d (p. 367).

② Iamblichus, *De Mysteriis*, 8. 2—3 (pp. 307—309).

③ D. C. Clark, “Iamblichus’ Egyptian Neoplatonic Theology in *De Mysteriis*,” p. 165; Garth Fowden, *The Egyptian Hermes: A Historical Approach to the Late Pagan Mind*, p. 22; Iamblichus, *De Mysteriis*, pp. xxxi (Introduction).

④ *De Mysteriis*, 1. 4 (p. 19).

⑤ Iamblichus, *De Mysteriis*, 8. 1 (p. 305).

杨布里科斯的回答大致如下：第一性原理是唯一的，但由于存在物的类型多种多样，展现的方式也各不相同，所以不同民族从中承继了多种形式的第一性原理，由不同的古代先知的记叙又产生了许多不同的解释。[①]为论证此答案的正确性，杨布里科斯在《论奥秘》第 8 卷里先说明第一性原理的运作机制，后专门解释了第一性原理在最古老的埃及传统中的别称和位置，兼及其他民族的传统，[②] 从而证明关于第一性原理的知识既是人类最古老的智慧，又是人类普遍拥有的智慧。现截取相关段落如下：

> 依照这套秩序的另一套系统，他（赫尔墨斯）将第一等级给予 Kmeph，诸天神的领导者。他（Kmeph）宣称自己是自身理智的思考者，并在思想上朝向他自己，但在他之前赫尔墨斯放置了一个不可分割的太一，赫尔墨斯称之为“Ikton”或“原初之物”（The First Product）。正是在 Ikton 之内存在着最原始的理智和理智的客体，必须明确指出的是，只有通过凝思才能够崇拜 Ikton。除此之外，统治世界的其他神灵则被放置在可见领域的世界。[③]

如“依照这套秩序的另一套系统”一句所示，以上引文是第一性原理的运行机制在古埃及神话系统中的显现。丹尼斯·克拉克析读这段文本时也指出，杨布里科斯给出了两套系统。“一套来自他自己的纯粹的新柏拉图主义式话语体系，另一套则以埃及诸神的形式呈现”[④]。且第一性原理显然对应着引文中诸天神的领导者兼享有第一等级的 Kmeph。如此一来，我

---

① Iamblichus, *De Mysteriis*, 8. 1 (p. 305).

② Iamblichus, *De Mysteriis*, 8. 3 (p. 309)。除了引文中正面出现的古埃及传统，以及赫尔墨斯所代表的古希腊传统之外，现代学者还从该文本中析读出亚述传统，详见 Jacco Dieleman, “Claiming the Stars: Egyptian Priests Facing the Sky,” *Aegyptica Helvetica*, vol. 17 (2003), pp. 277—289; Jacco Dieleman, *Priests, Tongues, and Rites: The London-Leiden Magical Manuscripts and Translation in Egyptian Ritual* (100—300 *CE*), Leiden: Brill, 2005, pp. 193—194。

③ Iamblichus, *De Mysteriis*, 8. 3 (pp. 309—311)。笔者未查到与“Kmeph”和“Ikton”吻合的古埃及神名，故保留英文译名，下同。

④ D. C. Clark, “Iamblichus' Egyptian Neoplatonic Theology in *De Mysteriis*,” p. 164.

们便可以用另一套系统再度检验赫利俄斯与第一性原理的对应关系。

在朱利安笔下赫利俄斯起源于太一。在《论奥秘》Ⅷ.3里的Kmeph之上，同样存在着一位不可分割的太一。只是太一在古埃及传统里被称为“Ikton”或“原初之物”。虽然21世纪以前学界一度将Ikton与Kmeph视为一体，认为二者在本质上皆代表古希腊神话里的第二代神王克洛诺斯。[①]但21世纪以后，泰勒（Thomas Taylor）等学者结合杨布里科斯的其他作品辨析出Ikton与Kmeph明显处于不同的智力层次。[②] Kmeph与赫利俄斯一样，明显处于相当于太一的Ikton之下。

《赫颂》中赫利俄斯在实质方面的一大特点是从他本身而来，并在所有事情上都朝向他自己。[③] 而杨布里科斯称：“他（Kmeph）宣称自己是自身理智的思考者，并在思想上朝向他自己。”[④] 二者的字面含义近乎一致。赫利俄斯在实质方面的另一大特点是既位于太一和理智世界的中间地带，又位于理智诸神的中间。同样，《论奥秘》Ⅷ.3里的Kmeph，从纵向上看处于不可分割的Ikton和可见领域的世界之间。从横向上看，占据着可知世界的第一等级，是诸天神的领导者。丹尼斯·克拉克表示，杨布里科斯明显将Kmeph放在第二个宇宙层次上，比可知世界高但比Ikton低。[⑤] 由此可见，《论奥秘》的另一套系统里以Kmeph身份出现的第一性原理，仍然在起源和实质上与赫利俄斯保持高度的一致性。

除文本层面上的相似性之外，现代学者对Kmeph形象的解读也能为

---

① Robert K. Ritner, *The Mechanics of Ancient Egyptian Magical Practice*, Chicago: University of Chicago Press, 1993, pp. 14－28; Robert K. Ritner, “Egyptian Magical Practice under the Roman Empire: The Demotic Spells and Their Religious Context,” in Wolfgang Haase and Hildegard Temporini, eds., *Aufstieg und Niedergang der Römischen Welt* (*ANRW*), Band Ⅱ. 18. 5, Berlin and New York: Walter de Gruyter $ Co., 1995, pp. 3333－3379; Olympiodorus, *Commentary on Plato's Gorgias*, trans. by Robin Jackson, Kimon Lycos and Harold Tarrant, Leiden: Brill, 1998, pp. 23－24.

② Iamblichus, *On the Mysteries and Life of Pythagoras*, trans. by Thomas Taylor, Chippenham: The Prometheus Trust, 1999, p. 192 (n. 1); 同类论述参见 D. C. Clark, “Iamblichus' Egyptian Neoplatonic Theology in *De Mysteriis*,” p. 190 (n. 66)。

③ Julian, “Hymn to King Helios,” 132d－133a (p. 359).

④ Iamblichus, *De Mysteriis*, 8. 3 (p. 309).

⑤ D. C. Clark, “Iamblichus' Egyptian Neoplatonic Theology in *De Mysteriis*,” p. 177.

赫利俄斯和第一性原理的对应关系提供佐证。Kmeph 本不符合古埃及人的命名习惯。从英国劳特利奇出版社出版的《埃及神话词典》中检索不到埃及人信奉过一位名为 Kmeph 的神。[①] 一部分学者将 Kmeph 释读为古埃及始祖神赫卡（Heka）。赫卡由自我生成，不仅将整个天空编织在一起，还保护着包括阿蒙神在内的诸神。且赫卡的名称在古埃及语里时常被写作"Heikton"，与杨布里科斯笔下的 Kmeph 颇为相似。[②] 丹尼斯·克拉克认为，"Kmeph"大概率是"Amun Kem-Atef"的某种变体，实为古埃及主神"阿蒙—拉"（Amun-Re）。[③] 郎德尔·克拉克（R. T. Rundle Clarke）也表示，"Kmeph（Amoun）"是杨布里科斯对古埃及众神之王阿蒙（Amun）之名的音译或误写。[④] 奥普索默（Jan Opsomer）主张，久居罗马帝国的杨布里科斯对古埃及阿蒙神的了解十分有限，他真正熟悉的是古希腊文化，"Kmeph"实为"宙斯—阿蒙"（Zeus-Ammon）的缩写或变体。只因杨布里科斯需要以埃及先知"阿巴蒙"的口吻讲述，他才在叙述奥林匹斯神系中主神宙斯的形象时，特意为之选用了一个符合古埃及语境的拼写"Kmeph"。[⑤]

在以上三种观点之下，Kmeph 的真实身份尚不明朗，但 Kmeph 所指向的赫卡、阿蒙、宙斯，都占据着各自所在神话体系中诸神的最高等级且具备保护和管理诸神的权能。朱利安笔下的赫利俄斯自太一中生成，又被太一派去统治和管理诸神。[⑥] 以上学者对 Kmeph 身份的考证，均佐证了赫利俄斯与第一性原理（Kmeph）都是仅次于太一的最高神。

---

① George Hart, *The Routledge Dictionary of Egyptian Gods and Goddesses*, London and New York: Routledge, 2005.

② 原文参见 Elsa Oréal, "HÉKA, Proton Mageuma: Une Explication de Jamblique, De Mysteriis 8. 3," *Revue d' Égyptologie*, vol. 54 (2003), pp. 281—282。克拉克列举了此说法（D. C. Clark, "Iamblichus' Egyptian Neoplatonic Theology in *De Mysteriis*," p. 173）。本书转引克拉克的概述。

③ D. C. Clark, "Iamblichus' Egyptian Neoplatonic Theology in *De Mysteriis*," pp. 164—205.

④ R. T. Rundle Clarke, *Myth and Symbol in Ancient Egypt*, London: Thames and Hudson, 1959, p. 61.

⑤ Jan Opsomer, "Proclus on Demiurgy and Procession: A Neoplatonic Reading of the Timaeus," pp. 119—121.

⑥ Julian, "Hymn to King Helios," 133a—b (p. 361).

再者，邦尼特（H. Bonnet）等学者推测，杨布里科斯笔下 Kmeph 在可见层面上的形象取材于古埃及的宇宙之蛇 Km-atef。① Km-atef 在古埃及的赫利奥波利斯神谱里，是创世神阿托姆（Atum）由自身衍生出的一个蛇形的宇宙化形。该神承袭了阿托姆的本质，是宇宙间多样性的创造者，在其能力范围之内将阿托姆的本质赋予一切存在物。② 宇宙之蛇 Km-atef 的常见形象，便是以口尾相衔的蛇身环绕着宇宙。③ 此形象恰好契合赫利俄斯由自身而来又思考自身的特点。也就是说，依照邦尼特等学者的研究成果，赫利俄斯与第一性原理（Kmeph）都具备由自身而来又思考自身的特点。

现代学者对 Kmeph 形象的解读有效佐证了《赫颂》中的赫利俄斯与《论奥秘》中的第一性原理的对应关系。更关键的是，与《赫颂》写于同月同地的《大母神颂》为二者间的对应关系提供了一项有力的旁证。如下引文所示，朱利安在《大母神颂》中曾使用过"第三位造物主"的称谓：

> 这使得这些（物质）形式处在"第三位造物主"（The Third Creator）的控制之下——对我们来说，他就是主人和父亲，不仅是这些（物质）形式的而且也是可见的第五实体的主人和父亲。④

朱利安描述宇宙体系时提到，第五实体的顶点是太阳的光线。⑤ 将之代入引文中可见，"第三位造物主"是太阳光线和理智共同的主人和父亲。而《赫颂》里自高至低传递太阳光和理智的神是赫利俄斯。即"第三位造物主"与赫利俄斯一致。菲纳莫雷、赖特等学者也曾明确指出，"第三位

---

① 克拉克列举了此说法（D. C. Clark, "Iamblichus' Egyptian Neoplatonic Theology in *De Mysteriis*," p. 178〈n. 32〉）以及持此说法的论著（Hans Bonnet, *Lexikon der ägyptischen Religionsgeschichte*, Hamburg: Nikol Verlagsgesellschaft, 2000, p. 156; Serge Sauneron, *Esna*, Vol. V, Cairo: Institut Français D' archéologie Orientale du Caire, 1962, p. 319）。另有其他学者沿用此说法，详见 Joseph Campbell. ed., *The Mysteries: Papers from the Eranos Yearbooks*, Vol. Ⅱ, pp. 219ff (The Mystery of the Serpent).

② R. T. Rundle-Clark, *Myth and Symbol in Ancient Egypt*, p. 50.

③ R. T. Rundle-Clark, *Myth and Symbol in Ancient Egypt*, p. 50.

④ Julian, "Hymn to the Mother of the Gods," 165a (p. 461).

⑤ Julian, "Hymn to King Helios," 132c (p. 359).

造物主”等同于“赫利俄斯”。[①]

“第三位造物主”一词，在《论奥秘》Ⅷ.3 中已经被用于可感知（可见）的世界，以代称第一性原理：

> 依照这套秩序的另一套系统，他（赫尔墨斯）将第一等级给予 Kmeph，诸天神的领导者。他（Kmeph）宣称自己是自身理智的思考者，并在思想上朝向他自己……对于这位第三位造物主，即那位真相和智慧的主人而言，当他创造且带来光明和不可见的隐藏着的理性原理时，在埃及人口中他被称为 Amoun。[②]

综合以上两段引文可见，朱利安与杨布里科斯均使用过“第三位造物主”的概念。这甚至构成《杨布里科斯和朱利安的‘第三位造物主’：一项命题》一文的研究基础。[③] 在朱利安笔下“第三位造物主”指代赫利俄斯，而在《论奥秘》里“第三位造物主”指代第一性原理。由此可将赫利俄斯与第一性原理之间画上等号。

第一性原理便是朱利安所说的，杨布里科斯已经有所谈论而他（朱利安）要尽他所能叙述其本性的神。朱利安以《论奥秘》为基础写作《赫颂》，从《论奥秘》中承继了第一性原理的概念，但将之转化为《赫颂》的核心主角赫利俄斯。朱利安为什么这么做？在尚未梳理完赫利俄斯的形象之前，暂且搁置这个问题。

需提醒读者的是，第一性原理的名称或许是杨布里科斯率先使用的，但其概念未必为杨布里科斯首创。普罗提诺的《九章集》里有一段话把一种理智归源于太一，称“它既是太一的后代，便也是不同于太一的另一种

---

① Julian, “Hymn to the Mother of the Gods,” p. 461 (n. 2); Iamblichus, *De Mysteriis*, 1. 21 (p. 311); John F. Finamore, “Iamblichus on Light and the Transparent,” in *The Divine Iamblichus Philosopher and Man of Gods*, p. 137; John Dillon, *Iamblichi Chalcidensis in Platonis dialogos commentariorum fragmenta*, pp. 418—419.

② Iamblichus, *De Mysteriis*, 8. 3 (p. 311).

③ Adrien Lecerf, “Iamblichus and Julian's ‘Third Demiurge’: A Proposition,” pp. 177—201.

可理知者”[①]。普罗提诺所说的理智与杨布里科斯笔下的第一性原理颇为相似。只是就普罗提诺遗存的作品来看，他并未赋予此概念一个专门的称谓或系统的阐释。[②] 菲纳莫雷表示：“这种观点（第一性原理）早在普罗提诺的思想中便有预示，只是在杨布里科斯和普罗克诺斯的思想中，才被完整连贯且一致地表达出来。”[③] 狄龙等学者甚至直接将第一性原理的概念上溯至柏拉图。[④] 也就是说，杨布里科斯笔下第一性原理的概念可能继承自前人。但它的理论来源与朱利安关系不大，朱利安仅将《赫颂》明确归源于杨布里科斯一人。[⑤]

综上所述，虽然朱利安出身于统治罗马帝国的君士坦丁家族，但因皇位来源受到罗马人质疑，他急需借杨布里科斯的《论奥秘》巩固皇权。《论奥秘》很难直接被用于实现此目的，于是朱利安参照《论奥秘》写作《赫颂》，在《赫颂》的“卷首语”中宣告“我是赫利俄斯王的追随者”，又在“背景铺陈”中概述原《论奥秘》里的宇宙体系，以便于罗马人接受

---

① 普罗提诺：《九章集·下册》，5.4（第 594 页）。

② 普罗提诺遗留的残篇里亦有关于这种理智的少量描述（Arthur Schopenhauer and E. F. J. Payne, *Parerga and Paralipomena: Short Philosophical Essays*, Vol. I, Oxford: Clarendon Press and New York: Oxford University Press, 2000, p. 7〈Fragments for the History of Philosophy〉），因而不能排除普罗提诺曾命名或阐释过这种理智的可能。但相关作品业已丢失，目前无法考证。

③ John F. Finamore, “Plotinus and Iamblichus on Magic and Theurgy,” *Dionysius*, vol. 17（1999）, p. 91。也有部分学者与菲纳莫雷持不同意见，这部分学者在分析《九章集》以及与普罗提诺同时代的学者对《九章集》的评述和引用之后，提出是普罗提诺最先发明了一种作为太一后代的理智，且已经将这种理智明确且系统地表达出来。这一“理智”概念的创制使得普罗提诺的柏拉图主义有别于之前各种形式的柏拉图主义，这也是普罗提诺能被后世视作新柏拉图主义奠基人的重要原因之一（Jean-Marc Narbonne, *Studies in Philosophical Theology*, Leuven, Paris and Dudley, MA: Peeters, 2006, pp. 1—96; A. H. Armstrong, *An Introduction to Ancient Philosophy*, Westminster, Maryland: The Newman Press, 1959, p. 182）。此番争论不影响杨布里科斯自普罗提诺处发展出“第一性原理”的结论，只关乎杨布里科斯的贡献大小。

④ Stephen Gersh, “The First Principles of Latin Neoplatonism: Augustine, Macrobius, Boethius,” *Vivarium*, vol. 50, no. 2（2012）, pp. 113—138; Hans-Georg Gadamer, “Plato’s Parmenides and its Influence,” *Dionysius*, vol. 8（1983）, pp. 6—7; Thomas Whittaker, *The Neo-Platonists, A Study in the History of Hellenism*, Cambridge: Cambridge University Press, 1928, p. 56.

⑤ Julian, “Hymn to King Helios,” 157d（p. 433）.

和理解。在此基础之上，朱利安抛出了《赫颂》的核心主角兼“新”内容——赫利俄斯。但赫利俄斯的起源和实质基本承袭自《论奥秘》中的第一性原理。

（二）赫利俄斯的权力和能量

赫利俄斯在实质和起源上并未表现出明显超出第一性原理的“新”意。《赫颂》中与朱利安的写作目的紧密相关的“新”内容，还需深入赫利俄斯的权力和能量中探究。朱利安对赫利俄斯的权力和能量又作何叙述？

> 即便如此，神圣的柏拉图也相信，当他写道：“因此，当我谈到这一点的时候，请明白我指的是至善的后代，善于他自己的相似性中孕育而生，同时与善相关联的是纯粹的理智及其在可知世界中的对象。这就是可见世界中太阳与视觉及其对象的关系。”①

如上引文所示，朱利安援引柏拉图的名句，描述太阳神赫利俄斯在可见层面上的权力和能量表现为可见世界中太阳天体的权力和能量。《赫颂》133c—134d 继续解释道：“这可见之物即第三位的世界，明显是对象可以被感觉到的原因，可见的赫利俄斯是可见诸神的原因……所以说，光自身是没有实体的，是顶点和净化，就是太阳的光线……因此，凭着光给予人视力，和可见之物能被看见的能力，它们才变得完善。”② 依照朱利安的逻辑，当赫利俄斯以太阳天体的形式出现时，他能够使用光线照耀可见世界并将整个宇宙连接在一起，使得包括理智诸神对应的实体形式——诸天体在内的万物可见。

相应地，《赫颂》中赫利俄斯借着他的光完善了可见之物，且他使宇宙万物流变不息，这显示了他的创造性和生成性能力；他还使运动变得和谐，朝向同一个目标，显示了他使万物联系成一个整体的能力。③ 赫利俄

① Julian, “Hymn to King Helios,” 133a—b (pp. 359—361).

② Julian, “Hymn to King Helios,” 133c—134d (pp. 361—365).

③ Julian, “Hymn to King Helios,” 135c (p. 367).

斯在可见世界中的权力是管理包括诸天体在内的其他所有存在物，使之流变不息却又和谐运动。为论证这一点，朱利安提供自然天象以为佐证。在朱利安笔下，赫利俄斯将自己的位置分配到“中天”（Mid-heavens），赫利俄斯还引导着第九个球体，也就是我们的世界，我们的这个世界正以一种生和死的持续循环在旋转着。因为显而易见的是，这些星体正如他们那样围绕着赫利俄斯在舞动，他们也在赫利俄斯和他们自己的运动之间维持着一种和谐的运动，于是整个天空在所有方面都适应赫利俄斯。[①] 简言之，诸天体围绕太阳运行是肉眼可观测的天象，如此可证赫利俄斯在可见层面上的权力和能量。

赫利俄斯在可见层面上的权力和能量在杨布里科斯笔下的第一性原理身上亦有所体现。杨布里科斯相信是诸神的光线将宇宙联系起来：“事实上，神圣的光线从外部照亮一切，正如太阳用它的光芒从外部照亮一切那般。就像太阳光覆盖它所照亮的一切一样，诸神的神意也从外面拥抱参与其中的存在物。”[②] 后文杨布里科斯强调诸神的光线有一个单一的光源，这单一的光源不仅用可见光将整个宇宙连接在一起，而且用其内部无限的因果原理使宇宙间诸事物得以完善和统一。且如下引文所示，杨布里科斯同样使用了天体围绕太阳运转的自然天象加以类比：

> 这光在任何地方都是单一且相同的，不可分割地存在于所有能够参与其中的事物，并且以其完美的力量充满了一切。凭借其内部在因果原则上的优势，它使内部的所有事物都得以完善，并且在任何地方都保持着与它自身的统一，同时它把具有起点的极限结合在一起。的确，整个天空和宇宙确实都在模仿它进行着圆周旋转，与它联合起来共同引导元素在其循环的舞动中绕转和结合，将所有的存在物团结在一起，使他们彼此静止或相互支撑。[③]

虽然第一性原理在以上一段文本里未直接出现。但在《论奥秘》第1

① Julian, “Hymn to King Helios,” 146c—d (pp. 399—401).

② Iamblichus, *De Mysteriis*, 1.9 (p. 39).

③ Iamblichus, *De Mysteriis*, 1.9 (pp. 39—41).

卷中，杨布里科斯点出了人类传统中有关于第一性原理的不同形式的表述，并称之为“因果和生命里的众多第一性原理”①。《论奥秘》第8卷又点出，关于第一性原理的不同形式的种种表述，其根基都是那个最原初且最正确的第一性原理，并称之为优先于第一位神和王的“因果原则”。② 根据第1、8卷的内容，则引文中包含着因果原则的光即指代第一性原理。安德鲁·史密斯也表示：“如果我们读《论奥秘》时无意区分神学范畴，而关心的是一种神圣的仪式活动，那么因果原则便是渗透在存在链条中的最高级别的原理。”③

将第一性原理代入引文可见，杨布里科斯同样认为整个天空和宇宙都在围绕并模仿第一性原理和谐地运动，这与朱利安对赫利俄斯的描述基本一致。如果说以上一段引文里第一性原理与可见光的联系尚不够明晰，那还可参看《论奥秘》Ⅶ.2。同朱利安一样，杨布里科斯在《论奥秘》Ⅶ.2直接将太阳光与第一性原理联系起来，点明第一性原理管控着整个世界：

> 就像舵手在掌管船舵的同时掌管着船一样，太阳也在卓越地掌管着整个世界。舵手自上而又在后方掌控着一切事物，由他自身发出原始的第一驱动力。同理但更重要的是，这位神自上发出，也就是由本质而来的第一性原理发出运动产生的初始原因。④

其实朱利安在论证赫利俄斯通过可见光管理可见世界之前，已经明确表述过这个说法承袭自杨布里科斯等哲学家：“现在，我意识到伟大的哲学家柏拉图，和晚于他的那位，只是在时间上晚于他但在天赋方面绝不亚于他——我指的是卡尔基斯的杨布里科斯，他不仅通过他的著作使我熟悉了其他哲人的学说还有这些……”⑤

另有一处文本细节能够佐证两人在光的问题上的承继关系：朱利安称

---

① Iamblichus, *De Mysteriis*, 1.4 (p.19). 1.3 (p.13)

② Iamblichus, *De Mysteriis*, 8.2 (p.307).

③ Andrew Smith, "Iamblichus' Views on the Relationship of Philosophy to Religion in *De Mysteriis*," p.74.

④ Iamblichus, *De Mysteriis*, 7.2 (pp.293—295).

⑤ Julian, "Hymn to King Helios," 146a (p.399).

诸星体围绕着赫利俄斯在舞动，杨布里科斯也称整个天空和宇宙模仿第一性原理在其循环的舞动中绕转和结合。在这个问题上朱利安与杨布里科斯都使用了学界公认的新柏拉图主义奠基人普罗提诺于《九章集》里形容宇宙秩序的说法——舞动。原句为："如果宇宙的整体（任何部分）按自己的本性运动，那些不按自己本性运动的部分就要遭殃……这就好比一大群舞者在有节奏地跳动，一只乌龟却挡在了半路，由于它无法从舞者的有序运动中逃脱，便被踩死了。"① 现代学者威特曾如此评价三人描述光时的相似性："即便普罗提诺、杨布里科斯和朱利安对 20 世纪的自然科学和分子物理学一无所知，但他们似乎一直在探索自然光线的原理，就像他们坚韧的前辈一样。"②

朱利安会否承袭了普罗提诺而非杨布里科斯？菲纳莫雷等学者研究发现，杨布里科斯与普罗提诺均相信光在纯粹状态下是非物质的。但与普罗提诺形成鲜明区别的是，杨布里科斯认为宇宙通过太阳光从上层领域进入人类生活的领域。③ 太阳光自上而下联系各宇宙层次的说法实为杨布里科斯所倡导，而这也是朱利安关于赫利俄斯的光的主要描述。菲纳莫雷还进一步指出二人说法间的一致性："他们似乎都设想了一种更高层次的活动，光从一个地方传播传递到另一个地方，在下降过程中或许变得更有形但不那么纯粹了。"④ 由此可见，朱利安主要承袭了杨布里科斯而非普罗提诺的理论，且他笔下的赫利俄斯与第一性原理在可见层面上的权力和能量亦高度相似。

再看赫利俄斯在不可见层面上的权力和能量。待《赫颂》行文近半时，朱利安即由太阳天体的权力和能量引出赫利俄斯与不可见的理智诸神的关系：

> 因为正如通过他（赫利俄斯）的光，他赐予了我们的双眼视力，

---

① 普罗提诺：《九章集·上册》，2.9（第 186 页）。

② Rex E. Witt, "Iamblichus as a Forerunner of Julian," p. 51.

③ John F. Finamore, "Iamblichus on Light and the Transparent," p. 55.

④ John F. Finamore, "Iamblichus on Light and the Transparent," p. 56。此说法得到克拉克的赞同，但克拉克在菲纳莫雷的基础上又补充了一些二人观点上的细节差异。详见 D. C. Clark, "Iamblichus' Egyptian Neoplatonic Theology in *De Mysteriis*," p. 186。

> 同样在理智诸神中间，他通过它对应的理智的部分…… 正如我相信的，他赐予所有理智诸神思考的能力和通过思考被理解的能力。[①]

引文中，赫利俄斯将太一赋予他的理智再公平地赋予理智诸神，与他用太阳光照耀理智诸神所对应的诸天体相一致。就不可见层面上的权力而言，因为能够将源自太一的理智赋予诸神，所以《赫颂》表明："第五，从他在诸天体之间的中心位置，我们能够理解他被确立为理智诸神的王的事实。"[②] 为了论证赫利俄斯的王的地位，朱利安特地援引赫西俄德与荷马的言论作为佐证：一是赫西俄德在《神谱》中称赫利俄斯是许佩里翁和忒亚的后代。在朱利安看来，这样的家谱充分暗示出"他是那超越于万物之上的他（许佩里翁）的真正的儿子"[③]。二是依照朱利安对《荷马史诗》的理解，宙斯本是众神之主，赫利俄斯批评奥德修斯的同伴吃了他的牛群时，宙斯没有像昔日威胁众神不得参与特洛伊战争那样，说要将赫利俄斯连同大地和大海一起拖上来，反而答应惩罚奥德修斯的罪恶，这充分显示出赫利俄斯不受其他神束缚，以及超越其他的无限存在（神）的特点。[④]

杨布里科斯在《论奥秘》第8卷中亦借古埃及传统，清晰地表达出第一性原理（第三位造物主）创造且带来光明和理智的观点：

> 对于这位第三位造物主，即那位真相和智慧的主人而言，当他创造且带来光明和不可见的隐藏着的理性原理时，在埃及人口中他被称为"Amoun"。[⑤]

与赫利俄斯是理智诸神的王一致，第一性原理在《论奥秘》里也是"领导者和王"[⑥]。杨布里科斯还在用古埃及传统阐述第一性原理（Kmeph）的运

---

① Julian, "Hymn to King Helios," 145b—c (pp. 395—397).

② Julian, "Hymn to King Helios," 135c—d (p. 367).

③ Julian, "Hymn to King Helios," 136c (p. 371).

④ Julian, "Hymn to King Helios," 137a (pp. 371—373).

⑤ Iamblichus, *De Mysteriis*, 8.3 (p. 311).

⑥ Iamblichus, *De Mysteriis*, 1.7 (p. 29).

行机制时，再度阐明这一点："依照这套秩序的另一套系统，他（赫尔墨斯）将第一等级给予 Kmeph，诸天神的领导者。"① 由此可见，赫利俄斯与第一性原理均于诸神间掌握最高级别的统治权。二者在不可见层面上的权力和能量基本一致。

综上所述，朱利安皇帝在《论奥秘》的基础上"新"增了一位神——太阳神赫利俄斯。但赫利俄斯在实质、起源以及可见和不可见层面上的权力和能量，均未表现出明显超出第一性原理的"新"意。朱利安从《论奥秘》中承继了第一性原理的概念，但将之更名为赫利俄斯。

《论奥秘》是一部体系庞大、内容繁杂的巨著。仅现存的文本便长达十卷，涉及宇宙层次、诸神等级、灵魂上升、秘仪等多个方面。由译者对每卷内容的归纳可知，第一性原理在整部《论奥秘》中所占的分量相当有限，基本集中在第 1 卷和第 8 卷。且据安德鲁·史密斯观察，第 8 卷中的大部分文字仅是用古埃及的传统复述了一遍第一性原理的运行秩序。②《论奥秘》包罗万象，身为诸神之王的第一性原理仅作为其中的论述要点之一。

朱利安从《论奥秘》中独独承继了第一性原理作为《赫颂》的核心主角，且令赫利俄斯占据了《赫颂》的绝大部分篇幅。这一现象符合朱利安在《赫颂》结尾处对《论奥秘》及其本人作品的评价："但是如果你想要看到对同一个主题更加完整且更加神秘的处理，那么请读受神启发的杨布里科斯关于这个主题的那些著作，你会从中找到人类能够获得的最完美的智慧……但是由于我想写一篇颂词来表达我对这位神（赫利俄斯）的感激，我想这也是在这里尽我所能地讲述这位神的本质的最佳方式。所以我认为这篇演说辞的创作并非徒劳。"③

① Iamblichus, *De Mysteriis*, 8.3 (pp. 309—311).

② 但这种复述并非无意义地重复。安德鲁·史密斯表示，虽然《论奥秘》在其总体结构中呈现出松散的构造、重复和扩散的表象，然而在特定章节中的论点往往被巧妙地，甚至用修辞学的技巧安排。详见 Andrew Smith, "Iamblichus Views on the Relationship of Philosophy to Religion in *De Mysteriis*," p. 84。

③ Julian, "Hymn to King Helios," 158a (p. 433).

二、朱利安的“赫利俄斯之代理人”身份

朱利安为什么从《论奥秘》中选取诸神之王——第一性原理作为《赫颂》的核心主角？这也是上一节遗留的问题。本书力图从政治角度探究朱利安写作《赫颂》的目的，现结合《赫颂》中赫利俄斯的政治意义探究这个问题。

（一）朱利安与赫利俄斯的关系

《赫颂》中唯一一段明确提及罗马帝国的文本如下：

> 因为他关心整个人类，但尤其是我自己的城市，也正如他令我的灵魂自永恒中孕育而生，且使它成为他的追随者一般。因此，我刚才祈祷，愿他能允许，授予我的城市（罗马）尽可能多的庇佑，并承蒙他之恩典得以存在与永恒；然就我个人而言，只要我享有生存的权利，愿他保佑我无论世俗与神圣都能获得成功；最后愿他准许，只要令他满意，且既对我和罗马帝国有益，让我用一生来侍奉这个国家！①

引文中，赫利俄斯令朱利安皇帝的灵魂自永恒中生成并成为他的追随者，让他为尘世上的罗马帝国服务。学界公认的初代新柏拉图主义哲学家们主张，灵魂是从理智中流溢出来的本体，能够在可知世界与可见世界间双向流溢。杨布里科斯进一步主张：天神们不过是放松了物质的束缚，恶魔们则将灵魂拉向大自然。英雄们导致人们对可感知的作业产生关注。执政官们要么领导宇宙事务，要么领导物质性事务。至于灵魂，当它们出现时，它们以一种或另一种方式激励着一代人的发展。② 肖恩（Gregory Shaw）研究发现，杨布里科斯在自己的神学中设置了一种“实践”（Praxis）。“实践”不仅拯救了灵魂，而且解决了困扰普罗提诺的柏拉图式的“化身”

---

① Julian, “Hymn to King Helios,” 157a－b (p. 431).

② Iamblichus, *De Mysteriis*, 2.5 (pp. 95－97).

(Embodiment) 问题。在杨布里科斯的神学里，不朽的灵魂与凡人的躯体在一个身体内部团结或分裂，而不朽的灵魂——属于神的那一部分，自可知世界而来但又积极寻求复归神的怀抱。①

朱利安承袭了新柏拉图主义尤其杨布里科斯关于灵魂自高至低下降的说法。他在《赫颂》152b 中先简述原理："但是他更神圣的礼物，以及他赐予我们的灵魂的所有礼物——当他使灵魂从躯体那里获得自由并将它们提升到与这位神类似的那些'实质'(Substances) 所在的区域时，他（赫利俄斯）的神圣的光线的美好和活力，被作为一种媒介而分配，为了我们的灵魂能够安全地下降到这个属于世代的世界上。"② 此即赫利俄斯送给可见世界的礼物。

在此原理之上，朱利安强调赫利俄斯自神的世界往人间送"救主"(Saviour)："现在我应该继续告诉你，赫利俄斯是怎样通过孕育出阿斯科勒皮奥斯（Asclepios）作为整个世界的救主，来惦念全人类的健康和安全吗?"③ 随后，朱利安称罗马的建城者罗慕路斯，是由赫利俄斯从更高层次送到可见世界中来的："现在，你们是否希望我提出更有力的证据来表明，我们城市的建造者被送到大地上来……但是全部的事实是奎里努斯神(Quirinus，罗慕路斯的神名）的灵魂从赫利俄斯那里来到尘世；因为我认为，我们必须相信这个神圣的传统。分享着可见世界上的帝国的赫利俄斯和塞勒涅的紧密结合（体），正如他曾经引导他（奎里努斯）的灵魂降临到大地上一样，他也会用同样的方式引导他（奎里努斯）的灵魂从尘世返回并攀升回他那里。"④ 罗慕路斯之后的罗马国王努马，也被朱利安描述为赫利俄斯送到可见世界的代理人："你想让我再举出另外一项证据吗？我指的是努马的功绩，在罗马，未婚的女祭司们在不同的时间轮流守卫着太阳那不灭的火焰；她们守卫着神（赫利俄斯）的代理人（努马）在尘世上

---

① Gregory Shaw, *Theurgy and the Soul*: *The Neoplatonism of Iamblichus*, pp. 121—134; Gregory Shaw, "Neoplatonic Theurgy and Dionysius the Areopagite," *Journal of Early Christian Studies*, vol. 7, no. 4 (1999), p. 590。原文参见 Iamblichus, *De Mysteriis*, 8.6 (pp. 319—321)。

② Julian, "Hymn to King Helios," 152b (p. 417).

③ Julian, "Hymn to King Helios," 153a—b (p. 419).

④ Julian, "Hymn to King Helios," 154b—d (pp. 423—425).

创造出来的火焰。我还能够告诉你一个更有力的证据，即那位最神圣的国王自己的杰作去证明这位神的权力。”①

通过列举罗慕路斯、努马等例子，朱利安反复向读者展示一条信息：赫利俄斯将神圣的灵魂从神的世界送往尘世，这些灵魂化作人类的救主和王，充当赫利俄斯在尘世的代理人。且这样一条信息在朱利安看来理应众所周知：“他（赫利俄斯）的神圣的光线的美好和活力，被作为一种媒介而分配，为了我们的灵魂能够安全地下降到这个属于世代的世界上……但就让我相信他而不是证明他的真实性。然而，我不需要犹犹豫豫地讨论这么多所有人都知道的事情。”②

在此文本背景之下再看《赫颂》157a 中这句：“因为他关心整个人类，但尤其是我自己的城市，也正如他令我的灵魂自永恒中孕育而生，且使它成为他的追随者一般。”③ 这句话传达的信息是：我（朱利安）作为罗马帝国的统治者，是诸神之王——赫利俄斯送往人间的代理人。笔者将这一说法简称为“赫利俄斯之代理人”。

或因朱利安的意图表现得颇为明显，《赫颂》中他的代理人身份很早就为学界所关注。1999 年布雷格曼指出，朱利安在《赫颂》里先赞美赫利俄斯一密特拉，后将自己设置为该神所指定的他在尘世的代表。④ 后来这一点在《朱利安的 Oration 7 对神的形象的运用》一文中被表述得更加清晰：“尽管朱利安在其他地方写道，赫利俄斯是‘全人类的共同父亲’，但他在 Oration 7 中的神话突显出神与他之间特殊而独有的关系。”⑤ 格林伍德进一步指出：“朱利安加强了这种‘两分法’，认为赫利俄斯关心整个人类种族，且他从永恒中造就了朱利安的灵魂，并使之成为自己的追随者。”⑥

格林伍德句中的神话指的是朱利安在《致犬儒赫拉克勒奥斯》内嵌入的一段神话：宙斯告诉赫利俄斯有一个孩子是他的后代，要求赫利俄斯妥

---

① Julian, “Hymn to King Helios,” 155a (p. 425).

② Julian, “Hymn to King Helios,” 152b (p. 417).

③ Julian, “Hymn to King Helios,” 157a (p. 431).

④ Jay Bregman, “Elements of the Emperor Julian’s Theology,” p. 348.

⑤ David Neal Greenwood, “Crafting Divine Personae in Julian’s Oration 7,” p. 131.

⑥ David Neal Greenwood, “Crafting Divine Personae in Julian’s Oration 7,” p. 142.

善照顾。赫利俄斯保护孩子免受黑暗侵袭，宙斯、雅典娜也分担了抚养孩子的重任。孩子长大后，这三位神便命令他从神的世界下降到尘世，以代替原统治者统治罗马帝国。① 虽然神话完结时朱利安表示："我不知道这是神话还是真实的叙述"②，但他言明这个孩子从战争和大屠杀中走出，是原统治者的侄子及其继承人的表弟。联想朱利安是君士坦丁一世的侄子和君士坦提乌斯二世的表弟，又经历了 337 年的"屠杀"事件，其家族被屠戮殆尽。这是内战期间朱利安通过公开信向雅典、科林斯、斯巴达等城市公布过的。当时的读者很容易猜到这个孩子指代朱利安。

再者，朱利安在 363 年 3 月写作的《大母神颂》里，赞美大母神是人世间一切力量的源泉，感谢她在阿提斯（Attis）落魄离家时收留他。③ 此处朱利安很可能用阿提斯暗喻自己。因为朱利安在结尾处请求大母神庇佑并助他重回众神的居所，就像对待阿提斯那般。④ 由此可见，朱利安在《致犬儒赫拉克勒奥斯》和《大母神颂》里已有暗示，后来他通过《赫颂》更明确地宣告，自己是赫利俄斯派往罗马帝国的代理人。

朱利安的近臣和老师利巴尼乌斯也在同朱利安的往来信件中称赞其神圣性："您（朱利安）在我的脑海中不断地浮现：我听到的一切都在重复您的声音，我看到的所有都反映出我尊崇的神的形象……我的思想似乎飞向您、拥抱您、呼唤您，简言之就是崇拜您。更有甚者，为了使我不再遭受折磨，我恳求您允许我返回您身边，并在您面前崇拜您的神，那位我之前没来得及敬佩和尊敬的神。"⑤

因为已有布雷格曼和格林伍德两位学者，详细论证过朱利安赋予自己"赫利俄斯之代理人"的神圣身份。2017 年格林伍德还进一步将朱利安的做法与前任皇帝君士坦丁一世的做法联系起来，主张这两位皇帝都认为自己在某种程度上扮演着使徒的角色，而朱利安为应对君士坦丁一世和他的

---

① Julian, "To the Cynic Heracleios," 229c—234c (pp. 137—149).

② Julian, "To the Cynic Heracleios," 234c (p. 149).

③ Julian, "Hymn to the Mother of the Gods," 158c—180c (pp. 443—503).

④ Julian, "Hymn to the Mother of the Gods," 179d—180c (pp. 501—503).

⑤ Julian, Gregory Nazianzen and Libanius, *Julian the Emperor Containing Gregory Nazianzen's Two Invectives and Libanius' Monody with Julian's Extant Theosophical Works*, pp. 331—332.

上帝才特意编造了一个神话，宣扬自己是赫利俄斯的奉献者和孩子。[①] 所以就《赫颂》传达出朱利安是“赫利俄斯之代理人”这一点，笔者不再作重复论证。

综上所述，朱利安在亟须借多神教巩固皇权的情况下，从《论奥秘》中承继了诸神之王的概念，在《赫颂》中先详细叙述赫利俄斯的实质、地位、权力和能量，后大力宣扬自己是赫利俄斯在尘世的代理人。从政治角度考虑，既然君士坦丁一世自诩“上帝之仆”时有借上帝的神权巩固皇权的意图，那么朱利安会否也存在类似的考量？

（二）“赫利俄斯之代理人”身份的政治寓意

《赫颂》与《凯撒篇》写于同月且联系密切，尤其朱利安在《凯撒篇》的最后一句话里，同样宣告自己是赫利俄斯派往可见世界的代理人：“‘至于你（朱利安）’，赫尔墨斯对我说：‘我已将你父亲密特拉的知识传授予你……当你必须离开这个世界时，你可以怀着美好的希望，选择他作为你的守护神。’”[②] 罗兰·史密斯曾如此评述《凯撒篇》：“围绕《凯撒篇》的一些现代观点认为整部作品都充满了热切的宗教－政治目的……朱利安在向所有人解释帝国的政治使命及其精神使命是如何相互依存的。”[③] 基于《赫颂》与《凯撒篇》之间的联系，罗兰·史密斯的评述同样适用于《赫颂》。朱利安赋予自己的“赫利俄斯之代理人”身份，既凝聚着他的政治使命又体现着他的精神天职。

然而，真正从政治角度析读《赫颂》的学术成果少之又少。虽然关注到朱利安的“赫利俄斯之代理人”身份，但格林伍德表示：“为了超越基督徒拉孔布拉德的评述，朱利安不仅把赫拉克勒斯用作异教中基督的替代者，还把自己当作神圣的化身，从而成为与君士坦丁一世完全相反却足以

---

① David Neal Greenwood, “Constantinian Influence upon Julian's Pagan Church,” p. 20.

② Julian, “The Caesars,” 336c (p. 415).

③ Rowland Smith, “Serious Fun in a Potted History at the Saturnalia? Some Imperial Portraits in Julian the Apostate's Caesars, a Medallion-Image of Julian and the ‘Gallienae Augustae’ Aurei,” p. 208.

代替他的统治者。”[①] 格林伍德仍旧从宗教角度解析这一身份背后的精神天职。此解释固有其合理性。但结合朱利安亟须借多神教巩固皇权的政治背景，以及他将自己以统治者身份插入《赫颂》的“卷首语”，甚至为便于罗马人理解和接受而精简《论奥秘》的宇宙体系以充当“背景铺陈”等做法可推测，“赫利俄斯之代理人”身份蕴含一定程度的政治寓意：朱利安试图通过此身份赋予自己神圣性，从而借赫利俄斯的神权巩固皇权。

此论点可放入《赫颂》的文本内容中验证。虽然朱利安对赫利俄斯的实质、起源、权力和能量的描述都没有表现出显著超越第一性原理的“新”意，然而他的叙述仍与杨布里科斯有一定差异。关于太阳神赫利俄斯在可见层面上的权力和能量。尽管如威特所言，朱利安“就像他们坚韧的前辈一样”[②]，一直在探索自然光线的原理。但这些“坚韧的前辈”中，柏拉图在《蒂迈欧篇》里广泛叙述了宇宙诸天体的运行秩序，说明诸天体如何在各自的环形轨道上围绕地球做固定的圆周运动，自圆周的中心向外依次是：地球、月亮、太阳、水星、金星、火星、木星、土星。[③] 根据布里松（Luc Brisson）的解析，柏拉图力图解释的是整个宇宙的永恒性和规律性。[④] 这也是《蒂迈欧篇》被誉为“宇宙的颂词”的原因。[⑤]

学界公认的新柏拉图主义的奠基人普罗提诺，也是用“舞动”来解释宇宙的规律性：“如果宇宙的整体（任何部分）按自己的本性运动，那些不按自己本性运动的部分就要遭殃……这就好比一大群舞者在有节奏地跳动，一只乌龟却挡在了半路，由于它无法从舞者的有序运动中逃脱，便被踩死了。”[⑥]

具体到朱利安的写作源泉杨布里科斯，他在《论奥秘》I.9 中首次叙述诸星体模仿光有序旋转时并没有提到太阳。至《论奥秘》Ⅷ.2 中提到第一性原理时，太阳与第一性原理又隐约有喻体和本体的关系。[⑦] 根据菲纳

---

① David Neal Greenwood, “Crafting Divine Personae in Julian's Oration 7,” p. 148.

② Rex E. Witt, “Iamblichus as a Forerunner of Julian,” p. 51.

③ 柏拉图：《蒂迈欧篇》，38c—40d（第 26—27 页）。

④ 吕克·布里松：《柏拉图哲学导论》，第 118—119 页。

⑤ D. A. Russell and N. G. Wilson, *Menander Rhetor*, pp. 336:29—337:2.

⑥ 普罗提诺：《九章集·上册》，2.9（第 186 页）。

⑦ Iamblichus, *De Mysteriis*, 8.2 (p. 307).

莫雷的分析，杨布里科斯在他现存的作品中其实并没有明确讨论过太阳光的本质。[①] 总体来说，这些前辈的研究视角延伸至诸多天体乃至整个宇宙，太阳在他们的论著里不具备显赫地位。

相较之下，朱利安虽然也提到庞大的宇宙体系，但仅将《论奥秘》的叙述精简之后充当《赫颂》的“背景铺陈”，随后立即将宇宙的和谐全部归功于赫利俄斯：“整个天空也令它自己在所有方面都适应赫利俄斯。”[②] 且在朱利安笔下，水星与金星是伴随太阳天体的使者，赫尔墨斯和阿瑞斯相应是赫利俄斯的使者和顾问。[③]《谁是赫利俄斯的‘使者’》一文指出，依照朱利安的说法则诸天体都在围绕太阳旋转。[④]

不同于柏拉图笔下太阳仅仅是八大天体中的一个。《赫颂》中朱利安用不同的论据反复论证太阳在宇宙的“中天位置”：诸天体都是凭借太阳光的照射才能为世人所见；月光的盈亏有赖于太阳和月亮之间的距离变化；肉眼可见的日夜更迭、月份交替、节气转换等天象均依赖于太阳在天空各个区域间的运动。[⑤] 朱利安还诉诸亚里士多德的言论，证明是太阳使所有天体实现最简单的运动。他称亚里士多德给出了能够证明赫利俄斯的至高无上性的证据。[⑥] 然而根据现代学者的解析，此处朱利安在援引亚里士多德言论的过程中凭主观改动原句，将亚里士多德所用术语“Ενεργεμα”的含义由“行为”改成“运动”，好凸显纯粹是赫利俄斯在帮助诸天体实现运转。[⑦]

朱利安还特地援引柏拉图的言论，论证赫利俄斯的光与可见世界的关系就如同理智和可知世界的关系，[⑧] 以兹证明太阳是至善唯一的后代，从而凸显太阳的崇高地位。但柏拉图的原句是：“因此我们说善在可见世界

① John F. Finamore, “Iamblichus on Light and the Transparent,” p. 55; p. 60.

② Julian, “Hymn to King Helios,” 146d (p. 401)。

③ Julian, “Hymn to King Helios,” 150c—d (p. 413).

④ Marinus Anthony van der Sluijs, “Who are the ‘Attendants of Helios’,” pp. 169—177.

⑤ Julian, “Hymn to King Helios,” 146d—148a (pp. 401—405).

⑥ Julian, “Hymn to King Helios,” 138a—b (p. 375).

⑦ S. Sambursky, “Philoponus’ Interpretation of Aristotle’s Theory of Light,” *Osiris*, vol. 13 (1958), pp. 114—117.

⑧ Julian, “Hymn to King Helios,” 133b (p. 361).

中所产生的儿子——那个很像它的东西——所指的就是太阳。太阳跟视觉和可见事物的关系，正好像可理知世界里面善本身跟理智和可理知事物的关系一样。"[①] 此句隶属《理想国》的三大经典比喻之一——"太阳喻"(Analogy of the Sun，又译"日喻")。

之所以被称为"太阳喻"，就是因为柏拉图用太阳来比喻理智。[②] 原文还附有一段格劳康和苏格拉底的对话。苏格拉底在对话中将"善"与太阳做类比，大意是眼睛能看到被太阳照耀的事物，而人的灵魂就好像眼睛一样，当他注视被真理与实在所照耀的对象时，便能知道和了解它们。默多克（Iris Murdoch）表示，这样的比喻旨在让作者的论点更加生动，或者让对话中的辩论更清楚地被理解。[③] 朱利安复述了太阳是至善的后代，但原本被柏拉图用作喻体的太阳，在他笔下俨然被提升到和本体同等的位置上，即太阳是太阳神赫利俄斯可见的实体形式。综上可见，相较于包括杨布里科斯在内的诸前辈，朱利安在《赫颂》中反复强调赫利俄斯在可见层面上的崇高地位。

围绕赫利俄斯在不可见层面上的权力和能量，杨布里科斯在《论奥秘》中虽然也称第一性原理为诸神之王，但甚少对"王"的地位多做论证，只是借助古埃及传统来复述："依照这套秩序的另一套系统，他（赫尔墨斯）将第一等级给予 Kmeph，诸天神的领导者"[④]，用以证明关于第一性原理的知识的古老性和广泛性。朱利安则提供《神谱》和《荷马史诗》作为例证：一是赫西俄德在《神谱》中称赫利俄斯是许佩里翁和忒亚的后代。这样的家谱充分暗示出"他是那超越于万物之上的他（许佩里翁）的真正的儿子"[⑤]；二是在《荷马史诗》中，当赫利俄斯批评奥德修斯的同伴吃了他的牛群时，宙斯没有像昔日威胁众神不得参与特洛伊战争一

---

① 柏拉图：《理想国》，508b—c（第 266 页）。

② 柏拉图：《理想国》，507b—509c（第 265—268 页）。《理想国》里的另外两大经典比喻是"线喻"（Analogy of the divided line）和"洞穴寓言"（Allegory of the Cave）。

③ Iris Murdoch，*The Fire & the Sun*：*Why Plato Banished the Artists*，Oxford：Clarendon Press，1977；Andrew Lawless，*Plato's Sun*：*An Introduction to Philosophy*，Toronto：University of Toronto Press，2016.

④ Iamblichus，*De Mysteriis*，8.3（p. 309）.

⑤ Julian，"Hymn to King Helios，" 136c（p. 371）.

般威胁赫利俄斯，反而答应惩罚奥德修斯的罪恶，这显示出赫利俄斯不受其他神束缚，以及超越于其他无限存在的特点以及使万物变得完美的能力。[①]

就例一而言，《神谱》的原句是“忒亚与许佩里翁相爱，生下魁伟的赫利俄斯（太阳），明亮的塞勒涅（月亮）和厄俄斯（黎明）。厄俄斯照耀大地上的万物和广阔天宇中的不死神灵。”[②] 原句中厄俄斯与赫利俄斯同为许佩里翁之子，且赫西俄德明确点出照耀大地的是厄俄斯。但朱利安只提及太阳神赫利俄斯。更重要的是，宙斯才是《神谱》中的众神之王，但朱利安却令赫利俄斯超越于万物。

就例二而言，奥德修斯的同伴捕食牛群的故事位于《奥德赛》第12卷，[③] 宙斯威胁众神不得助战的故事位于《伊利亚特》第8卷。朱利安为论证赫利俄斯的地位，不惜将两个间隔如此大的故事捏合到一起。且《伊利亚特》中宙斯警告众神的话是：“诸位天神、诸位女神，请听我说，我要讲的是发自我胸中的心灵的话语。任何一位女神或天神都不要企图违反我的话而行动，你们都要服从，使我很快把这些事情办理成功。”[④] 原句并未明显将赫利俄斯排除在警告的范围之外。在《荷马史诗》里，宙斯也同样是统治世间万物的众神之王，而赫利俄斯甚至连名称和谱系都相当混乱：有时他被称作赫利俄斯·许佩里翁（Helios Hyperion），有时他被唤作许佩里翁的儿子，有时被用来指称太阳天体，有时又被用来指称某位无明确指向的重要神祇。[⑤] 但朱利安却将《荷马史诗》中的赫利俄斯解释成连众神之王宙斯都无法约束的存在。

由以上两例可见，朱利安从《论奥秘》中承继诸神之王时，不仅保留其“王”的身份，而且对赫利俄斯王的崇高地位有所抬升和强调，甚至不惜凭主观截取古希腊名作中有利于此论点的词句和情节。针对朱利安凭主观解释《荷马史诗》和《神谱》的做法，译者赖特表示，朱利安总是愿意

---

① Julian, “Hymn to King Helios,” 137a (pp. 371－373).

② 赫西俄德：《神谱》，370－375（第39页）。

③ 荷马：《荷马史诗·奥德赛》，12.260－450（第230－237页）。

④ 荷马：《荷马史诗·伊利亚特》，8.5－9（第168页）。

⑤ 李永斌：《阿波罗崇拜研究》，北京：商务印书馆2015年版，第149页。

放弃神话里那些与他的观念不一致的细节。[①] 格林伍德也指出：他（朱利安）小心翼翼地使用《荷马史诗》证明自己的观点。[②] 此举一方面是朱利安熟练掌握诡辩术的反映，另一方面依照朱利安的说法，“这也是在这里尽我（朱利安）所能地讲述这位神的本质的最佳方式”[③]。朱利安在尽他所能讲述赫利俄斯的崇高地位。

结合彼时罗马帝国的政治现实考虑，朱利安着力讲述赫利俄斯的崇高地位，与其“赫利俄斯之代理人”身份背后的政治寓意相契合。朱利安在亟须借多神教巩固皇权的情况下，以杨布里科斯的《论奥秘》为基础写作《赫颂》，通过《赫颂》赋予自己“赫利俄斯之代理人”的神圣身份，从而借赫利俄斯的神权巩固皇权。作为赫利俄斯派往罗马帝国的代理人，赫利俄斯的地位就代表着朱利安皇帝的地位，所以他有必要重点宣扬赫利俄斯的崇高地位。这也是朱利安本人在《赫颂》中反复说服读者相信的：“且更进一步，我已经证明了，在那些我们可以感知到的诸神之间，和那些在他们最神圣的轨道上永恒地旋转的诸神之间，他（赫利俄斯）是领导者和主人……同样地，我们必须相信，某些与赫利俄斯联系在一起的神已经下降到我们的这一世代的世界上。”[④]

以上从文本角度验证了朱利安借“赫利俄斯之代理人”身份巩固皇权的意图。现再从现实角度加以验证。因为朱利安统治罗马帝国统共不到18个月，且他于362年12月写完《赫颂》后不久便奔赴波斯战场，又于6月战死沙场。实际上，朱利安并没有多少时间运用“赫利俄斯之代理人”身份，可供后世研究此身份的历史事件亦相当有限。目前仅能从遗存的史料中找到如下线索：

361年初，朱利安与君士坦提乌斯二世公开对立，率军自高卢向后者所在的东部城市进发。其间朱利安向雅典人、斯巴达人、科林斯人等发布公开信，阐述自己占有奥古斯都头衔和夺取皇位的正当性。其中《致元老

---

① Wilmer Cave Wright, *The Emperor Julian's Relation to the New Sophistic and Neo-Platonism: With a Study of His Style*, p. 68.

② David Neal Greenwood, “Crafting Divine Personae in Julian's Oration 7,” p. 146.

③ Julian, “Hymn to King Helios,” 158a (p. 433).

④ Julian, “Hymn to King Helios,” 151a—c (pp. 413—415).

院与雅典人》留存至今，埃尔拇等学者都认为这封信表明朱利安急于捍卫其皇权。[①] 在这封信里，朱利安强调自己获得了赫利俄斯的授权与庇护："因此，通过这件事情证明了那位女神（雅典娜）并没有背叛她的祈求者，也没有抛弃他（朱利安）。在任何地方她都是我的向导，在我附近注视着我的方方面面，从赫利俄斯和塞勒涅处为我带来一众守护神。"[②] 《赫颂》中相应提到，罗马国王罗慕路斯是被雅典娜送到尘世并保护着的，当罗慕路斯自尘世飞升之时，也是由雅典娜引导和护送的。[③] 《致元老院与雅典人》与《赫颂》的内容相互映照。朱利安可能早在《致元老院与雅典人》中就开始借赫利俄斯的神权捍卫其皇权了，只是当时他尚未向罗马人系统阐释赫利俄斯的形象。

361 年 11 月朱利安与君士坦提乌斯二世开战在即，他在写给马克西姆斯的信件中写道：

> 宙斯是我的证人，且伟大的赫利俄斯、强大的雅典娜以及所有男神和女神皆可作证……我公开崇拜诸神，正在返回的整个军队也同我一起敬拜诸神。我当众用牛献祭。我已经向诸神献上了百牲祭（Hecatombs）作为谢礼。[④]

引文中，朱利安带领士兵向众神献祭，赫利俄斯也是他敬奉的众神之一。近臣阿米安努斯记载，朱利安在内战期间召集军队献祭，宣布自己由神派遣而来，要求士兵向神起誓效忠于他。[⑤] 《剑桥古代史》一书也表明，

---

① Julian, "Letter to the Senate and People of Athens," p. 241 (Introduction); Alan J. Ross, "The Constantinians' Return to the West: Julian's Depiction of Constantius Ⅱ in Oration 1," pp. 185—187; Andrew Smith, "Julian's *Hymn to King Helios*: The Economical Use of Complex Neoplatonic Concepts," p. 229; Susanna Elm, "Julian the Writer and His Audience," p. 1.

② Julian, "Letter to the Senate and People of Athens," 275b (p. 261).

③ Julian, "Hymn to King Helios," 154d (pp. 423—425).

④ Julian, "To Maximus, the Philosopher," in The Works of the *Emperor Julian*, Vol. Ⅲ, pp. 23—25.

⑤ Ammianus Marcellinus, *History*, Vol. Ⅱ, 21.5.1—13 (pp. 109—116).

朱利安运用“诸神的意旨”争取士兵拥护他的皇权。[①] 由此可见，朱利安可能在内战期间便通过献祭向麾下士兵宣告自己与神的特殊联系，争取士兵们的拥戴。赫利俄斯是他献祭的诸神之一。

综上，朱利安可能在继位前便开始借赫利俄斯的神权巩固皇权了。等到在安条克遭遇市民敌对，亟须再借神权巩固皇权时，朱利安通过《赫颂》更明确地向罗马人宣告自己是赫利俄斯在尘世的代理人。关于这一点，下文将提供更多事例。目前笔者想说明的一点是，当朱利安在《赫颂》中自诩“赫利俄斯之代理人”时，理应有借赫利俄斯的神权巩固皇权的政治目的。

为什么朱利安仅从《论奥秘》中承继诸神之王作为《赫颂》的核心主角？从巩固皇权的角度考虑，这一做法不难理解。昔日戴克里先从罗马宗教中选择了最高神朱庇特作为自己的皇权源头，君士坦丁一世从基督教中选取最高神上帝作为自己的皇权源头。或如格林伍德所言：“在努力清洗基督教的不虔敬方面，朱利安利用了古老传统的延续，结合了皇帝崇拜的要素、不可征服的太阳崇拜和戴克里先用以加强皇权的神学。”[②] 即朱利安沿袭了帝王崇拜和前任皇帝借最高神的神权巩固皇权的传统。毕竟皇帝宣称其皇权蒙最高神授予，本就是罗马帝国的传统，也是君士坦丁家族皇帝的常规操作。

于是朱利安在无意沿用“朱庇特之子”“上帝之仆”等前任皇帝的神圣身份的情况下，从《论奥秘》中选取最高神——第一性原理作为自己的皇权源头，[③] 将之更名为赫利俄斯。经由此举，朱利安为自己塑造出“赫利俄斯之代理人”的神圣身份，令他认知范围内多神教的最高神赋予他这位人间至尊的皇帝以神圣性，从而建立起属于自己的“君权神授”。《赫颂》中体现出的朱利安对赫利俄斯的最高神地位的看重，令现代学者加德

---

① Averil Cameron and Peter Garnsey, eds., *The Cambridge Ancient History*, Vol. XIII, pp. 57—58.

② David Neal Greenwood, “Crafting Divine Personae in Julian's Oration 7,” p. 148.

③ 专研新柏拉图主义的学者大多认为，因为太一是不可理解的，而朱利安关于未知的太一的叙述很少，所以在忽略太一不计的情况下，赫利俄斯即《赫颂》中最高神一般的存在。详见 James Isbell Armstrong, “Julian the Apostate: A Treatise on the Conflict of Neoplatonism with Christianity,” p. 182; Iamblichus, *De Mysteriis*, p. 307 (n. 401)。

纳提出，朱利安需要一位最高神而神名无关紧要。[①]

朱利安的“赫利俄斯之代理人”身份，是梳理《赫颂》至今所发现的比较有“新”意的点。原《论奥秘》与现实政治颇为疏离，甚至不曾出现“皇帝”“王”“政治”等词汇。新柏拉图主义哲学家杨布里科斯试图通过《论奥秘》回答波菲利所提出的哲学和神学问题，第一性原理基本被他限制在哲学和神学领域之内。但是朱利安皇帝将第一性原理的概念运用于他的政治统治。这符合佩内利亚（Robert J. Penella）从杨布里科斯的角度给出的评述：《论奥秘》中没有明确的论据可以确定无疑地证明其政治性质。由于缺乏证据，人们或许会指出杨布里科斯的学生所拥有的重要的政治职业。如朱利安皇帝对杨布里科斯作品的迷恋恰恰表明了该作品本身的政治潜力。[②] 也就是说，朱利安挖掘并利用了《论奥秘》的政治潜力。

总之，朱利安将赫利俄斯的形象塑造为自己的皇权源头，这是截至目前《赫颂》所表现出的比较“新”的内容。今人或许觉得朱利安的做法不够新颖，然而古人对创新的理解与今人不尽相同。如《腓尼基的太阳神学》一文所言，朱利安的承袭对象杨布里科斯，他所谓的创新只不过是为已经完全符合希腊传统的概念加以扩展或解释。[③] 当朱利安在《赫颂》中说他要思考一个某些人认为他正在创新的问题时，译者赖特指出朱利安的答案其实并没有给出他自己的观点。[④]

但在严格意义上，朱利安将赫利俄斯塑造为自己的皇权源头，仍是他对《论奥秘》既有理论体系的运用，“新”意仍然有限。《赫颂》中有显著区别于《论奥秘》的言论吗？倘若朱利安只是运用《论奥秘》的理论体系，那他为何不直接沿用第一性原理的名称，而将之更名为赫利俄斯？

---

① Alice Gardner, *Julian, Philosopher and Emperor*, p. 59.

② Robert J. Penella, *Greek Philosophers and Sophists in the Fourth Century A. D.: Studies in Eunapius of Sardis*, pp. 49—51。该学者还提供了另外两位杨布里科斯的从政的弟子以为佐证。

③ Joseph Azize, *The Phoenician Solar Theology: An Investigation into the Phoenician Opinion of the Sun Found in Julian's Hymn to King Helios*, p. 160.

④ Julian, "Hymn to King Helios," p. 401 (n. 4).

三、朱利安为赫利俄斯“新”增的特点：统合诸神

赫利俄斯是《赫颂》中的“新”内容兼核心主角。虽然其概念承袭自《论奥秘》中的第一性原理，但朱利安在《赫颂》结尾处明确表示：“但是由于我想写一篇颂词来表达我对这位神（赫利俄斯）的感激，我想这也是在这里尽我所能地讲述这位神的本质的最佳方式。所以我认为这篇演说辞的创作并非徒劳。”① 这意味着，朱利安向赫利俄斯的形象中增添了“新”的内容，且这一“新”内容与其写作目的密切相关，现继续从赫利俄斯的形象中探究“新”内容。

（一）赫利俄斯统治诸神的方式

显著区别于《论奥秘》的言论在朱利安叙述完赫利俄斯的权力和能量之后旋即出现。赫利俄斯和第一性原理各是朱利安和杨布里科斯笔下，在理智诸神间掌握最高级别统治权的王。朱利安在《赫颂》中点出：“第五，从他在诸天体之间的中心位置，我们能够理解他被确立为理智诸神的王的事实。”② 随即用如下一句话郑重声明，赫利俄斯的统治权是不可分配的：

> 现在，假如我们看到其他任何一个可见的神灵也拥有这些权力，或同样重要的权力，我们千万不能把赫利俄斯的统治权分配给这些神。③

杨布里科斯则用如下一段话集中叙述了第一性原理统治诸神的方式：

> 在他们之间还存有另一套统治各世代每个层次上所有元素和所有权力的系统，四位男性实体和四位女性实体，他们被分配给太阳。另一种支配各世代整个自然界的权威，则被分配给月亮。然后他们把天

① Julian, “Hymn to King Helios,” 158a (p. 433).

② Julian, “Hymn to King Helios,” 135c—d (p. 367).

③ Julian, “Hymn to King Helios,” 135d (pp. 367—369).

空划分成数个区域，划分成两个区域、四个区域、十二个区域甚至三十六个区域，或这些数字的双倍。无论如何，他们给这些区域分配或多或少的权力，然后再在这些区域之上放置一个支配他们的神。因此，古埃及人的神话中的诸多原理，从最高层次至最低层次，从统一至多元，各种存在物依次受一个统一体的支配，在所有的层次上，不确定的本性受某种特定的尺度和统一一切事物的最高级别的因果原则支配。①

分析以上两段文本可见，杨布里科斯笔下最高级别的因果原则，即第一性原理自上而下统治着所有的存在物。第一性原理转化为各个层次上的诸多原理，是处于支配地位的统一体。第一性原理的统治权相应也是可分割的，从字面上看，杨布里科斯大抵将统治权分配给月亮、四位男性实体和四位女性实体，这几位神又各自将统治权向其下一级神分配，如此层层传递。已有学者参照古埃及的赫利奥波利斯神谱推测，这种分法对应着古埃及神话里太阳神阿蒙、月亮神孔苏（Khonsu）或透特（Thoth）、四位男性神及其四位女性配偶，以及顺延而下的各级小神。②《剑桥基督教史》形容杨布里科斯的体系是由太一、多神教的神以及各个信仰结合而成的权力等级体系。③ 如此一来，赫利俄斯与第一性原理在统治诸神的方式上便存在显著分歧。由《赫颂》138b 开始，朱利安进一步解释赫利俄斯统治诸神的方式：

那么，现在这究竟意味着什么？难道当我们断言统治权已经被分配给赫利俄斯的时候，我们不是已经排除了其他理智诸神吗？……这位神交往的模式就是成为（理智诸神的）一名领导者，而其他诸神的交往模式同时与他的模式相和谐。因为我们曾说过这位神居住在理智

---

① Iamblichus, *De Mysteriis*, 8.3 (p. 313).

② Leonard H. Lesko, "*Ancient Egyptian Cosmogonies and Cosmology*," in Byron E. Shafer, ed., *Religion in Ancient Egypt: Gods, Myths, and Personal Practice*, Ithaca: Cornell University Press, 1991, pp. 105－106.

③ Augustine Casiday and Frederick W. Norris, eds., *The Cambridge History of Christianity*, Vol. Ⅱ, Cambridge: Cambridge University Press, 2007, pp. 262－263.

诸神“最中间的最中间”（Midmost among the Midmost），但愿赫利俄斯王自己会允许我们谈论他的“中间性”（Middleness）的本性是什么，这个中间性处于我们必须认为他处在中间位置的万有当中。①

朱利安曾就赫利俄斯的本质给出过一句“处于它（可知世界）中间的中间”。之前笔者从赫利俄斯所处的宇宙空间位置上解读过这句话，赫利俄斯既处于太一与理智世界的中间位置，又在高于理智诸神的情况下对应着理智世界的中间位置。现如上引文所示，朱利安又用与之类似的“居住在理智诸神‘最中间的最中间’”，叙述赫利俄斯管理诸神的方式，且将之命名为“中间性”。此时有必要探究这句话的深层次含义，即原句中“‘中间性’的本性”。

为解释赫利俄斯的“中间性”，朱利安随即列举宙斯、阿波罗、雅典娜等多位神与赫利俄斯的关系。就宙斯而言，因为杨布里科斯将《论奥秘》的文本背景搭建在古埃及传统之上，且全程假借埃及先知“阿巴蒙”的名义讲述。所以《论奥秘》里从未正面出现宙斯之名，尽管奥普索默认为《论奥秘》里的第一性原理与宙斯存在某种联系，在地位上也与各民族神话体系中的诸神之王颇为相似。② 但宙斯与第一性原理的联系在《论奥秘》里终归不明晰。而朱利安却将宙斯与赫利俄斯的关系直白地表述为：

因为这位神（阿波罗）宣告：“宙斯、哈德斯、赫利俄斯—塞拉皮斯（Helios Serapis），三位神共享一个位格！”然后让我们假设，在理智诸神之间，赫利俄斯和宙斯有一个联结处，更精确地说，共享一份统治权。③

既有研究成果已经为这句话提供了两种解释。1906 年加德纳提出，朱利安笔下的赫利俄斯等同于密特拉，亦等同于宙斯，朱利安需要一位最高

① Julian, “Hymn to King Helios,” 138b—c (pp. 375—377).

② Jan Opsomer, “Proclus on Demiurgy and Procession: A Neoplatonic Reading of the Timaeus,” pp. 119—121.

③ Julian, “Hymn to King Helios,” 135d—136a (p. 369).

神而神名无关紧要。[①] 与之对应的是，包括译者赖特在内的多位学者都曾将赫利俄斯称为“宙斯－赫利俄斯”或“赫利俄斯－密特拉”。[②]

近些年专研新柏拉图主义的学者提供了另一种解释：赫利俄斯其实是一位在自高至低的宇宙层次上拥有三重身份的至高神，他在最高层次上的身份是太一，在理智诸神中的身份是统管诸神的王，在可见世界的身份则是可见的太阳。而在朱利安偏好的古希腊神话里，赫利俄斯的第二重身份约等于“具有造物主力量的宙斯”（Zeus as Demiurge）。[③] 此即赫利俄斯与宙斯“共享一个位格”“有一个联结处”的含义。

专研新柏拉图主义的学者们的核心论据是，这种三重身份合一的概念在杨布里科斯的《论奥秘》里已然出现过。如下引文所示，杨布里科斯称第一性原理（第三位造物主）具备 Amoun、Ptah 和奥西里斯三重身份：

> 对于这位第三位造物主，即那位真相和智慧的主人而言，当他创造且带来光明和不可见的隐藏着的理性原理时，在埃及人口中他被称为“Amoun”；当他准确无误地、熟练地按照真理使每一件事情臻于完美时，他被称为“Ptah”（希腊人将“Ptah”译为赫菲斯托斯〈Hephaistos〉且只专注于他的技术能力）；当他孕育出存在物时，他被称为“奥西里斯”；他获得与其他的力量和活动相一致的其他称号。[④]

已有多位学者讨论过杨布里科斯为第一性原理建立了三位神合而为一

---

① Alice Gardner, *Julian, Philosopher and Emperor*, p. 59.

② Julian, “Hymn to King Helios,” p. 349 (Introduction to Oration IV); R. L. Gordon, “Franz Cumont and the Doctrines of Mithraism,” pp. 215－248; Trevor S. Luke, “A Healing Touch for Empire: Vespasian’s Wonders in Domitianic Rome,” *Greece and Rome*, vol. 57, no. 1 (2010), pp. 77－106.

③ John F. Finamore, “Iamblichus on Light and the Transparent,” p. 55; D. C. Clark, “Iamblichus’ Egyptian Neoplatonic Theology in *De Mysteriis*,” p. 196; Adrien Lecerf, “Iamblichus and Julian’s ‘Third Demiurge’: A Proposition,” p. 16.

④ Iamblichus, *De Mysteriis*, 8.3 (p. 311).

的形象，并在此基础上提出《论奥秘》《赫颂》与基督教的“三位一体”理论的联系。[①] 如丹尼斯·克拉克写道：“杨布里科斯将 Kmeph 描述为‘认识自我的理智’（Intellect Knowing Himself），因此理智层面上的 Kmeph 或赫利俄斯也应该被视为父性上的造物主宙斯……此外，从杨布里科斯的‘埃及的新柏拉图式神学’（Egyptian Neoplatonic Theology）所使用的新柏拉图式术语中还能推断出，造物主们的理智之父——克洛诺斯，即宙斯、波塞冬和冥王组成的‘次一级造物主的三位合一’（The Secondary Demiurgic Triad），以埃及阿蒙神、Ptah 和奥里西斯的形式出现。”[②]

此处“Triads”的概念类似于基督教的“三位一体”理论，大意指一位神具有三重不同的身份或三种不同的功能体现，也可以说三位神组成一个整体或被当作一个整体来崇拜。因为目前尚无权威释义，笔者参考梁中和的中文译法，将之译作“三位合一”[③]。《赫颂》中“宙斯、哈德斯、赫利俄斯—塞拉皮斯，三个神共享一个位格”[④] 一句承袭自杨布里科斯，只是《论奥秘》使用的是符合古埃及传统的神名，而朱利安使用的是古希腊神名宙斯、哈德斯、赫利俄斯。

鉴于朱利安以《论奥秘》为基础写作《赫颂》，赫利俄斯的形象又承继自第一性原理的概念，所以笔者在以上两种解释之间更倾向于后者。即宙斯仅仅是赫利俄斯的其中一重身份，在地位上不直接等同于赫利俄斯。倘若宙斯等同于赫利俄斯，那么朱利安何须列举《荷马史诗》里宙斯唯独不曾威胁赫利俄斯的例子，来凸显赫利俄斯不受其他神束缚的特点？[⑤]

后一种解释还可经由《论奥秘》的理论来源来验证。《论奥秘》的译者表示，杨布里科斯为第一性原理赋予三重身份的做法很可能借鉴了古埃及神话，其中 Amoun、Ptah、奥西里斯三重身份大概率对应着太阳神阿

---

① John Dillon, “Iamblichus and the Origin of the Doctrine of Henads,” pp. 102—106; D. C. Clark, “The Gods as Henads in Iamblichus,” pp. 54—74.

② D. C. Clark, “Iamblichus’ Egyptian Neoplatonic Theology in *De Mysteriis*,” p. 164.

③ 梁中和：《灵魂·爱·上帝：斐奇诺〈柏拉图神学〉研究》，第 119 页。梁中和提及古埃及生育神伊西斯、死神奥西里斯、太阳神荷鲁斯“三位合一”，笔者借用其中文译法。

④ Julian, “Hymn to King Helios,” 135d (p. 369).

⑤ Julian, “Hymn to King Helios,” 137a (pp. 371—373).

蒙、月亮神、孔苏。[①] 从来源上考虑，古埃及人往往将阿蒙神、其妻穆特和其子孔苏视为一体并同时祭祀，统称为“底比斯的三位合一”（The Theban Triad）。[②] 在“底比斯的三位合一”体系里，父神兼第一代神阿蒙明显处在高于另外两神的位置。有学者在为《赫颂》追本溯源时发现，古埃及神话同时是朱利安写作《赫颂》时重要的理论来源。[③] 所以无论从哪一重来源（《论奥秘》抑或古埃及神话）考虑，朱利安笔下的宙斯大抵都只是赫利俄斯的其中一重身份而已。

相对于前一种解释，后一种解释也更受学界认可，且为越来越多的学者在研究《赫颂》的过程中所运用。勒塞尔夫曾如此总结《赫颂》的理论体系：“朱利安似乎相信整个宇宙存在第一性原理，然后是第一个主要的神宙斯，然后再是越来越多的‘部分’。”[④] 尽管《朱利安的 Oration 7 对神的形象的运用》一文，仍然使用了赫利俄斯与宙斯、阿波罗、密特拉等同的说法，但格林伍德在注释部分特意强调朱利安借鉴了新柏拉图主义中的结构。[⑤] 格林伍德很可能知晓新柏拉图主义围绕朱利安所做的研究，即赫利俄斯具备三重身份。只是格林伍德在分析朱利安借理智诸神中的最高神赋予自己神圣性时，更关注赫利俄斯三重身份中约等于宙斯的第二重身份。抑或者，当他解读《大母神颂》的写作目的时，无意对另一篇颂词——《赫颂》中的哲学概念做细致区分。

综上，在朱利安笔下宙斯仅充当赫利俄斯的其中一重身份，其创造性权力也可归于赫利俄斯之内，统治权则仍掌于赫利俄斯之手。在这个意义上，人类为宙斯所建造的神殿也可以上溯成赫利俄斯的神殿。这种关系用《赫颂》的原话表述则是：

> 且宙斯的创造力也与他（赫利俄斯）一致，因为在塞浦路斯

---

① Iamblichus, *De Mysteriis*, p. xviii (Introduction).

② Donald B. Redford, *City of the Ram-Man: The Story of Ancient Mendes*, UK: Princeton University Press, 2010, pp. 8－17; pp. 100－103.

③ Joseph Azize, *The Phoenician Solar Theology: An Investigation into the Phoenician Opinion of the Sun Found in Julian's Hymn to King Helios*, pp. 55－57.

④ Adrien Lecerf, “Iamblichus and Julian's ‘Third Demiurge’: A Proposition,” p. 16.

⑤ David Neal Greenwood, “Crafting Divine Personae in Julian's Oration 7,” pp. 140－149.

(Cyprus)，正如我先前说的，神殿是被建造和分配给他们共有的。①

在描述赫利俄斯的创造性权力，尤其赫利俄斯在理智诸神中的活动时，因为在这个层面上赫利俄斯扮演宙斯的角色，所以朱利安仍然可以用宙斯代称赫利俄斯。例如《赫颂》中有一句："至于在其他方面，尽管我相信宙斯与赫利俄斯在智慧方面没有什么不同，但我还是赞同古代的传统。"② 读者可以用宙斯来理解这句话中的赫利俄斯。《朱利安的 Oration 7 对神的形象的运用》一文称赫利俄斯与宙斯等同亦可充当例证。丹尼斯·克拉克的表述更为清晰："杨布里科斯将 Kmeph 描述为'认识自我的理智'，因此理智层面上的 Kmeph 或赫利俄斯也应该被视为父性上的造物主宙斯。"③

明晓赫利俄斯与宙斯的关系之后，再来观察《赫颂》中阿波罗与赫利俄斯的关系：

> 我们也呼唤阿波罗本身来为我们的陈述作见证，因为关于他自己的本性，他很有可能比我们知道得更清楚。并且由于他的思想的单一性、实质的稳定性以及他的活动的一致性，他也与赫利俄斯同住且是他的同伴。④

阿波罗在杨布里科斯的《论奥秘》里有且仅有一次出现，且仅充当句子的修饰成分。原句为："关于这一点，您的声明如下：有些人是在喝水时受到神启发的，就像克拉瑞安（Clarian）的阿波罗的女祭司。"⑤ 根据《论奥秘》译者的注释，阿波罗在这句话里扮演预言之神的角色。且当杨布里科斯向波菲利解释占卜的价值时还直接引用了德尔斐神谕。⑥ 由此可

① Julian, "Hymn to King Helios," 143d (p. 391).

② Julian, "Hymn to King Helios," 149b (p. 409).

③ D. C. Clark, "Iamblichus' Egyptian Neoplatonic Theology in *De Mysteriis*," p. 164.

④ Julian, "Hymn to King Helios," 143d－144a (pp. 391－393).

⑤ Iamblichus, *De Mysteriis*, 3. 10 (p. 145)。译者的解释参见同页 n. 325。

⑥ Iamblichus, *De Mysteriis*, 3. 11 (p. 145); 8. 3 (p. 323)。相关研究可参见 Emma C. Clarke, *Iamblichus De Mysteriis: A Manifesto of the Miraculous*, Aldershot: Ashgate, 2001。

知，阿波罗在《论奥秘》里的形象与其传统形象差异不大。但朱利安在《赫颂》里却称阿波罗与赫利俄斯同住，并且在之后的一段话里对二者间关系做出如下解释：

> 但是，阿波罗好像不能从赫利俄斯那里分离出属于狄奥尼索斯的神圣的创造性功能。尽管他总是把它隶属于赫利俄斯，以至于暗示出狄奥尼索斯在王权上是他的搭档，阿波罗对我们来说，则是最公正的目的的解释者——这些目的与我们的神一同被找到。更进一步说，当赫利俄斯在自己内部理解了最公正的理智综合体的所有原理时，他就是众缪斯的首领阿波罗自身。①

引文中，赫利俄斯与狄奥尼索斯共享着创造性功能，又与阿波罗共享着最公正的理智综合体的原理，此原理大抵指阿波罗的预言功能。跟宙斯与赫利俄斯的关系相似，狄奥尼索斯、阿波罗与赫利俄斯亦有一个连接点，他们所拥有的功能亦可归于赫利俄斯之内。且叙述至赫利俄斯的创造性功能或做出公正解释的功能时，朱利安仍然可以用狄奥尼索斯或阿波罗代称赫利俄斯。如此引文的最后一句话便很好理解了，当赫利俄斯理解或使用阿波罗的功能时，他也是众缪斯的首领阿波罗自身。

相较于宙斯和阿波罗，《赫颂》中雅典娜与赫利俄斯的隶属关系更为明晰：

> 正如传说所述，她（雅典娜）自宙斯头颅的裂缝中蹦出来，但是我要说，她是从赫利俄斯那里孕育出来的，整个都是从赫利俄斯的整体中孕育而出，同时也被包含在赫利俄斯内部……更确切地说，与阿波罗王凭借他的思想的单一性而始终与赫利俄斯相联系同理，我们也必须相信雅典娜从赫利俄斯处接收到她的本性，且她是他处于完美状态下的理智。②

---

① Julian, "Hymn to King Helios," 144a—b (p. 393).

② Julian, "Hymn to King Helios," 149b—c (pp. 407—409).

现代学者哈里斯研究发现，朱利安积极捍卫古希腊传统中的哲学、宗教和文学信条，严格遵守从先祖那里继承来的律法。[①] 在古希腊传统里，雅典娜一般被认为出生自众神之父宙斯的头颅。但朱利安不惜违背传统也要强调雅典娜被包含在赫利俄斯内部。且又一次从《荷马史诗》中凭主观援引有利于其观点的论据。朱利安称《荷马史诗》中常见阿波罗和雅典娜被放在一起呼告或谈论。在他看来，这样的语句意味着阿波罗与雅典娜是同一的，因为阿波罗隶属赫利俄斯，所以雅典娜自然也隶属赫利俄斯。[②] 但考虑到雅典娜、阿波罗、赫利俄斯三位神在《荷马史诗》里各司其职，此处朱利安所建立的等式略显牵强。

雅典娜之名在《论奥秘》中一次都没有正面出现过。唯有如下一句话："另外，他为地球上的每个种族分配了一名'守护神'（Supervisor），特别是为每个圣地任命了一名'守护神'。"[③] 译者解释说，此处"阿巴蒙"（杨布里科斯）可能临时想起奥林匹斯诸神守护一个或多个城市的传统，如雅典娜守护雅典或赫拉守护阿尔戈斯（Argos），并将这一概念扩展到其他城市。由此可见，雅典娜在《论奥秘》里仍然是雅典的守护神，与其传统形象差异不大。

相较之下，朱利安不惜违背古希腊传统也要令雅典娜隶属于赫利俄斯之内。在雅典娜隶属于赫利俄斯的情况下，雅典娜保护人类便等于是赫利俄斯在守护着人类。《赫颂》显示："现在我应该继续告诉你，赫利俄斯是怎样通过孕育出阿斯科勒皮奥斯作为整个世界的救主，来惦念全人类的健康和安全吗？以及他如何通过给我们送来阿佛洛狄忒和雅典娜，从而赐予我们各种卓越（的表现）。"[④] 其实在《赫颂》中不只雅典人为赫利俄斯所关心和保护。希尔顿等学者强调，朱利安已然将赫利俄斯引申为全人类共

---

① Jill Harries, "Superfluous Verbiage? Rhetoric and Law in the Age of Constantine and Julian," pp. 345－374.

② Julian, "Hymn to King Helios," 149c (p. 409).

③ 原文参见 Iamblichus, *De Mysteriis*, 5. 25 (p. 273)，译者的解释参见同页 n. 351。

④ Julian, "Hymn to King Helios," 153a－b (p. 419).

同的父亲。[①]

通过以上三例可见，朱利安令宙斯、阿波罗、雅典娜都隶属于赫利俄斯。如此一来，赫利俄斯的统治权就谈不上被分割。这是截至目前，赫利俄斯显著区别于《论奥秘》中第一性原理的特点。毕竟宙斯、阿波罗、雅典娜在《论奥秘》里几乎没有正式出现过。尽管杨布里科斯也表明第一性原理具有“三位合一”的特点，但他并未将之用于以上三位神。

况且由既有成果可知，杨布里科斯笔下的第一性原理的“三位合一”基本等同，Kmeph由自身孕育出第二个Kmeph和第三个Kmeph，三者地位近乎相等，共享统治权。[②] 这样的权力分化一度被杨布里科斯用作解释神谕的理论依据。《论奥秘》显示：“在这种情况下（预言时），神的力量就会从较低的领域分离出来，他们权力的接受者被认为参与其中。”[③] 当权力分化时，第一性原理相较于其下的实体而言是相对独立的，甚至就连第一性原理的“三位”之间也是相对独立的。[④]《剑桥基督教史》表示，杨布里科斯笔下的每位神都是一个“triads”，所有生命的成就都是唯一的。[⑤] 正是基于杨布里科斯笔下的神呈现为一个个独立而又相似的个体，所以安德鲁·史密斯主张由其中的一位神便可类推其他神的特征：“杨布里科斯，在面对一个人是否可以按照‘属’（Genus）区分神的问题时——如果有一个‘属’，我们如何区分诸神，如果有多个‘属’，又该如何区分诸神——（他）以类推找到解决这个问题的方法。这可能是6.8—11中所描述的神

① J. L. Hilton, “The Sphragis of Heliodoros, Genealogy in the Aithiopika, and Julian's Hymn to King Helios,” p. 215; David Neal Greenwood, “Crafting Divine Personae in Julian's Oration 7,” p. 142.

② John F. Finamore, *Iamblichus and the Theory of the Vehicle the of the Soul*, pp. 136—140; John Dillon, “The Theology of Julian's Hymn to King Helios,” pp. 103—115.

③ John F. Finamore, “Iamblichus on Light and the Transparent,” p. 59.

④ 杨布里科斯认为每个实体相对独立，具备它自己的层次，尽管诸实体之间可能是统一的。更多解释参见John Dillon, *Iamblichi Chalcidensis in Platonis Dialogos Commentariorum Fragmenta*, pp. 29—33; John Dillon, “Iamblichus of Chalcis (ca. AD 240—325),” *Aufstieg und Niedergang der rçmischen Welt* Ⅱ, vol. 36, no. 2 (1987), pp. 880—885。

⑤ Augustine Casiday and Frederick W. Norris, eds., *The Cambridge History of Christianity*, pp. 262—266.

学思想的涵义。"[①] 总之，《论奥秘》中的诸神相对独立，而《赫颂》里的宙斯、阿波罗、雅典娜则都隶属于赫利俄斯。

宙斯、阿波罗、雅典娜只是朱利安着墨较多的三位神。除这三位神之外，《赫颂》还列举了狄奥尼索斯等许多神与赫利俄斯之间的隶属关系，甚至兼及其他民族的神，现摘取部分代表性语句如下：

> 狄奥尼索斯是美惠三女神的赠予者，正是因着这个联系，狄奥尼索斯据说与赫利俄斯一起统治。
>
> 因为她（阿佛洛狄忒）非常接近赫利俄斯，并且当她走上与赫利俄斯一样的道路并接近赫利俄斯的时候，她就赋予诸天晴朗的天气并给予大地生成性的力量，因为她本身就在考虑着生命物的生息繁衍。虽然赫利俄斯王才是生息繁衍的那个首要的创造性的原因，然而阿佛洛狄忒是与他相联结的原因。
>
> 所以她（雅典娜）将那些聚集在赫利俄斯周围的诸神联结在一起，并将他们有序地带进万有之王赫利俄斯的整体中。
>
> 为什么我应该继续对你们说荷鲁斯和其他名字的那些神，他们都是怎样隶属于赫利俄斯的？
>
> 埃美萨这个地方的居民，从远古时候就将赫利俄斯奉为神圣的存在，将赫利俄斯同他们的神庙中的摩尼莫斯和阿茨佐斯联系在一起。[②]

综上，赫利俄斯"居住在理智诸神'最中间的最中间'"，与每位神之间都存有一个联结处。那么，朱利安所说的赫利俄斯的"'中间性'的本性"该如何理解？《赫颂》并未直接提供一个答案，朱利安说他想通过一个一个地描述事物，使读者凭借自身的理智感受到赫利俄斯的"中间性"，[③] 以上宙斯、阿波罗、雅典娜等均为朱利安一个一个地描述。专研新

---

① Andrew Smith, "Iamblichus' Views on the Relationship of Philosophy to Religion in *De Mysteriis*," p. 78.

② 五段引文依次位于 Julian, "Hymn to King Helios," 148d (p. 407); 150b (p. 411); 149c—d (p. 409); 148d (p. 407); 150a (p. 403)。

③ Julian, "Hymn to King Helios," 139a—b (pp. 377—379).

柏拉图主义的菲纳莫雷曾就“中间性”给出如下解释：“对我们来说，赫利俄斯的角色是作为最中间的领域的最中间的实体，是把思想领域的诸神与可见的诸神联系起来。因此，他被置于理智世界的顶峰，就像永恒之神被置于意识领域的顶峰一样。”①

这样抽象的解释对于史学工作者来说不够简练和清晰。历史学者西蒙曾申明：“我无意介入这场争论，也无意涉足神学领域。我试图成为一名历史学家。对于神学家来说，基督教的胜利就是真理战胜了错误。在历史学家看来，无论他的宗教选择是什么，这似乎都是一神论对多神论的绝对胜利。”② 赫利俄斯与其余诸神的关系，如果放到神学领域或哲学领域内可能会有更多且更复杂的解释，但笔者理应根据历史研究的需求做简单归纳。此处笔者建议读者将赫利俄斯与其余诸神的关系，理解为整体与部分的关系。如下引文所示，这种理解方式曾被朱利安本人反复用于《赫颂》里总结性的语句当中：

> 从他（赫利俄斯）的劳作中人们已经知晓了这位神，他通过理智的祝福所给予的恩惠使得整个天空变得完美，并恩赐其分享理智的美；因为人们将天空视作他们的出发点，所以他们也已经学会了从赫利俄斯施予的善的礼物中，认识作为整体的他和他的各个部分。
>
> 因为真实存在着与赫利俄斯相联结的众神，且他们在实质上都与这位凝结着纯洁的本性的神相似，尽管在可见世界中他们是“多”（Plural），但在他（赫利俄斯）那里他们是“一”（One）。
>
> 我（朱利安）说过，赫利俄斯统治着理智诸神，因为他将众理智诸神统一成了一个整体，即是将数量众多的诸神全部统一进他自己那不可分割的实质之中。③

综上所述，朱利安自杨布里科斯的《论奥秘》中承袭了第一性原理的

① John F. Finamore, “Iamblichus on Light and the Transparent,” p. 136.

② Marcel Simon, “Early Christianity and Pagan Thought: Confluences and Conflicts,” p. 388.

③ 三段引文依次参见 Julian, “Hymn to King Helios,” 148d－149a (p. 407); 143c (p. 391); 151a (p. 413).

概念，但将诸神均添加进此概念之内，使得赫利俄斯与诸神间呈整体与部分的关系。在这个意义上，每位神均可看作赫利俄斯的一部分，赫利俄斯则始终是独享统治权的最高神。简言之，朱利安为赫利俄斯“新”增了一个特点——统合诸神。这是笔者截至目前所发现的赫利俄斯较之第一性原理，也是《赫颂》较之《论奥秘》而言最具有“新”意的特点。

（二）《赫利俄斯王颂》中的“新”内容

朱利安在《赫颂》结尾部分明确表示：“但是由于我想写一篇颂词来表达我对这位神（赫利俄斯）的感激，我想这也是在这里尽我所能地讲述这位神的本质的最佳方式。所以我认为这篇演说辞的创作并非徒劳。”[①] 因此本书致力于探寻《赫颂》中与朱利安的写作目的密切相关的“新”内容。《赫颂》中的“新”内容理应具备两个特点：一是朱利安本人着力谈论的，二是杨布里科斯未曾谈论的。

朱利安于《赫颂》开篇表明：“那么我的赞颂方式应该是什么？难道这不是显而易见的吗？如果我描述他的实质和起源，他的权力和能量，包括可见的和不可见的，以及他赐给所有世界的载着祝福的礼物，那我就能创作一篇完全不会令这位神不愉快的赞颂。说了这些，那么让我开始吧。”[②] 现针对赫利俄斯的来源、实质、可见和不可见层面的权力和能量的梳理已基本结束。赫利俄斯统合诸神的特点，是《赫颂》较之《论奥秘》而言颇具“新”意的特点。

《赫颂》中的“新”内容理应是朱利安着力论述的。朱利安以宙斯、雅典娜、阿波罗等神为主要例证，结合阿佛洛狄忒、美惠三女神、荷鲁斯等其他例证，反复解释包括宙斯在内的诸神都是赫利俄斯的一部分，甚至为此挑战雅典娜自宙斯头颅中诞生的古老神话。从篇幅上看，《赫颂》全文自 130b 开始，至 158c 结束。从《赫颂》138c 出现“这个‘中间性’的本性究竟是什么”[③] 起，至“这就是赫利俄斯在诸天中的劳作”[④] 于《赫

① Julian, “Hymn to King Helios,” 157d－158a (p. 433).

② Julian, “Hymn to King Helios,” 132b (pp. 357－359).

③ Julian, “Hymn to King Helios,” 138c (pp. 375－377).

④ Julian, “Hymn to King Helios,” 150d (p. 413).

颂》150d 出现为止，其间的绝大部分内容都在解释和论证赫利俄斯的“中间性”。即《赫颂》近一半的篇幅都在阐释赫利俄斯与诸神间的整体与部分的关系。《赫颂》中“卷首语”、“背景铺陈”、赫利俄斯的实质、起源、权力和能量全加起来才占据另一半篇幅。由此可见，赫利俄斯统合诸神的特点是朱利安的叙述重点。

再者，《赫颂》中的“新”内容理应是杨布里科斯未曾谈论的。《论奥秘》卷帙浩繁、体系庞大，第一性原理在这部巨著中所占的分量相当有限。尽管杨布里科斯也定义第一性原理是“诸神的领导者”，但诸神具体指哪些神祇？诸神与第一性原理的关系具体是什么？这些问题在《论奥秘》里很难找到明确的答案。迄今为止未有学者能够用新柏拉图主义的术语，澄清《论奥秘》中“诸神的领导者”的具体含义。因为杨布里科斯反复强调第一性原理是高于理智诸神的存在，但身为“诸神的领导者”，第一性原理又似乎应该与诸神居于同一等级而非更高的“理智层面”（Noeric Realm）。[①] 如此显著的矛盾令沃特·斯科特（Walter Scott）十分困扰，以至于 1985 年他在编订《论奥秘》时，不得不将“诸神的领导者”所在的整段内容从正文中删除，仅在插叙部分呈现。[②] 安德鲁·史密斯也表示，尽管这部作品的上下文为我们提供了进一步的信息来阐明杨布里科斯的意思，但杨布里科斯并没有像我们所希望的那样阐明他的思想。[③]

在杨布里科斯笔下，第一性原理似乎都没有一个具体、固定的形象。尽管他向波菲利证明了第一性原理以不同的名称广泛存在于各个民族的传统当中，但杨布里科斯也不得不承认：“因为这些名称在翻译时并不能完全保持相同的意思；相反，每个民族都有一些习语，用另一个民族的语言是无法表达的。”[④] 威特发现，第一性原理在杨布里科斯笔下的具体形象十分模糊，有时是“最强大的精神”（All Powerful Spirit），有时是最高神，

---

① 克拉克表示：“没有现代评述者对此特征进行说明，以澄清其在新柏拉图语境中的含义。”详见 D. C. Clark, “Iamblichus’ Egyptian Neoplatonic Theology in *De Mysteriis*,” p. 182.

② Walter Scott, *Hermetica*, Vol. Ⅳ, Boston: Shambhala, 1985, pp. 59—60.

③ Andrew Smith, “Iamblichus Views on the Relationship of Philosophy to Religion in *De Mysteriis*,” p. 75.

④ Iamblichus, *De Mysteriis*, 7.5 (p. 299).

有时又是太阳。[①]

反之，赫利俄斯是《赫颂》中的核心主角，《赫颂》的绝大部分内容都围绕赫利俄斯展开。且不同于杨布里科斯笔下的第一性原理是相对独立的存在，其下诸神各自拥有不同程度的统治权，朱利安笔下的赫利俄斯，同诸神保持着整体与部分的关系，在这个意义上每位神皆可看作赫利俄斯的一部分，赫利俄斯则依然是独享统治权的最高神。或因朱利安就赫利俄斯与诸神间的关系，给出了相较杨布里科斯而言更详尽的解释，狄龙才能观察到："赫利俄斯的本质似乎是一种类似'三位一体'的系统，密特拉－赫利俄斯占据着中间层次，而杨布里科斯与朱利安唯一不同的方面可能是赫利俄斯在自己领域的特征。"[②] 狄龙已经观察到二人间差异的具体位置——"赫利俄斯在自己领域的特征"。但他旨在概括《赫颂》中渗透的神学理论，并未深入此问题且使用了猜测的语气。

部分学者关注到朱利安对赫利俄斯与诸神间关系的叙述，明显区别于杨布里科斯。威特指出："朱利安在颂词中使得，赫利俄斯通过至善直接赋予他的权威统治理智诸神这一点变得清晰，也就像 Kmeph，'诸天神的领导者'一样。"[③] 罗兰·史密斯等学者更是依靠朱利安对赫利俄斯与诸神间关系的解释，倒推杨布里科斯笔下的第一性原理何以统治诸神。[④]

综上，赫利俄斯统合诸神的特点，既是《赫颂》里最具有"新"意的特点，又是朱利安的叙述重点，还是杨布里科斯甚少提及的知识。基于此，笔者认为赫利俄斯统合诸神的特点，就是朱利安在《论奥秘》的基础上为《赫颂》增添的"新"内容。

此论点还能通过两处文本细节佐证：一则杨布里科斯笔下诸神的统治体系，略有些类似中国古代的分封制和欧洲中世纪的封君封臣制。最高级

---

① Rex E. Witt, "Iamblichus as a Forerunner of Julian," p. 54.

② John Dillon, "The Theology of Julian's Hymn to King Helios," p. 109.

③ Rex E. Witt, "Iamblichus as a Forerunner of Julian," pp. 47—48; Rowland Smith, *Julian's Gods: Religion and Philosophy in the Thought and Action of Julian the Apostate*, pp. 29—30.

④ D. C. Clark, "Iamblichus' Egyptian Neoplatonic Theology in *De Mysteriis*," pp. 164—205; R. Majercik, "Chaldean Triads in Neoplatonic Exegesis: Some Reconsiderations," *The Classical Quarterly*, vol. 51, no. 1 (2001), pp. 265—296.

第一性原理将统治权划分给次一级，次一级再向下划分，如此最高级与低级别的联系便不够紧密。《赫颂》中也有与之对应的叙述统治体系的文字，但朱利安笔下真正掌握统治权的有且仅有赫利俄斯这一位神。“因为他（赫利俄斯）通过四段黄道带划分出三个宇宙层次，这三个宇宙层次中的每一个都与黄道带互相关联着，所以他将黄道带也分成了十二种神圣的权力（黄道十二宫）；然后他又三分了这十二种权力中的每一种，为的是创造出总共三十六个神”①。

紧随这段文字之后，朱利安解释了诸神如何管理可见世界和造福人类。《赫颂》前文已然将赫利俄斯与诸神的关系解释成整体与部分的关系，这段文字中各级别上数量众多的神也都是由赫利俄斯划分和创造，且都是赫利俄斯的一部分，其权力也仍旧是赫利俄斯的权力。通过比对《赫颂》与《论奥秘》中相对应的叙述，再结合《赫颂》135a－b 的内容：太阳神赫利俄斯在升起和降落时创造出白天和黑夜，其余诸天体并不具备这种权力，这是人类肉眼可见的天象。依据这种天象，朱利安认为我们理应相信诸天上不可见的和神圣的理智诸神所组成的群体都被赫利俄斯的权力所充斥着。诸天体凭借赫利俄斯的权力才得以运转，他们也相应服从于赫利俄斯的统治。这是赫利俄斯被朱利安称作赫利俄斯王的主因。② 如此也能够比较直观地看出，朱利安在第一性原理基础上为赫利俄斯“新”增的特点——统合诸神。

二则杨布里科斯曾用舵手掌管船舵比喻第一性原理掌管整个世界。③ 译者给该段文本的注解是：“这一比喻很可能源自古埃及神话，但古埃及神话里太阳神拉还配有两只船桨，两支船桨充当其助力甚至两只眼睛，但杨布里科斯不会使用如此微妙的细节。”④ 朱利安却格外注意这一点，并在《赫颂》中提及与赫利俄斯同受埃美萨人敬拜的两位神使——摩尼莫斯和阿茨佐斯。“埃美萨这个地方的居民，从远古时候就将赫利俄斯奉为神圣的存在，将赫利俄斯同他们的神庙中的摩尼莫斯和阿茨佐斯联系在一

---

① Julian, “Hymn to King Helios,” 148c（pp. 405－407）.

② Julian, “Hymn to King Helios,” 134d－135b（pp. 365－367）.

③ Iamblichus, *De Mysteriis*, 7.2（pp. 293－295）.

④ Julian, “Hymn to King Helios,” p. xlii（Introduction）.

起”①。由此可见，朱利安相当重视叙述与赫利俄斯有联系的其余诸神。他关于这个问题的叙述甚至构成《谁是赫利俄斯的“使者”》一文的研究基础。② 这从侧面反映出赫利俄斯统合诸神的特点是《赫颂》相较于《论奥秘》的“新”内容。

萨鲁斯特的《论诸神与世界》也能为此结论提供一重旁证。就在朱利安创作《赫颂》前，萨鲁斯特大抵因杨布里科斯已经系统且完美地论述过同一话题，而质疑他重复创作此类作品的意义。③ 因为第一性原理的概念是杨布里科斯向原新柏拉图主义体系内新增添的。④ 所以无论朱利安怎么进一步论证和完善第一性原理的起源、实质、权力和能量，其“新”意总归是有限的。何况仅 10000 余字的《赫颂》基本没可能超越体系广博、内容深奥的《论奥秘》。这映衬着萨鲁斯特对朱利安作品价值的质疑。

然而，当朱利安往第一性原理的概念里增添诸神时，尤其添加的是罗马人所熟悉的宙斯、阿波罗、罗慕路斯等神时，其作品便具备了区别于《论奥秘》的“新”意和现实意义。现代学者阿塔纳西阿德解读出萨鲁斯特质疑朱利安的另一层原因：萨鲁斯特深知尽快复兴希腊宗教和文化于国家的重要性，故以近臣身份提醒朱利安皇帝只需借用《论奥秘》中有助于实现此目标的内容，反对他徒劳地谈论与之无关的哲学话题。⑤ 相应地，萨鲁斯特的《论诸神与世界》里也有一段叙述统治体系的文字：

> 在这不可言说的力量（第一性原理或太一）之下便是诸神的秩序，诸神中有些是“宇宙的”（Mundane），有些是“超宇宙的”（Supramundane）。我所说的“宇宙”的意思是构成宇宙的诸神。那些超宇宙的造就了一些诸神的本质、一些智慧和一些灵魂。因此这些被划

---

① Julian, “Hymn to King Helios,” 150a (p. 413).

② Marinus Anthony van der Sluijs, “Who are the ‘Attendants of Helios’,” pp. 169—177.

③ Julian, “Hymn to King Helios,” 157c (pp. 431—433).

④ 具体解说可参见 Andrew Smith, *Philosophy in Late Antiquity*, pp. 90—104; Andrew Smith, “Iamblichus Views on the Relationship of Philosophy to Religion in *De Mysteriis*,” pp. 74—86。

⑤ Polymnia Athanassiadi, *Julian: An Intellectual Biography*, pp. 159—160.

> 分成三个等级……宇宙的创造者是宙斯、波塞冬和赫菲斯托斯，赋予生命力的德墨忒尔、赫拉和阿尔忒弥斯，协调者阿波罗、阿佛洛狄忒和赫尔墨斯，以及守护者赫斯提亚、雅典娜和阿瑞斯。这些功能可以从他们的形象中看出……虽然这些神是主宰宇宙的原始神，但也应当认为其他神同样被包含在这些神之内，如宙斯包含着狄奥尼索斯、阿波罗包含着阿斯科勒皮奥斯……①

尽管这段文字也包含第一性原理，但萨鲁斯特将之视作不可理解的，而将关注点和叙述重点放在了古希腊罗马诸神身上。该书译者诺克表示，萨鲁斯特虽然是新柏拉图主义的追随者，但并未以新柏拉图主义的理论为开端，他一直在努力构筑一个让古希腊罗马传统里的多神，均能占有一席之地的神圣等级制度。② 正因如此，该书才能被后世誉为 4 世纪多神教的“官方教理问答书”。

如果我们接受诺克和阿塔纳西阿德的解读，即萨鲁斯特站在捍卫古希腊罗马多神教的立场上评判朱利安作品的价值。那么当《赫颂》中的“新”内容是统合诸神时，朱利安便有理由向萨鲁斯特申明其作品并非徒劳。更有甚者，或因两人最大的关注点都在罗马人熟悉的诸神身上，所以朱利安才会在《致萨鲁斯特的慰藉》里，多次称萨鲁斯特是与自己志同道合且步调一致的朋友。③ 且朱利安在信件里强调：“虽然没有什么能够阻止我们同时看到彼此，我不是说在身体组织方面，如我们的血肉、筋骨、身体的轮廓和胸膛极为相似……我指的是我们的美德、行为和言辞，我们的交流以及那些我们经常同彼此进行的对话。”④《赫颂》作为一篇公开性质的演说辞，朱利安不也在结尾处特将其送给萨鲁斯特吗？他明确写道：“这份演说辞，我的朋友萨鲁斯特，我至多用三个夜晚就创作了它，与这位神（赫利俄斯）的三重创造性力量相一致，尽可能符合它发生在我的记忆中的样子。我已经冒险把它写下来并送给你。”⑤ 由此可再证，赫利俄斯

---

① Sallustius, *Concerning the Gods and the Universe*, Ⅵ—Ⅶ (pp. 11—13).

② Sallustius, *Concerning the Gods and the Universe*, pp. cxiv-cxv (Prolegomena).

③ Julian, “Consolation upon the Departure of Sallust,” 242b—d (pp. 171—173).

④ Julian, “Consolation upon the Departure of Sallust,” 247c—d (p. 185).

⑤ Julian, “Hymn to King Helios,” 157b—c (p. 431).

统合诸神的特点是《赫颂》中的“新”内容。

综上所述，朱利安在亟须借多神教巩固皇权的情况下，以他认知范围内多神教主要的理论型著作——《论奥秘》为基础写作《赫颂》。但《论奥秘》因与政治较为疏离而很难直接为朱利安所用。于是朱利安在《赫颂》中为自己塑造了“赫利俄斯之代理人”的身份，试图借赫利俄斯的神权巩固皇权。但朱利安并未止步于此，他在这封面向罗马人公开发布的演说辞里，积极对自己的皇权源头加以解释。赫利俄斯的起源、实质、在可见和不可见层面上的权力和能量，基本承袭自《论奥秘》中的最高神第一性原理。但朱利安向赫利俄斯的形象中增添了一项“新”内容——统合诸神。赫利俄斯在不分割统治权的情况下从其内部整合了诸神，宙斯、雅典娜、阿波罗等其他所有神皆是赫利俄斯的一部分。

此处需提醒读者，根据《赫颂》中那句：“（《赫颂》中）有某些想法来自许多人，就好像它们发生在我的思想中”①，赫利俄斯统合诸神的观点未必是朱利安首创。现代学者希尔顿如此评述《赫颂》中“形而上的宇宙结构”：“我们从太阳神学的角度来看（《赫颂》），把希腊的价值排在第一位是错误的。所有的信仰都被平等地包含在处于中间位置的赫利俄斯的力量之下，通过他人类试图进入可知世界。”② 统合诸神的“新”特点可能源自太阳神学。丹尼斯·克拉克、菲纳莫雷等学者提到朱利安在《赫颂》中大量引入太阳神学、迦勒底神谕、密特拉教中的某些观点，对原杨布里科斯的理论体系进行革新。③ 但无论“统合诸神”的观点源自何处，它都是赫利俄斯显著区别于《论奥秘》中第一性原理的“新”特点。

朱利安为何将统合诸神的“新”特点增添进赫利俄斯的形象之中？叙述完赫利俄斯的“中间性”后，朱利安于《赫颂》152a 以一句“但是，为

---

① Julian, “Hymn to King Helios,” 157d (p. 433).

② J. L. Hilton, “The Sphragis of Heliodoros, Genealogy in the Aithiopika, and Julian's Hymn to King Helios,” pp. 212—213。这句话可能有意反驳学界近些年兴起的“朱利安所作所为皆为复兴希腊主义”的观点。

③ John F. Finamore, *Iamblichus and the Theory of the Vehicle of the Soul*, p. 137; John Dillon, *Iamblichi Chalcidensis in Platonis dialogos commentariorum fragmenta*, pp. 418—419; Rowland Smith, *Julian's Gods: Religion and Philosophy in the Thought and Action of Julian the Apostate*, pp. 143—162.

何我要花费如此长的篇幅来处理同样的问题呢？当我终于可以自由地回到我的目标上来时，尽管我还没有首先颂扬赫利俄斯赠予人类的所有的祝福？因为……"① 开始解释其目的。因此有必要由《赫颂》152a往下，结合罗马帝国的政治状况和社会现实探究朱利安令赫利俄斯统合诸神的政治目的。

① Julian，"Hymn to King Helios，" 152a (p. 417).

第五章

朱利安重塑赫利俄斯形象的政治目的

《赫颂》的开篇充当揭示全文关键信息的“卷首语”，对于解读朱利安的写作目的意义重大。行文至此，针对赫利俄斯的起源、实质、权力和能量的分析基本结束，现结合所得结论与《赫颂》的“卷首语”，探究朱利安写作《赫颂》的政治目的。362 年 12 月朱利安在安条克遭遇市民敌对，在这种情况下他写作《赫颂》力证自己是赫利俄斯派往罗马帝国的代理人，且将赫利俄斯重塑为统合诸神的最高神，从而借赫利俄斯的神权巩固皇权。此举在《赫颂》的“卷首语”中亦有所对应：

> 我将要说的是，在我看来，对一切“在大地上呼吸和爬行”、存在且拥有理性而聪慧之灵魂的万物而言都是极为重要的事情，但更重要的是这对我自己很重要。因为我是赫利俄斯王的追随者……就我现在而言，我羡慕任何被那位神（赫利俄斯）准许且继承那一由神圣的和有灵性的种子与先祖一同筑造的身体，并得以打开智慧宝藏之人的好运；我亦不轻视赫利俄斯神赋予我的（好运），即我可以出生在一个于我所处的时代里统治和管理世界的家族；但进一步说，如果我们可以相信智者，那我就把这位神（赫利俄斯）看作是全人类共同的父亲……因为真切地说，是人与太阳共同创生了人，且这位神（赫利俄斯）用灵魂播种这方尘世，这些灵魂不仅仅来自他自己，也来自其他神灵。至于是出于何种目的，这些灵魂会通过他们选择的生活方式来

> 予以揭示。到目前为止，最好的事情是，当任何人有幸继承对这位神（赫利俄斯）的侍奉，即使在第三代之前，都能从一条绵长且连续的‘先祖名单’中继承下来。然而，当任何人认识到他天生就是要成为赫利俄斯的仆人时，无论他是大家中的一员，还是只有少数人相伴，只要是致力于为他的主人服务，那么，这便是一件不能被轻视的事情。[①]

引文中，朱利安皇帝申明自己是出身君士坦丁家族的统治者，这是赫利俄斯令他的灵魂下降尘世后赋予他的命运。即朱利安于“卷首语”中宣告的：“我是赫利俄斯王的追随者”，而赫利俄斯是“全人类共同的父亲”，“这便是一件不能被轻视的事情”。经由这样的表述，朱利安便能借赫利俄斯的神权巩固皇权。在此基础之上，他将统合诸神的特点“新”增进赫利俄斯的形象内，引文中“且这位神（赫利俄斯）用灵魂播种这方尘世，这些灵魂不仅仅来自他自己，也来自其他神灵”一句对应此意。那么朱利安为什么要在借赫利俄斯的神权巩固皇权时，令赫利俄斯统合诸神？

一、朱利安广泛巩固皇权的政治诉求

朱利安将赫利俄斯称作全人类共同的父亲。在探究朱利安重塑赫利俄斯形象的政治目的之前，有必要详析句中“全人类”的含义，即厘清《赫颂》的受众。《赫颂》的开篇说：“我将要说的是，在我看来，对一切‘在大地上呼吸和爬行’、存在且拥有理性而聪慧之灵魂的万物而言都是极为重要的事情，但更重要的是这对我自己很重要。因为我是赫利俄斯王的追随者。”[②] 从字面上看，它给出了一个极其宽泛的受众范围，并未指明朱利安宣告其“赫利俄斯之代理人”身份的具体对象。当时究竟哪些人在关注朱利安的皇权源头，以至于他在《赫颂》中向“全人类”作此说明？

---

① Julian, “Hymn to King Helios,” 130b—131d (pp. 353—357).

② Julian, “Hymn to King Helios,” 130b (p. 353).

（一）朱利安的皇权源头——多神教徒与基督徒关注的焦点

朱利安皇帝的统治时段为 361 年至 363 年，恰好处于多神教同基督教剧烈碰撞的 4 世纪中叶。这一时期基督教学者同异教学者互相撰文攻讦，基督教与多神教争夺物质财富，民间基督徒和多神教徒的冲突时有发生。且“当朱利安提出基督徒放弃律法的问题时，随着对当代信仰和实践的冲突越来越成为人们关注的焦点，争论也变得相当尖锐”①。彼时基督教和多神教剧烈碰撞的局势对朱利安借神权巩固皇权有何影响？

因为以私自称帝和武力夺权的形式继位，朱利安的皇位来源受罗马人质疑。相应地，朱利安在内战期间和继位初期均致力于宣扬自己的多神信仰，借多神教诸神的神权巩固皇权。《致元老院和雅典人》显示，朱利安宣告诸神安排自己取代君士坦提乌斯二世，担任罗马帝国的皇帝。② 至 362 年年末于安条克遭遇市民敌对时，朱利安已是第二次亟须借神权巩固皇权。所以，笔者可以通过回溯时人对朱利安改信多神教的态度来探究此问题。如下引文所示，同时代四位史家都记载了朱利安由基督教改信多神教的过程：

> 阿米安努斯：但是，当恐惧被终结的时候，他看到随心所欲的时机已然到来，于是揭开他内心的秘密并通过简单但正式的法令要求重开神庙，在祭坛上摆放牺牲，恢复对诸神的崇拜。③
>
> 佐西莫斯：朱利安从使节处获悉了上述消息，随后便宣布他宁可将自己的身家性命托付给诸神也不会去信赖君士坦提乌斯二世的保证，由此他公开亮出了自己的宗教观。④
>
> 苏克拉底斯：在这之后，他不再伪装成基督徒，而是四处开放异教神庙，并为那些神像提供牺牲。⑤

---

① Stefan Rebenich and Hans-Ulrich Wiemer, eds., *A Companion to Julian the Apostate*, p. 276.

② Julian, “Letter to the Senate and People of Athens,” 282d－285a (pp. 279－285).

③ Ammianus Marcellinus, *History*, Vol. Ⅱ, 22. 5. 2 (p. 203).

④ Zosimus, *New History*, 3. 9 (p. 54).

⑤ Socrates Scholasticus, *The Ecclesiastical History*, 3. 1 (p. 197).

> 索佐门：然后他突然改变了他的宗教信仰，尽管他之前已经承认信仰基督教，他宣告自己是最高祭司，频繁前往异教神庙，敬献牺牲，并邀请他的部下采用同样的崇拜形式。[①]

从宗教角度考虑，四位史家都记载了朱利安在内战期间公开改信多神教。从政治角度考虑，以上也是四位史家对朱利安公开宣布其权力来源于多神教诸神的记载。其中，佐西莫斯的"随后便宣布他宁可将自己的身家性命托付给诸神也不会去信赖君士坦提乌斯二世的保证，由此他公开亮出了自己的宗教观"一句最能表明这一点。佐西莫斯还记叙太阳神在梦中向朱利安预示君士坦提乌斯二世即将死亡，而他终将获得成功的故事。[②]

史家阿米安努斯亦记载朱利安于战前先敬奉诸神，后召集军队举办集会并发表演说："秉承高天和你们的意愿，从我年轻阶段的最初开始，我就阻止了阿勒曼尼人和法兰克人持续不断的侵袭和无止境的掠夺的欲望……但是现在，迫于你们的选择的权威性和环境的压力，在你们和神的支持下，我已经被抬升至奥古斯都的高贵（地位）。"[③] 总之，根据同时代四位史家的记载，朱利安在内战期间公开改信多神教，亦公开宣告其皇权来源于多神教诸神。

但是这样一个改宗时间却与朱利安本人提供的改宗时间存有矛盾。朱利安曾于致亚历山大里亚人的公开信中说明个人的信仰兼皇权来源。362 年 10 月 24 日，朱利安将亚历山大里亚地区的基督教主教阿塔纳西乌斯流放。亚利山大里亚教区的基督徒上书请求皇帝准许他们的主教返回。朱利安回函一封，力劝当地基督徒放弃阿塔纳西乌斯，并进一步劝说他们放弃基督教信仰并尽快复归多神教阵营。信中有这样一句话：

> 因为，如果你们听从一个人的话，那就不会偏离正确的道路。这个人曾在你们现今的道路上行走了二十年，但在诸神的恩典下，如今

---

① Sozomen, *The Ecclesiastical History*, 5.1 (p. 722).

② Zosimus, *New History*, 3.9 (p. 54)。阿米安努斯也记载朱利安一遍遍背诵这篇神谕，详见 Ammianus Marcellinus, *History*, Vol. Ⅱ, 21.2.2 (p. 99)。

③ Ammianus Marcellinus, *History*, Vol. Ⅱ, 21.5.1—5 (pp. 109—111).

他已经在我刚刚提到的正确的道路上行走了十二年。[①]

从信件的写作目的考虑，这句话中亚历山大里亚人“现今行走的道路”，可以理解为信仰基督教，“正确的道路”可以理解为信仰多神教。这也符合赖特为该段文字添加的注解。且用道路比喻信仰似乎是朱利安惯用的写作手法，他在《反加利利人篇》中质询那些只信仰基督教的人为何没有依附犹太人的信仰，反而另行开辟他们自己的道路。[②] 此类后悔往昔信仰基督教的情绪在朱利安的作品中亦不鲜见，如《赫颂》中的一句：“然而让那些黑暗在遗忘中被埋没吧。”[③] 依据上下文可知，句中的“黑暗岁月”大抵指代他以基督徒身份度过的青少年阶段。因此朱利安劝导亚历山大里亚人的这句话，可视作对他本人由基督教改信多神教的公开说明。

赖特译本显示这封信大约写作于 362 年 11 月或 12 月，而朱利安的出生时间约为 331 年。[④] 则朱利安由基督教改信多神教的时间，约为 350 年年末或 351 年。目前这一时间点已为绝大部分学者所接受。2007 年托格版本的《朱利安传》写道：“正如我们所看到的，人们认为朱利安受到（马克西姆斯）的教导即标志着他从基督徒到多神教徒的转变，利巴尼乌斯直接赞扬了这位哲学家，朱利安对他本人的皈依时间的说明似乎也与之相

① Julian, “To the Alexandrians,” *in The Works of the Emperor Julian*, Vol. Ⅲ, p. 149.

② Julian, “Against the Galilaeans,” 43a (p. 321).

③ Julian, “Hymn to King Helios,” 131a (p. 355).

④ 1925 年贝恩斯通过考证文本，确认朱利安出生于 331 年（Norman H. Baynes, “The Early Life of Julian the Apostate,” *The Journal of Hellenic Studies*, vol. 45, part 2 〈1925〉, p. 252）。但 1971 年吉利亚尔提出，“331 年说”是对史料的误读，朱利安理应出生于 332 年 4 月的最后一周或 332 年 5 月的前三周（Frank D. Gilliard, “The Birth Date of Julian the Apostate,” *Classical Antiquity*, vol. 4 〈1971〉, pp. 147－151）。该年度就朱利安的出生时间又出现“332 年 5/6 月”说（Arnold Hugh Martin Jones, et al., *The Prosopography of the Later Roman Empire*, Vol. Ⅰ, p. 447）。学界目前就此问题尚未定论，1976 年布朗宁版本的《朱利安皇帝传》采用了“332 年说”（Robert Browning, *The Emperor Julian*, p. 242），其他版本的传记多采用“331 年或 332 年”的模糊说法（Shaun Tougher, *Julian the Apostate*, p. 178; H. C. Teitler, *The Last Pagan Emperor: Julian the Apostate and the War against Christianity*, p. 145）。

符。”[①] 2017 年《最后的异教皇帝》一书也表示：“当朱利安本人在 362 年写的一封信中说明，他一直信奉基督教长达二十年，但是十二年来（即自 351 年以来）一直在众神的庇佑和指引下走着正确的道路，没有任何充分的理由能够怀疑此声明的真实性。”[②] 另有 1978 年出版的两部颇有分量的《朱利安皇帝传》：布朗宁（Robert Browning）版本将朱利安的改宗时间定在公元 355 年之前。[③] 鲍索克版本更是直接给出 351 年作为朱利安的改宗时间。[④] 结合文献资料和后人研究成果可知，朱利安大约在 351 年由基督教改信多神教。

然而同时代的四位史家当中，佐西莫斯从朱利安父母死亡记叙至朱利安死亡，始终未提及 351 年朱利安宗教信仰的变化。[⑤] 苏克拉底斯批评朱利安在 361 年背叛君士坦提乌斯二世之前，一直伪装成基督徒欺骗后者。[⑥] 索佐门的观点与苏克拉底斯基本一致。[⑦] 阿米安努斯写道：“但是，当恐惧被终结的时候，他看到随心所欲的时机已然到来，于是揭开他内心的秘密并通过简单但正式的法令要求重开神庙，在祭坛上摆放牺牲，恢复对诸神的崇拜。”[⑧] 尤特罗庇乌斯甚至不曾记载 355 年朱利安担任凯撒前的经历。也就是说，朱利安本人提供的改宗时间并没有为同时期一众史家所关注和记载。

针对此现象，一种解释是以上五位史家普遍不知晓朱利安本人提供的改宗时间。但朱利安于 362 年 10 月写作的《致亚历山大里亚人》系公开信。阿米安努斯还是朱利安皇帝的近臣兼挚友。朱利安又乐意为身边的撰史人提供写作材料，曾明确向友人表示：“至于我归来的原因，如果您要写一份历史记录，我会为您做一份非常准确的报告，并将信件作为书面证

① Shaun Tougher, *Julian the Apostate*, p. 27.

② H. C. Teitler, *The Last Pagan Emperor: Julian the Apostate and the War against Christianity*, p. 145.

③ Robert Browning, *The Emperor Julian*, pp. 9—10.

④ G. W. Bowersock, *Julian the Apostate*, p. 29.

⑤ Zosimus, *New History*, 3. 1. 1—3. 29. 2 (pp. 49—65).

⑥ Socrates Scholasticus, *The Ecclesiastical History*, 3. 1 (pp. 195—197).

⑦ Sozomen, *The Ecclesiastical History*, 5. 1 (pp. 722—727).

⑧ Ammianus Marcellinus, *History*, Vol. Ⅱ, 22. 5. 2 (p. 203).

据交给您。”[①] 尤特罗庇乌斯亦陪同朱利安东征波斯。故尤特罗庇乌斯和阿米安努斯大概率能够获知，朱利安于 351 年左右改宗的历史事实。

生活年代稍晚的异教史家佐西莫斯，曾摘录过朱利安于梦境中收到的神谕，且于其《罗马新史》中表示：“如果有谁想全面了解，那就要去看看他（朱利安）本人的演说辞以及书信，而读过这些文书，就能对他在整个文明世界的所作所为作出评价。”[②] 同时期基督教史家苏克拉底斯和索佐门撰史时，也曾数次直接摘录朱利安的言论。[③] 博彻特（Donald M. Borchert）等学者研究发现，朱利安的作品直接影响了包括奥古斯丁、格里高利在内的当时很大一部分基督教学者的神学思想。[④] 由此推测，佐西莫斯、苏克拉底斯和索佐门很可能直接或间接地阅读过朱利安的作品，他们大概率能够获知朱利安真实的改宗时间。所以五位史家普遍不知晓朱利安于 351 年左右改宗的可能性相当低。

针对此现象，另一种解释是同时代史家皆偏好记载朱利安公开改宗而非私下改宗的时间。与之对应的是以上四段引文中“正式的法令”“公开亮出”“四处开放异教神庙”“邀请他的部下”等词句，均能体现出朱利安此举的公开性。然而，朱利安用以宣告自己于 351 年改宗的《致亚历山大里亚人》同样系公开信。再者，若将以上四段引文各放回原文，则可知苏克拉底斯和索佐门皆记载朱利安于高卢私自称帝后，撕下基督徒的伪装而供奉诸神；阿米安努斯认为朱利安是于君士坦提乌斯二世死后，才敢显现自己的秘密倾向；然而据佐西莫斯记载，朱利安从使节处获知君士坦提乌斯二世的态度：“如果朱利安想要活命的话，就得既扔掉皇帝之尊，又扔掉凯撒之号”[⑤]，旋即公开自己的宗教观并将生命交托诸神庇佑。以上四位史家就朱利安的改宗时间给出了三个不同的时间点。很难相信，他们一面均想记载朱利安公开改宗的时间，一面却又在具体时间上各持己见。

---

① Julian, “To Prohaeresius,” in *The Works of the Emperor Julian*, Vol. Ⅲ, p. 35.

② Zosimus, *New History*, 3. 2 (p. 50).

③ 如 Socrates Scholasticus, *The Ecclesiastical History*, 2. 43 (p. 189); 3. 12 (p. 126)。又如 Sozomen, *The Ecclesiastical History*, 5. 4 (p. 730); 5. 7 (p. 736)。

④ Donald M. Borchert, eds., *Encyclopedia of Philosophy*, Michigan: Thomson Gale, 2006, p. 389.

⑤ Zosimus, *New History*, 3. 9 (p. 54).

在以上两种解释均存有一定缺陷的情况下，笔者更倾向于同时代非基督徒史家尤特罗庇乌斯提供的一种思路。尤特罗庇乌斯未曾记载朱利安于351年左右的改宗，因为他旨在用最简练的语言概述罗马的建立和发展过程，其《罗马国史大纲》的书名的首个单词“Breviarium”即为“概要”之意。而在尤特罗庇乌斯看来，朱利安担任凯撒后才算真正融入了罗马国家的历史进程，所以他直接从朱利安担任凯撒后开始记载：“……于是，君士坦提乌斯二世到那时便成了罗马帝国唯一的元首及奥古斯都。紧接着，君士坦提乌斯二世将自己的妹妹嫁给了朱利安：这位朱利安是他的堂弟、加卢斯的同父异母弟，随后，他便受君士坦提乌斯二世的派遣以凯撒的头衔前往高卢。”①

沿着这个思路细究阿米安努斯等四位史家的记载可见，他们均于记叙朱利安公开改宗之前不久，申明朱利安已获得统治国家的权力：

> 阿米安努斯：无论他走到哪里，他的权力和兵力都在不断地增长，他就像传闻的传播一样迅速，轻而易举地拿下了所有的地方，且最终他接受了皇权，（皇权）被给予他，在高天点头同意且没有给国家招致任何损失的情况下。②
>
> 佐西莫斯：顷刻间，他们（战士）从自己的座位上猛地站起了身，顾不得扔下杯盏就朝凯撒的营房走了过去。他们不顾礼节就推开了门，随后把凯撒带出了营房，接着在将他抬上盾牌的同时又宣布他成为皇帝及奥古斯都，还强迫着把皇冠戴上了他的脑袋。③
>
> 苏克拉底斯：在这辉煌的成功之后不久，他便被士兵们宣布为皇帝。当时由于没有皇冠在手，他的一个士兵便将自己的项链和朱利安的项链连接在一起，做成链子环绕在朱利安的脑袋上。于是朱利安成了皇帝。④
>
> 索佐门：他的节制和温和早已赢得了士兵的喜爱，如今战争的胜

---

① Eutropius, *The Breviarium ab Urbe Condita of Eutropius*, 10. 13—14 (p. 68).

② Ammianus Marcellinus, *History*, Vol. Ⅱ, 22. 2. 5 (p. 191).

③ Zosimus, *New History*, 3. 9. 2 (p. 54).

④ Socrates Scholasticus, *The Ecclesiastical History*, 3. 1 (p. 197).

利又极大地增加了他的声望。他们便尊称他为奥古斯都。[①]

以上第一段话出现了“皇权”字样，第二段话提到皇权的同义词——“奥古斯都”头衔和“皇冠”，第三段话强调朱利安戴上“皇冠”且正式成为皇帝，第四段话同样包含“奥古斯都”头衔字样。从谋篇布局的角度考虑，四位史家均在写下这些话之后不久，阐明朱利安公开敬奉多神教诸神。其中佐西莫斯和苏克拉底斯还将朱利安称帝的过程描述得十分生动。由此可得出另一种解释：阿米安努斯等四位史家均高度关注朱利安获得皇权后的宗教倾向。即朱利安身为罗马皇帝时的宗教倾向。

在此种解释之下，阿米安努斯等四位史家对朱利安皇帝的宗教倾向的关注，可能继承自前辈学者，也可能模仿自同辈学者。毕竟历史学家的工作性质本就要求他们大量阅读同时期学者的论著。公元 4—5 世纪时另有数位学者，都在著述时忽视了朱利安本人提供的改宗时间，而记叙朱利安担任皇帝后公开改宗的时间。异教学者里，利巴尼乌斯将朱利安皇帝的改宗安排在君士坦提乌斯二世的葬礼之后，即朱利安入主君士坦丁堡后，同时辅以“所有人的面前”等字样和盛赞朱利安的语句：“在这个人得到了符合他地位的尊敬之后，皇帝从追随众神开始——也就是说，从首都的宗教开始——通过在所有人的面前提供奠酒，沉浸于它所有的伴奏；嘲笑那些不以他为榜样的人；努力说服他们，而不是妄图强迫他们改信。”[②] 鉴于利巴尼乌斯在多神教徒中备受尊崇，且与朱利安保持着亲密的师徒关系。所以阿米安努斯和佐西莫斯可能借鉴了他的说法。

同理，基督教学者也甚少记载朱利安私下的改宗时间：纳西昂的格里高利批判朱利安一直伪装成基督徒欺骗君士坦提乌斯二世，后又批评朱利安甫一继承帝国，便公开暴露不虔诚的本性：“因为他刚继承帝国不久就公开宣布他的不虔诚，好像为自己曾经是一名基督徒而感到羞愧。”[③] 西里尔虽然也使用“叛教者”称谓，但他不承认朱利安曾真心信仰过基督教，

---

① Sozomen, *The Ecclesiastical History*, 5.1 (p. 722).

② Libanius, “Libanius’ Funeral Oration upon Julian,” p. 159.

③ Gregory Nazianzen, “Gregory Nazianzen’s two Invectives against Julian the Emperor,” p. 29.

即便朱利安确实于童年时期受到来自基督教一方的教育。[①] 奥古斯丁直接将朱利安的“叛教”与权力欲挂钩：“朱利安那颗接受了恩赐的心灵受到亵渎圣灵的、可恶的好奇心的欺骗，也受到权力欲的挑唆。”[②] 以上三位学者在基督教中的地位颇高，某种意义上他们已然提供了叙述朱利安“叛教”事件的“模板”，苏克拉底斯和索佐门可能借鉴了他们的说法。

综上，密切关注朱利安称帝后的宗教倾向的做法，不仅仅局限于历史学家群体内部，而是广泛存在于这一时期的多神教学者和基督教学者的论著中。一般认为，基督教学者的态度代表且引导着这一时期基督徒的态度，多神教学者的态度则代表且引导着这一时期多神教徒的态度。从这个角度考虑，这一时期多神教徒和基督徒大抵都在密切关注着朱利安皇帝的宗教倾向，亦即关注着朱利安以罗马帝国最高统治者身份所宣告的皇权源头。

为加强此论点的合理性，此处笔者稍作延伸：至 6 世纪时，多神教衰落殆尽，基督教在罗马帝国的地位已然不可撼动，朱利安皇帝的信仰问题亦无须再占据多神教和基督教碰撞的中心位置。此时基督徒急需处理的是 529 年查士丁尼一世关闭雅典学院后，利巴尼乌斯、佐西莫斯等异教学者极力维护的“希腊主义”。从 6 世纪史家的作品里，我们也能看到学者们关注焦点的相应变化。例如，《编年史》的作者约翰·马拉拉斯（John Malalas，491—578），详写朱利安远征波斯的经过，基本不涉及其宗教政策。他只用一句话记叙朱利安的“叛教”事件：“他被称为‘叛教者’，因为他宣布放弃先人的信仰，即基督教信仰，转变成了一个‘希腊人’。他是利巴尼乌斯的朋友和同时代人，利巴尼乌斯便是那位著名的安条克哲学家。”[③] 这句话有突出“希腊人”和利巴尼乌斯的意味。《教会史》的作者埃瓦格里乌斯（Evagrius Scholasticus，6 世纪），更是直接以质询佐西莫

① Cyril of the Alexandria，“Against Julian，” 512a—b（p. 192）.

② Saint Augustine，*The City of God*：*Books* Ⅰ—Ⅷ，5. 21（p. 292）.

③ John Malalas，*The Chronicle of John Malalas*，trans. by Elizabeth Jeffreys，Michael Jeffreys and Roger Scott，Melbourne：Australian Association for Byzantine Studies Department of Modern Greek，1986，13. 18（p. 178）.

斯的方式，穿插讲述朱利安统治时期的历史。① 也就是说，朱利安皇帝的宗教倾向兼皇权源头，随着基督教与多神教碰撞局面的结束很快失去了焦点地位。由此可再证，朱利安皇帝的宗教倾向兼皇权源头是两种宗教碰撞局势下，多神教徒与基督徒共同关注的焦点。

（二）多神教徒与基督徒密切关注下朱利安巩固皇权的困境

为什么这一时期多神教徒和基督徒都在关注朱利安皇帝的皇权源头？这个问题有必要结合 4 世纪中叶罗马帝国的历史背景来考量。彼时罗马帝国境内基督教与多神教呈明显的碰撞态势，而统治者的态度在此过程中扮演着关键角色。4 世纪初戴克里先自诩“朱庇特之子”，以暴力手段镇压基督教，在其治下多神教保持着“国教”和“唯一合法宗教”的优势地位，基督教则屡遭“迫害”。

4 世纪上半叶君士坦丁一世父子自诩“上帝之仆”，大力支持基督教发展且频繁向基督教捐赠财物。② 在君士坦丁一世父子的支持下，基督教的信徒数量、物质财富、劳动力资源、土地资源、政治地位等大幅增长。③

---

① Evagrius Scholasticus, *The Ecclesiastical History of Evagrius Scholasticus*, trans. by Michael Whit, Liverpool: Liverpool University Press, 2000, 3.41 (pp. 191－192)。学界针对埃瓦格里乌斯抨击佐西莫斯的讨论可参考 Evagrius Scholasticus, *The Ecclesiastical History of Evagrius Scholasticus*, p. 189 (n. 159 and n. 161); Walter Emil Kaegi, *Byzantium and the Decline of Rome*, Princeton: Princeton University Press, 1968, pp. 217－223。

② 彼得·布朗提出，基督教坐拥的巨额财富，甚至令君士坦丁一世都一度“阴谋”思考如何征用这笔钱财来建设自己的帝国（Peter Brown, *Poverty and Leadership in the Later Roman Empire*, Lebanon, New Hampshire: University Press of New England, 1994, p. 26)。

③ 如布克哈特所言：“基督教会通过君士坦丁一世而呈现的地位及构造方面的巨大外部变化是为人熟知的，在此只需简要复述一下。”（Jacob Burckhardt, *The Age of Constantine the Great*, trans. by Moses Hadas, London: Routledge & Kegan Paul PLC, 1949, p. 306)。目前学界普遍认同在君士坦丁一世父子治下，基督教的实力显著增长而多神教的实力相应下降，具体事例可参考如下论著：Arnaldo Momigliano, ed., *The Conflict between Paganism and Christianity in the Fourth Century*; James O'Donnell, *Pagans: The End of Traditional Religion and the Rise of Christianity*; Michele Salzman, Marianne Sághy, Rita Lizzi Testa, eds., *Pagans and Christians in Late Antique Rome: Conflict, Competition, and Coexistence in the Fourth Century*。

现代学者汤普森指出："……我们得悉4世纪的信仰、迷信、伪科学和宗教等方面的知识情况，大多来自他这部书。他生活的时代是异教文化正在慢慢消灭，基督教不但作为宗教势力而且作为政治势力正在迅速取得优势的时代。"①

伴随着基督教的迅速发展，多神教的地位和实力相应受到冲击。甚至朱利安本人都向加拉太祭司感叹："希腊宗教（The Hellenic Religion）尚未如我所愿般繁荣，这是那些自称信仰希腊宗教的人的错。因为敬拜神的规模如此宏伟壮观，超越了每一个祈祷和每一个希望……难道我们要无视那种无神论，尤其（无神论者）将其成功归于对陌生人的博爱，归于其筹备葬礼，以及归于其显示高度严格的道德的事实吗？……众所周知，我们自己的人民缺乏我们的帮助，而在犹太社团里却没有一个乞丐，这是我们的耻辱，反之，不虔信的加利利人不仅接济他们的穷人，也接济了我们的穷人。"② 现代学者朗西曼（Steven Runciman）等关注到朱利安积极模仿基督教的慈善活动、参照基督教神职人员的行为规范约束多神教祭司、吸纳基督教的唱诗传统，努力提升多神教相对于基督教的竞争力。③ 这种借鉴从侧面显示出彼时基督教给多神教造成的冲击。

戴克里先和君士坦丁一世父子治下的鲜明对比，既摆在了4世纪中期的多神教徒面前，又摆在了这一时期的基督徒面前。两方皆能由此意识到最高统治者的宗教倾向于宗教发展有莫大影响。事实上，基督教学者优西比乌斯在君士坦丁一世去世后，撰写赞美诗性质的《君士坦丁传》④，再度公开声明上帝授予君士坦丁一世及其家族以神的智慧和世俗统治权，从而以文字形式进一步巩固基督教的神与统治家族——君士坦丁家族间的联系。

---

① J. W. 汤普森著，谢德风译：《历史著作史·上卷》，北京：商务印书馆1988年版，第140页。

② Julian, "To Arsacius, High-priest of Galatia," in *The Works of the Emperor Julian*, Vol. Ⅲ, pp. 67—71.

③ Steven Runciman, *The Byzantine Theocracy*, New York and London: Cambridge University Press, 1977, pp. 26—28; Augustine Casiday and Norris W. Frederick, eds., *The Cambridge History of Christianty*, Vol. Ⅱ, p. 78; A. A. Vasiliev, *History of the Byzantium Empire, 324—1454*, Vol. Ⅰ, p. 79.

④ Eusebius, *Life of Constantine*.

异教史家佐西莫斯则如此评述自戴克里先退隐后多神教的状态："否则，一旦上述庆典（百年大祭）遭到忽视（也就是自戴克里先退隐之后），帝国就走向了倾覆，甚至在不知不觉间退化到了野蛮的状态……而到了君士坦丁一世和李锡尼第三次出任执政官的那一年，一百一十年的岁月过去了，他们必须举行传统的祭祀庆典。可是这竟被忽视了，由此往下，国事才不可避免地坠入到我们现在这般的不幸之中。"① 从字面上看，佐西莫斯敏锐地察觉到多神教在戴克里先治下受重视且繁荣，而在倾向基督教的君士坦丁一世父子治下被忽视且退化。译者瑞德雷的解释是："佐西莫斯将君士坦丁一世改宗定在 326 年是错误的。他将君士坦丁一世改宗定于 326 年，为的是把这位皇帝的功绩归到其信仰异教的时期，而'多灾多难'的统治末期则能被视作对其不信神的惩罚。"② 后期以利巴尼乌斯、西玛库斯（Quintus Aurelius Symmachus，345－402）为首的多神教徒更是几次上书，请求在位的皇帝支持多神教。以安布罗斯（St. Ambrose，340－397）为首的基督徒，则力促皇帝加大捍卫基督教和清理多神教的力度。③ 参考以上史料及历史事件推测，在 4 世纪多神教与基督教剧烈碰撞的局势下，罗马帝国的多神教徒和基督徒出于己方宗教的现实利益和发展前景考虑，都在积极争取罗马皇帝公开支持己方宗教。

朱利安皇帝的统治时段恰好位于两种宗教剧烈碰撞的 4 世纪中期。信仰基督教的老师尼科勒斯和埃克波利乌斯从其幼年开始，就力图将他培养为基督徒。苏克拉底斯评议此举旨在避免朱利安被引诱到"异教徒的迷信"当中。④ 反之，异教学者利巴尼乌斯和马克西姆斯都致力于令朱利安信仰和支持多神教。马克西姆斯曾将朱利安带到女神赫卡特的神庙里，通过秘仪向其展示女神赫卡特的形象，促使朱利安最终改信多神教。⑤

---

① Zosimus, *New History*, 2.7 (p. 28).

② Zosimus, *New History*, 2.7, p. 157 (Commentary).

③ 4 世纪下半叶多神教徒和基督徒竞争的具体事件可参见 Ramsay MacMullen, *Christianizing the Roman Empire, A. D. 100－400*; Noel Q. King, *The Emperor Theodosius and the Establishment of Christianity*, Philadelphia: Westminster Press, 1960。其中最典型的是"胜利女神祭坛之争"事件。西玛库斯四次上书请求皇帝恢复元老院中的罗马胜利女神祭坛以及对传统宗教的祭祀活动，但均被以安布罗斯为首的基督徒阻止。

④ Socrates Scholasticus, *The Ecclesiastical History*, 3.1 (p. 195).

⑤ Eunapius, *Lives of Philosophers and Sophists*, pp. 433－435.

至于利巴尼乌斯，学界素有观点称他是为了争取出身君士坦丁家族的朱利安的支持才特意教导他。[①] 利巴尼乌斯确实曾写信鼓励朱利安皇帝，请他充分运用手中的权力，带领多神教徒坚守正确的道路并重塑诸神的荣耀。[②] 基督教史家苏克拉底斯还暗讽利巴尼乌斯争取朱利安皇帝的行为："如果波菲利是皇帝，那利巴尼乌斯肯定会更喜欢他的书，而不是朱利安的书；如果朱利安只是一个智者，那他（巴尼乌斯）就会把他称为一个非常冷漠的人。"[③] 信仰多神教的萨鲁斯特也鼓励朱利安复兴传统宗教，甚至为配合新帝撰写了《论诸神与世界》。以上诸位学者的做法体现出，这一时期多神教徒和基督徒出于己方宗教的现实利益和发展前景考虑，都在积极争取朱利安皇帝的支持。

如此一来，朱利安身为罗马帝国的皇帝，在多神教和基督教剧烈碰撞的局势下便陷入了两相为难的困境：如果他宣称自己的皇权来源于基督教的神，那么他将失去或得不到罗马帝国多神教徒的拥护；如果他宣称自己的皇权来源于多神教的神，那么他将失去或得不到罗马帝国基督徒的拥护。

这一说法能够从多神教徒和基督徒对朱利安的评价中得到验证。阿米安努斯与佐西莫斯属多神教一方，肩负着为多神教发展谋福祉的责任。于是，阿米安努斯在记叙朱利安公开信仰多神教之后，旋即列举了朱利安当政期间的作为，包括解决商业运输难题、任免地方官员、加强边境防御等，还称赞朱利安兼备勇气、节制、战争技巧、勤俭、温和等品质。[④] 他还强调朱利安的皇权由高天授予："且最终他接受了皇权，（皇权）被给予他，在高天点头同意且没有给国家招致任何损失的情况下。"[⑤]

与之相似，佐西莫斯盛赞朱利安的辉煌战绩和政绩，包括击溃法兰克人、结束内战、修建港口和图书馆等。他还写道："就这样他得到了诸神赠予的东西，随后又继续踏上了征程。在抵达拜占庭时，人人都以热烈的

---

① Norman H. Baynes, "The Early Life of Julian the Apostate," p. 252 (n. 3).

② Libanius, "XVI Epiftles of Libanius to Julian," pp. 306—307; pp. 308—309.

③ Socrates Scholasticus, *The Ecclesiastical History*, 3. 23 (p. 232).

④ 具体事件参见 Ammianus Marcellinus, *History*, Vol. Ⅱ, 22. 6—9 (pp. 205—253)。

⑤ 具体事件参见 Ammianus Marcellinus, *History*, Vol. Ⅱ, 22. 2. 5 (p. 191)。

欢呼恭迎他的到来。他们称他为敬爱的市民，因为他就是生在那里长在那里的；他们还把一切礼遇都给了他，待他犹如天下昌盛的未来福祉的缔造者……事实上，在如朱利安这样的皇帝的统帅下，他们不可能会犯下什么不当的行为。”① 这两位史家向读者传达出的信息可概括为：皇帝在多神教诸神的庇佑下，贤明地统治着罗马帝国且备受爱戴。

反之，苏克拉底斯和索佐门属基督教一方，肩负着为基督教发展谋福祉的责任。苏克拉底斯先记叙朱利安在高卢被士兵拥护为奥古斯都，后批判他以阴谋诱发内战并夺取皇位。他用这样一句话结束关于朱利安的记载：“朱利安的近身卫兵说……导致朱利安死亡的伤口是恶魔造成的，这或许只是戏剧化的虚构，但也可能就是事实，因为复仇天使的怒火必然会毁灭所有罪恶的人。”②

与之相似，索佐门也在批评完朱利安的所有错误之后写道：“不过，在这位皇帝统治期间，上帝明显表现出他的不满，允许一些灾难降临在罗马帝国的少数省份。”③ 这二位史家传递给读者的信息可概括为：背叛了基督教的朱利安罪孽深重，其个人和国家因此遭受不幸。这与阿米安努斯和佐西莫斯的评述截然相反。由此鲜明对比可见当时多神教与基督教碰撞的激烈程度，亦可见若朱利安只支持其中一方，则大概率会相应失去另一方的支持。

朱利安皇帝对此作何态度？因承继“奥古斯都”头衔的过程受罗马人质疑，朱利安在高卢称帝后亟须巩固皇权。内战期间朱利安曾宣扬多神教

---

① Zosimus, *New History*, 3. 11. 2—3. 11. 4 (pp. 55—56).

② Socrates Scholasticus, *The Ecclesiastical History*, 3. 21 (p. 229)。363 年 6 月朱利安在波斯战场上被一长矛刺中身亡。朱利安的近臣阿米安努斯也不确定刺死皇帝的长矛来自何处，详见 Ammianus Marcellinus, *History*, Vol. Ⅱ, 25. 3. 6 (p. 493)；25. 6. 6 (p. 525)。基督教史家索佐门摘录了利巴尼乌斯关于朱利安死亡的说明，并表示：“除了我所叙述的以外，我对犯下这起谋杀案的人一无所知。”（Sozomen, The Ecclesiastical *History*, 6. 2〈p. 769〉）但是，这一时期包括苏克拉底斯在内的基督徒均宣称，朱利安是因“叛教”和打击基督教的罪行而被其麾下的基督徒用长矛刺死。拜因斯等现代学者研究发现，基督徒刺死朱利安的说法严重缺乏依据，详见 Norman H. Baynes, “The Death of Julian the Apostate in a Christian Legend,” *The Journal of Roman Studies*, vol. 27, part. 1 (1937), pp. 22—29；刘衍钢：《历史叙述之争与西方史学发展的波动：论尤里安之死》，第 126—146 页；第 192—193 页。

③ Sozomen, *The Ecclesiastical History*, 5. 2 (p. 770).

诸神授予他取代君士坦提乌斯二世和统治罗马帝国的权力。这与他个人信仰多神教，以及多神信仰在罗马军队中更占优势不无关系。专司战争和庇护军人的多神教神祇（如密特拉、阿波罗）在士兵中威望颇高。[①] 汤因比也指出，当时"基督教在军营里几乎难以抬头"[②]。但朱利安成为罗马帝国唯一的皇帝之后，其统治对象已经扩大为整个罗马帝国的人民。

史料显示，朱利安入主君士坦丁堡后做的第一件事，就是将已故皇帝君士坦提乌斯二世的遗体整肃好并安放于灵柩中，同时命令当时的护卫军长官约维安，带领皇室成员盛装出席在君士坦丁堡举行的葬礼，将已故皇帝安葬于他的亲属之间。[③] 阿塔纳西阿德等学者认为，朱利安此举旨在展示他接续了君士坦丁家族的合法统治，以争取东部军民的支持。[④] 苏克拉底斯同样记载，朱利安自进入君士坦丁堡后，积极考虑怎样才能最好地安抚群众、赢得民心并付诸行动。[⑤] 简言之，朱利安继位初即希望广泛争取罗马人的拥戴。

值得关注的一点是，尽管朱利安信仰多神教，但他于继位初期争取民心的过程中并没有将基督徒排除在外。朱利安不认可戴克里先以暴力镇压基督徒的做法。他即位后也极力避免与基督徒发生流血冲突，曾在致阿塔庇乌斯（Atarbius）的信件中明确表示："我向诸神发誓，我不希望加利利人被杀害或被不公正地殴打，或遭受任何其他伤害。"[⑥] 加德纳在析读数封朱利安存世信件的基础上指出，朱利安始终坚持不对基督徒施加暴力。[⑦]

---

① 4世纪中期军队基本为异教势力所把持，相关论证参见 Arnaldo Momigliano, "Christianity and the Decline of the Roman Empire," in Arnaldo Momigliano, ed., *The Conflict between Paganism and Christianity in the Fourth Century*, pp. 21－24; A. A. Vasiliev, *History of the Byzantium Empire*, 324－1454, Vol. Ⅰ, p. 58; p. 67。

② 阿诺德·汤因比著，徐波等译：《人类与大地母亲：一部叙事体世界历史》，上海：上海人民出版社2001年版，第276页。

③ Ammianus Marcellinus, *History*, Vol. Ⅱ, 21. 16. 20 (p. 185).

④ Averil Cameron and Peter Garnsey, eds., *The Cambridge Ancient History*, Vol. XIII, p. 561; Polymnia Athanassiadi, *Julian: An Intellectual Biography*, p. 89.

⑤ Socrates Scholasticus, *The Ecclesiastical History*, 3. 1 (p. 198).

⑥ Julian, "To Atarbius," p. 123.

⑦ Alice Gardner, "Some Recently Published Letters of the Emperor Julian," *The English Historical Review*, vol. 2, no. 7 (1887), pp. 518－520.

哈里斯也认为规劝才是朱利安重塑宗教版图的手段，而非暴力。[①]

现实中，朱利安于继位初重申昔日《米兰敕令》确立的宗教宽容政策，宣告帝国境内所有民众一概享有宗教信仰自由。随后，朱利安召回前两任皇帝统治时期因异端问题被流放各地的基督教主教，归还他们原有的土地和财产。[②] 有据可考的被赦免和召回的主教有卡利亚里（Carala）教区的主教路济弗尔（Lucifer,?）、韦尔切利（Vercellae）教区的主教优西比乌斯（Eusebius,?）、帝国东部地区异端思想代表人物西里勒斯（Cyrillus,?）。362 年 2 月，朱利安皇帝召集基督教内部各派别主教入宫商讨教义争端，允许他们自主表达愿望和诉求。[③] 朱利安还陆续取缔了原君士坦丁一世父子赐予基督教神职人员的部分特权，包括自由运输、无偿使用驿站、获得遗产赠与、免承担军事和税收义务等。[④]

虽然当时和后世的部分学者都揣摩这些政策背后或有削弱基督教的用意。如阿米安努斯认为，朱利安令基督教各异端领袖共商教义的目的并不单纯，因为“没有野兽会与人类为敌，就像大多数陷入对彼此的致命的仇恨之中的基督徒那样”[⑤]。基督教内部纷争不断反而有利于多神教的发展。《新柏拉图主义与诺斯替教》一书也表示，朱利安的许多举动都旨在侵扰基督徒，并破坏他们联手抵抗异教在罗马帝国内重建的能力。[⑥]

然而不可否认的是，朱利安于继位初期推行的各项政策皆没有显著“迫害”基督教。就连这一时期的基督教史家苏克拉底斯都承认：“但后来他（朱利安）开始了他的报复，因观察到戴克里先治下殉道的基督徒备受尊敬，也知道基督徒中有许多人热切盼望成为殉道者，所以他决定改用其

---

① Jill Harries, “Superfluous Verbiage? Rhetoric and Law in the Age of Constantine and Julian,” p. 347.

② Theodoret, *The Ecclesiastical History*, trans. by the The Rev. Blomfield Jackson, in Philip Schaff and Henry Wace. eds., *A Select Library of Nicene and Post-Nicene Fathers of the Christian Church* (*Second Series*), Vol. Ⅲ, Grand Rapids, Mich.: William B. Eerdmans Publishing Co., 1974, 2.22 (p. 196).

③ Ammianus Marcellinus, *History*, Vol. Ⅱ, 22.5.4 (pp. 203—205).

④ 具体措施可参见 Sozomen, *The Ecclesiastical History*, 5.3—5.5 (pp. 728—733)。

⑤ Ammianus Marcellinus, *History*, Vol. Ⅱ, 22.5.4 (p. 203).

⑥ Jay Bregman and Richard T. Wallis, *Neoplatonism and Gnosticism*, p. 22.

他方式报复他们。”[①] 朱利安对基督教始终秉持非暴力的态度。现代学者哈迪估算，直到朱利安继位7个月后才开始浮现打击基督教的苗头，且“这仍是一个十分温和的政策”[②]。

从宗教角度考虑，朱利安温和对待基督教或许别有深意。但从政治角度考虑，如朱利安本人在致波斯特拉（Bostra）市民的公开信中所述：“我认为在管理国家方面，相比于我的前任，加利利人的领导者们应该更感激我。因为在他（君士坦提乌斯二世）的统治下，他们中的大多数人被放逐、被起诉并被送入监狱。此外，实际上他们的许多整个群体都被称为‘异端分子’（Heretics）……而在我统治期间，情况恰恰相反。对于那些被放逐的人来说，他们的流放被免除了，而那些被没收财产的人，则根据我的法律得到了追回他们所有财产的许可。”[③] 依据字面意思，朱利安希望借这些措施获取基督徒的感激。

这一点在苏克拉底斯笔下也有所反映，他称朱利安深知异教徒和同性恋两个群体，暗中对前任皇帝怀有仇恨之情，于是朱利安很有城府地对待所有人：“面对一部分人时他掩饰自己，面对另外一部分人时，他通过赋予义务和假装行善令他们依附于自己。”[④] 朱利安通过温和对待基督教来争取基督徒的拥护，尤其期待基督徒给予他高于君士坦提乌斯二世的拥护。

综上所述，因皇权尚未得到罗马人的普遍拥护，朱利安继位后亟须借宗教巩固皇权。但他恰好处于多神教与基督教剧烈碰撞的局势下。多神教徒与基督徒密切关注着朱利安皇帝的宗教倾向。此时，如果朱利安宣布其皇权来源于其中一方的神，则他大概率会失去或得不到另外一方的支持。布克哈特评述昔日君士坦丁一世宽容基督教的做法：“清晰而务实的逻辑告诉他，基督徒是忠顺的臣民，人数又多，迫害他们在一个通情达理的国家中不再具有实际意义，于是他做出决断。”[⑤] 较之君士坦丁一世的时代，朱利安继位时罗马帝国境内基督徒的数量更加庞大。所以身为国家最高统

---

① Socrates Scholasticus, *The Ecclesiastical History*, 3.12 (p.216).

② B. Carmon Hardy, “The Emperor Julian and His School Law,” p.131.

③ Julian, “To the Citizens of Bostra,” in *The Works of the Emperor Julian*, Vol. Ⅲ, p.129.

④ Socrates Scholasticus, *The Ecclesiastical History*, 3.1 (p.198).

⑤ Jacob Burckhardt, *The Age of Constantine the Great*, p.295.

治者，朱利安在复兴多神教的同时以温和的态度对待基督教，努力争取基督徒和多神教徒两方的拥护。笔者只是从政治角度给出此论点，无意排除朱利安隐藏在这些做法背后的宗教情感。总之，朱利安成为罗马帝国唯一的统治者后，致力于在罗马帝国最广大范围内巩固皇权。

362 年 12 月朱利安于安条克遭遇市民敌对，此时他急需再度争取广大罗马人的拥护。于是朱利安通过《赫颂》为自己塑造出“赫利俄斯之代理人”的神圣身份，试图借赫利俄斯的神权巩固皇权。且为适应其广泛巩固皇权的政治诉求，朱利安在《赫颂》开头便宣告：“我是赫利俄斯王的追随者。”基于此，朱利安皇帝于迫切希望在罗马帝国最广大范围内巩固皇权的情况下写作《赫颂》。

二、“新”赫利俄斯形象的“普适性”

当朱利安亟须于罗马帝国最广大范围内借神权巩固皇权时，他却面临着夹在多神教徒与基督徒之间两相为难的困境：如果朱利安称自己的皇权由基督教的神授予，则很难得到多神教徒的拥护；如果他称皇权由多神教的神授予，则很难得到基督徒的拥护。就在此种困境之下，朱利安通过《赫颂》公开宣告自己是“赫利俄斯之代理人”，并将赫利俄斯塑造为统合诸神的最高神。

参考互文理论的说法：“确实，内部的东西，一面在成为外部的，在外部表现自己，一面同时就改变着自己的形式。要知道，它不得不掌握外部的材料，这一材料具有与内部格格不入的自己的规律性。在这一掌握材料、克服它、把它变成顺从的表现 medium 的过程中，被感受的本身和被表现的，在形式上发生了变化，并且不得不走向明显的妥协……由此，理解、说明和解释意识形态现象，应该针对内部，应该回过头来与表现相比较：从外部客观化出发，解释应该透入内部组织的根本。个人主观主义就是这样理解表现的。”[①] 则朱利安在《赫颂》内部渗透的广泛巩固皇权的政治诉求，明显与文本外部多神教徒和基督徒的冲突格格不入。于是朱利安

---

① 巴赫金：《马克思主义与语言哲学》，第 426 页。中译本中保留“medium”一词未做翻译。

将赫利俄斯重塑为统合诸神的最高神。朱利安为什么对赫利俄斯的形象做此调整？现从《赫颂》外部客观存在的困境出发，深入《赫颂》内部探究朱利安的政治目的。

(一) 赫利俄斯与罗马帝国各民族的神

虽然现代学者习惯按照宗教信仰类型将4世纪罗马人划分为多神教徒和基督徒，但这毕竟只是为研究方便所做的笼统且临时性的划分。如基尔施（Jonathan Kirsch）所言："正如现代观察者们所意识到的那样，实际上并没有罗马宗教。反之，'多神教'源自一种约定俗成的系统，历史学家称之为'只不过是大量的传统和宽容'。"① 如下引文所示，朱利安身为罗马帝国的最高统治者，在意识到多神教与基督教剧烈碰撞的基础之上，对罗马帝国的"全人类"或有着更为复杂的理解。

> 我们的作家说，造物者是共同的父，是万有的王，但是其他的功能被他分配给了人类的民族神和城市的保护神，这些神中的每一个都依据自己的本性统治属于他的那部分……因此，阿瑞斯统管好战的民族，雅典娜统管像好战一般热爱智慧的民族，赫尔墨斯统管更精明而非更热爱冒险的民族；总之，各个神的统管下的各民族的品性与管理他们的神的品性相匹配。②
>
> 所以自然可以认为希伯来人的神（上帝）不是整个宇宙的开创者，也不是万有的统治者，相反地，正如我先前说过的，他是局限在一定范围内的，也正因为他的帝国是有限的，所以我们必须只将他看作其他诸神的群体中的一员。③
>
> 来，告诉我，为何凯尔特人和日耳曼人是粗暴的，但一般说来希腊人和罗马人，更倾向于政治生活和仁慈，尽管与此同时这两个民族也不会轻易屈服也好战？为什么埃及人更智慧、更擅长技艺，而叙利

① Jonathan Kirsch, *God against the Gods: The History of the War between Monotheism and Polytheism*, p. 9.

② Julian, "Against the Galilaeans," 115d—e (p. 345).

③ Julian, "Against the Galilaeans," 100c—106d/e (p. 345)。原文因被删减而存在遗漏和行数不明的情况。

亚人不好战且女子气，同时却智慧、急性子、虚荣，并学习东西很快……罗马帝国却长期拥有这些最重要的东西，但那些不经常训练辩论和修辞技艺能力的人，也不能进行任何别的研究；这是一种强大的自然力量。这些存在于不同民族中间的品性和律法的差异是从哪里产生的？①

因此，正如我说过的，除非每个民族是由各自的一些负责的民族神（和他之下的守护神、精灵、英雄以及一套遵从和服务于较高级掌权者的特殊的精神秩序）创立了他们的律法和品性的差异。否则，你们必须向我证明，这些差异是如何凭着某些其他的代理人产生的。②

依照引文的字面意思，朱利安认为罗马帝国所有人由多个民族——希腊人、罗马人、埃及人、叙利亚人、希伯来人等组成，每个民族皆有对应的民族神。这一叙述符合 4 世纪罗马帝国多民族、多神共存的现实状况。《基督教、帝国和古代晚期宗教的塑造》一书也指出："几个世纪以来，罗马人的虔诚意味着保存（有时是剥夺）被征服民族的传统，以及祖先对罗马诸神的忠诚。对于戴克里先、加勒利乌斯和马克西米努斯来说，当地居民遵守祖先的传统是帝国稳定的保证。"③ 紧随戴克里先等皇帝之后统治罗马帝国的朱利安同样认为，罗马帝国由诸民族构成，诸民族受各自的民族神管理和庇护。

结合朱利安对罗马人的认识再看《赫颂》。他自《赫颂》132c 开始叙述赫利俄斯统合诸神的特点。自《赫颂》152d 开始，他依次将罗马帝国各民族的神纳入赫利俄斯之内，排在最先的是最受朱利安偏爱的希腊人。朱利安强调希腊人通过殖民的方式使罗马人文明化，而且"由于这个原因，我（朱利安）自己也承认，我们的城市是希腊人的，不论在血统方面还是在政制方面"④。他先申明希腊人信仰的神均与赫利俄斯紧密相连：赫利俄斯是狄奥尼索斯的领袖和众缪斯的主人，阿波罗是赫利俄斯在王权方面的

---

① Julian, "Against the Galilaeans," 116a—131d (pp. 347—349).

② Julian, "Against the Galilaeans," 143a—b (p. 355).

③ Jeremy M. Schott, *Christianity*, *Empire and the Making of Religion in Late Antiquity*, p. 110.

④ Julian, "Hymn to King Helios," 153a (p. 419).

伙伴，整个世界的救主阿斯科勒皮奥斯由赫利俄斯生育而来，月亮女神塞涅勒的月光也蒙赫利俄斯赐予。最后他强调：“不是有阿波罗，他是他（赫利俄斯）在王权方面的伙伴，在大地的每个部分设置神谕，用来激发人类的智慧，并通过宗教和政治法令的方式来约束诸城邦吗?”[①] 因此前朱利安多次表明，赫利俄斯与诸神间的关系是整体与部分的关系。故经《赫颂》152d 的叙述之后，希腊人所信仰的神皆成为赫利俄斯的一部分。

至《赫颂》153d—155a，朱利安力图论证罗马人所信仰的神以及罗马的建城者罗慕路斯和埃涅阿斯、罗马王政时期的国王努马皆出自赫利俄斯。据朱利安所言，因为罗马人自建城开始，便敬奉着居住在卡比托利欧山上神庙里的雅典、宙斯和阿佛洛狄忒，而这些神皆与赫利俄斯有一个联结处，所以赫利俄斯是我们的城市（罗马城）的建立者。[②] 且罗马城的建立者罗慕路斯是阿瑞斯之子，阿瑞斯是赫利俄斯的使者；另一位建城者埃涅阿斯是阿佛洛狄忒之子，阿佛洛狄忒隶属于赫利俄斯。所以在朱利安笔下，罗马实为赫利俄斯授权罗慕路斯和埃涅阿斯所建。更有甚者，国王努马也派贞女轮流守卫着太阳那不朽的光辉，因为他（努马）是赫利俄斯的代理人。[③] 故经《赫颂》153d—155a 的叙述之后，罗马人所信仰的神以及他们的祖先皆成为赫利俄斯的一部分。

在具体论述过程中，朱利安又一次凭主观截取有利于其论点的论据。卡比托利欧山上矗立的实为朱庇特、朱诺和密涅瓦的神庙。即便偏好古希腊文化的朱利安用希腊神名代称这三位神，而宙斯、雅典娜能够与朱庇特、密涅瓦对应，但罗马人崇拜的天后朱诺却很难与古希腊爱神阿佛洛狄忒对应。译者赖特对此给出的解释是：朱利安忽视了朱诺，因为他希望说明阿佛洛狄忒与埃涅阿斯联系在一起。[④]

在朱利安笔下，罗慕路斯直接由大地飞升至赫利俄斯处，努马则是赫利俄斯在尘世的代理人，负责守卫太阳的光辉。但尤特罗庇乌斯记载，“在罗慕路斯当政的第 37 年，在一场突如其来的风暴过后就没有人再看到

---

① Julian，“Hymn to King Helios，” 152d（p. 419）.

② Julian，“Hymn to King Helios，” 153d（p. 421）.

③ Julian，“Hymn to King Helios，” 153d—155a（pp. 421—425）.

④ Julian，“Hymn to King Helios，” 153d—155a，p. 421（n. 2）.

过他了，据信他去了众神那里”①。且“此外，他（努马）把之前无序的一年定为了十个月，他还在罗马建起了无数的祭坛和神庙”②。也就是说，同时代史家记载罗慕路斯去往诸神处，努马为诸神建立祭坛。而现代学者根据古罗马史诗《编年纪》统计，努马所确立的国家崇拜至少包括朱庇特、朱诺、维斯塔、密涅瓦等十二位神。③ 朱利安的说法与之差异显著。由以上两例可见，朱利安投入了相当大的力度论证罗马人的神隶属赫利俄斯，他还申明：“且我能够举出更多的事例来证明我们，作为罗慕路斯和埃涅阿斯的后代，在每一种方式和在一切方面都是与赫利俄斯紧密相连的，但是我将只简洁地提到最熟悉的事物。”④

至《赫颂》155a—156b，朱利安又将当时罗马帝国境内存有的埃及人的信仰、密特拉神等都与赫利俄斯联系起来：“但是我们（罗马人）和埃及人唯独将每一年的天数归因于太阳的运动。如果在说了这些之后，我应该说说我们也崇拜密特拉，并每四年准备一次赛会来荣耀赫利俄斯，那么我也应该说说在某种程度上属于近来的那些习俗……我认为，这不是因为这位神（太阳神）转动的时候，而是他变得对所有人来说可见的时候，如他从南到北运转时，他们才制定了这个节日。因为对他们来说依然未知的是，迦勒底人和埃及人所发现的那些律法的细节……”⑤ 朱利安的论证逻辑是，罗马人、埃及人、迦勒底人等都熟悉赫利俄斯在可见层面上的呈现——太阳天体的运行，迦勒底人和埃及人甚至熟悉太阳运行的律法。这些民族依照太阳的运行现象及律法来耕种和收获。如此一来，“一年周期的开端被不同的民族置于不同的时间点。在某些地方一年的开始是春季的春分，在另外的地方盛夏是一年的开端，在其他很多地方，晚秋才被当作一年的开端；但是他们全都唱诵对赫利俄斯那最可见的恩惠的赞美”⑥。不同的民族都依赖太阳神赫利俄斯为生且赞颂着赫利俄斯。《朱利安，哲学家与皇帝》一书也指出，希腊人和埃及人所知道的神，在朱利安处可能都

---

① Eutropius, *The Breviarium ab Urbe Condita of Eutropius*, 1.2 (p.2).

② Eutropius, *The Breviarium ab Urbe Condita of Eutropius*, 1.3 (p.2).

③ Denis Feeney, *Literature and Religion at Rome: Cultures and Beliefs*, pp.100—101.

④ Julian, "Hymn to King Helios," 153d—154a (p.421).

⑤ Julian, "Hymn to King Helios," 155a—156b (pp.425—429).

⑥ Julian, "Hymn to King Helios," 155b (p.425).

被视为特殊的太阳光的能量或“赫利俄斯/万有之王”的呈现。[①]

接下来，朱利安进一步论证了当时罗马帝国境内其他一些民族的民族神甚至精灵，都是万有之王赫利俄斯的一部分。但罗马帝国的神祇数量庞大，朱利安难以列举全部的神。现代学者费尼在梳理罗马帝国的宗教信仰时亦感叹：“如果这些是神祇的主要类型，他们并没有穷尽那些令人眼花缭乱、让罗马人耗费大量精力的细小分支（确定的神、不确定的神、重要的神以及受选的神、九座位的神、土生土长的神、罗马十二主神……）。”[②]大抵基于无法穷尽罗马帝国各民族的神，朱利安特用如下一段话强调全人类的神都是赫利俄斯的一部分，承蒙赫利俄斯的恩赐才变得完美：

> 但是，如果某人应该努力去描述这位神（赫利俄斯）赐予这个种族（人类）的所有恩惠，那将会难以计数。因为在我们的生活中，我们所得到的每一个祝福都是从那位神处接收的恩赐——要么是完美的来自他自己，要么，来自其他的神，但是这些其他神也是由于赫利俄斯才变得完美。[③]

综上，赫利俄斯在《赫颂》里是统合了诸神的最高神。朱利安经过逐一解释以及汇总，将希腊人、罗马人、埃及人乃至各个民族的神都统合进赫利俄斯之内。即将罗马帝国所有人的神都归于赫利俄斯之内。如果使用现代学者常用的划分方式，那么朱利安就是将相对于一神教而言的，多神教的所有神都解释成赫利俄斯的一部分。《剑桥古代史》即表达过此类看法：朱利安相信众神派他去拯救帝国并启发“无知的人”，因此他毫不犹豫地以一种原始而权威的方式阐述传统。在他的《大母神颂》《赫利俄斯王颂》的论述中，他在我们眼前捋清了带有一神论倾向的“原始的神学”（Original Theology），即一种聚齐了古老的多神教神话、新的“神学的哲学”（Theurgical Philosophy）、仍然流行的太阳崇拜以及朱利安个人的保

---

① Alice Gardner，*Julian*，*Philosopher and Emperor*，p. 184.

② Denis Feeney，*Literature and Religion at Rome*：*Cultures and Beliefs*，p. 87.

③ Julian，“Hymn to King Helios，” 153c－d（p. 421）.

护神密特拉的神学的混合物。①

（二）赫利俄斯与上帝

经由《赫颂》152d—156b的叙述，赫利俄斯被朱利安塑造成统合了多神教所有神的最高神。既然赫利俄斯统合了所有人的神，而彼时信奉上帝的人在罗马人中占据相当比例，加之朱利安本人明确表述过："所以自然可以认为希伯来人的神（上帝）不是整个宇宙的开创者，也不是万有的统治者，相反地，正如我先前说过的，他是局限在一定范围内的，也正因为他的帝国是有限的，所以我们必须只将他看作其他诸神的群体中的一员。"② 所以上帝也被朱利安包括进赫利俄斯的形象之内。这一论点可借助《赫颂》156b的内容来验证：

> 但是，正如我曾经说过的，这些事实的真实性被后来的一个"世代"（generation）承认了。在新的一年开始前，在被称为是克洛诺斯月的最后几天，我们举办最奢华的庆典荣耀赫利俄斯，我们也将这个节日献给不可征服的太阳。③

这段文字中没有明显与上帝相关的字眼，但敬奉克洛诺斯或太阳神的传统理应不是"后来的一个世代"才出现的。这段文字之前有一句："我应该说说我们也崇拜密特拉，并每四年准备一次赛会来荣耀赫利俄斯，那么我也应该说说在某种程度上属于近来的那些习俗。"④ 结合句意及《腓尼基的太阳神学》等论著可知，句中"近来的习俗"指代3世纪时罗马帝国盛行的密特拉崇拜和对"不可征服的太阳神"的崇拜。⑤ 依照时间顺序推

---

① Averil Cameron and Peter Garnsey, eds., *The Cambridge Ancient History*, Vol. XIII, p. 546.

② Julian, "Against the Galilaeans," 100c—106d/e (p. 345).

③ Julian, "Hymn to King Helios," 156b (p. 429).

④ Julian, "Hymn to King Helios," 155a—b (p. 425).

⑤ Joseph Azize, *The Phoenician Solar Theology: An Investigation into the Phoenician Opinion of the Sun Found in Julian's Hymn to King Helios*, p. 22; D. A. Russell and N. G. Wilson, *Menander Rhetor*, p. xi.

测，则“后来的一个世代”指代4世纪，4世纪才在罗马帝国迅速发展的宗教信仰主要是对上帝的信仰。基督教在君士坦丁一世治下获得合法地位，又因君士坦丁一世父子的支持实力猛增。由此推测，朱利安通过“这些事实的真实性被后来的一个世代承认了”一句，传达的意思约莫是赫利俄斯的权力和能量在4世纪被信奉上帝的罗马人所承认。

从日期上计算，罗马人的新年是12月25日，敬奉克洛诺斯的节日是12月临近结束那几天。引文中的“新的一年开始前”“克洛诺斯月的最后几天”均指12月的最后几天，与基督教最重要的节日——圣诞节对应。且据阿米安努斯记载，朱利安曾于内战期间在基督教的小圣诞节（主显节，1月6日）[①] 当天进入教堂当众向上帝祈祷。“为了赢得所有人的支持且不受到任何人的反对，他（朱利安）假装是一名基督教的拥护者，其实他早就秘密地转变了；且他让少许人分享他的秘密，他全神贯注于占卜和牺牲，以及多神教诸神的信奉者一直追求的其他实践。但为了暂时性地掩饰（自己），他于基督徒在1月初庆祝的节日那天，即基督徒称为主显节（Epiphany）的那天，他进入了他们的教堂，并按照通常的方法向他们的神进行了庄严的公开祈祷之后才离开”[②]。由此推算，引文后半句“在被称为是克洛诺斯月的最后几天，我们举办最奢华的庆典荣耀赫利俄斯”，传达的意思约莫是基督徒崇拜上帝的日子里，我们也在崇拜赫利俄斯。

这一涵义可结合朱利安在362年5月写给大祭司塞奥多鲁斯（Theodorus,?）的信来理解，现摘录信件原文如下：“而我们对宗教事务如此漠不关心，以至于忘记了我们先祖的习俗，因此我们实际上不知道是否有这样的规定。但这些犹太人在一定程度上是敬畏那位至高神的，能看到他们尊敬一位真正最强大、最善良、统治着这个理性世界的神（上帝），而且，正如我所知，我们（多神教徒）也以其他名称崇拜他。”[③]

在这封信里，朱利安申明上帝作为统治世界的最强大的神被崇拜，多神教徒同样崇敬这位最强大的神，只是多神教徒用其他名称来称呼这位

① 主显节是12月25日圣诞节后的第十二天，标志着圣诞节的结束，又被称为“第十二日节”“小圣诞节”。

② Ammianus Marcellinus, *History*, Vol. Ⅱ, 21.2.4—5 (pp. 99—101).

③ Julian, “To the High-priest Theodorus,” *in The Works of the Emperor Julian*, Vol. Ⅲ, pp. 59—61.

神。在《赫颂》中，朱利安明确将最强大的诸神之王称作赫利俄斯。结合这封信的内容再看“这些事实的真实性被后来的一个世代承认了。在新的一年开始前，在被称为是克洛诺斯月的最后几天，我们举办最奢华的庆典荣耀赫利俄斯”①，可归纳出朱利安的意思：信仰上帝的人和信仰赫利俄斯的人都在同样的日子里，崇拜同一位最强大且统治世界的神，只是各自赋予这位神以不同的名称。在这个意思的基础之上，上帝也是赫利俄斯的一部分。且同赫利俄斯在自己内部理解了最公正的理智综合体的所有原理时，他就是众缪斯的首领阿波罗自身的原理相似，② 当赫利俄斯在其内部理解了且发挥着上帝的功能时，他与上帝一致。

那么上帝对应着罗马帝国境内的哪些民族？4 世纪中叶，信仰上帝的人在罗马人中占据相当比例。犹太教与基督教是“古树”与“新芽”的关系。③ 基督教与犹太教分道扬镳，进而作为独立教派单独发展不过是几个世纪之前的事情，基督教的广泛传播更是不久之前的事情。④ 在与《赫颂》写于同月同地的《反加利利人篇》里，朱利安曾表示：“我们是从何处以及如何获得关于神的概念的；接下来要对比希腊人和希伯来人关于神性的看法；最后要质询既非希腊人也非犹太人，而是属于加利利人教派的那些人，他们为何没有依附于犹太人的信仰，反而拒绝了他们，并开辟了自己的道路……我有什么必要召集希腊人和希伯来人为这作见证呢？哪里不存在这样的人，当他祈祷时向天空伸出他的双手？如果他对神性有意识的话，那么不管他是凭一个神起誓还是凭几个他都面向天空。”⑤

---

① Julian, “Hymn to King Helios,” 156b (p. 429).

② Julian, “Hymn to King Helios,” 144a—b (p. 393).

③ 该说法取自 David Rokéah, et al., “Jews and Their Law (Torah) in the Pagan-Christian Polemic in the Roman Empire,” *Tarbiz*, vol. 1 (1971), p. 462。

④ 基督教和犹太教的关系可参考 James D. G. Dunn, *The Parting of the Ways: Between Christianity and Judaism and Their Significance for the Character of Christianity*, London: SCM Press, 1991, pp. 1—3; Herbert Musurillo, texts and trans., *The Acts of The Christian Martyr*, Oxford: Clarendon Press, 1972, pp. iii—iv (Introduction); W. H. C. Frend, *Martyrdom and Persecution in the Early Church: A Study of a Conflict from the Maccabees to Donatus*, New York: Doubleday & Company Inc., 1967, p. 171。

⑤ Julian, “Against the Galilaeans,” 42e—69b (pp. 319—323)。朱利安批判基督教否定多神教诸神的态度，以及基督教否定其“母体”犹太教的态度。

如上引文所示，生活在4世纪中叶的朱利安对犹太教和基督教的区别所知有限。依照字面意思，他相信希伯来人、犹太人、基督徒信奉的都是同一位上帝，这位上帝同时也是希腊人所信奉的居于天空的最高神。只是犹太人为摩西所误导，基督徒为基督所误导，他们在接收有关上帝的真实知识时有所遗漏和误解。“但即使在希伯来人中受到崇拜的他（上帝）真的是宇宙的直接的造物者，我们关于他的信仰也要比他们（希伯来人）的更高……如果宇宙的直接的创造者就是摩西宣告的那个他（上帝），那么我们也持有关于他的更高贵的信仰……现在因为加利利人说，虽然他们不同于犹太人，但他们依然明确表示，以色列人与他们的先知是一致的，他们首先遵从摩西然后遵从犹太人中那些继承摩西的众先知们”①。正因朱利安将基督徒的“错误”归咎于基督而非上帝，格林伍德才得出结论：“为了超越基督徒拉孔布拉德的评述，朱利安不仅把赫拉克勒斯用作异教中基督的替代者，还把自己当作神圣的化身，从而成为与君士坦丁一世完全相反却足以代替他的统治者。”②

总之，朱利安在多神教和基督教剧烈碰撞的局势下，于《赫颂》中将希伯来人、犹太人、基督徒所信奉的上帝，也统合进赫利俄斯的形象之内。唯有囊括此时罗马帝国境内相当一部分人所信仰的上帝，赫利俄斯才称得上是统合了诸神的最高神，才能达到朱利安所说的，“我们所得到的每一个祝福都是从那位神处接收的恩赐”③。

这一结论可借助《赫颂》的文本特征来验证。狄龙、克拉克等学者反复论证过《赫颂》中包含一定量的基督教教义（尤其“三位一体”理论）。④ 如狄龙表示：“赫利俄斯的本质似乎是一种类似‘三位一体’的系统。”⑤ 富尔克森主张朱利安在其作品中混合利用当时流行的基督教和其他

---

① 三句引文依次参见 Julian, “Against the Galilaeans,” 141d (p. 355); 148b (p. 359); 253a—b (p. 393).

② David Neal Greenwood, “Crafting Divine Personae in Julian's Oration 7,” p. 148.

③ Julian, “Hymn to King Helios,” 153c—d (p. 421).

④ John Dillon, “Iamblichus and the Origin of the Doctrine of Henads,” pp. 102—106; D. C. Clark, “The Gods as Henads in Iamblichus,” pp. 54—74; Heinz-Gunther Nesselrath, “Mit ‘Waffen’ Platons Gegen ein Christliches Imperium: Der Mythos in Julians Schrift Gegen den Kyniker Herakleios,” pp. 207—219.

⑤ John Dillon, “The Theology of Julian's Hymn to King Helios,” p. 109.

宗教："根据他（朱利安）本人的著作，他的宗教实践是基督教、太阳神崇拜、密特拉教、神秘的新柏拉图主义以及其他教派（如大母神）的一种折中的混合，这在当时都是十分流行的宗教，但目前尚不清楚哪个对朱利安本人来说最重要。"[①] 当《赫颂》具备一定程度的基督教色彩时，刚好能与《赫颂》的核心主角赫利俄斯统合了上帝的特点相契合。

这一结论还能够从《赫颂》的理论基础——杨布里科斯的《论奥秘》那里得到验证。朱利安称杨布里科斯是他在这里写下这些的源泉，[②] 且《赫颂》中赫利俄斯的形象基本承袭自《论奥秘》中的第一性原理。而狄龙在研究《论奥秘》时发现："这些'三位合一'被识别为杨布里科斯将诸神与上帝本身（等于太一）联系在一起的产物，且他们被宣称为巴门尼德（Parmenides）的第一个假设的主题。"[③] 这句话透露出一条重要信息：杨布里科斯笔下具备"三位合一"特征的神与基督教的上帝存在一定联系。

相应地，杨布里科斯笔下的第一性原理具备 Amoun、Ptah 和奥西里斯三重身份："对于这位第三位造物主（第一性原理），即那位真相和智慧的主人而言，当他创造且带来光明和不可见的隐藏着的理性原理时，在埃及人口中他被称为'Amoun'；当他准确无误地、熟练地按照真理使每一件事情臻于完美时，他被称为'Ptah'；当他孕育出存在物时，他被称为'奥西里斯'。"[④] 克拉克等学者也论证过杨布里科斯笔下的第一性原理，与基督教中呈"三位一体"的上帝之间的相似性。[⑤] 如果《论奥秘》中的第一性原理同上帝本身有联系，而朱利安笔下的赫利俄斯承继了第一性原理的实质、起源、权力和能量，那么赫利俄斯理应也同上帝有联系。如此可再证，朱利安将上帝纳入赫利俄斯的形象之内。

为什么朱利安不直接点明上帝与他所赞颂的赫利俄斯之间的联系？笔者推测，一则朱利安本人虔诚信仰多神教，曾于致友人的信件中多次言

---

① Laurel Fulkerson, "Julian the (In) consistent: A Late Imperial Portrait," p. 85.

② Julian, "Hymn to King Helios," 157d (p. 433).

③ Jonh Dillon, "Iamblichus and Henads Again," p. 48.

④ Iamblichus, *De Mysteriis*, 8. 3 (p. 311).

⑤ D. C. Clark, "The Gods as Henads in Iamblichus," pp. 54—74; Eugene Afonasin, John Dillon, John F. Finamore, *Iamblichus and the Foundations of Late Platonism*.

明，是多神教的神在庇佑着他。如朱利安在致叔父的信中写道："靠着众神的恩典，我还活着，并且摆脱了遭受苦难或遭受无法痊愈的疾病的厄运。但是我以最恳切的态度寻求帮助我的所有神灵中的太阳神连同诸神之王宙斯为我作证，我从未有过一刻想要杀害君士坦提乌斯二世，我期望的恰恰相反。"[①] 朱利安还笃信多神教的神授予他罗马帝国的统治权，曾在362年5月公开发布的《大母神颂》中表示："至于我自己，作为我对您敬拜的礼物，请准许我拥有关于诸神的教义的真实知识。让我在法术上变得完美。我承担着帝国的事务和军队，愿你赐予我美德和好运。"[②] 同时代史家阿米安努斯和佐西莫斯也记载，朱利安相信太阳神在梦中向他传达神谕，指引他向君士坦提乌斯二世进军。[③] 考虑到当时多神教与基督教的碰撞，直接赞美基督教的神有违朱利安本人的宗教情感。

二则受朱利安本人信仰多神教，以及他继位后复兴多神教政策的激励，彼时罗马帝国的多神教徒大力支持朱利安的统治。4世纪时多神教占主导地位的城市马其顿、巴勒斯坦等，出土有361－362年间民间歌颂朱利安的铭文。内盖夫（A. Negev）等研究者发现，这些铭文大多赞颂朱利安是唯一且永恒的皇帝。[④] 加之，当时朱利安身边的重臣——利巴尼乌斯、萨鲁斯特、阿米安努斯等皆属异教精英。所以在4世纪多神教与基督教剧烈碰撞的局势下，朱利安直接赞美基督教的神可能会失去这些多神教徒的支持。此举有违他在罗马帝国最广大范围内巩固皇权的政治诉求。但后期朱利安可能会随着其皇权遭遇基督徒冲击的力度，相应改变这种隐晦的文字表达方式。这一点笔者将在下文举例说明，目前仍将研究视角集中在《赫颂》之上。

更为关键的一点是，以今人的视角阅读《赫颂》，则朱利安似乎将二者间的联系表达得相当隐晦。但《立法者朱利安》一文提醒我们，古人的理解水平和今人的理解水平未必处于同一层次："对于同时代的人来说，

---

① Julian, "To His Uncle Julian," p. 27.

② Julian, "Hymn to the Mother of the Gods," 180b－c (p. 503).

③ Zosimus, *New History*, 3.9 (p. 54); Ammianus Marcellinus, *History*, 21.2.2 (p. 99).

④ A. Negev, "The Inscription of the Emperor Julian at Ma'ayan Barukh," pp. 170－173; Benet Salway, "Words and Deeds: Julian in the Record," pp. 137－158.

他们能够破译‘皇帝的语言’（*Imperial Language*）的密码，而我们却不能。”[①] 此结论的历史依据是：朱利安作为君士坦丁家族统治权的承继者，不宜公开批判前任皇帝君士坦提乌斯二世。于是他在演说辞中隐晦地批评和抹黑后者，以证明自己才是真正的皇帝。今人或许很难读出朱利安的隐藏含义，但与朱利安同时代的人很容易便领会并随之称颂朱利安的权威。近臣阿米安努斯、利巴尼乌斯等甚至在领会的基础上撰文附和朱利安。受此文启发，在我们看来朱利安将赫利俄斯与上帝的联系表达得相当隐晦，但同时代人或许很容易便“破译”了。

更有甚者，有学者发现至古代晚期，赫利俄斯的形象聚集了许多其他神的宗教、神话和文学元素，尤其混合了阿波罗、罗马太阳神索尔、波斯太阳神密特拉的元素。[②] 潘德（Govind Chandra Pande）根据那个时代里赫利俄斯形象的多元性指出，“希腊巫术纸草集”、普罗克诺斯献给赫利俄斯的颂词、朱利安的《赫颂》等作品中的赫利俄斯形象，“在当时不仅经常被等同于密特拉和哈尔波克拉特斯（Harpocrates），甚至还被认为是‘犹太一基督教的一神式的神’（The Monotheistic Judaeo－Christian God）”[③]。

参考此论点，则《赫颂》中“上帝是赫利俄斯的别称”的说法，可能已经是罗马帝国范围内广泛存在的一种认知。朱利安可能只是站在官方的立场上重申了这种既有认知，并进一步强调赫利俄斯是统合了包括上帝在内的所有神的最高神。这一解释契合笔者之前对《赫颂》中那句话的翻译：“（《赫颂》中）有某些想法来自许多人，就好像它们发生在我的思想中。”[④]

综上，朱利安皇帝将统合诸神的特点“新”增进赫利俄斯的形象后，随即论证希腊人、罗马人、希伯来人乃至诸民族的神均隶属于赫利俄斯。

---

① Jill Harries，“Julian the Lawgiver,” in *Emperor and Author*：*The Writings of Julian the Apostate the Apostate*，p. 132.

② Wilhelm Fauth，*Helios Megistos*：*Zur Synkretistischen Theologie der Spätantike*，Leiden：Brill，1995.

③ Govind Chandra Pande，*A Golden Chain of Civilizations*：*Indic*，*Iranic*，*Semitic*，*and Hellenic up to c.600 B.C.*，New Delhi：Project of History of Indian Science，philosophy，and Culture，2007，p. 572.

④ Julian，“Hymn to King Helios,” 157d（p. 433）.

如此《赫颂》中的最高神赫利俄斯便统合了多神教徒和基督徒的神，亦即统合了罗马帝国所有人的神。笔者称之为赫利俄斯于罗马帝国诸民族，亦即所有人的“普适性”。换用朱利安的话来说，“我亦不轻视赫利俄斯神赋予我的（好运），即我可以出生在一个于我所处的时代里统治和管理世界的家族；但进一步说，如果我们可以相信智者，那我就把这位神（赫利俄斯）看作是全人类共同的父亲”①。

三、朱利安的皇权与赫利俄斯的神权

如“我亦不轻视赫利俄斯神赋予我的（好运），即我可以出生在一个于我所处的时代里统治和管理世界的家族；但进一步说，如果我们可以相信智者，那我就把这位神（赫利俄斯）看作是全人类共同的父亲”一句所示，朱利安皇帝虽出身于统治整个罗马帝国的君士坦丁家族却没能坐拥稳固的皇权，于是朱利安在亟须借神权巩固皇权的情况下，将赫利俄斯的形象重塑为普遍适用于罗马帝国所有人的最高神。在此基础之上，朱利安终于在《赫颂》157a—b，即临近结尾处正式宣告自己是赫利俄斯派往罗马帝国的代理人：

> 因为他关心整个人类，但尤其是我自己的城市，也正如他令我的灵魂自永恒中孕育而生，且使它成为他的追随者一般。因此，我刚才祈祷，愿他能允许，授予我的城市（罗马）尽可能多的庇佑，并承蒙他之恩典得以存在与永恒；然就我个人而言，只要我享有生存的权利，愿他保佑我无论世俗与神圣都能获得成功；最后愿他准许，只要令他满意，且既对我和罗马帝国有益，让我用一生来侍奉这个国家！②

本书第四章已经论证过朱利安在无意沿用“朱庇特之子”“上帝之仆”等神圣身份的情况下，从《论奥秘》中选取最高神第一性原理作为自己的皇权源头，赋予自己以“赫利俄斯之代理人”的神圣身份，从而借赫利俄

① Julian, “Hymn to King Helios,” 131c (p. 355).

② Julian, “Hymn to King Helios,” 157a—b (p. 431).

斯的神权巩固皇权。现结合这段引文可见，朱利安先论证赫利俄斯是统合诸神的最高神，再逐一论证罗马帝国各民族的神都隶属于赫利俄斯，即赫利俄斯是罗马帝国所有人的神。在此基础之上，朱利安向全体罗马人宣告其“赫利俄斯之代理人”的神圣身份。此时朱利安的皇权既是由赫利俄斯授予的，也是由罗马帝国各民族的神共同授予的，则理论上，罗马帝国所有人都能接受他的皇权。

如此朱利安便可打破自己在多神教与基督教之间两相为难的困境，借赫利俄斯同时争取多神教徒和基督徒两方的支持，进而实现他在罗马帝国最广大范围内巩固皇权的政治诉求。参照互文理论，此即朱利安在《赫颂》内部，掌握外部的材料、“克服它、把它变成顺从的表现 medium 的过程”[①]。他的理论基础——《论奥秘》，在此过程中则在形式上发生了变化，并且不得不走向明显的妥协。

“由此，理解、说明和解释意识形态现象，应该针对内部，应该回过头来与表现相比较：从外部客观化出发，解释应该透入内部组织的根本。个人主观主义就是这样理解表现的”[②]。行文至此，朱利安本人的政治目的（个人主观主义）已经相当清晰了。朱利安为了借赫利俄斯的神权在罗马帝国最广大范围内巩固皇权，将统合诸神的特点“新”增进赫利俄斯的形象之内。统合诸神系朱利安在《论奥秘》的基础上为《赫颂》增添的“新”内容，这一“新”内容与朱利安写作《赫颂》的政治目的密切相关。简言之，朱利安写作《赫颂》的政治目的是借具有“普适性”的赫利俄斯的神权，在罗马帝国最广大范围内巩固皇权。由这个目的我们或能更深刻地理解《赫颂》“卷首语”中的这句话：

> 我亦不轻视赫利俄斯神赋予我的（好运），即我可以出生在一个于我所处的时代里统治和管理世界的家族；但进一步说，如果我们可以相信智者，那我就把这位神（赫利俄斯）看作是全人类共同的父亲。[③]

---

① 巴赫金：《马克思主义与语言哲学》，第 426 页。

② 巴赫金：《马克思主义与语言哲学》，第 426 页。

③ Julian, “Hymn to King Helios,” 131c (p. 355).

依据这一结论，朱利安将第一性原理更名为赫利俄斯的做法便能得到一种解释：朱利安亟须借神权争取罗马帝国各民族的广泛支持。作为其皇权源头的神理应为罗马人所熟悉，且能够兼容雅典娜、狄奥尼索斯、阿瑞斯等各民族的神。而第一性原理是局限于哲学和神学领域的专业术语，难以满足朱利安的政治诉求，[①] 于是朱利安将之更名为赫利俄斯。赫利俄斯是罗马人熟悉的太阳神。且在《神谱》里是许佩里翁和忒亚的后代，朱利安相信“他是那超越于万物之上的他（许佩里翁）的真正的儿子”[②]。《荷马史诗》的诗句又令他相信就连宙斯也无法限制和约束赫利俄斯。[③] 罗马皇帝朱利安可能出于广泛巩固其皇权的目的，选取了既为罗马人所熟悉，又在谱系上足以统合诸神的太阳神赫利俄斯。相较之下，阿波罗是宙斯之子，在谱系上不足以统合诸神。何况阿波罗于《赫颂》前文里已经被朱利安解释成赫利俄斯的一部分了。另一位太阳神索尔则不符合朱利安对古希腊文化的热爱。

以上只是从政治角度探究《赫颂》后给出的一种解释。从其他角度探究《赫颂》的学者给出过其他解释。如专注“朱利安与希腊主义”的学者认为，朱利安选用古希腊太阳神赫利俄斯之名的主因就是他热爱古希腊文化。[④] 加德纳从神学角度提出过另一种解释：朱利安对秘仪抱有相当大的热情，第一性原理的称谓可能无法满足朱利安对神秘性的要求，古老且神秘的赫利俄斯更为合适。[⑤]

以上三种解释皆可存在。毕竟朱利安写作《赫颂》的理论来源——杨布里科斯，在写作《论奥秘》时便反复切换第一性原理的称谓，使用过第三位造物主、最高级别的因果原则、Kmeph、Amoun 等，且申明第一性

---

① 杨布里科斯在《论奥秘》开篇以“阿巴蒙”的身份表明：“我们（‘阿巴蒙’和阿勒柏）将以适当的方式对每一个问题进行适当的解释，以神学的方式来处理神学问题，以神学的术语来处理与神学有关的问题，而哲学问题，我们将与你（波菲利）一道以哲学的术语来考察。”（Iamblichus，*De Mysteriis*，1.4〈p. 19〉）

② Julian，“Hymn to King Helios，” 136c（p. 371）.

③ Julian，“Hymn to King Helios，” 137a（pp. 371－373）.

④ Francesca Schironi，*From Alexandria to Babylon near Eastern Languages and Hellenistic Erudition in the Oxyrhynchus*，Glossary and Berlin and Boston：De Gruyter，2009，p. 104.

⑤ Alice Gardner，*Julian*，*Philosopher and Emperor*，p. 182.

原理能够获得“与其他的力量和活动相一致的其他称号”[①]。受写作源泉的影响，朱利安在为第一性原理更名时保有很大的自主性和随机性。对待“赫利俄斯”之名，我们理应持有更开放的态度。而笔者想强调的是，从政治角度考虑，朱利安将第一性原理更改为罗马人所熟悉且足以统合所有神的赫利俄斯。这一做法与他在最广大范围内巩固皇权的政治诉求相契合。

2012年希尔顿也关注到赫利俄斯统一不同种族和不同文明形式的特点：“所有信仰均被平等地归入赫利俄斯的‘中间性’之下，凡人试图通过此力量进入可理解的世界。朱利安的颂词强调了太阳神的统一功能。对于朱利安所遵循的‘晚期罗马宗教’的‘世界性的精神’而言，‘太阳一多神教’（Solar Polytheism）提供了一种统一不同种族和不同文明形式的方式。”[②] 但希尔顿仍旧从宗教角度解读《赫颂》，且他将基督教的神排除出赫利俄斯的统一功能之外。他的最终结论仍是朱利安试图通过《赫颂》，建立起一个在广泛程度和适应性上堪与基督教匹敌的罗马宗教。而本书基于对《赫颂》的写作背景、写作思路、文本内容的分析，从政治角度给出了另一种观点：朱利安试图借助具有“普适性”的赫利俄斯的神权，在罗马帝国最广大范围内巩固他的皇权。

关注朱利安家谱的两位学者为笔者的论点提供了一重旁证：罗兰·史密斯在研究朱利安时表示，这一时期的新柏拉图主义者，积极将文本附加到个人身上，从而给予个人一份“家谱”（Pedigree）。[③] 阿西塞深化了罗兰·史密斯的论点，他主张朱利安进一步说明了“最神圣的国王努马”的立法，这位传奇的罗马国王通过指派贞女在不同的时间轮流守护太阳不朽的火焰，建立起对赫利俄斯的崇拜。因此朱利安称，这个神圣的计划是在整整一千年的时间里完成的。所以对赫利俄斯的崇拜不仅证明了罗马历史的延续性和赫利俄斯始终对其保持关注，而且侍奉赫利俄斯的皇帝之间本

---

① Iamblichus, *De Mysteriis*, 8.3 (p.311).

② J. L. Hilton, “The Sphragis of Heliodoros, Genealogy in the Aithiopika, and Julian's Hymn to King Helios,” p.213.

③ Rowland Smith, *Julian's Gods: Religion and Philosophy in the Thought and Action of Julian the Apostate*, p.96。阿塔纳西阿德曾对此论点表示赞同，详见 Polymnia Athanassiadi and Michael Frede, eds., *Pagan Monotheism in Late Antiquity*, p.135。

就构成了一部王室家谱。①

根据二人的论点推理，朱利安不仅通过“赫利俄斯之代理人”的神圣身份巩固皇权，还通过强调这一神圣身份是他自罗慕路斯、努马之手承接而来，证明自己属于罗马王室中的一环，亦即证明他延续了罗马王室统治罗马的权力。由此读者或能更深刻地理解，朱利安于《赫颂》“卷首语”中提醒罗马人不可轻视的事情：

> 到目前为止，最好的事情是，当任何人有幸继承对这位神（赫利俄斯）的侍奉，即使在第三代之前，都能从一条绵长且连续的“先祖名单”中继承下来。然而，当任何人认识到他天生就是要成为赫利俄斯的仆人时，无论他是大家中的一员，还是只有少数人相伴，只要是致力于为他的主人服务，那么，这便是一件不能被轻视的事情。②

《赫颂》与《论奥秘》的承继关系也为笔者的论点提供了一重旁证。杨布里科斯被学界视作研究“异教一神教”的核心历史人物。他在“多神”之上新增第一性原理，他写作《论奥秘》时的叙述重点亦是这位“一神”的实质、起源、权力和能量。《论奥秘》被杨布里科斯构筑在古埃及文化背景下，全书基本不曾出现过宙斯、阿波罗、罗慕路斯等罗马人熟悉的神。朱利安根据《论奥秘》中的第一性原理塑造出赫利俄斯，将罗马帝国的所有神统合进赫利俄斯之内，并借赫利俄斯的“新”形象巩固他作为罗马皇帝的皇权。如此一来，朱利安便有理由向罗马人及其近臣萨鲁斯特宣告：“所以我认为这篇演说辞的创作并非徒劳。③ 由此读者或能更深刻地理解《赫颂》的第一句话：

> 我将要说的是，在我看来，对一切‘在大地上呼吸和爬行’、存在且拥有理性而聪慧之灵魂的万物而言都是极为重要的事情，但更重

① Joseph Azize, *The Phoenician Solar Theology: An Investigation into the Phoenician Opinion of the Sun Found in Julian's Hymn to King Helios*, p. 178.

② Julian, “Hymn to King Helios,” 131c—d (p. 357).

③ Julian, “Hymn to King Helios,” 158a (p. 433).

要的是这对我自己很重要。因为我是赫利俄斯王的追随者。①

朱利安于《赫颂》首句向一个极其广泛的群体宣告了其皇权的神圣源头——赫利俄斯。在多神教与基督教剧烈碰撞的局势下，新帝的权力源头对罗马人而言弥足轻重，对于亟须巩固皇权的朱利安皇帝而言更是至关重要。

朱利安写作《赫颂》时正在扩军备战，计划来年春天东征萨珊波斯。基督教史家苏克拉底斯记载："他（朱利安）相信与他交往密切的哲学家马克西姆斯的预言，以为自己的功绩不仅可以与马其顿的亚历山大大帝相媲美，甚至还可以超过他。"② 现代学者罗兰·史密斯从写作习惯、立法原则、对外战争等多个方面，找出多处朱利安刻意效仿亚历山大大帝的痕迹，并称朱利安是一个不合格却充满激情的"亚历山大大帝的模仿者"（Alexander-emulator）。③ 格雷厄姆也认为《赫颂》中对宇宙体系的叙述，表露出朱利安扩大罗马帝国疆域的政治野心。④

依据苏克拉底斯的记载和既有研究成果，参考亚历山大大帝征服各民族和统治的丰功伟业，则朱利安可能远不只想在罗马帝国范围内，借"赫利俄斯之代理人"身份掌握坚实的皇权。这一猜测符合《赫颂》"卷首语"对赫利俄斯与全人类间关系的强调："但进一步说，如果我们可以相信智者，那我就把这位神（赫利俄斯）看作是全人类共同的父亲。"⑤ 句中朱利安所说的"全人类"可能已经超出罗马帝国人民的范畴。但受篇幅限制，笔者目前无意拓展此论点。⑥

---

① Julian, "Hymn to King Helios," 130b (p. 353).

② Socrates Scholasticus, *The Ecclesiastical History*, 3. 21 (p. 229).

③ Rowland Smith, "The Casting of Julian the Apostate 'In the Likeness' of Alexander the Great: A Topos in Antique Historiography and its Modern Echoes," Histos, vol. 5 (2011), p. 44.

④ Mark W. Graham, *News and Frontier Consciousness in the Late Roman Empire*, pp. 27—50.

⑤ Julian, "Hymn to King Helios," 131c (p. 355).

⑥ 同样，希腊人、罗马人、埃及人等各个民族是否接受朱利安的"赫利俄斯之代理人"身份，继而拥护其皇权，或者说，4世纪中期的基督徒与多神教徒是否认可"赫利俄斯之代理人"的说法，这个问题也不在笔者的研究旨趣之内。本书致力于探究朱利安本人渗透在《赫颂》中的政治思考，即他写作《赫颂》的政治目的而非实际效果。

截至目前，我们主要从文本层面推论朱利安写作《赫颂》的政治目的。阿西塞指出："如果他（朱利安）不在实践和理论两个层面上，同时强调他教化社会的政治理想，那么他向人民传达的信息就不会是完整的。"① 同理，虽然朱利安于362年12月写完《赫颂》后不久便奔赴波斯战场，于363年6月便战死沙场。但史料中仍保留些许他践行"赫利俄斯之代理人"的权能的痕迹。

早在与君士坦提乌斯二世对抗期间，朱利安就在致雅典等各城市的公开信中，声称赫利俄斯指引他接受奥古斯都头衔并采用武力夺权。后朱利安又于战前通过敬奉赫利俄斯等神争取麾下士兵的忠心。但那时赫利俄斯的形象尚且停留在他的脑海里，并未以文字形式呈现给全体罗马人。至写作《赫颂》期间，朱利安对赫利俄斯神权的借助更加频繁。

362年8月朱利安率军入主安条克，大军驻扎导致当地出现物资匮乏和经济危机。朱利安盲目限制必需品价格、投放廉价粮食等举措使情况进一步恶化，引发了安条克人的敌对情绪。他们公开辱骂朱利安皇帝，公然攻击朱利安的统治，怀念君士坦提乌斯二世。在皇权遭遇严重冲击的情况下，朱利安在《赫颂》中宣告自己是"赫利俄斯之代理人"，在同月写作的《凯撒篇》中也点明自己的神圣身份："但是在其他场合曾帮助过他的'我的主人赫利俄斯'（My Lord Helios），现在也来帮助他并在众神面前宣告……"②

现实中安条克市民以希腊人和叙利亚人为主。③ 据朱利安本人表述："皇帝（朱利安）一会在宙斯神庙中献祭，一会又去了命运女神的神庙；他接连三次拜访了德墨忒尔的神庙……叙利亚人的新年到了，皇帝又到友谊神宙斯的神庙去。随后，一般的节庆到来，皇帝又到命运女神的神殿去。在'禁止日'（the Forbidden day）的克制之后，他再次到友谊神宙斯

① Joseph Azize, *The Phoenician Solar Theology: An Investigation into the Phoenician Opinion of the Sun Found in Julian's Hymn to King Helios*, p. 161.

② Julian, "The Caesars," 314a (p. 363).

③ Gilvan Ventura da Silva, " 'Is It Possible to Control the Crowd?' Libanius in Defense of Julian and against the Population of Antioch in the 4th Century," p. 369; C. Shepardson, *Controlling Contested Places, Late Antique Antioch and the Spatial Politics of Religious Controversy*, pp. 58—91.

的神庙里去，并根据我们祖先的传统做祈祷。”[①] 依据文本信息，朱利安一边通过演说辞宣传其“赫利俄斯之代理人”的神圣身份，一边根据赫利俄斯统合诸神的特点，频繁敬奉叙利亚人和希腊人的神，试图凭此争取以希腊人和叙利亚人为主的安条克市民的拥护。

再者，安条克市民以基督徒居多。基督徒是此次冲击朱利安皇权的主力。史家苏克拉底斯记载，基督徒是传唱那些讽刺朱利安的诗歌的主要群体，这直接导致“但是这些带有责备意味的赞美诗几乎把他（朱利安）逼疯了，他准备用戴克里先的手下以前对待基督徒的方式，对基督徒施以同样残酷的惩罚”[②]。且怀念君士坦提乌斯二世的主要群体也是基督徒。“虽然在他统治初期，朱利安皇帝对所有人都很温和；但当他继续往下统治的时候，他不再表现出同样的镇定了。事实上，当基督徒们想以任何方式来怀念君士坦提乌斯二世时……”[③]

朱利安最为恼火的阿波罗神庙被焚事件，在他看来是基督徒所为。近臣阿米安努斯记载，这次可怕的事故激怒了朱利安皇帝，以至于他立即下令进行前所未有的严厉调查并关闭安条克大教堂。“因为他怀疑这是基督徒所为，（他们）出于嫉妒以及不愿看到被宏伟的柱廊所包裹着的神庙”[④]。索佐门同样记载朱利安因此事件愤恨基督徒：“阿波罗神庙被天上掉下来的火球摧毁，但异教徒向朱利安报告是基督徒所为，这激起了皇帝的愤怒，令他决定惩罚那些基督徒。”[⑤] 站在朱利安的立场上考虑，此次冲击其皇权的主力是基督徒。

于是在此期间朱利安撰写《反加利利人篇》，再次申明他具有“赫利俄斯之代理人”的神圣身份：“我几乎忘记了来自赫利俄斯和宙斯最伟大的礼物了。但我自然要保留它到最后。且事实上，他不单单是我们罗马人所特有的，我认为我们还和我们的亲戚希腊人一起分享他。我意指宙斯使阿斯科勒皮奥斯从他自己处产生在理智诸神中间，又通过赫利俄斯的生成

---

① Julian, “Misopogon,” 346b—c (p. 445).

② Socrates Scholasticus, *The Ecclesiastical History*, 3. 19 (p. 226).

③ Socrates Scholasticus, *The Ecclesiastical History*, 3. 11 (p. 215).

④ Ammianus Marcellinus, *History*, Vol. Ⅱ, 22. 13. 1—2 (pp. 269—271).

⑤ Sozomen, *The Ecclesiastical History*, 5. 20 (pp. 760—761).

性力量将他送往尘世。”[1] 这段话与《赫颂》中最高神将朱利安派来管理罗马帝国的语句相呼应，且朱利安将之保留到关键的部分。在《赫颂》与《反加利利人篇》写作时间高度接近的情况下，同时代的罗马人比较容易“破译”这段话的含义，理解朱利安是由最高神派遣而来的统治者。与之对应的是，基督教学者西里尔所撰《驳朱利安》一文的主要内容之一，就是斥责朱利安盲目混淆基督教教义和多神教的神话。[2]

彼时基督徒已然上升成冲击朱利安皇权的主力，而《反加利利人篇》直接针对基督徒发布。故不同于《赫颂》中隐晦地表述赫利俄斯与上帝的联系，在《反加利利人篇》中朱利安较为直白地表达他对上帝的敬畏：“但虽然如此，我却一直都敬畏亚伯拉罕（Abraham）、以撒（Isaac）和雅各（Jacob）的神。”[3] 他申明多神教徒与犹太人在庙宇、圣殿、祭坛、洁净和某些戒律方面，都有一种共同的生活方式，二者之间的不同要么没有，要么就是在一些不重要的事情上。[4] 但这些不重要的事情或因亵渎基督教教义被删减。

现实中与之或有对应关系的，是朱利安致力于修建敬奉上帝的耶路撒冷圣殿。史料记载，“虽然他（朱利安）焦虑地考虑各种可能（会发生）的事情，以巨大的热情推进为他的战役所进行的种种准备，并渴望通过伟大的作品来延伸有关他统治的记忆，但他计划以巨大的代价来修复曾经宏伟的耶路撒冷圣殿”[5]。朱利安还安排了一位多神教徒阿里皮乌斯（Alypios,?）督促工程进展。为什么信仰多神教的朱利安，在两种宗教剧烈碰撞的局势下致力于重建上帝的圣殿？

这一做法长期困扰着从宗教角度分析朱利安的学者。近些年各种解释

---

① Julian，“Against the Galilaeans，” 200a（p. 375）.

② 仅截取一段文本作为例证：“读者，现在您已经听到并理解了这是什么！他们（以朱利安为首的多神教徒）彼此持反对意见又互相呼应，再或多或少地混合在一起，没有细微的差别或自我反省，只是任凭他们自己高兴而已。如何才能避免这种印象，即他们只是在猜测真相而不知道真相？”详见 Cyril of the Alexandria，“Against Julian，” 523c－d（pp. 193－194）。

③ Julian，“Against the Galilaeans，” 354b（p. 423）.

④ Julian，“Against the Galilaeans，” 306b（p. 407）.

⑤ Ammianus Marcellinus，*History*，Vol. Ⅱ，21. 1. 2（p. 311）.

频出但尚无定论。1971年罗克埃（David Rokeah）等学者提出，朱利安实际是利用犹太种族的劣势和自卑心理，企图用两个一神教的纷争来反衬他所信仰的多神教的优势；① 另有学者认为，朱利安此举是为了在基督教的强势冲击下，保护罗马帝国的弱势宗教，当时犹太教与多神教同样处于弱势地位；② 格林伍德则在2017年提出，朱利安修复犹太教圣殿是为了撤销之前君士坦丁一世将耶路撒冷宣布为基督教城市的公告，进而为他自己在这座城市恢复异教牺牲提供便利。③ 以上学者均致力于挖掘朱利安修复耶路撒冷圣殿的深层次原因，从而解释其多神信仰与帮助一神教的行为之间的矛盾。

但朱利安曾于约362年年末致犹太人的公开信中表示："所以每个地方，在我的统治下，你们都可以保有安全感，且在享受和平的时候可以为我的统治向最高神祈祷，这位'造物者'（The Creator），曾用自己洁净的右手屈尊为我加冕……这是你们应该做的，为了等到我成功结束与波斯的战争后，我能够用我自己的财产重建那座神圣的城市耶路撒冷。"④ 从字面上看，朱利安在这封公开信里将重建耶路撒冷城当作交换条件，争取信仰上帝的罗马人的拥护。索佐门也记载，朱利安写信要求犹太人为他本人和帝国的繁荣祈祷。⑤

结合这封信的字面含义和本书的既有论述，能够从政治角度就朱利安重建耶路撒冷圣殿的做法给出一种解释：朱利安令赫利俄斯统合包括上帝在内的诸神，在此基础之上以"赫利俄斯之代理人"的身份巩固皇权。他重建耶路撒冷圣殿也是在践行"赫利俄斯之代理人"的职能。此举或能争

---

① David Rokeah, et al., "Jews and Their Law (Torah) in the Pagan-Christian Polemic in the Roman Empire," pp. 462—471.

② Guy G. Stroumsa and Robert Bonfil, eds., *Jews in Byzantium: Dialectics of Minority and Majority Cultures*, Boston: Brill, 2012, p. 482.

③ David Neal Greenwood, "Constantinian Influence upon Julian's Pagan Church," pp. 1—21.

④ Julian, "To the Community of the Jews," in *The Works of the Emperor Julian*, Vol. Ⅲ, pp. 179—181. "造物者"的译法取自柏拉图：《蒂迈欧篇》，41a（第28页）。

⑤ Sozomen, *The Ecclesiastical History*, 5.22 (p. 764).

取信仰上帝的犹太人甚至基督徒的拥护。[①] 朱利安的近臣阿米安努斯不也在记载这起事件之前申明，朱利安渴望通过伟大的作品来延伸有关他统治的记忆吗？[②] 大概耶路撒冷圣殿在朱利安看来也是伟大的作品之一。

另有佐西莫斯的记载能为笔者的解释提供一重旁证。虽然朱利安遭遇安条克市民尤其基督徒的敌对，但佐西莫斯写道："而在那些市民对自己的冒犯感到忏悔之际，皇帝又尽一切努力秉承公正之心颁给了城市许多特权，他准许他们的大批市政元老通过世袭将元老身份由父亲传给儿子，还一并允许元老女儿的后人也拥有元老身份。这是为数不多的城市才拥有的特权。"[③] 朱利安秉持着继位初期的温和态度，在盛怒之下仍然妥善处置包括基督徒在内的安条克人。

朱利安对"赫利俄斯之代理人"身份的运用，还模糊地体现在约 363 年年初致亚历山大里亚人的公开信里。362 年年中朱利安下令流放亚历山大里亚地区的基督教主教阿塔纳西乌斯。但阿塔纳西乌斯本人、亚历山大里亚地区的地方官和市民均置若罔闻。362 年 10 月朱利安不得不向埃及地方官埃迪克迪乌斯（Ecdicius，?）发出第二封敕示，要求他将阿塔纳西乌斯赶出埃及，并在敕示中表达他对于自己被轻视的不满。[④] 但第二封敕示仍旧未得到执行，朱利安不得不向亚历山大里亚人发送公开信。现代学者哈迪指出："对于朱利安不得不发出第三次命令将阿塔纳西乌斯从埃及驱逐这一事件，亚历山大里亚人似乎和他们的主教一样毫不在乎。"[⑤] 在第三次发送的公开信里，朱利安盛赞赫利俄斯的神权以及赫利俄斯给予亚历山大里亚人的恩惠。[⑥] 而不久之前他才在《赫颂》中宣告自己是"赫利俄斯之代理人"。

---

① 依照笔者的论证，则一神教所信仰的上帝也是朱利安所信仰的多神中的一位。如此一来，朱利安的多神信仰与他帮助一神教的行为之间也就不构成激烈的矛盾冲突。罗克埃等学者或许从一开始就过于关注二者间的矛盾，进而积极为此矛盾寻求解释。

② Ammianus Marcellinus，*History*，Vol. Ⅱ，21. 1. 2（p. 311）.

③ Zosimus，*New History*，3. 11（p. 56）.

④ Julian，"To Ecdicius，Prefect of Egypt，" p. 143.

⑤ B. Carmon Hardy，"The Emperor Julian and His School Law，" p. 136（n. 41）.

⑥ Julian，"To the Alexandrians，" in *The Works of the Emperor Julian*，Vol. Ⅲ，p. 149.

综上，朱利安不仅通过《赫颂》和同时期写作的其他演说辞、信件等，反复向罗马人宣扬他是赫利俄斯派来统治罗马帝国的代理人，而且在尝试践行“赫利俄斯之代理人”的权能。朱利安通过敬奉叙利亚人和希腊人的神争取安条克市民的拥护，通过重建耶路撒冷圣殿争取敬奉上帝的人的支持，甚至借此身份劝说亚历山大里亚人服从自己。朱利安的政治实践基本契合他写作《赫颂》的政治目的——借赫利俄斯的神权在最广大范围内巩固皇权。

然而笔者也不得不承认，朱利安在现实中对“赫利俄斯之代理人”身份的运用不够显著，本章对于其运用的论述也略显薄弱。这一方面可归咎于朱利安写作《赫颂》仅 6 个月后便战死波斯，实际上并没有足够的时间和精力供他切实履行“赫利俄斯之代理人”的权能。朱利安的早逝曾使得布雷格曼在研究朱利安的过程中不得不依靠预测来解决问题，为此他特意向读者解释：“我考虑的问题是‘如果……会发生什么?’对于历史学家来说，这是一个合理的问题。”[①] 现如今朱利安的早逝同样限制了笔者的研究。

另一方面，《朱利安的哲学与他的宗教活动》一文指出：“当那些被赋予政治权力的人使用‘文本实践’（Textual Practice）来合法化和促进他们对世俗宗教实践的解释时，他们在斯托尔斯（Stowers）所认为的第四种宗教活动模式中运作：‘文学专家’（Literate Specialist）的宗教和政治权力……以这第四种方式运作的有文化的专家，在各种各样的政治性办公室中被发现，他们担任牧师、主教甚至皇帝的职务。”[②] 句末的皇帝即指代朱利安。尽管该文主要从哲学和宗教层面剖析朱利安皇帝。但它也启示我们，朱利安作为一名“文学专家”，处理政治事务的主要方式可能就是使用“文本实践”。事实上，朱利安是罗马帝国史上亲自撰写文本最多的皇帝。“我们所拥有的朱利安存世的文学作品比任何其他罗马皇帝的作品都多”[③]。赖特编订的《朱利安皇帝著作集》长达三卷，其中还不包括朱利安

① Jay Bregman, “Elements of the Emperor Julian's Theology,” p. 337 (n. 1).

② Laura B. Dingeldein, “Julian's Philosophy and His Religious Program,” p. 123.

③ Alan J. Ross, “Text and Paratext: Reading the Emperor Julian via Libanius' Epitaphios,” p. 241.

被焚毁和被遗失的文本。从这个角度考虑，或许本就不应期待朱利安大量践行“赫利俄斯之代理人”的权能。

综上所述，朱利安在《论奥秘》中承袭了最高神第一性原理作为《赫颂》的核心主角，并将之更名为赫利俄斯。朱利安在叙述赫利俄斯的过程中基本保留了第一性原理的实质、起源、权力和能量，但将统合诸神作为“新”内容放入赫利俄斯的形象之内。如此赫利俄斯便被重塑为统合了包括上帝在内的所有神的最高神。在此基础之上，朱利安公开宣告自己是赫利俄斯派往罗马帝国的代理人，此举能够争取多神教徒和基督徒两方的拥护，亦即争取罗马帝国所有人的拥护。

简言之，朱利安写作《赫颂》的政治目的是借经他重塑后具有“普适性”的赫利俄斯的神权，在罗马帝国最广大范围内巩固皇权。朱利安皇帝依旧延续了戴克里先、君士坦丁一世等前任罗马皇帝借神权巩固皇权的传统，从既有宗教中选取最高神作为自己的皇权源头，从而宣扬“君权神授”，力保皇权至上。

结　语

对于朱利安皇帝及其《赫颂》的讨论至此可以告一段落了。以往学界通常从宗教角度和哲学角度析读《赫颂》，且通常将朱利安本人及其作品用作参照系而较少置于研究的中心位置。截至目前，系统论证和总结朱利安渗透在《赫颂》中的政治思考和现实关怀的学术成果甚是少见。故笔者以朱利安为核心研究对象，从政治角度析读他写于 362 年年末的《赫颂》。由此，在解析过程中对各个问题的思考能够更深入，也更贴合朱利安的皇帝身份。

在具体析读过程中，本书借助互文理论，尤其采用互文理论的分析方式，将《赫颂》与杨布里科斯的《论奥秘》对照起来，考察分析朱利安皇帝在《赫颂》中对《论奥秘》所做的承袭、精简、调整和创“新”。同时将 4 世纪中叶罗马帝国的政治和社会现实作为另一个可参照的文本，考察分析《赫颂》与现实社会之间互为文本的关系，尤其朱利安皇帝依据他本人对现实社会的理解和掌握，在《赫颂》中对赫利俄斯和他本人形象的塑造。这项研究在国内尚属首次。在国外相关研究中，笔者迄今未能找到用英语写就的完全同类型的成果。目前围绕《赫颂》既有的 12 篇英文论著，也未提及用其他语言写就的完全同类型的成果。

经此双重分析之后，本书总结出朱利安渗透于《赫颂》中的一般性的阐释：朱利安皇帝迫切希望在罗马帝国最广大范围内巩固皇权。由此一般性的阐释，朱利安创作《赫颂》的政治目的及其写作文本的规则和布局，都能够从政治层面上得到如下一种较为合理的解释：

罗马帝国皇帝朱利安以私自称帝和武力夺权的形式继承皇位。因为其皇位来源受罗马人质疑，且其皇权在安条克遭遇严重冲击，所以朱利安亟须延续以往统治者的一贯做法——借宗教巩固皇权。但朱利安并未在公开场合沿用戴克里先的“朱庇特之子”身份或君士坦丁一世父子的“上帝之仆”身份。信仰多神教的朱利安于 362 年 12 月写作《赫颂》，以当时多神教主要的理论型著作——杨布里科斯的《论奥秘》为基础，先将自己以罗马帝国统治者的身份插入其中，后为便于罗马人理解和接受而将《论奥秘》中庞大的宇宙体系简化为背景。再在此背景下，承继《论奥秘》中的第一性原理作为《赫颂》的核心主角，并将之更名为赫利俄斯。

《赫颂》中的赫利俄斯，在实质、起源、权力和能量上基本没有表现出明显超出第一性原理的“新”意。但朱利安将“统合诸神”的“新”特点增添进赫利俄斯的形象当中，将之重塑成统合了罗马帝国诸民族的神，亦即统合了全罗马人的神的最高神。更确切地说，朱利安对多神教和基督教剧烈碰撞的社会现实作出回应，令赫利俄斯统合了多神教徒和基督徒两方的神。在此基础之上，朱利安为自己塑造出“赫利俄斯之代理人”的神圣身份，试图借具有“普适性”的赫利俄斯的神权，争取罗马帝国各个民族，亦即罗马帝国所有人的拥护。经由这一整个论证，我们可以推论出朱利安写作《赫颂》的政治目的：借助具有“普适性”的最高神赫利俄斯的神权，在罗马帝国最广大范围内巩固皇权。

由此结论申发开来，朱利安皇帝通过《赫颂》塑造出的“君权神授”，与罗马帝国的广阔疆域和罗马皇帝力保皇权至上的政治诉求相契合。因此，不能不引起我们思考的是，如果朱利安皇帝没有于 363 年 6 月战死波斯，那么罗马帝国统治者会否那么快推行基督教国教化？基督教会否那么快就取代多神教并占据罗马帝国宗教领域的绝对优势地位？借用布雷格曼的话，即：“我考虑的问题是‘如果……会发生什么？’对于历史学家来说，这是一个合理的问题。”①

再者，通过将朱利安置于研究中心位置上所做的考察，结合《赫颂》

① Jay Bregman, “Elements of the Emperor Julian’s Theology,” p. 337 (n. 1).

中的一句“整全的造物者是‘一’，但‘多’是在天空中旋转的创造性的诸神”①，可推测朱利安在“多”与“一”之间更偏向“多”。他力证赫利俄斯统合诸神的特点，令赫利俄斯广泛适应罗马帝国各民族的宗教需求，从而在最广大范围内巩固皇权。作为多神教徒，朱利安的立足点仍然是“多”。这与古典异教的传统相一致，“古典异教通过强调‘多’而不是‘一’来回答‘一与多’的问题”②。

由此反思近些年学界兴起的“异教一神教”研究，即关于3—4世纪异教内部出现的独立于犹太教和基督教之外的“一神论”趋势的研究。学界用以研究此趋势的核心人物是杨布里科斯。或因朱利安大量承袭了杨布里科斯的思想，学界往往以杨布里科斯的思想为基准和主轴，分析《赫颂》中的“一神论”趋势。《杨布里科斯——朱利安的先驱》《杨布里科斯和朱利安的“第三位造物主”：一项命题》均是其中的代表性成果。③ 然而鉴于笔者的考察和结论，多神论始终是多神教徒朱利安思想中相当重要的内容。针对“一神论”趋势的大量研究可能使《赫颂》中的“一”得到广泛关注，而“多”相对被轻视。

互文理论要求研究者既关注两个文本之间可能存在的关系，又关注文本与现实社会的关系。“任何一个表述，无论其意义和自我完成如何，都只是连续的言语交际的（生活的、文学的、认识的、政治的）因素”④。以上是笔者研究《赫颂》与《论奥秘》的相互作用所得出的一些思考，现实

---

① Julian, “Hymn to King Helios,” 140a（p. 381）。原句中“造物者”“创造性的诸神”等说法可能参考了柏拉图的《蒂迈欧篇》：“当全部神都产生后，包括那些可见的和那些用其他方式表现自己的，造物者对他们说了这些话：‘诸位神灵，我是造物者，是万物之父。你们都是我亲手造出来的，享受不朽。这是我的意志……因此，你们要像我造你们那样，按你们的本性来造这些凡物，让这世界像个样子。’”（柏拉图：《蒂迈欧篇》，41a—c〈第28页〉）《赫颂》中类似的句子还有多处，如“尽管在可见世界中他们（诸神）是‘多’，但在他（赫利俄斯）那里他们是‘一’”（Julian, “Hymn to King Helios,” 143c〈p. 391〉）。由此可见，这一时期多神教内部的“多”与“一”问题是一个颇受重视的论题。

② Harold Mattingly, “The Later Paganism,” *The Harvard Theological Review*, vol. 35, no. 3（1942）, p. 172.

③ Rex E. Witt, “Iamblichus as a Forerunner of Julian,” pp. 35—64; Adrien Lecerf, “Iamblichus and Julian's ‘Third Demiurge’: A Proposition,” pp. 1—27.

④ 巴赫金著：《马克思主义与语言哲学》，第439页。

社会则是笔者研究《赫颂》参照的另一个文本。

4世纪中叶，罗马帝国诸神林立、数量繁多。现代历史学家汤因比曾根据宗教崇拜归纳和概括晚期罗马帝国的几大社会群体："哲学（包括占星学）求助于老于世故的中产阶级，因为他们把实用的概念建立在理智命题的基础上。密特拉崇拜和朱庇特·窦利迁努崇拜求助于军队，因为这些神代表了为尚武精神推动的道德进步。伊西斯崇拜、赛比列崇拜以及其他大母神的化身之崇拜则求助于妇女。基督教区求助于民众的理由有三个……"[①] 这段话中的密特拉崇拜、朱庇特崇拜、伊西斯崇拜、基督教崇拜等，在《赫颂》中均被朱利安统合在赫利俄斯的崇拜之内。理智是赫利俄斯在不可见层面上的能量，诸神的理智皆需从赫利俄斯处获取。赫利俄斯与大母神的联系还被朱利安用作其另一部演说辞《大母神颂》的重要内容。

《赫颂》中的内容与罗马帝国社会现实的对应程度颇高，若只用巧合来解释未免牵强。依照本书的论证，朱利安身为罗马帝国皇帝，关注到当时在罗马帝国境内占据优势地位的几种宗教崇拜，将之吸纳进赫利俄斯的形象之内，从而借"赫利俄斯之代理人"的神圣身份，争取为这些宗教崇拜所牵引的社会群体的拥护。此即体现出互文理论中文本与现实社会之间一种互为文本的关系，《赫颂》的产生与现实社会及朱利安对现实的考量和把握密切相关。

但是，"表述的话题是具体的，具体的就像该表述所属的那一历史瞬间。表述只有被放置在完全具体的氛围中，就像一个历史现象，才能拥有话题"[②]。朱利安对罗马帝国社会现实和社会群体的理解与现代史家有一定差异。身为4世纪中叶罗马帝国的皇帝，朱利安的想法更贴近延续了几个世纪的罗马统治者的思维："几个世纪以来，罗马人的虔诚意味着保存（有时是剥夺）被征服民族的传统，以及先祖对罗马诸神的忠诚。对于戴克里先、伽勒里乌斯和马克西米努斯来说，当地居民遵守先祖的传统是帝国稳定的保证。"[③]

---

① 阿诺德·汤因比：《一个历史学家的宗教观》，第83页。

② 巴赫金：《马克思主义与语言哲学》，第444页。

③ Jeremy M. Schott, *Christianity*, *Empire and the Making of Religion in Late Antiquity*, p. 110.

析读文本可知，朱利安将罗马人理解为诸民族的总和，将他所认为的诸民族的神都吸纳进赫利俄斯的形象之内，从而借“赫利俄斯之代理人”的身份争取所有民族、亦即所有罗马人的拥护。相应地，朱利安皇帝在《赫颂》中并没有只列举彼时占优势地位的几种宗教崇拜，他笔下的赫利俄斯不仅统合着密特拉、朱庇特、伊西斯等当时盛行的宗教崇拜。“我（朱利安）说过，赫利俄斯统治着理智诸神，因为他将众理智诸神统一成了一个整体，即是将数量众多的诸神全部统一进他自己那不可分割的实质之中”①。

从这个角度考虑，朱利安笔下的赫利俄斯或具有一定程度的“主随客便”色彩。为了在最广大范围内巩固皇权，朱利安将他所知晓的罗马帝国所有的神都统合进赫利俄斯的形象之内。这代表着他期望各个民族都能在赫利俄斯身上找到本民族的宗教崇拜，从而拥护他这位“赫利俄斯之代理人”的统治。也就是说，朱利安为迎合罗马人的宗教需求才重塑了赫利俄斯的形象，赫利俄斯是他想让罗马人看到的他的信仰。而在塑造赫利俄斯“新”形象的过程中，朱利安未必清晰地表达出自己的真实信仰，甚至他可能未必表达过自己的真实信仰。近臣阿米安努斯不也记载，朱利安全神贯注于多神教的占卜和祭祀之时仍为了掩饰自己而伪装成基督徒，还在主显节当天进入教堂当众向上帝祈祷，只为了“赢得所有人的支持且不受到任何人的反对”② 吗？基督教史家苏克拉底斯不也记载，朱利安通过掩饰自己来吸引其他人的依附吗？③

加之，朱利安崇尚秘仪。朱利安的理论源泉杨布里科斯，在他看来“他（杨布里科斯）并未论述各式各样的神话而仅仅是将最初的神话与秘仪相连，例如所有秘仪的最神圣的创立者奥菲厄斯，他流传给我们的神话”④。朱利安改信多神教的关键诱因也是马克西姆斯向他展示的秘仪。而

---

① Julian，“Hymn to King Helios，” 151a（p. 413）.

② Ammianus Marcellinus，*History*，Vol. Ⅱ，21. 2. 4（p. 99）.

③ Socrates Scholasticus，*The Ecclesiastical History*，3. 1（p. 198）.

④ Julian，“To the Cynic Heracleios，” 217c（p. 105）。朱利安长期热衷于研习秘仪。加德纳曾提及朱利安与秘仪的联系（Alice Gardner，*Julian*，*Philosopher and Emperor*，p. 182）。罗兰·史密斯在其论著中用《秘仪Ⅰ：朱利安作为发起人》《秘仪Ⅱ：颂词中的教义和公共崇拜中的虔敬》两章内容来叙述朱利安对秘仪的热爱和参与（Rowland Smith，*Julian's Gods*：*Religion and Philosophy in the Thought and Action of Julian the Apostate*，pp. 114—168）。

秘仪本就不宜向外人道。[①] 况且，目前我们尚不能排除《赫颂》中有关朱利安真实信仰的表述被信奉基督教的中世纪抄工删除的可能。综合种种因素考量，《赫颂》反映朱利安本人的真实信仰的程度大抵有限。更有甚者，朱利安可能并未在《赫颂》中植入他本人的真实信仰。

如果我们认同《赫颂》显现出一定程度的“主随客便”的色彩，那么就有理由反思从宗教、哲学角度析读《赫颂》的既有学术成果。一众学者依托《赫颂》（尤其赫利俄斯的形象）探究如下问题：朱利安热衷哲学抑或宗教，朱利安具体信仰哪种宗教，朱利安是传统的多神教徒抑或隐藏极深的基督徒，朱利安偏重敬奉哪一位神……以及其他诸如此类的问题时，会否从一开始就投入了过高的期待。试问，《赫颂》中一定存在一个朱利安本人的真实信仰，静静地等着后世来发掘吗？

概览既有学术成果可见，在一个多世纪的时间里，专研密特拉教的学者得出了朱利安信仰密特拉的结论，专门研究太阳神学的学者得出了朱利安承袭太阳崇拜的结论，专研基督教的学者得出了朱利安沿用“三位一体”的结论……但就朱利安的真实信仰至今未有定论且日益多元。“多神教徒”也不过是学界暂时赋予朱利安的一个笼统称谓。当今学界的研究现状可能恰好复现了昔日罗马人阅读《赫颂》的状态：每个人都能根据自己的需求或偏好，在赫利俄斯身上找到自己想要的东西。而这或许本就是朱利安对《赫颂》的期望。他期望罗马帝国每个人都能认可和拥护赫利俄斯王，继而都能认可和拥护他这位“赫利俄斯之代理人”的统治。如此一来，他便有可能实现在罗马帝国最广大范围内巩固皇权的政治目的。从这个角度考虑，现代学者在依托《赫颂》探究朱利安的信仰时，理应秉持更

---

① 同时代史家尤纳皮乌斯表示：“在这个方面我没什么能够记录的，一部分原因可能是埃德修斯本人由于时代的原因而对其保密（因为君士坦丁一世是皇帝，并且关闭了那些最著名的神庙而建造基督教教堂）。但另一部分原因可能是，他（埃德修斯）所有最卓越的门徒都学会了且倾向于对这些秘仪保持适当的沉默。”详见 Eunapius，*Lives of Philosophers and Sophists*，p. 379。朱利安是埃德修斯的门徒，理论上也会对秘仪保持适当的沉默。且朱利安在《赫颂》中常常流露出不便言说或不愿详谈的情绪，例如《赫颂》148a中的一句：“因为在整个存在中，没有任何一件东西不是俄亥阿诺斯神的灵的产物。但是这和极点有什么关系呢？我应该告诉你们吗？事实上，保持沉默是更好的。”（Julian，“Hymn to King Helios，”148a〈p. 405〉）对秘仪保持沉默大概率是朱利安不愿详谈的重要原因。

谨慎且更开放的态度。

以上是通过参照与《赫颂》相互联系且相互作用的两大文本——《论奥秘》和罗马帝国现实社会，对《赫颂》中渗透的朱利安的政治思考所做的总结和阐发。以往学界一般认为朱利安笔下的赫利俄斯是隶属多神教的神，而笔者研究发现，赫利俄斯可能是一位跨越宗教界限和宗教分歧的具有“普适性”的神；以往学界一般视朱利安为运用皇权复兴多神教的多神教徒，而笔者研究发现，朱利安可能是一位试图化解各宗教教徒之间的分歧和隔阂，并广泛运用各宗教（包括基督教）的理论学说巩固皇权的皇帝；以往学界一般将《赫颂》看作是宗教或哲学性质的文本，而笔者研究发现，《赫颂》也可以被视作朱利安当政时期的一份重要政治纲领。在这些新论点的基础之上，我们可以反思一众学者以《赫颂》为依据解读朱利安的真实信仰的做法，这种做法可能从一开始就期待过高且过于刻意。我们还可反思学界近些年偏重探究 3—4 世纪罗马帝国多神教内部兴起的“一神论”趋势，而相对轻视其“多神”属性的现象。多神教内部的“一神论”趋势与兼容多神的理念是此消彼长的关系吗？笔者研究朱利安的《赫颂》发现，二者也有和谐共存的可能。

笔者所得结论和所作反思或有偏颇之处。但笔者的研究于弥补学界研究朱利安的薄弱环节——朱利安于《赫颂》中渗透的政治思考，以及丰富学界对朱利安和《赫颂》的整体认知仍然是有用的。依笔者之见，多神教徒和基督徒、多神教和基督教甚至宗教和哲学，在一定意义上都是今人为研究方便而对历史事物所作的笼统划分。这些划分理应是今人研究历史的工具而非尺度。研究者不宜为这些划分所束缚，正视历史事件和历史人物的多元性和复杂性方为上策。

此外，笔者的研究或多或少地体现了互文理论，尤其互文理论的分析方式对于研究《赫颂》的价值。该理论及其分析方式既是本书在文本分析中选择与《论奥秘》相对照的理由，又是本书在文本分析中考虑《赫颂》与朱利安所处之现实及其政治目的之需求所形成的互文关系的理论依据。历史文本是运用互文理论及其具体方法的优良阵地。晚期罗马帝国时期朱利安所在的异教精英阶层、杨布里科斯思想的研习者、新柏拉图主义的追随者等各个群体，在基督教及基督教哲学的冲击下“抱团取暖”，乃至形成一定规模的“文化圈”的现象，为研究者运用互文理论及其分析方式提供了优渥的土壤。

晚期罗马帝国遗留的历史文献，多因立足于 3－4 世纪多元的社会文化背景而内涵丰富、较难析读。互文理论及其分析方式，于研究者应对这一时期历史事件和历史人物的多元性和复杂性或有帮助。文本关系着真理、真、善、美、历史的东西，“但只能在情境中和文本链条中（即在该领域的言语交际中）才能揭示出来”[①]。我们期待着更多有志于此的中外学人。

① 巴赫金：《文本问题》，第 298 页。

附录一：朱利安家族谱系图①

- 君士坦提乌斯一世
  - 君士坦丁一世
    - 克里斯普斯
    - 君士坦丁二世
    - 君士坦提乌斯二世
    - 君士坦斯
  - 君士坦提乌斯
    - 加卢斯
    - 朱利安
  - 达尔马提乌斯
    - 达尔马提乌斯
    - 安纳拔利安努斯

① 仅显示男性家族成员。

附录二：朱利安大事记

时　间	事　件
331/332 年	朱利安出生
337 年	朱利安父母被杀
337—351 年	朱利安被流放（辗转尼科美底亚、君士坦丁堡、马瑟兰、帕伽马等地）
351 年	朱利安兄长加卢斯被确立为凯撒
354 年	朱利安兄长加卢斯被赐死
355 年夏	朱利安到雅典求学
355 年 11 月 6 日	朱利安被任命为凯撒
355—361 年	朱利安在高卢平定蛮族
359 年	近臣萨鲁斯特被君士坦提乌斯二世调离，朱利安写作《致萨鲁斯特的慰藉》
360 年春	朱利安被士兵拥立为帝
361 年上旬和中旬	朱利安向雅典、科林斯等城市发布公开信，宣布称帝的原因

续表

时　间	事　件
361 年 11 月 3 日	君士坦提乌斯二世去世，朱利安成为罗马帝国唯一的皇帝
361 年 12 月 11 日	朱利安入主罗马帝国新都君士坦丁堡
361 年 12 月初	朱利安重申宗教信仰自由政策
362 年 1 月 19 日	朱利安宣布在全国范围内恢复多神崇拜
362 年 3 月	朱利安写作《大母神颂》和《致犬儒赫拉克勒奥斯》
362 年 6 月	朱利安率军东征萨珊波斯
362 年 6 月 17 日	朱利安颁布教育法令禁止基督徒执教
362 年 7 月—363 年 3 月 5 日	朱利安率军驻扎安条克
362 年 10 月 22 日	朱利安下令重建的阿波罗神庙被大火焚毁
362 年 12 月	朱利安写作《赫利俄斯王颂》和《凯撒篇》
363 年 1 月	朱利安写作《厌胡者》
363 年初	朱利安下令重建耶路撒冷圣殿
363 年 6 月 26 日	朱利安在波斯战场上受伤去世

附录三：朱利安相关实物史料

图一：朱利安统治期间发行的钱币①

图二：钱币和玉雕中蓄长须的朱利安形象②

① 图一出自 Shaun Tougher，“Julian's Bull Coinage”，*Julian the Apostate*，p. 175。

② 图二中的金币图案出自 Andrew Selkirk，*Barbarism and Civilization：The Origins of Western Civilization*，http：// www. civilization. org. uk/decline-and-fall/julian-and-thatcher/julian-the-apostate，2016. 2. 3。图二中的玉雕高 9. 2cm，现存于俄罗斯国立艾尔米塔什博物馆。图片选自 Oleg Neverov and A. Durandin，eds.，*Antique Cameos in the Hermitage Collection*，Leningrad：Aurora Art Publishers，1971，p. 95。

参考文献

一、原始文献

Ammianus Marcellinus，*History*，Vol. Ⅰ—Ⅲ，trans. by John C. Rolfe，Cambridge and Mass.：Harvard University Press and London：W. Heinemann，1940—1952.

Cyril of the Alexandria，"Against Julian，" in Norman Russell，trans. and ed.，*Cyril of the Alexandria*，London and New York：Routledge，2000.

Eunapius，*Lives of Philosophers and Sophists*，trans. and ed. by Wilmer Cave Wright，London and Cambridge：Harvard University Press，1921.

Eusebius，*The Church History*，trans. by Paul L. Maier，Grand Rapids，Michigan：Kregel Publications，1999.

——，*Life of Constantine*，trans. by Averil Cameron and Stuart G. Hall，Oxford：Oxford University Press，1999.

Eutropius，*The Breviarium ab Urbe Condita of Eutropius*，trans. by H. D. Bird，Liverpool：Liverpool University Press，2011.

Evagrius Scholasticus，*The Ecclesiastical History of Evagrius Scho-*

lasticus, trans. by Michael Whitby, Liverpool: Liverpool University Press, 2000.

Herodotus, *The Landmark Herodotus*: *The Histories*, trans. by Andrea L. Purvis, ed. Robert B. Strassler, New York: Anchor Books Inc., 2007.

Iamblichus, *Iamblichus*: *On the Pythagorean Life*, trans. by E. Gillian Clark, Liverpool: Liverpool University Press, 1989.

——, *On the Mysteries and Life of Pythagoras*, trans. by Thomas Taylor, Chippenham: The Prometheus Trust, 1999.

——, *De Mysteriis*, trans. by Emma C. Clarke, John Dillon and Jackson P. Hershbell, Atlanta: Society of Biblical Literature, 2003.

John Malalas, *The Chronicle of John Malalas*, trans. by Elizabeth Jeffreys, Michael Jeffreys and Roger Scott, Melbourne: Australian Association for Byzantine Studies Department of Modern Greek, 1986.

Julian and Libanius, Select *Works of the Emperor Julian*, *and Some Pieces of the Sophist Libanius Translated from the Greek*, trans. and ed. by John Duncombe, London: Printed by J. Nichols for T. Cadell, 1784.

Julian, Gregory Nazianzen and Libanius, *Julian the Emperor Containing Gregory Nazianzen's Two Invectives and Libanius' Monody with Julian's Extant Theosophical Works*, trans. and ed. by C. W. King, London: George Bell and Sons, 1888.

——, *Two Orations of the Emperor Julian*: *One to the Sovereign Sun*, *and the Other to the Mother of the Gods*, trans. by Thomas Taylor, London: Printed for Edward Jeffrey, 1793.

——, *The Works of the Emperor Julian*, Vol. Ⅰ—Ⅲ, trans. by Wilmer Cave Wright, Cambridge Massachusetts and London: Harvard University Press, 1913—1923.

——, *L'Empereur Julien* (*Euvres Complètes*): *Texte établi et traduit par Joseph Bidez*, Paris: Belles lettres, 2003.

Koch, Wilhelm, ed., *Kaiser Julian*, *der Abtrünnige*: *Seine Jugend und Kriegsthaten bis zum Tode des Kaisers Constantius* (*331 — 361*),

Leipzig：Verlag von B. G. Teubner，1899.

Lactantius，*The Minor Works*，trans. by O. P. Sister and Mary Francis Mcdonald，Washington，D. C.：The Catholic University of America Press，1965.

——，*The Divine Institutes*（*Books* Ⅰ—Ⅶ），trans. by O. P. Sister Mary Francis Mcdonald，Washington，D. C.：The Catholic University of America Press，2008.

Libanius，*Selected Works*，trans. and ed. by Albert Francis Norman，Cambridge：Harvard University Press，1969.

——，"The Antiochikos，" in Albert Francis Norman，trans.，*Antioch as a Centre of Hellenic Culture as Observed by Libanius*，Liverpool：Liverpool University Press，2000.

None，*Chronicon Paschale*：*284—628 AD*，trans. by Michael Whitby and Mary Whitby，Liverpool：Liverpool University Press，1989，p. 39.

Olympiodorus，*Commentary on Plato's Gorgias*，trans. by Robin Jackson，Kimon Lycos，and Harold Tarrant，Leiden：Brill，1998.

Porphyry of Tyre，*The Cave of the Nymphs in the Odyssey*：*A Revised Text and Translation*，Buffalo：SUNY Department of Classics，1969.

——，*Plotinus*，trans. and ed. by A. H. Armstrong，Cambridge，MA：Harvard University Press，1978—1988.

Proclus，*Platonic Theology*，Vol. Ⅲ，trans. and eds. by Henri Dominique Saffrey and Leendert G. Westerink，Paris：Les Belles Lettres，1987.

Russell，D. A. and Wilson，N. G.，*Menander Rhetor*，Oxford and New York and Clarendon：Oxford UP，1981.

Sallustius，*Concerning the Gods and the Universe*，trans. and eds. by Arthur Darby Nock，Cambridge：Cambridge University Press，1926.

Saint Augustine，*The City of God*：*Books* Ⅰ—Ⅶ，trans. by Demetrius B. Zema，et al.，Washington，D. C.：The Catholic University of America Press，2008.

——, *The City of God: Books* Ⅷ—ⅩⅥ, trans. by Gerald G. Walsh and Grace Monahan, Washington, D. C.: The Catholic University of America Press, 2008.

Socrates Scholasticus, *The Ecclesiastical History*, trans. and revised with notes by The Rev. A. C. Zenos, in Philip Schaff and Henry Wace, eds., *A Select Library of Nicene and Post-Nicene Fathers of the Christian Church* (*Second Series*), Vol. Ⅱ, Grand Rapids, Mich.: William B. Eerdmans Publishing Co., 1974.

Sozomen, *The Ecclesiastical History*, trans. and revised by Chester D. Hartranft, in Philip Schaff and Henry Wace, eds., *A Select Library of Nicene and Post-Nicene Fathers of the Christian Church* (*Second Series*), Vol. Ⅱ, Grand Rapids, Mich.: William B. Eerdmans Publishing Co., 1974.

St. John Chrysostom, *The Cult of the Saints*, trans. by Wendy Mayer, Bronwen Neil, New York: St. Vladimir's Seminary Press, 2006.

Theophanes Confessor, *The Chronicle of Theophanes Confessor: Byzantine and near Eastern History AD 284—813*, trans. by Cyril Mango, Roger Scott and Geoffrey Greatrex, Oxford: Clarendon Press, 1997.

Zosimus, *New History*, trans. by Ronald T. Ridley, Canberra: Australian Association for Byzantine Studies, University of Sydney, 1982.

柏拉图著，谢文郁译：《蒂迈欧篇》，上海：上海人民出版社 2005 年版。

柏拉图著，郭斌和、张竹明译：《理想国》，北京：商务印书馆 1986 年版。

赫西俄德著，张竹明、蒋平译：《神谱》，北京：商务印书馆 2018 年版。

荷马著，王焕生译：《荷马史诗·奥德赛》，北京：人民文学出版社 2003 年版。

荷马著，罗念生、王焕生译：《荷马史诗·伊利亚特》，北京：人民文学出版社 2003 年版。

普罗提诺著，石敏敏译：《九章集》，北京：中国社会科学出版社 2009 年版。

希罗多德著，王以铸译：《历史》，北京：商务印书馆 1997 年版。

亚里士多德著，徐开来译：《论宇宙》，苗力田主编，《亚里士多德全集》，第 2 卷，北京：中国人民大学出版社 1991 年版。

优西比乌斯著，林中泽译：《君士坦丁传》，北京：商务印书馆 2015 年版。

尤特罗庇乌斯著，谢品巍译：《罗马国史大纲》，上海：上海人民出版社 2011 年版。

二、英文论著

Addey，Crystal，*Divination and Theurgy in Neoplatonism：Oracles of the Gods*，London and New York：Routledge，2014.

Afonasin，Eugene，Dillon，John and Finamore，John F.，eds.，*Iamblichus and the Foundations of Late Platonism*，Leiden and Boston：Brill，2012.

A. Lippold，“Constantius Caesar，Sieger über die Germanen：Nachfahre des Claudius Gothicus? Der Panegyricus von 297 und die Vita Claudii der HA，” *Chiron*，vol. 11 (1981)，pp. 360—369.

Allen，Michael J. B.，“Ficino’s Lecture on the Good?” *Renaissance Quarterly*，vol. 30，no. 2 (1972)，pp. 160—171.

Alföldy，Géza，“The Crisis of the Third Century as Seen by Contemporaries，” *Greek，Roman，and Byzantine Studies*，vol. 15，no. 1 (2003)，pp. 89—111.

Altheim，Franz，*A History of Roman Religion*，trans. by Harold Mattingly，London：Methuen & Co. Ltd.，1938.

Andreas，Alföldi，et al.，*The Conversion of Constantine the Great and Pagan Rome*，New York：The Clarendon Press，1948.

Argov，Eran I.，“A Church Historian in Search of an Identity：Aspects of Early Byzantine Palestine in Sozomen’s Historia Ecclesiastica，”

Zeitschrift fur Antikes Christentum, vol. 9 (2005), pp. 367—396.

Armstrong, A. H., *An Introduction to Ancient Philosophy*, Westminster, Maryland: The Newman Press, 1959.

Armstrong, James Isbell, "Julian the Apostate: A Treatise on the Conflict of Neoplatonism with Christianity," PhD. diss, Princeton University, 1941.

Artemi, Eirini, "Cyril of Alexandria and Julian the Emperor in Dialogue for the Ancient Greek Philosophy and Paganism," *Diakrisis Yearbook of Theology and Philosophy*, vol. 3 (2020), pp. 101—114.

Athanassiadi, Polymnia, and Frede, Michael, eds., *Pagan Monotheism in Late Antiquity*, Oxford: Oxford University Press, 1999.

Athanassiadi, Polymnia, *Julian: An Intellectual Biography*, New York: Routledge, 1992.

——, "A Contribution to Mithraic Theology: The Emperor Julian's Hymn to King Helios," *The Journal of Theological Studies*, vol. 28, no. 2 (1977), pp. 360—371.

——, "Dreams, Theurgy and Freelance Divination: The Testimony of Iamblichus," *The Journal of Roman Studies*, vol. 83 (1993), pp. 115—130.

Azize, Joseph, *The Phoenician Solar Theology: An Investigation into the Phoenician Opinion of the Sun Found in Julian's Hymn to King Helios*, New Jersey: Gorgias Press, 2005.

Baker-Brian, Nicholas and Tougher, Shaun, eds., *The Sons of Constantine, AD 337 — 361: In the Shadows of Constantine and Julian*, Cham, Switzerland: Palgrave Macmillan, 2020.

Baker-Brian, Nicholas and Tougher, Shaun, eds., *Emperor and Author: The Writings of Julian the Apostate*, Swansea: The Classical Press of Wales and Duckworth, 2012.

Bakker, Egbert J., et al., eds., *Brill's Companion to Herodotus*, Leiden: Brill, 2002.

Barnes, T. D., *Constantine and Eusebius*, Massachusetts: Harvard

University Press, 1984.

——, *Ammianus Marcellinus and the Representation of Historical Reality*, Ithaca, New York: Cornell University Press, 1998.

——, *Constantine Dynasty, Religion and Power in the Later Roman Empire*, Blackwell Publishing Ltd, 2014.

——, "A Law of Julian," *Classical Philology*, vol. 60 (1974), pp. 288—291.

——, "Constantine and the Christians of Persia," *JRS*, vol. 75 (1985), pp. 126—136.

Baynes, N. H., "The Early Life of Julian the Apostate," Journal of Hellenic Studies, vol. 45 (1925), pp. 251—354.

——, "The Death of Julian the Apostate in a Christian Legend," *The Journal of Roman Studies*, vol. 27, part. 1 (1937), pp. 22—29.

Beatrice, Pier Franco, "The Word 'Homoousios' from Hellenism to Christianity," *Church History: Studies in Christianity and Culture*, vol. 71, no. 2 (2002), pp. 243—272.

Blockley, R. C., "Constantius Gallus and Julian as Caesars of Constantius Ⅱ," *The American Journal of Philology*, vol. 93, no. 3 (1972), pp. 433—468.

Blumenthal, H. J. and Clarke, Emma C., eds., *The Divine Iamblichus Philosopher and Man of Gods*, London: Duckworth, 1993.

Bonnet, Hans, *Lexikon der ägyptischen Religionsgeschichte*, Hamburg: Nikol Verlagsgesellschaft, 2000.

Borchert, Donald M., eds., *Encyclopedia of Philosophy*, Michigan: Thomson Gale, 2006.

Bowersock, G. W., *Hellenism in Late Antiquity*, Ann Arbor: The University of Michigan Press, 1990.

——, "The Emperor Julian on His Predecessors," *Yale Classical Studies*, vol. 27 (1982), pp. 159—172.

Bradbury, Scott, "Julian's Pagan Revival and the Decline of Blood Sacrifice," *Phoenix*, vol. 49 (1995), pp. 331—356.

Bremmer, Jan N., *Greek Religion and Culture, the Bible and the Ancient near East*, Leiden and Boston: Brill, 2008.

Bregman, Jay, "Elements of the Emperor Julian's Theology," in John J. Cleary, ed., *Traditions of Platonism: Essays in Honour of John Dillon*, Aldershot, etc.: Ashgate, 1999, pp. 337—350.

Brown, Peter, *The World of Late Antiquity: AD 150—750*, New York: Norton, 1989.

Browning, Robert, *The Emperor Julian*, Berkeley: University of California Press, 1976.

Burckhardt, Jacob, *The Age of Constantine the Great*, trans. by Moses Hadas, London: Routledge & Kegan Paul PLC, 1949.

Burgess, R. W., "The Summer of Blood: The 'Great Massacre' of 337 and the Promotion of the Sons of Constantine," *Dumbarton Oaks Papers*, vol. 62 (2008), pp. 5—51.

Burkert, Walter, *Greek Religion: Archaic and Classical*, trans. by J. Raffan, Oxford: Basil Blackwell, 1985.

Burnet, John, *Plato's Euthyphro, Apology of Socrates and Crito*, Oxford: Oxford University Press, 1924.

Callanan, Christopher K., "A Rediscovered Text of Porphyry on Mystic Formulae," *The Classical Quarterly*, vol. 45, no. 1 (1995), pp. 215—230.

Cameron, Alan, *The Last Pagans of Rome*, New York: Oxford University Press, 2011.

——, "Julian and Hellenism," *Ancient World*, vol. 24 (1993), pp. 25—29.

Cameron, Averil, *The Later Roman Empire*, AD 284—430, Cambridge: Harvard University Press, 1993.

Cameron, Averil and Garnsey, Peter, eds., *The Cambridge Ancient History*, Vol. XIII, Cambridge: Cambridge University Press, 1998.

Campbell, Joseph, ed., Leisegang, Hans, *The Mysteries: Papers from the Eranos Yearbooks*, Vol. II, Princeton: Princeton University Press, 1955.

Catana, E. Leo, "The Origin of the Division between Middle Platonism and Neoplatonism," *Apeiron*, vol. 46, no. 2 (2013), pp. 166—200.

Casiday, Augustine and Norris, Frederick W., eds., *The Cambridge History of Christianity*, Vol. Ⅱ, Cambridge: Cambridge University Press, 2007.

Chew, Kathryn, "Divine Epistemology: The Relationship between Speech and Writing in the Aithiopika," inVictoria Rimell, ed., *Seeing Tongues*, *Hearing Scripts*, Groningen: Barkhuis , 2007.

Chisholm, Hugh, ed., *Encyclopedia Britannica*, Cambridge: Cambridge University Press, 1910.

Clark, D. C., "Iamblichus' Egyptian Neoplatonic Theology in *De Mysteriis*," *The International Journal of the Platonic Tradition*, vol. 2, no. 2 (2008), pp. 164—205.

——, "The Gods as Henads in Iamblichus," *The International Journal of the Platonic Tradition*, vol. 4, no. 1 (2010), pp. 54—74.

Clark, E. Gillian, "Constructing Identities in Late Antiquity," in R. Miles, ed., *Translate into Greek*: *Porphyry of Tyre on the New Barbarians*, London: Routledge, 1999, pp. 112—132.

Clarke, Emma C., *Iamblichus De Mysteriis*: *A Manifesto of the Miraculous*, Aldershot: Ashgate, 2001.

——, "Communication, Human and Divine: Saloustious Reconsidered," *Phronesis*, vol. 43 (1998), pp. 347—350.

Copenhaver, Brian P., *Hermetica*: *The Greek Corpus Hermeticum and the Latin Asclepius in a New English Translation with Notes and Introduction*, Cambridge: Cambridge University Press, 1992.

Cochrane, Charles N., *Christianity and Classical Culture*: *A Study of Thought and Action from Augustus to Augustine*, New York: Oxford University Press, 1957.

Cooper, Kate and Hillner, Julia, eds., *Religion*, *Dynasty*, *and Patronage in Early Christian Rome*, *300—900*, New York: Cambridge University Press, 2007.

Corrigan, Kevin, *Reading Plotinus: A Practical Introduction to Neoplatonism West Lafayette*, Indiana: Purdue University Press, 2015.

Cremer, Friedrich W., *Die chaldäischen Orakel und Jamblich De Mysteriis*, Meisenheim am Glan: Anton Hain, 1969.

Cribioer, Raffaella, *Libanius the Sophist: Rhetoric, Reality, and Religion in the Fourth Century*, New York: Cornell University Press, 2013.

Crome, Keith, *Lyotard and Greek Thought: Sophistry*, New York: Palgrave Macmillan, 2004.

Curta, F., "Atticism, Homer, Neoplatonism, and Fürstenspiegel: Julian's Second Panegyric on Constantius," *Greek, Roman, and Byzantine Studies*, vol. 36 (1995), pp. 177—211.

Daicoviciu, Constantin, *The Ancient Civilization of Romania*, London: Barrie and Jenkins, 1971.

Dam, Raymond Van, "Emperors and Ancestors: Roman Rulers and the Constraints of Tradition," *The Classical World*, vol. 109, no. 4 (2016), pp. 562—564.

DesRosiers, Nathaniel P. and Vuong, Lily C., eds., *Religious Competition in the Greco-Roman World*, Atlanta: Society of Biblical Literature Press, 2016.

Dewald, Carolyn and Marincola, John, eds., *The Cambridge Companion to Herodotus*, Cambridge: Cambridge University Press, 2006.

Digeser, Elizabeth DePalma, *A Threat to Public Piety: Christians, Platonists, and the Great Persecution*, Ithaca, New York: Cornell UP, 2012.

——, "Hellenes, Barbarians, and Christians: Religion and Identity Politics in Diocletian's Rome," in Ralph Whitney Mathisen and Danuta Shanzer, eds., *Romans, Barbarians, and the Transformation of the Roman World: Cultural Interaction and the Creation of Identity in Late Antiquity*, Aldershot: Ashgate, 2011, pp. 121—131.

——, "An Oracle of Apollo at Daphne and the Great Persecution," *Classical Philology*, vol. 99, no. 1 (2004), pp. 57—77.

Dihle, Albrecht, *Greek and Latin Literature of Roman Empire: From Augustus to Justinian*, New York: Routledge, 1994.

Dillon, John and Gerson, Lloyd P., eds., *Neoplatonic Philosophy: Introductory Readings*, Indianapolis: Hackett Publishing Co., 2004.

Dillon, John, "What Price the Father of the Noetic Triad? Some Thoughts on Porphyry's Doctrine of the First Principle," in George Karamanolis and Anne Sheppard, eds., *Studies on Porphyry*, London: Institute of Classical Studies, 2007, pp. 51—59.

——, *Iamblichi Chalcidensis: In Platonis Dialogos Commentarioeum Fragmenta*, Leiden: Brill, 1973.

——, *Proclus: Commentary on Plato's Parmenides*, Princeton, NJ: Princeton University Press, 1987.

——, "Iamblichus and the Origin of the Doctrine of Henads," *Phronesis*, vol. 17, no. 2 (1972), pp. 102—106.

——, "The Descent of the Soul in Middle Platonic and Gnostic Theory," in Bentley Layton, ed., *Studies in the History of Religions*, Vol. XLI, Leiden: Brill, 1980, pp. 357—364.

——, "Iamblichus of Chalcis (ca. AD 240—325)," *Aufstieg und Niedergang der rçmischen Welt II*, vol. 36, no. 2 (1987), pp. 880—885.

——, "The Theology of Julian's Hymn to King Helios," *Ítaca: Quaderns Catalans de Cultura Clàssica*, Núm. 14—15 (1999), pp. 103—115.

——, "Iamblichus' Defence of Theurgy: Some Reflections," *The International Journal of the Platonic Tradition*, vol. 1, no. 1 (2007), pp. 30—41.

Dodds, E. R., "The Parmenides of Plato and the Origin of the Neoplatonic 'One'," *The Classical Quarterly*, vol. 22 (1928), pp. 136—142.

Downey, Glanville, "The Economic Crisis at Antioch under Julian the Apostate," in P. R. Coleman-Norton, ed., *Studies in Roman Economic and Social History in Honor of Alan Chester Johnson*, Princeton, NJ: Princeton University Press, 1951, pp. 312—321.

——, "Julian the Apostate at Antioch," *Church History*, vol. 8, no. 4 (1939), pp. 303—315.

——, "Philanthropia and Statecraft in the Fourth Century after Christ," *Historia*, vol. 4 (1955), pp. 199—208.

Drijvers, Jan Willem, "Ammianus Marcellinus 23. 1. 2—3: The Rebuilding of the Temple in Jerusalem," in J. den Boeft, et al., eds., *Cognitio Gestorum: The Historiographic Art of Ammianus Marcellinus*, Amsterdam, Oxford, New York and Tokyo: Royal Netherlands Academy of Arts and Sciences, 1992, pp. 19—26.

Drijvers, Jan Willem and Hunt, David, *The Late Roman World and Its Historian: Interpreting Ammianus Marcellinus*, London and New York: Routledge, 1999.

Durant, Will, *The Story of Civilization: The Age of Faith*, Vol. Ⅳ, New York: Simon and Schuster, 1950.

Elm, Susanna, *Sons of Hellenism, Fathers of the Church: Emperor Julian, Gregory of Nazianzus, and the Vision of Rome*, Berkeley and Los Angeles: University of California Press, 2012.

Evangeliou, C. C., "Plotinus' Defense of the Platonic Cosmos and its Demiurge," P*hronimon*, vol. 1, no. 1 (1999), pp. 37—49.

Farnell, Lewis Richard, *The Cults of the Greek States*, England: Clarendon, 1909.

Fauth, Wilhelm, *Helios Megistos: Zur Synkretistischen Theologie der Spätantike*, Leiden: Brill, 1995.

Feeney, Denis, *Literature and Religion at Rome: Cultures and Beliefs*, Cambridge: Cambridge University Press, 1998.

Ferguson, J., *The Religion of the Roman Empire*, London: Thames and Hudson , 1970.

Finamore, John F. and Dillon, John, eds. and trans., *Iamblichus De Anima*, Leiden; Boston, MA: Brill, 2002.

Finamore, John F., *Iamblichus and the Theory of the Vehicle the of the Soul*, Chico, California: Scholars Press, 1985.

——, *Gnosticism and Later Neoplatonism Themes, Figures, and Texts*, Atlanta: Society of Biblical Literature, 2001.

Fowden, Garth, *Empire to Commonwealth: Consequences of Monotheism in Late Antiquity*, Princeton, NJ: Princeton University Press, 1993.

——, "*Pagan Philosophers and Sophists in Late Antique Society with Special Reference to Iamblichus and His Followers*," PhD. diss, University of Oxford, 1979.

Frakes Robert M., et al., eds., *The Rhetoric of Power in Late Antiquity: Religion and Politics in Byzantium, Europe and the Early Islamic World*, London: Tauris, 2010.

Fraser, Kyle, "The Contested Boundaries of 'Magic' and 'Religion' in Late Pagan Monotheism," *Magic, Ritual, and Witchcraft*, vol. 4, no. 2 (2009), 131—151.

Furley, William D., "Praise and Persuasion in Greek Hymns," *Journal of Hellenic Studies*, vol. 215 (1995), pp. 29—46.

Fulkerson, Laurel, "Julian the (In) consistent: A Late Imperial Portrait," *Syllecta Classica*, vol. 25, no. 1 (2014), pp. 79—111.

Gardner, Alice, *Julian: Philosopher and Emperor and the Last Struggle of Paganism against Christianity*, New York and London: G. P. Putnam's Sons, 1895.

Gardner, Alice, "Some Recently Published Letters of the Emperor Julian," *The English Historical Review*, vol. 2, no. 7 (1887), pp. 518—520.

Gadamer, Hans-Georg, "Plato's Parmenides and its Influence," *Dionysius*, vol. 8 (1983), pp. 3—16.

Gardner, Alice, *Julian, Philosopher and Emperor*, New York: G. P. Putnam's sons, 1906.

Gavin, Kelly, *Ammianus Marcellinus: The Allusive Historian* (*Cambridge Classical Studies*), Cambridge: Cambridge University

Press, 2008.

Geffcken, Johannes, *Religions*, in Wissenschaftliche Bibliothek, Vol. Ⅵ, Heidelberg: C. Winter, 1920.

Gersh, Stephen, "The First Principles of Latin Neoplatonism: Augustine, Macrobius, Boethius," *Vivarium*, vol. 50, no. 2 (2012), pp. 113—138.

Gibbon, Edward, *The Decline and Fall of the Roman Empire*, London: Wordsworth Classics, 1998.

Grindle, Gilbert E. A., *The Destruction of Paganism in the Roman Empire: From Constantine to Justinian*, Memphis, Tennessee: General Books LLC, 2010.

Gilliard, F. D., "The Birth Date of Julian the Apostate," *California Studies in Classical Antiquity*, vol. 4 (1971), pp. 147—151.

Gilliard, F. D., "Notes on the Coinage of Julian the Apostate," *Journal of Roman Studies*, vol. 54 (1964), pp. 135—141.

Glare, P. G. W., et al., *The Oxford Latin Dictionary*, Oxford and London: Oxford University Press, 1968—1982.

Gersh, S. and Kannengiesser, C., eds., *Christianity and Judaism in Antiquity*, Notre Dame: University of Notre Dame Press, 1992.

Goffart, W., "Did Julian Combat Venal Suffragium? A Note on CTh 2, 29, 1," *Classical Philology*, vol. 65 (1970), pp. 145—151.

Gordon, R. L., "Franz Cumont and the Doctrines of Mithraism," in John R. Hinnells, ed., *Mitheaic Studies*, Manchester: Manchester University Press, 1975, pp. 215—248.

Gradel, Ittai, *Emperor Worship and Roman Religion*, Oxford University Press, 2004.

Graham, Mark W., *News and Frontier Consciousness in the Late Roman Empire*, Michigan: University of Michigan Press, 2006.

Grant, Michael, *From Rome To Byzantium*, New York: Routledge, 1998.

Greenwood, David Neal, "A Cautionary Note on Julian's Pagan Trinity,"

Ancient Philosophy, vol. 33 (2013), pp. 391—402.

——, "Five Latin Inscriptions from Julian's Pagan Restoration," *Bulletin of the Institute of Classical Studies*, vol. 57, no. 2 (2014), pp. 101—119.

——, "Crafting Divine Personae in Julian's Oration 7," *Classical Philology*, vol. 109, no. 2 (2014), pp. 140—149.

——, "The Alethes Logos of Celsus and the Historicity of Christ," *Anglican Theological Review*, vol. 96, no. 4 (2014), pp. 705—713.

——, "Christianizing Translations in the Loeb Editions of Julian and Libanius," *Translation and Literature*, vol. 25, no. 2 (2016), pp. 222—227.

——, " Constantinian Influence upon Julian's Pagan Church," *The Journal of Ecclesiastical History*, vol. 68, no. 1 (2017), pp. 1—21.

——, "Plato's Pilot in the Political Strategy of Julian and Libanius," *Classical Quarterly*, vol. 67, no. 2 (2017), pp. 607—616.

——, "Homer and the Wrath of Julian," *Classical Quarterly*, vol. 69, no. 2 (2019), pp. 887—895.

Hardy, B. Carmon, "The Emperor Julian and His School Law," *Church History*, vol. 37, no. 2 (1968), pp. 131—143.

Hathaway, R., "The Neoplatonist Interpretation of Plato: Remarks on its Decisive Characteristics," *Journal of the History of Philosophy*, vol. 7 (1969a), pp. 19—26.

Harries, Jill, *Imperial Rome AD 284 to 363: The New Empire*, Edinburgh: Edinburgh University Press, 2011.

——, "Superfluous Verbiage? Rhetoric and Law in the Age of Constantine and Julian," *Journal of Early Christian Studies*, vol. 19, no. 3 (2011), pp. 345—374.

Hart, George, *The Routledge Dictionary of Egyptian Gods and Goddesses*, London and New York: Routledge, 2005.

Hilton, J. L., "The Sphragis of Heliodoros, Genealogy in the Aithiopika, and Julian's Hymn to King Helios," *Ágora: Estudos Clássicos em*

Debate, Núm. 14 (2012), pp. 195—220.

Hinnells, John R., ed., *Studies in Mithraism*, Rome: L' Erma di Bretschneider, 1994.

Hoof, Lieve Van, "Greek Rhetoric and the Later Roman Empire. The Bubble of the 'Third Sophistic'," *Antiquité Tardive*, vol. 18 (2010), pp. 211—224.

Hoof, Lieve Van and Nuffelena, Peter Van, "Monarchy and Mass Communication: Antioch a. d. 362/3 Revisited," *Journal of Roman Studies*, vol. 101, no. 4 (2011), pp. 166—184.

Humphries, Mark, "From Usurper to Emperor: The Politics of Legitimation in the Age of Constantine I," *Journal of Late Antiquity*, vol. 1, no. 1 (2008), pp. 82—100.

Hyde, Walter Woodburn, "The Emperor Julian," *The Classical Weekly*, vol. 37, no. 3 (1943), pp. 26—27.

Ibsen, Henrik, *Emperor and Galilean: A World-historic Drama*, New York: Scribner and Welford, 1890.

Innes, C. Doreen, Hines, Harry and Pelling, Christopher, eds., *Ethics and Rhetoric: Classical Essays for Donald Russell on His Seventy-Fifth Birthday*, Oxford: The Clarendon Press, 1995.

Irons, William J., "The Transition from Heathen to Christian Civilization, from the Time of the Antonines to the Fall of the Western Empire," *Transactions of the Royal Historical Society*, vol. 7 (1878), pp. 163—175.

Ježek, Václav, "Mithraism and Julian's Hymns to King Helios and to the Mother of Gods," *Philotheos*, vol. 3 (2003), pp. 140—149.

Jones, Arnold Hugh Martin, *The Later Roman Empire, 284—602: A Social, Economic and Administrative Survey*, Oxford: Blackwell, 1964.

Jones, Arnold Hugh Martin and Martindale, J. R. et al., *The Prosopography of the Later Roman Empire*, Vol. I, New York: Cambridge University Press, 1971.

Jones, Christopher P., *Between Pagan and Christian*, Cambridge,

Massachusetts and London: England Harvard University press, 2014.

Kaegi, Walter Emil, *Byzantium and the Decline of Rome*, Princeton: Princeton University Press, 1968.

——, "Research on Julian the Apostate 1945—1964," *The Classical World*, vol. 58, no. 8 (1965), pp. 229—230.

Kahlos, Maijastina, "Pagan-Christian Debates over the Interpretation of Texts in Late Antiquity," *Classical World*, vol. 105, no. 4 (2012), pp. 525—545.

Kaldellis, Anthony, *Hellenism in Byzantium*: *The Transformations of Greek Identity and the Reception of the Classical Tradition*, New York: Cambridge University Press, 2008.

——, "Julian, the Hierophant of Eleusis, and the Abolition of Constantius' Tyranny," *The Classical Quarterly* (*New Series*), vol. 55, no. 2 (2005), pp. 652—655.

Kelly, Gavin, "Constantius Ⅱ, Julian, and the Example of Marcus Aurelius (Ammianus Marcellinus XXI, 16, 11 — 12)," *Latomus Revue Détudes Latines*, vol. 64, no. 2 (2005), pp. 409—416.

Kent, J. P. C., "An Introduction to the Coinage of Julian the Apostate (A. D. 360—3)," *The Numismatic Chronicle and Journal of the Royal Numismatic Society* (*Sixth Series*), vol. 19 (1959), pp. 109—117.

King, Noel Q., *The Emperor Theodosius and the Establishment of Christianity*, Philadelphia: Westminster Press, 1960.

Kirsch, Jonathan, *God against the Gods*: *The History of the War between Monotheism and Polytheism*, New York : Viking Compass, 2004.

Kleinman, Brahm, "The Crisis at Antioch under Julian the Apostate," *Hirundo*, vol. 7 (2008—2009), pp. 67—76.

Knights, Chris H., " 'The Story of Zosimus' or 'The History of the Rechabites' ?" *Journal for the Study of Judaism in the Persian*, *Hellenistic*, *and Roman Period*, vol. 24, no. 2 (1993), pp. 235—245.

Lamberton, R., *Homer the Theologian*: *Neoplatonist Allegorical Reading and the Growth of the Epic Tradition*, Berkley, Los Angeles and

London：University of California Press，1986，esp. 15，124，183—184.

Lateiner，Donald，*The Historical Method of Herodotus*，Toronto：Toronto University of Toronto Press，1989.

Lawless，Andrew，*Plato's Sun：An Introduction to Philosophy*，Toronto：University of Toronto Press，2016.

Lee，A. D.，*Pagans and Christians in Late Antiquity：A Sourcebook*，London and New York：Routledge，2000.

Leedom，J. W.，"Constantius Ⅱ：Three Revisions，" *Byzantion*，vol. 48 (1978)，pp. 132—145.

Lenski，Noel，*The Cambridge Companion to the Age of Constantine*，Cambridge：Cambridge University Press，2005.

Liebeschutz，T. H. W. G.，*Antioch：City and Imperial Administration in the Later Roman Empire*，1972，Oxford：Clarendon Press，1972.

Lieu，J.，North，J.，and Rajak，T.，eds.，*Pagans and Christians in Late Antique Rome：Conflict，Competition，and Coexistence in the Fourth Century*，Cambridge：Cambridge University Press，2016.

——，eds.，*The Jews among Pagans and Christians in the Roman Empire*，London and New York：Routledge，1992.

Lieu，Samuel N. C. and Montserrat，Dominic，*From Constantine to Julian：Pagan and Byzantine Views (A Source History)*，London and New York：Routledge，1996.

Limberis，Vasiliki，"'Religion' as the Cipher for Identity：The Cases of Emperor Julian，Libanius，and Gregory Nazianzus，" *The Harvard Theological Review*，vol. 93，no. 4 (2000)，pp. 373—400.

Lloyd，G. E. R.，*Aristotle：the Growth and Structure of His Thought*，Cambridge：Cambridge University Press，1968.

Löhr，Winrich A.，"Some Observations on Karl-Heinz Schwarte's *Diocletian's Christengesetz*，" *Vigiliae Christianae*，vol. 56，no. 1 (2002)，pp. 75—95.

Long，Jacqueline F.，"Julian Augustus' Julius Caesar，" in Maria Wyke， ed., *Julius Caesar in Western Culture*, Oxford and Malden (Mass.): Blackwell, 2006, pp. 62—82.

Longman Ⅲ, Tremper, *Fictional Akkadian Autobiography: A Generic and Comparative Study*, Winona Lake: Eisenbrauns, 1991.

Lössl, Josef, "Sallust in Julian of Aeclanum," *Vigiliae Christianae*, vol. 58, no. 2 (2004), pp. 179—202.

Luke, Trevor S., "A Healing Touch for Empire: Vespasian's Wonders in Domitianic Rome," *Greece and Rome*, vol. 57, no. 1 (2010), pp. 77—106.

MacDonald, Paul S., *History of the Concept of Mind: Speculations about Soul, Mind and Spirit from Homer to Hume*, Hampshire: Ashgate Publishing, Ltd., 2003.

MacMullen, Ramsay, *Christianizing the Roman Empire, A. D. 100—400*, New Haven: Yale University Press, 1984.

——, *Chrisianity and Paganism in the Fourth to Eight Centuries*, New Haven: Yale University Press, 1999.

Mailloux, Steven, ed., *Rhetoric, Sophistry, Pragmatism*, Cambridge: Cambridge University Press, 1995.

Maggi, Claudia, "Some Aspects of the Theory of Abstraction in Plotinus and Iamblichus," *International Journal of Platonic Tradition*, vol. 9, no. 2 (2015), pp. 159—176.

Majercik, R., "Chaldean Triads in Neoplatonic Exegesis: Some Reconsiderations," *The Classical Quarterly*, vol. 51, no. 1 (2001), pp. 265—296.

Marasco, Gabriele and Leppin, Hartmut, eds., *Greek and Roman Historiography in Late Antiquity*, Leiden: Brill, 2003.

Masterson, Mark, "Erotics and Friendship in Emperor Julian's Fourth Oration," *Scholia*, vol. 19 (2010), pp. 79—110.

Marx-Wolf, Heidi, "High Priests of the Highest God: Third-Century Platonists as Ritual Experts," *Journal of Early Christian Studies*, vol. 18, no. 4 (2010), pp. 481—513.

McGiffert, A. C., "Julian, Philosopher and Emperor, and the Last Struggle of Paganism against Christianity by Alice Gardner," *The American Historical Review*, vol. 1, no. 2 (1896), pp. 318—319.

Mérejkowski, Dmitri, *The Death of the Gods*, trans. by Herbert Trench, New York and London: G. P. Putnam's Sons, 1901.

Mereshovski, D. S., *Julian the Apostate*, trans. by Charles Johnston, Philadelphia: Henry Altemus Company Company, 1899.

Merlan, Philip, *From Platonism to Neoplatonism*, The Hague: Martinus Nijhoff, 1953.

Millar, F., "Rebuilding the Jerusalem Temple: Pagan, Jewish and Christian Conceptions", *Vestnik Drevnei Istorii*, vol. 264 (2008), pp. 19—37.

Mitchell, Stephen, *A History of the Later Roman Empire, AD 284—641: The Transformation of the Ancient World*, Malden, MA: Blackwell Publish Ltd., 2007.

Mitchell, Van Nuffelen and Mitchell, Stephen, *One God: Pagan Monotheism in the Roman Empire*, Cambridge and New York: Cambridge University Press, 2010.

Momigliano, Arnaldo Dante, ed., *The Conflict between Paganism and Christianity in the Fourth Century*, Oxford: Clarendon Press, 1963.

——, *Essays in Ancient and Modern Historiography*, Middletown: Wesleyan University Press, 1977.

Morewedge, Parviz, ed., *Neoplatonism and Islamic Thought*, Albany: State University of New York Press, 1992.

Murdoch, Adrian, *The Last Pagan: Julian the Apostate and the Death of the Ancient World*, UK: Sutton Publishing Ltd., 2003.

Murdoch, Iris, *The Fire & the Sun: Why Plato Banished the Artists*, Oxford: Clarendon Press, 1977.

Narbonne, Jean-Marc, *Studies in Philosophical Theology*, Leuven and Paris and Dudley, MA: Peeters, 2006.

Negev, A., "The Inscription of the Emperor Julian at Ma' ayan Barukh," *Israel Exploration Journal*, vol. 19, no. 3 (1969), pp. 170—173.

Negri, Gaetano, *Julian the Apostate*, trans. by The Duchess Litta-Visconti-Arese, London: T. Fisher Unwin, 1905.

Nesselrath, Heinz-Gunther, "Mit 'Waffen' Platons Gegen ein Christliches Imperium: Der Mythos in Julians Schrift Gegen den Kyniker Herakleios," in C. Schäfer, ed., *Kaiser Julian "Apostata" und die Philosophische Reaktion Gegen das Christentum*, Berlin: De Gruyter, 2008, pp. 207—219.

Nesselrath, Heinz-Günther and Hoof, Lieve Van, eds., *Libanius: A Critical Introduction*, Cambridge: Cambridge University Press, 2014.

Nixon, C. E. V., and Rodgers, B. S., eds. and trans., *In Praise of Later Roman Emperors: The Panegyrici Latini*, Berkeley: University of California Press, 1994.

Norman, Albert Francis, "Julian and Libanius again," *Classical Philology*, vol. 48 (1953), pp. 239—239.

Notopoulos, James A., "Socrates and the Sun," *The Classical Journal*, vol. 12, no. 8 (1922), pp. 260—274.

O' Donnell, James, *Pagans: The End of Traditional Religion and the Rise of Christianity*, New York: Harper Collins, 2015.

O' Donnell, James, "*The Demise of Paganism*," *Traditio*, vol. 35 (1979), pp. 45—88.

O' Meara, Dominic J., *Platonopolis: Platonic Political Philosophy in Late Antiquity*, Oxford: Clarendon and New York: Oxford University Press, 2003.

Omissi, Adrastos, *Emperors and Usurpers in the Later Roman Empire: Civil War, Panegyric, and the Construction of Legitimacy*, New York: Oxford UP, 2018.

Opoku, F., "Constantine and Christianity: The Formation of Church/State Relations in the Roman Empire," *Ilorin Journal of Religious Studies*, vol. 5, no. 1 (2015), pp. 17—34.

Page, Gill, *Being Byzantine: Greek Identity before the Ottomans*, New York: Cambridge University Press, 2008.

Pande, Govind Chandra, *A Golden Chain of Civilizations: Indic, Iranic, Semitic, and Hellenic up to c. 600 B. C.*, New Delhi: Project of History of Indian Science, Philosophy, and Culture, 2007.

Pauliina, Remes and Slaveva-Griffin, Svetla, eds., *The Routledge Handbook of Neoplatonism*, New York: Routledge, 2014.

Penella, R., *Greek Philosophers and Sophists in the Fourth Century A. D.: Studies in Eunapius of Sardis*, Leeds, Great Britain: F. Cairns, 1990.

Pettersson, Olof and Songe-Møller, Vigdis, *Plato's Protagoras Essays on the Confrontation of Philosophy and Sophistry*, Cham, Switzerland: Springer International Publishing, 2017.

Piganiol, André, "L'Empire Chrétien (325—395)," in G. Glotz, ed., *Histoire Générale*, Vol. Ⅳ, Part. 2, Paris: UNESCO Publishing Publishing, 1947, pp. 110—145.

Praechter, Karl, *Richtungen und Schulen im Neuplatonismus*, Genethliakon, Berlin: Weidmann, 1910.

Pselli, Michaelis and Aerts, Willem J., *Historia Syntomos*, Berlin: Walter de Gruyter Inc., 1990.

Puertas, Alberto. J. Quiroga, "From Sophistopolis to Episcopolis: The Case for a Third Sophistic," *Journal for Late Antique Religion and Culture*, vol. 1 (2007), pp. 31—42.

——, "In Heaven unlike on Earth: Rhetorical Strategies in Julian's *Caesars*," in Alberto J. Quiroga Puertas, Hrsg., *Rhetorical Strategies in Late Antique Literature: Images, Metatexts and Interpretation*, Leiden and Boston: Brill, 2017, pp. 90—103.

Rapp, Claudia, "Imperial Ideology in the Making: Eusebius of Caesarea on Constantine as 'Bishop'," *Journal of Theological Studies*, vol. 49 (1998), pp. 685—695.

Rebenich, Stefan and Wiemer, Hans-Ulrich, eds., *A Companion to Julian the Apostate*, Leiden and Boston: Brill, 2020.

Rebillard, Eric and Rüpke, Jörg, eds., *Group Identity and*

Religious Individuality in Late Antiquity, Washington, D. C.: The Catholic University of America Press, 2015.

Redford, Donald B., *City of the Ram—Man*: *The Story of Ancient Mendes*, UK: Princeton University Press, 2010.

Relihan, J. C., *Ancient Menippean Satire*, Baltimore: John Hopkins University Press, 1993.

Remus, Harold, "The End of 'paganism'?" *Studies in Religion*, vol. 33, no. 2 (2004), pp. 191—208.

Ricciotti, Giuseppe, *Julian the Apostate*, Milwaukee: The Bruce Publishing Company, 1960.

Ritner, Robert K., "Egyptian Magical Practice under the Roman Empire: The Demotic Pells and Their Religious Context," *ANRW Ⅱ*, 1995.

——, *The Mechanics of Ancient Egyptian Magical Practice*, Chicago: University of Chicago Press, 1993.

Robert, P. Pack, "Ammianus Marcellinus and the Curia of Antioch," *Classical Philology*, vol. 48 (1953), pp. 80—85.

Robertson, Anne S., *Roman Imperial Coins in the Hunter Coin Cabinet, University of Glasgow*, London: Published for the University of Glasgow by the Oxford University Press, 1962.

Rokeah, David, et al., "Jews and their Law (Torah) in the Pagan-Christian Polemic in the Roman Empire," *Tarbiz*, vol. 1 (1971), pp. 462—471.

Ross, Alan J. and Burgersdijk, D. P. W., eds., *Imagining Emperors in the Later Roman Empire*, Leiden and Boston: Brill, 2018.

Ross, Alan J., "Text and Paratext: Reading the Emperor Julian via Libanius' Epitaphios," *American Journal of Philology*, vol. 141, no. 2 (2020), pp. 241—281.

Runciman, Steven, *The Byzantine Theocracy*, New York and London: Cambridge University Press, 1977.

Rundle-Clark, R. T., *Myth and Symbol in Ancient Egypt*, London: Thames and Hudson, 1959.

Russell, Donald A., and Wilson, N. G., *Menander Rhetor*, Oxford: Oxford at the Clarendon Press, 1981.

Sambursky, S., "Philoponus' Interpretation of Aristotle's Theory of Light," *Osiris*, vol. 13 (1958), pp. 114—126.

Sauneron, Serge, *Esna*, Vol. V, Cairo: Institut Français D' archéologie Orientale du Caire, 1962.

Saffrey, Henri D., "Plan des Livres Ⅰ et Ⅱ du De Mysteriis de Jamblique," in Emile de Strycker, ed., *Zetesis Album Amicorum*, Antwerp: De Nederlandsche Boekhandel, 1971, pp. 281—295.

Salzman, Michele, Sághy, Marianne and Testa, Rita Lizzi, eds., *Pagans and Christians in Late Antique Rome: Conflict, Competition, and Coexistence in the Fourth Century*, New York: Cambridge University Press, 2016.

Salzman, Michele, "How the West Was Won: The Christianization of the Aristocracy in the West in the Years after Constantine," in C. Deroux, ed., *Studies in Latin Literature and Roman History*, Vol. Ⅵ, Brussels: Latomus, 1992.

Schmitt, Charles B., "The Decline and Fall of the Neoplatonic Interpretation of Plato: An Outline and Some Observations (review)," *Journal of the History of Philosophy*, vol. 14, no. 3 (1976), pp. 364—366.

Schott, Jeremy M., *Christianity, Empire and the Making of Religion in Late Antiquity*, Philadelphia: University of Pennsylvania press, 1977.

Schwartz, Daniel L., "Religious Violence and Eschatology in the Syriac Julian Romance," *Journal of Early Christian Studies*, vol. 19 (2011), pp. 565—587.

Schironi, Francesca, *From Alexandria to Babylon near Eastern Languages and Hellenistic Erudition in the Oxyrhynchus*, Glossary and Berlin and Boston: De Gruyter, 2009.

Schopenhauer, Arthur and Payne, E. F. J., *Parerga and Parali-*

pomena: *Short Philosophical Essays*, Oxford: Clarendon Press and New York: Oxford University Press, Vol. I, 2000.

Schwartz, J., "Gallus, Julian and Anti-Christian Polemic in Pesikta Rabbati," *Theologische Zeitschrift*, vol. 46 (1990), pp. 1—19.

Shafer, Byron E., ed., *Religion in Ancient Egypt*: *Gods*, *Myths*, *and Personal Practice*, Ithaca: Cornell University Press, 1991.

Shaw, Gregory, *Theurgy and the Soul*: *The Neoplatonism of Iamblichus*, Hermeneutics: Pennsylvania State University Press, 1995.

——, "Neoplatonic Theurgy and Dionysius the Areopagite," *Journal of Early Christian Studies*, vol. 7, no. 4 (1999), pp. 573—599.

Shepardson, C., *Controlling Contested Places*, *Late Antique Antioch and the Spatial Politics of Religious Controversy*, Berkeley and London: University of California Press, 2014.

Silva, Gilvan Ventura da, "'Is It Possible to Control the Crowd?' Libanius in Defense of Julian and against the Population of Antioch in the 4th Century," *Heródoto*: *Revista Do Grupo de Estudos E Pesquisas Sobre a Antiguidade Clássica E Suas Conexões Afro-Asiáticas*, vol. 3, no. 1 (2018), pp. 394—412.

Simmons, M. B., "The Emperor Julian's Order to Rebuild the Temple in Jerusalem: A Connection with Oracles?" *Ancient near Eastern Studies*, vol. 43 (2006), pp. 68—117.

Simon, Marcel, "Early Christianity and Pagan Thought: Confluences and Conflicts," *Religious Studies*, vol. 9, no. 4 (1973), pp. 385—399.

Sinnigen, William G. and Boak, Arthur E. R., *A History of Rome To A. D.* 565, New York: Macmillan Publishing, 1977.

Sluijs, Marinus Anthony van der, "Who are the 'Attendants of Helios'," *Journal of the American Oriental Society*, vol. 129, no. 2 (2009), pp. 169—177.

Smith, Andrew, *Porphyry's Place in the Neoplatonic Tradition*: *A Study in Post-Plotinian Neoplatonism*, The Hague, Netherlands: Martinus Nijhoff, 1974.

——, *Philosophy in Late Antiquity*, London and New York: Routledge, 2008.

——, "Iamblichus Views on the Relationship of Philosophy to Religion in *De Mysteriis*," in Henry J. Blumenthal and E. Gillian Clark, eds., *The Divine Iamblichus: Philosopher and Man of Gods*, Bristol: Bristol Classical Press, 1993, pp. 74—86.

Smith, Rowland, *Julian's Gods: Religion and Philosophy in the Thought and Action of Julian the Apostate*, London: Routledge, 1995.

——, "A Lost Historian of Alexander 'Descended from Alexander', and Read by Julian? Praxagoras of Athens Reviewed in the Light of Attic Epigraphy," *Historia*, vol. 56, no. 3 (2007), pp. 356—380.

——, "The Casting of Julian the Apostate 'In the Likeness' of Alexander the Great: A Topos in Antique Historiography and its Modern Echoes," *Histos*, vol. 5 (2011), pp. 44—106.

——, "Serious Fun in a Potted History at the Saturnalia? Some Imperial Portraits in Julian the Apostate's Caesars, a Medallion-Image of Julian and the 'Gallienae Augustae' Aurei," *Histos*, vol. 7 (2013), pp. 205—258.

Swain, Simon, ed., *Themistius, Julian, and Greek Political Theory under Rome: Texts, Translations, and Studies of Four Key Works*, Cambridge and England: Cambridge University Press, 2013.

Swist, Jeremy J., "Prosecuting Epicurus in the Emperor Julian's Court: A Reading of Himerius Oration 3," *Journal of Late Antiquity*, vol. 10, no. 1 (2017), pp. 221—249.

——, "Medicine in the Thought and Action of the Emperor Julian," *The International Journal of the Platonic Tradition*, vol. 12, no. 1 (2018), pp. 13—38.

Syrimis, George, "Empire, Religious Fanaticism, and Everyman's Dilemma: Julian the Apostatein Kazantzakis and Cavafy," *Journal of Modern Greek Studies*, vol. 28, no. 1 (2010), pp. 79—103.

Tanaseanu-Döbler, Ilinca and Döbler, Marvin, eds., *Religious Edu-*

cation in Pre-Modern Europe, Leiden and Boston: Brill, 2012.

Teitler, H. C., *The Last Pagan Emperor: Julian the Apostate and the War against Christianity*, New York: Oxford University Press, 2017.

Thompson, E. A., *The Historical Work of Ammianus Marcellinus*, Cambridge: Cambridge University Press, 1947.

——, "The Emperor Julian's Knowledge of Latin," *The Classical Review*, vol. 58, no. 2 (1944), pp. 49—51.

Tierney, Michael, "Julian the Apostate and the Religion of Hellenism," *Studies: An Irish Quarterly Review*, vol. 20 (1931), pp. 583—597.

Tigerstedt, E. N., *The Decline and Fall of Neoplatonic Interpretation of Plato, An Outline and Some Observations*, Helsinki: Societas Scientiarum Fennica, 1974.

Tonelli, Malena, "The Controversy about the Generation of the World in Time, Plotinus over His Predecessors," *Revista Synthesis*, vol. 19 (2012), pp. 83—103.

Tougher, Shaun, *Julian the Apostate*, Edinburgh: Edinburgh University press, 2007.

——, "Julian's Bull Coinage: Kent Revisited," *The Classical Quarterly*, vol. 54 (2014), pp. 327—330.

Treadgold, Warren T., *A History of the Byzantine State and Society*, Stanford: Stanford University Press, 1997.

Turcan, Robert, *Mithras Platonicus: Recherches Sur L' Hellenisation Philosophique de Mithra*, Leiden: Brill, 1975.

Vasiliev, A. A., *History of the Byzantium Empire, 324 — 1453*, Vol. I, Madison: University of Wisconsin Press, 1958.

Vedeshkin, Michael, "The Missing Link of the *Golden Chain*: Aedesius and the Neoplatonic School of Pergamon," *Hypothekai*, vol. 3 (2019), pp. 13—59.

Veyne, Paul, "What was a Roman Emperor? Emperor, therefore a God (Caesars, Succession, Imperial Cult)," *Diogenes*, vol. 50 (2003), pp. 3—21.

Wachsmuth, Curt and Hense Otto, eds., *Anthologium*, Berlin: Weidmann, 1974.

Wallis, Richard T., and Bregman, Jay, *Neoplatonism and Gnosticism*, Albany: SUNY Press, 1992.

Wienand, J., "The Law's Avenger: Emperor Julian in Constantinople", in H. Börm, et al., eds., *Civil War in Ancient Greece and Rome*, *Contexts of Disintegration and Reintegration*, Stuttgart: Steiner Verlag, 2016, pp. 347—366.

Williams, Stephen, *Diocletian and The Roman Recovery*, Frome, Somerset: Butler and Tanner Ltd, 1985.

Witt, Rex E., "Iamblichus as a Forerunner of Julian," *Entretiens sur L' Antiquité Classique*, vol. 21 (1975), pp. 35—64.

Whittaker, Thomas, *The Neo-Platonists*, *A Study in the History of Hellenism*, Cambridge: Cambridge University Press, 1928.

Whittow, Mark, "Ruling the Late Roman and Early Byzantine City: A Continuous History," *Past and Present*, vol. 129 (1990), pp. 3—29.

Woods, David, "Constantine, Cookery, and Sacrifice," *Journal of Theological Studie*, vol. 69, no. 2 (2018), pp. 577—587.

Wright, M. R., ed., *Reason and Necessity. Essays on Plato's Timaeus*, London: The Classical Press of Wales, 2000.

Wright, Wilmer Cave, *The Emperor Julian's Relation to the New Sophistic and Neo-Platonism: With a Study of His Style*, London, England: Spottiswoode & co., 1896.

Wyke, Maria, ed., *Julius Caesar in Western Culture*, Oxford and Malden (Mass.): Blackwell, 2006.

三、中文论著

阿诺德·汤因比著，晏可佳、张龙华译：《一个历史学家的宗教观》，上海：上海人民出版社 2016 年版。

阿诺德·汤因比著，徐波等译：《人类与大地母亲：一部叙事体世界历史》，上海：上海人民出版社 2001 年版。

爱德华·吉本著，席代岳译：《罗马帝国衰亡史》，第 2 卷，长春：吉林出版集团有限责任公司 2008 年版。

巴赫金：《文本问题》，钱中文主编：《巴赫金全集》，第 4 卷，石家庄：河北教育出版社 2009 年版。

巴赫金：《马克思主义与语言哲学》，钱中文主编：《巴赫金全集》，第 2 卷，石家庄：河北教育出版社 2009 年版。

陈恒：《瓦纳尔·耶格尔：〈Paideia：希腊文化理想〉》，载《中国学术》2002 年第 2 期，第 348—353 页。

陈志强：《拜占廷皇帝继承制特点研究》，《中国社会科学》1999 年第 1 期，第 180—194 页。

陈志强、马巍：《君士坦丁基督教政策的政治分析》，《南开学报（哲学社会科学版）》1999 年第 6 期，第 125—134 页。

菲迪南·罗特著，王春侠、曹明玉译：《古代世界的终结》，上海：三联书店 2008 年版。

伏尔泰著，梁守锵译：《风俗论》，北京：商务印书馆 2006 年版。

J. W. 汤普森著，谢德风译：《历史著作史·上卷》，北京：商务印书馆 1988 年版。

梁作檊：《罗马帝国与汉晋帝国衰亡史》，广州：广东高等教育出版社 1997 年版。

梁中和：《灵魂·爱·上帝：斐奇诺〈柏拉图神学〉研究》，上海：华东师范大学出版社 2012 年版。

李永斌：《阿波罗崇拜研究》，北京：商务印书馆 2015 年版。

刘衍钢：《历史叙述之争与西方史学发展的波动：论尤里安之死》，《历史研究》2017 年第 5 期，第 125—145 页。

刘津瑜：《罗马史研究入门》，北京：北京大学出版社 2014 年版。

吕克·布里松著，黄唯婷译：《柏拉图哲学导论》，北京：北京大学出版社 2018 年版。

孟德斯鸠著，张雁深译：《论法的精神·下册》，北京：商务印书馆 1995 年版。

N. H. 拜尼斯主编，陈志强等译：《拜占庭：东罗马文明概论》，西宁：青海人民出版社 2006 年版。

疏会玲：《论尤利安重建犹太教圣殿之迷思》，《古代文明》2020 年第 2 期，第 43—52 页。

王晓朝：《罗马帝国文化转型论》，北京：社会科学文献出版社 2002 年版。

徐家玲：《走进拜占庭文明》，北京：民主与建设出版社 2001 年版。

雅各布·布克哈特著，宋立宏等译：《君士坦丁大帝时代》，上海：上海三联书店 2006 年版。

瓦尔特·柏克特著，唐卉译：《希腊文化的东方语境：巴比伦·孟菲斯·波斯波利斯》，北京：社会科学文献出版社 2018 年版。

朱庭光：《外国历史大事集（古代部分第一分册）》，重庆：重庆出版社 1986 年版。